Michel Foucault

Genealogia da Ética
Subjetividade
e Sexualidade

O GEN | Grupo Editorial Nacional – maior plataforma editorial brasileira no segmento científico, técnico e profissional – publica conteúdos nas áreas de ciências humanas, exatas, jurídicas, da saúde e sociais aplicadas, além de prover serviços direcionados à educação continuada e à preparação para concursos.

As editoras que integram o GEN, das mais respeitadas no mercado editorial, construíram catálogos inigualáveis, com obras decisivas para a formação acadêmica e o aperfeiçoamento de várias gerações de profissionais e estudantes, tendo se tornado sinônimo de qualidade e seriedade.

A missão do GEN e dos núcleos de conteúdo que o compõem é prover a melhor informação científica e distribuí-la de maneira flexível e conveniente, a preços justos, gerando benefícios e servindo a autores, docentes, livreiros, funcionários, colaboradores e acionistas.

Nosso comportamento ético incondicional e nossa responsabilidade social e ambiental são reforçados pela natureza educacional de nossa atividade e dão sustentabilidade ao crescimento contínuo e à rentabilidade do grupo.

coleção | Ditos & Escritos IX

Michel Foucault
Genealogia da Ética
Subjetividade
e Sexualidade

Organização, seleção de textos e revisão técnica:
Manoel Barros da Motta

Tradução:
Abner Chiquieri

Dits et écrits
Edição francesa preparada sob a direção de Daniel Defert e
François Ewald com a colaboração de Jacques Lagrange

- O autor e a editora se empenharam para citar adequadamente e dar o devido crédito a todos os detentores de direitos autorais de qualquer material utilizado neste livro, dispondo-se a editora a possíveis acertos posteriores caso, inadvertida e involuntariamente, a identificação de algum deles tenha sido omitida.
- **Atendimento ao cliente: (11) 5080-0751 | faleconosco@grupogen.com.br**
- Traduzido de:
  Dits et écrits
  Copyright © **Éditions Gallimard, 1994**
  All rights reserved.
  Sale is forbidden in Portugal.
- Direitos exclusivos para o Brasil para a língua portuguesa
  Copyright © 2014, 2025 (2ª impressão) by
  Forense Universitária, um selo da Editora Forense Ltda.
  Uma editora integrante do GEN | Grupo Editorial Nacional
  Travessa do Ouvidor, 11
  Rio de Janeiro – RJ – 20040-040
  www.grupogen.com.br
  Venda proibida em Portugal.
- Reservados todos os direitos. É proibida a duplicação ou reprodução deste volume, no todo ou em parte, em quaisquer formas ou por quaisquer meios (eletrônico, mecânico, gravação, fotocópia, distribuição pela Internet ou outros), sem permissão, por escrito, da Editora Forense Ltda.
  1ª edição brasileira – 2014
  1ª edição brasileira – 2ª tiragem – 2025
  Organização, seleção de textos e revisão técnica: Manoel Barros da Motta
  Tradução: Abner Chiquieri
  Foto da capa: Jacques Robert
- **CIP – Brasil. Catalogação-na-fonte.
  Sindicato Nacional dos Editores de Livros, RJ.**

F86g

Foucault, Michel, 1926-1984
  Genealogia da ética, subjetividade e sexualidade / Michel Foucault ; organização, seleção de textos e revisão técnica Manoel Barros da Motta ; tradução Abner Chiquieri. - 1. ed., 2ª reimpr. - Rio de Janeiro : Forense Universitária, 2025. (Ditos & Escritos ; 9)

Tradução de: Dits et écrits
Inclui índice
ISBN 978-85-3093-749-2

1. Filosofia francesa. 2. Ética. I. Motta, Manoel Barros da. II. Chiquieri, Abner. III. Título. IV. Série.

24-95404   CDD: 194
                                     CDU 1(44)

Gabriela Faray Ferreira Lopes - Bibliotecária - CRB-7/6643

Sumário

Apresentação à Edição Brasileira......... VII

1976 – O Ocidente e a Verdade do Sexo......... 1
1977 – Prefácio......... 7
1977 – Sexualidade e Verdade......... 11
1977 – Entrevista com Michel Foucault......... 13
1977 – As Relações de Poder Passam para o Interior dos Corpos......... 35
1977 – O Jogo de Michel Foucault......... 44
1978 – Apresentação......... 78
1978 – Michel Foucault e o Zen: uma Estada em um Templo Zen......... 79
1978 – O Misterioso Hermafrodita......... 86
1979 – A Lei do Pudor......... 88
1979 – Um Prazer Tão Simples......... 104
1979 – Michel Foucault: o Momento de Verdade......... 107
1979 – Viver de Outra Maneira o Tempo......... 108
1980 – Roland Barthes......... 111
1980 – Do Governo dos Vivos......... 113
1982 – O Sujeito e o Poder......... 118
1982 – Entrevista com M. Foucault......... 141
1982 – Carícias de Homens Consideradas como uma Arte......... 152
1982 – Escolha Sexual, Ato Sexual......... 156
1982 – Foucault: Não aos Compromissos......... 174
1982 – A Hermenêutica do Sujeito......... 177
1983 – Uma Entrevista de Michel Foucault por Stephen Riggins......... 192
1984 – Prefácio à *História da sexualidade*......... 207
1984 – Sobre a Genealogia da Ética: um Resumo do Trabalho em Curso......... 214
1984 – Entrevista de Michel Foucault......... 238
1984 – Michel Foucault, uma Entrevista: Sexo, Poder e a Política da Identidade......... 251
1988 – As Técnicas de Si......... 264

Índice de Obras......... 297

VI Michel Foucault – Ditos e Escritos

Índice Onomástico 298
Índice de Lugares 301
Índice de Períodos Históricos 302
Organização da Obra Ditos e Escritos 303

Apresentação à Edição Brasileira

Genealogia da ética, subjetividade e sexualidade

A edição de *Genealogia da ética, subjetividade e sexualidade*, nono volume da série dos *Ditos e Escritos* de Michel Foucault, vai permitir aos leitores de língua portuguesa e aos pesquisadores que se orientam pelas pistas que ele abriu para o pensamento e a ação ter uma perspectiva nova sobre o sentido e o alcance geral do conjunto de sua obra. Com esta nova série de nove volumes que reúne ensaios, leituras, prefácios, e resenhas – muitos virtualmente inacessíveis antes da edição francesa – mais de 3 mil páginas do filósofo vão nos permitir situá-lo nas transformações e lutas que agitaram a vida intelectual, política, científica, literária, artística do século XX e que prosseguem no século XXI. Com muitos textos publicados originalmente em português, japonês, italiano, alemão, inglês e francês permite-nos repensar seu papel e no alcance e efeito de sua obra.

Os conceitos e as categorias da filosofia, da política, da história, quer em sua dimensão epistemológica ou ética, foram subvertidos, transformados modificados pela intervenção teórico-prática de Michel Foucault. Saber, poder, verdade, razão, loucura, justiça têm para nós outros sentidos, despertam outros ecos, abrem novos registros que as tradições dominantes do saber ocidental muitas vezes esqueceram ou recusaram. Nossa relação com a racionalidade científica, ou com a razão humana, *tout court*, seja nas práticas da psiquiatria e da psicologia, seja nas práticas judiciárias, modificou-se com a reflexão de Foucault sobre a loucura em termos históricos e sobre o poder psiquiátrico. Com efeito, a medicina, a psiquiatria, o direito, no corpo mesmo de sua matriz teórica, foram alterados pelo efeito da obra de Foucault. Podemos dizer que alguns aspectos da hipermodernidade em que vivemos seriam incompreensíveis sem a sua reflexão. A reflexão contemporânea, mas também nossas práticas, nosso modo de vida foram tocados, transformados pelo efeito da obra de Michel Foucault.

VIII Michel Foucault – Ditos e Escritos

O pensamento contemporâneo, quer filosófico, quer nas ciências sociais e humanas, cujos fundamentos epistemológico-político ele questionou e transformou, na Tunísia, no Japão, na América do Sul, no Brasil e na Europa traz a marca de sua reflexão. E ela toca a antropologia, os saberes sobre a literatura, os estudos sobre a posição feminina, seus modos de prazer e de gozo, a posição masculina, os estudos pós-coloniais, e ainda o pensamento econômico, a reflexão sobre a governabilidade e mesmo as modalidades da administração, vasta e complexa é a rede dos saberes que a obra de Foucault toca...

Uma sucessão inumerável de colóquios, de livros de artigos de revistas perscrutam e utilizam a obra de Foucault, teses lhe são consagradas, ela inspira produções teatrais, obras de arte, toca a literatura, políticos contemporâneos a ele se referem. Sua obra possui na internet um número de referências que desafiam a imaginação e chegam mesmo a mais de um milhão de páginas. Da analítica do poder aos processos de subjetivação sua obra atravessa e transforma as correntes da filosofia do século XX, seja a fenomenologia, seja o marxismo ou o estruturalismo. Quer como historiador das ciências, genealogista e arqueólogo de saberes e poderes, homem de esquerda, ligado ao pensamento de Nietzsche e Heidegger, próximo de Lacan, Barthes, Lévi-Strauss, Althusser e Deleuze ou Canguilhem, as conexões da obra de Foucault, múltiplas, contraditórias não cabem numa rede classificatória simples. É impossível capturá-lo completamente. É o que ele mesmo reclama contra os que desejavam enquadrá-lo, por exemplo, no estruturalismo. Sua caixa de instrumentos permanece aberta para muitos e novos usos.

As edições Gallimard recolheram estes textos numa primeira edição em quatro volumes, com exceção dos livros. A estes se seguiu uma outra edição em dois que conservam a totalidade dos textos da primeira. A edição francesa pretendeu a exaustividade, organizando a totalidade dos textos publicados quando Michel Foucault vivia embora seja provável que alguma pequena lacuna exista neste trabalho. O testamento de Foucault, por outro lado, excluía as publicações póstumas. Daniel Defert e François Ewald realizaram, assim, um monumental trabalho de edição e estabelecimento dos textos, situando de maneira nova as condições de sua publicação, controlaram as circunstâncias das traduções, verificaram as citações e er-

Apresentação à Edição Brasileira   IX

ros de tipografia. Jacques Lagrange ocupou-se da bibliografia. Defert elaborou uma cronologia, na verdade uma biografia de Foucault para o primeiro volume, que mantivemos na edição brasileira, em que muitos elementos novos sobre a obra e a ação de Michel Foucault aparecem. Este trabalho, eles o fizeram com uma visada ética que, de maneira muito justa, me pareceu chamaram de intervenção mínima. Para isto, a edição francesa de Defert e Ewald apresentou os textos segundo uma ordem puramente cronológica. Este cuidado não impediu os autores de reconhecerem que a reunião dos textos produziu algo de inédito. A publicação do conjunto destes textos constitui um evento tão importante quanto o das obras já publicadas, pelo que complementa, retifica ou esclarece. As numerosas entrevistas – quase todas nunca publicadas em português – permitem atualizar os ditos de Foucault com relação a seus contemporâneos e medir o efeito das intervenções que permanecem atuais, no ponto vivo das questões da contemporaneidade, sejam elas filosóficas, literárias ou históricas. A omissão de textos produz, por outro lado, efeitos de interpretação, inevitáveis tratando-se de uma seleção.

Optamos na edição brasileira por uma distribuição temática em alguns campos que foram objeto de trabalho de Foucault.

Este nono volume, o penúltimo da série, nomeado *Genealogia da ética, subjetividade e sexualidade*, explora a problemática do último Foucault. A partir da vontade de saber e a genealogia da vontade de verdade em que Foucault opõe Aristóteles a Nietzsche se desdobra uma investigação que instaura uma problemática inédita do sujeito do desejo, da governamentalidade e da gestão do vivo na contemporaneidade. Esta genealogia interroga a psicanálise, discute os modos de gozo contemporâneo, interroga e discute a psicanálise. O debate com os psicanalistas lacanianos depois da edição da vontade de saber, com Jacques-Alain Miller em especial, se prolonga na discussão das práticas S/M, além da posição dos gays, e sua contestação dos modos convencionais da ordem social.

Foucault discute também a posição subjetiva da meditação oriental no Japão, da postura zen, frente à prática ocidental de direção de consciência, centrada no ego. Este volume dá conta da virada que se realiza a partir do *Uso dos prazeres* em que Foucault se volta para a Grécia e Roma, e onde se revela uma paradoxal continuidade entre práticas e modos de meditação

X Michel Foucault – Ditos e Escritos

pagãos – especialmente estoicos – e o cristianismo. Foucault homenageia Barthes, comenta seu curso sobre o governo dos vivos e a hermenêutica do sujeito. Um conjunto de entrevistas como escolha sexual, ato sexual, não aos compromissos dá conta de sua *work in progress*, que interroga Ocidente e Oriente, questiona o império do sexo. A atualidade de seu trabalho é patente no debate contemporâneo sobre o casamento gay, seja na França e na Europa ou nos Estados Unidos e no Brasil.

A erótica da verdade

É uma obra imensa escrita por um inglês desconhecido, editada em apenas algumas dezenas de exemplares, na era vitoriana, quem revela para Michel Foucault a injunção que domina o Ocidente. Injunção que liga, associa, enlaça o sexo e a verdade. Trata-se de *My secret life*, livro que encalhou, na qual este personagem desconhecido, que permanece para nós mascarado, encoberto por uma máscara vazia, sem nome, narra minuciosamente, detalhadamente, seu modo particular de gozo, seu acesso ao prazer, o estilo e a prática de sua vida sexual.

Sua preocupação é dizer, registrar os detalhes, a minúcia, sem artifícios verbais, a intensidade e a qualidade de suas sensações na esfera do prazer sexual.

É uma fala que para Michel Foucault, descreve o cotidiano, "como um puro dever" (p. 1). Há como que "uma obrigação secreta enigmática de tudo dizer".

Há para este inglês uma combinação especial neste jogo-trabalho, combinação exata do "prazer, o jogo verdadeiro sobre o prazer e o prazer próprio ao enunciado desta verdade" (p. 1, *idem*).

Este diário será utilizado em novas experiências sexuais – com a leitura em voz alta – ou ainda escrevendo-o ao mesmo tempo; a escrita e a leitura desempenham nele uma função particular, própria.

É em Stephen Marcus, no seu *Other Victorians*, que Foucault descobre este personagem que ele vai transformar no emblema de uma posição de nossa cultura e que transforma toda uma perspectiva sobre a sexualidade que tem como conceito chave a ideia de repressão.

Foucault diz que ver nesta figura um personagem da sombra não seria muito ousado numa era de pudicícia, tal como habitualmente se interpreta o século XIX inglês. Outra hipótese, esta postura equivaleria a uma "compensação discreta e zombeteira sobre o pudor da época" (p. 8).

Para Foucault, a atitude do autor de *My secret life* "situa-se num ponto especial: aquele para onde convergem linhas de evolução de nossa sociedade que nada têm de secretas. Uma delas, a mais nova, é a que leva a medicina e a psiquiatria do período para o que Foucault chama "um interesse quase entomológico" pelas práticas sexuais, quer em sua variedade, quer no que tem de disparate. É o que vai levar à construção da obra de Kraft-Ebbing e sua *Psychopatia sexualis* em 1886.

A segunda linha tem como figuras emblemáticas o Marquês de Sade e Rétif de La Bretonne. Desde o século XVIII ela dirigiu a literatura erótica para a "busca obstinada do prazer" (p. 8). Uma erótica da verdade é como Foucault a denomina em que se entrelaçam o verdadeiro e o intenso nesta invenção dos libertinos no fim do século XVIII.

Há por fim uma linha mais antiga, uma grande continuidade, construída pela análise de Foucault e que ele "descobre". Existir desde a Idade Média e que atravessa o Ocidente cristão: trata-se da obrigação para cada sujeito de procurar "no fundo de seu coração" (p. 2), quer seja pela penitência ou pelo exame de consciência as "pistas da concupiscência" (*idem*).

Desta convergência, Michel Foucault extrai uma tese: a quase clandestinidade *My secret life* "não pode nem deve nos iludir" (*idem*). O prazer do sexo e do discurso verdadeiro possuem uma relação, que há séculos, Foucault diz ser "uma das preocupações constantes das sociedades ocidentais" (p. 2).

Foucault questiona o discurso sobre a sociedade burguesa, os ditos sobre sua hipocrisia, seu caráter pudibundo, a avareza de seus prazeres, sua obstinação em silenciá-los e a repressão que impede de falar deles. Herança pesada do cristianismo – a ideia profundamente ancorada que associa o sexo e o pecado. E depois a tese que liga a herança protestante ao capitalismo, ou em um período mais recente, o século XIX: como esta herança vai ser mobilizada, utilizada com objetivos econômicos, valorizando mais o trabalho do que o prazer, a ! "reprodução das forças (p. 3) mais do que o excesso", o gasto das energias (*idem*).

XII   Michel Foucault – Ditos e Escritos

Foucault põe em dúvida o caráter natural destes fenômenos e desta análise para a história. Para ele não reside neste ponto o essencial. As engrenagens que concernem à sexualidade são bem diferentes. Seriam, não de caráter negativo, de recusa e de proibição, mas de produção e de incitação. Sua tese é que a função essencial do poder não é a de "dizer não, proibir e censurar, mas ligar, segundo uma espiral indefinida, o prazer e a verdade" (p. 3).

E Foucault incita a reflexão sobre a atitude de nossa sociedade que por séculos multiplicou as instituições, cujo objetivo é extrair, "extorquir a verdade" (*idem*). Sem com isso deixar de produzir uma modalidade específica de prazer. Neste ponto está um elemento essencial da tese de Foucault, a exigência da confissão, ou como ele diz "a enorme obrigação da confissão" (p. 3).

Obrigação da confissão que atravessa com seus prazeres ambíguos, que a "fazem desejável e perturbada, na educação, na relação entre médicos e pacientes, pais e filhos, psiquiatras e histéricas, psicanalistas e analisandos".

Se o alvo é a psicanálise, em sua investigação Foucault vai muito longe ao definir o que ele chama "o prazer da análise". Em um sentido muito genérico, ele vai encontrá-lo na busca da verdade do sexo, grande invenção ocidental na esfera do prazer. É a voluptuosidade de investigar, acossar, interpretar que ele descobre na história do Ocidente cristão. Ela está ancorada em um dispositivo de poder-saber, que Foucault chama o dispositivo de sexualidade. Esta elaboração de Foucault, ao mesmo tempo analítica e prática, é que vai permitir uma abertura, pôr em questão não apenas as teorias sexuais, mas as relações sociais que atravessam a sexualidade, que a constituem no mundo contemporâneo.

Assim Foucault vai nos apresentar uma outra face da relação do Ocidente com o sexo. Nossa sociedade não está voltada para a repressão sexual, mas para a sua "expressão" (p. 3). Trata-se de uma operação para arrancar a sua verdade. Foucault vê o Ocidente obstinado em "arrancar a verdade do sexo". Ele não propõe que se subestime ou desdenhe os silêncios ou barragens. O essencial é a vontade de saber. Ela é mola essencial, o núcleo do dispositivo que atravessa "toda a nossa relação com o sexo".

Silêncios, recalques, evitações que se produzem, inibições e angústias, terríveis efeitos no quadro desta imperiosa vontade de saber.

Apresentação à Edição Brasileira **XIII**

A pergunta sobre a verdade do sexo vai então se desdobrar na nossa cultura em pergunta sobre nossa própria verdade. Sem dúvida é Freud que é visado na medida em que a verdade do sujeito a ser verbalizada é inconsciente, e este é sexual. Foucault formula então a existência de uma ciência do sexo, construída, organizada como uma lógica de Gerson a Freud.

Para Foucault trata-se de uma ilusão imaginária, a que concebe o regime de prazer de nossa sociedade como vitoriano. É a um texto de Diderot, *Les bijoux indiscrets*, que ele recorre para figurar o mecanismo, não acessível aos olhos que "faz o sexo falar com uma conversa quase inesgotável" (p. 3). Foucault conclui: "estamos em uma sociedade do sexo que fala" (p. 3).

Foucault estabelece um programa para a sua investigação: interrogar uma sociedade a respeito da modalidade específica de organização das relações de poder, verdade e prazer.

Sua hipótese é a de que existem dois regimes principais: um característico do Ocidente e o outro presente em sociedades orientais, como a indiana, a chinesa, a japonesa e a persa.

A modalidade oriental Foucault chama de "arte erótica. É uma arte, uma estética, que produz efeitos éticos. O que caracteriza a arte erótica é que nela" a verdade é extraída do próprio prazer. Trata-se de recolhê-lo como experiência, analisar sua qualidade, intensificá-lo, torná-lo mais puro, mais acabado, mais agudo.

A arte erótica leva a seguir as reverberações do corpo e na alma, a quintessência de seu saber.

É alcançada sob o véu ou o selo do segredo e é objeto de um ensino sob a direção de um mestre aos que se revelarem dignos dele.

No Ocidente há muito tempo não domina a arte erótica. Prazer, sexo e verdade se entrelaçam no regime que Foucault chama "ciência do sexo".

O centro da "*scientia sexualis*" ocidental não gira em termos de prazer, mas do desejo. O mestre nesta disciplina não visa um procedimento iniciatório. Seu objetivo é interrogar, escutar, decifrar. São todos aspectos que se encontram na psicanálise. Para Foucault o procedimento não tem como fim aumentar o prazer, mas modificar o sujeito. Ele visa uma modificação subjetiva, quer seja sob a forma da reconciliação, do perdão, da cura ou da liberação.

XIV   Michel Foucault – Ditos e Escritos

Será possível estabelecer um corte, uma ruptura radical, uma divisão entre uma forma de sociedade e a outra? Para Foucault são numerosas as relações entre elas, quer se trate do tratamento analítico ou da direção religiosa de consciência. Assim os imperativos de segredo e a relação com o mestre, todo um jogo de promessas se aparentam o saber sobre a sexualidade e a arte erótica.

Foucault atribui ao peso destas relações confusas ao preço alto que pagam alguns analisandos para "formular a verdade de seu desejo" (p. 4) ou receberem o "benefício da interpretação" (p. 5) a eficácia terapêutica da psicanálise é atribuída não ao real da transferência, mas ao laço com o que da arte erótica permanece na *scientia sexualis*. Existem assim inúmeros trabalhos mostrando o que de recusa, ocultação, medo, existe nessa história. Ou como diz ainda Foucault quanto desconhecimento sistemático manteve a margem um "saber eventual sobre o sexo".

Mas o projeto de Foucault de fazer uma genealogia do saber sobre o sexo é formulado em termos positivos.

Trata-se de dar conta das incitações, lugares, técnicas e procedimentos que tornaram possível um saber sobre o sexo.

O projeto inicial de Foucault é seguir a partir do problema cristão da carne "os mecanismos que induziram sobre o sexo um discurso de verdade" (p. 4). E que organizaram um regime ao mesmo tempo de prazer e de poder.

Para Foucault é impossível seguir globalmente esta gênese. Ele vai se ater a suas estratégias mais importantes. Ele deveria dizer respeito às crianças, às mulheres, ao domínio da biopolítica, conceito e domínio que ele vai fundar.

Frente à questão tradicional – por que teria o Ocidente culpabilizado durante séculos os sexo? E em seguida, como a questão de sua verdade, a erótica da verdade teria surgido a partir do gesto corajoso de Freud.

Para Foucault o problema é outro: como a questão sobre a verdade do sexo, a erótica da verdade é uma pergunta constante desta cultura, ela deve ser formulada por cada sujeito. É que nossa posição subjetiva esteja articulada à verdade do sexo, a nossa particular verdade sobre a pureza, o desejo e o gozo sexual.

Surge assim esta questão no século XX, uma espécie de nova culpabilidade, um tipo de remorso histórico que nos faz acreditar "que há séculos estávamos em falta em relação ao sexo" (p. 5).

Apresentação à Edição Brasileira   **XV**

Desconhece-se nessa culpabilização, de forma sistemática, "esta grande configuração do saber que o Ocidente não deixou de organizar em torno do sexo" (p. 5). Técnicas religiosas, médicas e sociais são as organizadoras desse saber. Foucault recorda então que nossa concordância com este argumento se sustentara na tese de que "o grande barulho em torno do sexo, a constante preocupação com ele, pelo menos até o século XIX, teve apenas um alvo, um objetivo: proibir o livre uso do sexo" (p. 6). Foucault não nega a importância dos interditos, mas questiona a ideia de que a sexualidade seja algo "inicialmente e antes de mais nada, proibido" (*idem*). Ele afirma que os interditos são uma armadilha, no bojo de uma estratégia, nada simples, ao mesmo tempo complexa e plena de positividade.

Entra aqui a nova concepção do poder que ele desenvolveu a partir de vigiar e punir. Para ele a concepção do poder como lei, interdito, proibição e repressão, ele a rejeita. A estratégia que ressalta desta concepção nos desarma frente ao imperativo de seguir o poder nos seus mecanismos e efeitos mais positivos (*idem*).

Há que abandonar a ideia de um poder-censura, poder-repressão, que privilegia de forma extrema, absoluta a forma da lei, uma concepção jurídica do poder. A história que Foucault deseja escrever não se pauta pela história do poder-repressão, do poder-censura, mas se articula a ideia de um poder-incitação, de um poder-saber. Será uma analítica do poder que afastará o regime de coerção, e centra-se na articulação do prazer e do discurso para escrever uma nova história, ainda que fragmentária, mas complexa da sexualidade.

Interrogar os modos de gozo – a história da homossexualidade a partir John Boswell

Na entrevista chamada "Escolha sexual, ato sexual", Foucault comenta a obra de John Boswell sobre a história da homossexualidade a partir do início da era cristã, mas principalmente na Idade Média. Ele considera muito importante e original o trabalho de Boswell, a começar por sua postura metodológica. Ele considera um progresso a rejeição por Boswell da oposição decidida entre heterossexualidade e homossexua-

XVI Michel Foucault – Ditos e Escritos

lidade na nossa cultura. Trata-se de um progresso tanto do ponto de vista científico quanto da crítica da cultura. É a introdução do conceito de gay, na forma específica, que dá a ele, Boswell, que vai ser "um precioso instrumento de pesquisa, na medida em que ajuda a compreender a imagem que tem de si os sujeitos e de seu comportamento sexual" (p. 158).

No que diz respeito à repressão da homossexualidade, ela não remontava ao início do cristianismo, mas a um período posterior, a Idade Média. Para alguns o comportamento sexual é a superposição de desejos originários dos instintos, da natureza das leis permissivas ou repreensíveis. Elas definem o que se pode e o que não se pode fazer. Foucault observa que, para além desta bipolaridade, o importante "é a consciência do que se faz, a maneira com que se vive a experiência" (idem) e do valor que a ele se atribui. Para Foucault, o conceito de gay desempenha um papel positivo – e não meramente negativo de uma consciência em que desempenham um papel o amor, o desejo, a afeição. A partir desta nova concepção as relações sexuais são afinadas, valorizadas. Em seu estudo sobre a Grécia, o estudo de Boswell serviu de guia para Foucault, na medida em que ele permitiu procurar o que constitui objeto de valorização para as pessoas no seu comportamento sexual.

Michel Foucault, respondendo a J. François e Jean de Witt, considera que a consciência da homossexualidade vai além da dimensão individual, singular, e compreende também o sentimento de pertencer a um grupo social particular. Esta consciência remonta a tempos muito antigos. Foucault observa que ela se transforma no tempo, na história, e diverge em lugares diferentes. As formas que tomou, seja de uma "sociedade secreta", ou de uma "raça maldita". Ou ainda, de pertencer ao mesmo tempo a uma porção da humanidade, ao mesmo tempo dotada de privilégios e perseguida – a consciência pública, coletiva dos homossexuais tomou múltiplas formas no tempo. Algo semelhante com o que ocorreu com os trabalhadores não qualificados. Foucault diz ter havido uma tentativa pelos homossexuais de estabelecer como modelo, como ideal a consciência de classe. Para Foucault esta tentativa fracassou, e não poderia ter sido diferente porque a homossexualidade não constitui uma classe social. Isto se deve à estrutura econômica e social de nossa sociedade. Fosse ela diversa, talvez a alternativa pudesse ser outra.

Foucault ressalta dois aspectos, dois pontos principais quanto aos objetivos do movimento gay. Em primeiro lugar ela ressalta que é preciso levar em conta a liberdade de escolha sexual. Foucault precisa que se trata de liberdade de escolha que ele opõe a liberdade de ato sexual. Isto porque diz ele "alguns atos como o estrupo não devem ser permitidos" (p. 158), colocando em questão seja um homem e uma mulher ou dois homens. Foucault não advoga, em hipótese alguma, uma liberdade de ação em matéria sexual como alvo. Este não é de forma alguma seu objetivo. Mas, ao tratar de liberdade de escolha sexual, diz ele, "nossa intransigência deve ser total" (*idem*). A liberdade de escolha tem como consequência a liberdade de expressão sexual desta escolha. Há assim a liberdade de exteriorizar, manifestar publicamente ou não, esta escolha. Ele lembra que muitos progressos foram feitos neste campo, e que está em curso um movimento que visa a ampliação da tolerância. Ele insiste em dizer que há ainda muito a ser feito.

Foucault considera que o movimento deveria colocar como objetivo, pôr em questão, debater "a questão do lugar que ocupam para o indivíduo, em certa sociedade, a escolha sexual, o comportamento sexual e os efeitos das relações sexuais entre as pessoas" (p. 159).

Foucault diz que estas questões são obscuras. Insiste no equívoco envolvendo a pornografia. E numa questão capital: "a falta de clareza que envolve a questão do status legal suscetível de definir a ligação entre pessoas do mesmo sexo. Foucault não diz que a legislação que toca o casamento dos homossexuais, dos gays devesse ser um objetivo, mas que há neste ponto uma multiplicidade de questões que dizem respeito à inserção e ao reconhecimento, no interior da lei e da sociedade "de certo número de relações entre os indivíduos" que precisam encontrar uma resposta.

Assim Foucault observa em caso algum que "a escolha sexual de um indivíduo deveria determinar a profissão que lhe é permitido exercer ou que lhe proíbem (*idem*). As práticas sexuais não constituem um critério para definir a atividade para a qual um sujeito é apto. Foucault responde a questão de seu interlocutor: "mas se essa profissão for usada pelos homossexuais para incentivar a adesão à homossexualidade?". Foucault responde com outra questão suscitando o problema

XVIII Michel Foucault – Ditos e Escritos

do ensino, da explicação dada durante séculos, não apenas em alguns anos ou décadas de que a homossexualidade era inadmissível. Por isso os manuais escolares purgaram a literatura e mesmo falsificaram a história com o objetivo de excluir as condutas sexuais. Foucault pergunta se esta prática na escola não causou danos maiores que o professor gay que fala de homossexualidade e cujo erro fundamentalmente é que ela faz parte de sua experiência de vida. O fato de parte da sociedade não admitir e recusar a existência da homossexualidade é a única razão para que o fato de um professor ser homossexual tenha um efeito eletrizante sobre os alunos (p. 160). Ele observa que ser gay não deveria causar mais problemas que ser calvo, diz ele, ou ser árabe em uma escola do 16 – ou em Paris". Foucault observa que o caso do professor gay que ativamente se lança na sedução dos alunos é algo que ocorre em "todas as situações pedagógicas" (idem), e é bem mais frequente entre os heterossexuais que compõem a maioria dos professores.

Foucault discorda da diferença que, segundo um de seus interlocutores, seria estabelecida por algumas feministas radicais norte-americanas que supõe existir entre a posição das lésbicas e dos homossexuais masculinos. Elas procurariam encontrar na outra mulher o que caracterizaria uma relação heterossexual estável: "apoio, afeição e compromisso a longo termo" (p. 161). O que não ocorreria entre os gays homossexuais. Foucault não considera convincente esta distinção e nem pensa que o feminismo radical de outros países veja o problema sob o ponto de vista que De Witt descreve como o dos intelectuais americanos. Foucault pensa por outro lado, ser necessário levar em conta as pressões diferentes que "exercem sobre os homens e as mulheres que se declaram homossexuais e tentam viver assim" (p. 161).

Foucault faz uma distinção entre a posição homossexual e a posição gay. Para ele não há muito sentido em falar de um estilo homossexual. E mais ainda, para ele, "no plano da natureza, o termo homossexualidade não significa grande coisa" (p. 152). Referindo-se ao livro de J. C. Rivers, *Proust and the art of loving* (*Proust e a arte de amar*) ele diz ser muito difícil dar um sentido à proposição: "Proust era homossexual". Ele diz que se vê aí que se trata de uma categoria inadequada na medida em que se pode classificar os comportamentos. Sem contar que o termo homossexual, diz Foucault, não dá conta do tipo de

Apresentação à Edição Brasileira **XIX**

experiência de que se trata" (*idem*, p. 162). Para Foucault, a rigor, poder-se-ia dizer que existe "um estilo gay", ou melhor, "uma tentativa progressiva de recriar certo estilo de existência ou uma arte de viver que se poderia chamar de gay" (p. 162). Quanto à tendência dos homossexuais à dissimulação de que De Witt fala, Foucault afirma que no século XIX "era necessário, em certa medida esconder a homossexualidade" (*idem*). Ele observa, no entanto, que considerar os homossexuais mentirosos equivale a tratar de mentirosos os que resistem a uma ocupação militar. A ética da resistência supõe que não se deve dizer a verdade aos inimigos. Ou ainda, diz Foucault "tratar os judeus de agiotas" numa época em que a profissão de "agiota era a única que lhes era permitido exercer" (p. 162). Foucault considera uma simplificação e um estereótipo a atribuição generalizada ao estilo de vida gay de certas características como a promiscuidade, o anonimato entre parceiros sexuais ou a existência de relações sexuais puramente físicas. Em uma sociedade como a nossa, ocidental moderna, na qual se reprime a homossexualidade e de forma severa – os homens gozam de fato de muito mais liberdade do que as mulheres. Podem fazer amor de forma muito mais frequente e com muito menos restrições. Ironicamente isto levou a um certo grau de permissividade na relação entre os homens. Em geral se considera que o desejo sexual é mais forte, mais intenso entre os homens, então ele "precisaria de um exutório" (p. 163). Desta maneira, além dos *rendez-vous* surgiriam as saunas onde eles podiam se encontrar e ter relações sexuais. Esta era a função dos banhos romanos, das termas. Era um lugar de encontro para o sexo. Esta é uma razão pela qual mesmo a homossexualidade se beneficiou da intolerância com relação às práticas sexuais, quando elas se limitavam apenas a relações físicas. Estes banhos ou termas foram fechados apenas no século XVI, sob a acusação de que se tratava de lugares onde se praticava uma "devassidão sexual inaceitável". Assim mesmo a homossexualidade se beneficiou de um certo nível de tolerância quanto à atividade sexual quando ela se limitava apenas a relações físicas. A homossexualidade beneficiou-se desta situação e paradoxalmente derrubou muitos critérios, e de tal maneira, que Foucault afirma que "os homossexuais puderam, com suas relações físicas, gozar de uma liberdade maior que os heterossexuais". Assim constata Foucault em 1981, que em

XX Michel Foucault – Ditos e Escritos

alguns países – Holanda, Dinamarca, Estados Unidos e mesmo na França, que ele chama "provinciana" – as possibilidades de encontros sexuais seriam imensas. Isto, diz ele, não é uma condição que venha da natureza nem uma condição biológica da homossexualidade. Foucault comenta o ensaio do sociólogo Philip Rueff "The impossible culture" (A cultura impossível), que considera Oscar Wilde um precursor da cultura moderna a respeito "da possibilidade de uma cultura isenta de qualquer interdição". Uma cultura, enfim, em que a necessidade de transgressão seria desnecessária. Frente à interiorização social da repressão a individualidade torna-se o elemento mais precioso. Quando a cultura entra em crise, a expansão da individualidade tornase possível. O peso das coisas já não é tão grande para frear o jogo na experiência dos sujeitos.

Foucault responde a afirmação de De Witt afirmando que o importante não é "saber se uma cultura isenta de restrições é possível ou até desejável". Mas, sim, se o sistema de exigências, de obrigações diz ele no interior do qual a sociedade se move, funciona, "deixa os indivíduos livres para transformar o sistema" (p. 164). Foucault de forma realista afirma que existirão sempre obrigações que serão intoleráveis para alguns membros da sociedade (idem), por exemplo, os necrófilos. Intolerável para Foucault, no entanto, é apenas o sistema quando os indivíduos que são submetidos a ele não têm a possibilidade, os meios de transformá-lo. Isto ocorre quando o sistema "se torna intangível, seja porque é considerado como um imperativo moral e religioso, seja porque se faz dele a consequência necessária da ciência médica" (p. 164).

Foucault insiste na tese, indubitável de que uma sociedade sem restrições é inconcebível. Mas ele precisa que pelo menos para os que sofrem limitações restritivas "seja dada a possibilidade de modificá-las" (p. 165).

De Witt e François questionam Foucault a respeito da diferença entre o erótico na literatura heterossexual e o sexo tal como aparece na literatura homossexual. O romance heterossexual se caracterizaria por um certo pudor, discreção, que aumentaria o charme das obras. Falar explicitamente de sexo, nos romances heterossexuais reativa a força, o poder evocador que se encontra em obras como *Ana Karenina*, ou, digamos, *Madame Bovary*. De Witt e François lembram de Jean Cocteau no seu *Livro branco* – ilustrado com desenhos eróticos do autor, que conseguira conservar o caráter poético de seu texto junto as descrições mais realistas dos atos sexuais. Sobre este aspecto da relação entre a vida sexual marcada pela maior liberdade e a arte, a literatura, lembra Foucault ter lido enquanto preparava sua história da sexualidade, um grande número de textos eróticos gregos e latinos, onde a descrição das práticas sexuais, seja de homens entre si, seja de homens com mulheres, todas caracterizadas por extrema pudicícia. Ele cita o exemplo de Luciano, que certamente fala da homossexualidade, mas de forma "quase pudica" (p. 166). Diz Foucault que na parte final de seus diálogos "ele evoca uma cena na qual um homem se aproxima de um rapaz, põe a mão em seu joelho, depois a desliza sob sua túnica e acaricia seu peito; a mão desce em seguida para o ventre do jovem, e nesse ponto, o texto dá uma reviravolta" (*idem*). Foucault diz tender a atribuir o pudor excessivo que caracteriza a literatura no mundo antigo ao fato de que os homens desfrutavam, gozavam, naquela época, nas suas práticas eróticas de uma liberdade bem mais ampla, muito maior.

Foucault considera que no mundo ocidental a heterossexualidade foi apreendida sempre de duas formas, segundo dois eixos, "o eixo da corte, em que o homem seduz a mulher, e, por outro lado, o eixo do ato sexual em si. Mas a grande literatura heterossexual do Ocidente se preocupou essencialmente, com o eixo da corte, isto é, com o que "precede o ato sexual" (p. 166). Foucault diz que "todo o refinamento intelectual, toda a elaboração estética do Ocidente sempre se voltou para a corte" (p. 166). O que explicaria, relativamente, a pouca apreciação do ato sexual, tanto estética quanto culturalmente, assim como do ponto de vista literário.

Inversamente, no que tange à experiência homossexual não existe nada que na modernidade a relacione a corte. Traço inteiramente diverso da experiência grega em que a corte entre os homens era muito mais importante do que entre homens e mulheres. Foucault cita a relação entre Sócrates e Alcebíades no *Banquete* de Platão, obra cuja tradução foi proibida na época de Luis XIV. Como diz Foucault, o banimento à cultura cristã baniu a homossexualidade, porque esta se fixou no ato sexual em si. Foi assim recusada aos homossexuais a possibilidade de elaborar um sistema de corte porque a expressão cultural

XXII   Michel Foucault – Ditos e Escritos

lhes foi recusada. Expressão cultural que é a causa, a condição de possibilidade de sua elaboração. Foucault descreve a rapidez com que se consumam as relações homossexuais como um "piscar de olhos, a decisão em uma fração de segundo, de agarrar a aventura" (p. 167). Tudo isto é para ele fruto da interdição. Ele observa que a partir do momento em que se esboçam uma cultura e uma literatura homossexual, era lógico ou natural que seu ponto de concentração fosse o "ponto mais quente, mais apaixonado das relações eróticas" (*idem*). A frase de Cocteau diz isto, "o melhor momento do amor é quando se sobe a escada", seria difícil imaginá-la na atualidade, preferida por um gay. Foucault considera que um homossexual diria: "o melhor momento no amor é quando o amante vai embora no táxi". De Witt considera que esta descrição de Foucault lembra a relação de Swann e Odette na obra de Proust, em *Um amor de Swann*, de *Em busca do tempo perdido*. Foucault ressalta quanto a este aspecto que, ainda que se trate de uma relação entre um homem e uma mulher, é preciso levar em conta que Proust é o sujeito que a concebeu a partir de seu imaginário. Aliás, a relação do narrador com Albertine, sua relação com o desejo do outro, Lacan a descreve como basicamente homossexual.

Foucault não vê esta relação sob o ângulo da patologia. Ele prefere excluir, deixar de lado, neste contexto, a questão da patologia. Se o melhor momento é o da partida, trata-se de um momento subjetivado a posterior, depois da realização do ato: é "depois que o rapaz foi embora, é que se começa a pensar no calor de seu corpo, na qualidade de seu sorriso, no tom de sua voz" (p. 167). Assim conta mais a lembrança, a ressignificação, do que o que se passa, mais do que a antecipação do ato "nas relações homoeróticas. Foucault considera ser esta a razão pela qual Cocteau, Geent, Burroughs, grandes escritores homossexuais da cultura do Ocidente europeu e dos Estados Unidos, descrevem com "tanta elegância o ato sexual em si" (p. 167). É que a "imaginação homoerótica liga-se essencialmente à lembrança mais do que a antecipação do ato" (p. 167). Tudo isto Foucault considera produto, efeito de relações práticas, de coisas concretíssimas cuja relação com a homossexualidade é nula, que nada têm a ver com ela.

Foucault aborda a determinação histórica de certas práticas sexuais, principalmente o sadomasoquismo, sob o ponto de vista das relações de poder. Ele responde, na verdade, a

Apresentação à Edição Brasileira **XXIII**

questão de seus interlocutores sobre a proliferação atual das perversões, quer seja a cena sadomasoquista, *golden showers* ou os divertimentos escatológicos. Eles perguntam se estas práticas se encontram ligadas ao fenômeno de que hoje a homossexualidade se mostra à luz do dia.

Foucault diz que hoje em dia muito mais gente se dedica a estas práticas do que no passado. Para explicá-las ele lança, arrisca, aposta na hipótese de que na nossa "civilização, durante séculos a essência da relação entre duas pessoas residia no fato de saber se uma das duas partes ia ceder a outra!". Toda a dimensão do interesse, da intensidade da curiosidade, tudo o que de audacioso havia dizia respeito à manipulação "que comprovava que as partes visavam a submissão do parceiro a fim de se deitar com ele" (p. 168). Este é o quadro de um longo período da história do Ocidente, que se transformou totalmente quando "os encontros sexuais se tornaram fáceis e numerosos, e tal como se passou com os encontros homossexuais na atualidade. Isto alterou o quadro do que podia ocorrer depois destes encontros.

"Foucault figura um destes encontros casuais em que, depois de fazer amor, um dos parceiros pergunta ao outro: "qual é de fato seu nome?". O quadro em que nos encontramos é aquele em que toda a energia e todo o poder da imaginação, dirigidas para a corte, se ampliaram e tornaram mais denso, mais intenso o próprio ato sexual. Foucault diz que em Nova York e em São Francisco se constituíram "laboratórios de experimentação sexual!". Sem a contrapartida contemporânea das cortes medievais caracterizadas por regras fixas muito estreitas nos rituais da corte.

Como o ato sexual tornou-se fácil e muito acessível para os gays ele corre o risco de tornar-se maçante. Consequentemente faz-se o possível e o impossível para "inovar e introduzir variações que intensifiquem o prazer do ato" (p. 168).

Desses fenômenos de intensificação Foucault considera surpreendente o do sadomasoquismo. Foucault encontra este aspecto mais surpreendente no fato de que nele "as relações sexuais se elaboram e se explicam pelo viés de relações míticas" (p. 169). O sadomasoquismo, Foucault não o vê sob o prisma do sofrimento, de uma relação em que um sujeito (homem ou mulher) sofre e outro (ele ou ela) inflige o sofrimento. Trata-se de uma relação entre "um mestre e a pessoa sobre a

XXIV   Michel Foucault – Ditos e Escritos

qual se exerce a autoridade (p. 169). O interessante para os seus adeptos é que se trata de um jogo submetido a regras e ao mesmo tempo aberto. Assemelha-se a um jogo de xadrez, porque no jogo um pode ganhar e consequentemente o outro perde. O próprio mestre pode perder na medida em que é incapaz de satisfazer as demandas e o jogo de sua vítima. Assim como o escravo perde se é incapaz de tolerar o desafio de seu mestre. É uma mistura de regras e de abertura que intensifica as relações sexuais. Esta combinação introduz, diz Foucault, uma tensão e uma incerteza permanente. Esta incerteza não existe na simples consumação do ato. Há ainda um outro aspecto importante: utilizar cada parte do corpo como um instrumento sexual.

Foucault observa que a prática sadomasoquista está ligada à célebre fórmula: *"animal triste post coitum!"*. Como o coito é imediato nas relações homossexuais, para Foucault o problema é "como proteger-se quanto ao advento, à queda na tristeza.

Por outro lado Foucault comenta a existência de uma maior aceitação de uma homossexualidade feminina, mais do que a dos homens. Para Foucault isto se relaciona à posição ocupada pelas mulheres no imaginário heterossexual masculino, no que toca às relações de poder. Imaginário que poderíamos dizer que está marcado por agressividade e rivalidade.

As mulheres desde sempre foram vistas como "propriedade exclusiva" dos homens. Por isso um homem devia limitar, impedir o contato de sua mulher com outros homens. Desta forma as mulheres viam-se mais restritas no plano social, em contato apenas com outras mulheres. Donde se entende que "uma tolerância maior tinha se estabelecido em relação às relações físicas entre as mulheres" (p. 169). E os homens heterossexuais tinham a ideia de que, caso praticassem a homossexualidade, isto ameaçaria destruir ou destruiria o que imaginavam ser sua imagem junto às mulheres. Pensam que na visão das mulheres eles são os mestres. Acreditam, então, que a possibilidade de se submeterem a um outro homem, serem dominados no ato do amor, seria destruir sua imagem junto a elas. Foucault interpreta o ponto de vista da relação heterossexual com as mulheres, frente à relação homossexual, dizendo que, no espírito das mulheres, eles são mestres, que "as mulheres só podem ter prazer com a condição de que os reconheçam como mestres" (p. 170).

Foucault ressalta que, mesmo para os gregos a condição do parceiro "passivo" em uma relação erótica constituía um problema. Quanto à relação com um escravo macho e passivo era natural, para um membro da nobreza grega. Mas quando se tratava de membros da mesma classe social isso se tornava um sério problema, porque um ou outro sujeito deveria consentir em rebaixar-se ao outro. Este problema continua a existir ainda hoje para os heterossexuais. Entre os homossexuais a maioria considera ainda hoje a posição passiva e degradante. Foucault ressalta que a posição sadomasoquista teve um impacto sobre este problema, contribuindo, diz ele, "para tornar o problema menos agudo" (p. 170).

Foucault comenta então a questão das publicações gays dirigidas principalmente à comunidade gay jovem. Foucault considera existir entre os gays cultos uma tendência em pensar que as grandes questões sobre o estilo, o modo de vida, interessam principalmente às pessoas que têm entre 20 e 30 anos. Ele não vê, no entanto, utilidade alguma em tentar evitar esta tendência.

Foucault aborda o problema do "culto do jovem corpo macho", que para alguns seria o núcleo dos fantasmas homossexuais clássicos. Ele não pensa que este culto seja específico dos homossexuais e não pensa que se deva patologizá-lo. Ele observa que também os gays dependem, são tributários dos processos da vida e são também bastante conscientes disto. Ele gostaria que as publicações gays consagrassem mais espaço para as relações de amizade entre homens, ou ainda debatessem "as relações com ausência de códigos" ou também a ausência de linhas de conduta estabelecidas. Foucault observa que cada vez mais gays resolvem estas questões por si mesmos. Em fins de contas observa Foucault que o fator que mais incomoda os que são homossexuais "é o estilo de vida gay, não os atos sexuais em si (p. 171). Assim as marcas de ternura e as carícias físicas em público, a maneira particular de se vestir, "tudo isto", comenta Foucault, "pode ter um efeito perturbador sobre algumas pessoas" (*idem*). Mas ele se refere, em especial, ao medo comum de que os gays não estabeleçam relações, que, apesar de tudo, "apareçam como intensas e satisfatórias" (p. 171). Mesmo que tais relações não se adéquem ao modelo difundido pelos outros (*idem*). Muita gente não pode ainda hoje suportar que os gays "possam criar relações sobre as quais não poderemos prever o que elas serão" (*idem*).

XXVI Michel Foucault – Ditos e Escritos

Essas novas relações que não podemos prever, delas ainda não se pode afirmar que não teriam traços como a possessividade ou a fidelidade. Foucault nota que no meio militar o amor entre os homens pode nascer e se desenvolver, ganhar vigor graças às circunstâncias em que "vigoram o regulamento e o puro costume" (*idem*). Ele diz ser possível que mudanças que afetam numa escala bem maior as rotinas estabelecidas. Isto poderá ocorrer na medida em que os homossexuais aprendam a exprimir seus sentimentos em relação uns aos outros sobre os mais variados (*idem*). E criam "estilos de vida novos, diferentes, sem qualquer semelhança com os modelos institucionalizados" (*idem*).

Abordando a sua posição frente à comunidade gay Foucault diz conversar habitualmente com outros, tem o cuidado de não procurar impor suas próprias visões, discutindo e conversando. Ele não apresenta nem um contraplano nem um programa. Com esta postura não procura impedir ou bloquear a invenção. Pensa que os homossexuais devem regular suas próprias relações, que devem acreditar nisso. Cabe a cada um descobrir seu caminho na singularidade de seu percurso individual.

Foucault pensa poder oferecer algo útil, ajudar a compreender o caráter historicamente contingente das coisas, "ver como e por que as coisas tornaram-se o que são" (*idem*). Foucault diz claramente não ser o único que tem o saber e o prepara para mostrar essas coisas e se reserva o direito de deixar supor existirem desenvolvimentos necessários e inevitáveis. Assim sendo sua contribuição pode ser útil em certos domínios. Foucault ressalta, com ênfase, que não impõe um sistema ou um plano que lhe pertencesse. Referindo-se a posição dos intelectuais frente à sexualidade diz que frente a uma suposta maior tolerância dos intelectuais ou melhor compreensão do que as outras pessoas, Foucault considera que cultivamos inúmeras ilusões (p. 172). Ele cita o exemplo do incesto, que, durante bastante tempo, foi "uma prática popular, "isto é muito difundido entre o povo". Mas no fim do século XIX um conjunto de pressões sociais vão começar a exercer-se contra o incesto. Foucault diz ser claro que "a grande interdição do incesto é uma invenção dos intelectuais" (*idem*). Ele diz não visar particularmente nem Freud nem Lévi-Strauss. Diz ressaltar que se procuramos nos estudos sociológicos e antropológicos do século XIX o fato do incesto, "você não vai encontrar". Existem, sim, relatórios médicos, aqui e ali. Mas para Foucault "a prática do incesto não era realmente um problema na época" (p. 173).

Apresentação à Edição Brasileira   XXVII

Por outro lado Foucault argumenta que a abordagem desses assuntos nos meios intelectuais "não significa uma maior tolerância" (*idem*). São para ele, por vezes, "índices do contrário. Foucault diz que a partir dos meados dos anos 1960 e na década de 1970, quando ele frequentava o meio burguês, diz ser (*idem*) "rara a noite em que se abordasse a questão da homossexualidade ou da pederastia". Afirma, de maneira divertida, que não se esperava nem mesmo a sobremesa. No entanto, adverte: os que abordavam com franqueza estes problema não teriam "jamais admitido provavelmente a pederastia de seus filhos" (p. 173).

Foucault diz que "não legifera para prescrever um discurso racional sobre o sexo" (p. 173). O que esta expressão indica é muito vago. Há assim sexólogos, psiquiatras, médicos e moralistas que proferem "propósitos muito estúpidos". É o que podemos observar, ainda hoje, no discurso dos sexólogos na televisão. A questão para Foucault não é a de um discurso intelectual sobre o sexo, mas de "um discurso estúpido e de um discurso inteligente" (p. 173), e ainda que existe um certo número de obras que vão na boa direção, "a situação é menos que reconfortante" (p. 173).

Na entrevista concedida a *Gai Pied*, Foucault fala a relação dos homossexuais com o aparelho judiciário e policial. Lembra que a homossexualidade foi durante quatro séculos muito mais objeto de vigilância e repressão de tipo policial do que de tipo judiciário. Houve "é verdade, um certo número que sofreu com a ação da justiça e das leis" (p. 174). Mas a dimensão da repressão policial é muitíssimo mais ampla. Frente a ela a ação da justiça aparece muito limitada. Ainda que alguns tenham sido queimados no século XVIII, Foucault considera a tese de que os homossexuais eram queimados no século XVIII como não verdadeira, por outro lado, eles eram presos às centenas no Palais Du Louxembourg e no Palais Royal (p. 174).

Frente a uma suposta paranoia dos homossexuais, Foucault diz que nos anos 1970 não se tratava de um delírio de perseguição imaginário, mas que "se sabia muito bem que os donos de bar ou de saunas eram agredidos pela polícia e que há um encadeamento complexo, eficaz e pesado – contra eles – de repressão policial" (p. 174).

Na expressão que diz que "os homossexuais estão em perigo mais do que são perigosos" Foucault diz não haver diferença

XXVIII Michel Foucault – Ditos e Escritos

de fundo em dizer que alguém está em perigo e que alguém é perigoso. Diz ele: "a mudança se faz logo: isso aconteceu com os loucos que foram colocados nos hospitais porque eles estavam em perigo na vida corrente" (p. 174). A existência de todos os mecanismos de vigilância, controle e observação leva a concluir não existir deslocamento entre "em perigo" para "perigoso".

A mobilização dos gays na França no início dos anos 1980 vai levar à dissolução do serviço encarregado de vigiar de forma especial os homossexuais. A existência de lugares que eram objeto de uma intervenção particular da polícia era inadmissível para Foucault, quando o elemento discriminatório era a prática de relações homossexuais. Foucault atribui importância especial a circular do ministro Deferre, que visava pôr fim a toda e qualquer discriminação dos homossexuais. É um ato político fundamental, mesmo que a circular não fosse de fato aplicada. Foucault prefere esta postura à de outros que falam de mais tolerância, sustentando discursos reacionários contra os homossexuais. Ele afirma que as medidas do Partido Socialista com Mitterrand no governo levaram à modificação de dispositivos legais, assim como o próprio código penal. No entanto estas mudanças não significavam o fim da luta. Era preciso continuar lutando até para tocar o que Foucault considera o núcleo do problema: "a lei e a polícia não têm nada a ver com a vida sexual dos indivíduos. A sexualidade, o prazer sexual não são critérios determinantes na ordem da polícia e da justiça" (p. 175).

Para Foucault a sexualidade não deve ser protegida como um tipo de "tesouro pessoal sobre o qual a força pública não deve e não pode intervir". Foucault pensa que ele deve ser "o objeto de uma cultura". Para ele, "o prazer sexual, como fator de criação de uma cultura é algo muito importante" (p. 175). O esforço deve então ser voltado para essa esfera. Quanto ao vídeo pornô, diz ele, a polícia nada tem a ver com o fato de as pessoas fazerem amor em tal ou qual posição. A perseguição contra imagens, velha tradição dos iconoclastas, presente em várias religiões ou confissões no Ocidente e no Oriente, é algo contra a qual é preciso lutar.

Frente à ação da polícia que deveria contentar a todos, seja os que desejam a liberalização, seja os que se opõem a ela, Foucault cita a experiência de Toronto, no Canadá. Nesta cidade, depois de um período de maior tolerância, a municipalida-

Apresentação à Edição Brasileira **XXIX**

de fechou um certo número de lugares e pôs em ação a justiça. O argumento justificativo foi: "estamos de acordo com uma liberalização, mas a comunidade à qual vocês pertencem não tolera excessos aos quais vocês se entregam: boates, S/M. saunas etc." (p. 175). Somos levados a nos colocar no meio destes conflitos e é bem claro que é a maioria que terá a última palavra (*idem*). Frente a esta postura, é preciso ser intransigente, não se pode estabelecer compromissos entre a tolerância e a intolerância, só se pode estar do lado da tolerância (*idem*). Não há equilíbrio possível entre os que perseguem e os que são perseguidos. Frente a esta questão, não se trata de estabelecer como alvo, ganhar milímetro por milímetro. No que tange a este aspecto da relação entre a polícia e o prazer sexual, diz Foucault: "é preciso ir longe e assumir posições de princípio".

A subversão das identidades e sua dimensão política

Foucault concedeu uma importante entrevista a B. Galagher e A. Wilson para a revista *Body politic*, de Toronto. Ele reafirma sua tese de que o movimento homossexual precisa hoje mais de uma "arte de viver do que conhecimento científico do que é a sexualidade" (p. 251). Esta faz parte de nossas condutas, assim como das liberdades que gozamos neste nosso mundo, onde vivemos. Foucault ressalta que "a sexualidade é uma criação nossa, mais do que, diz ele, a descoberta de nosso desejo. Esta dimensão do desejo é algo através do qual se instauram novas formas de relação, novas formas de amor e novas formas de criação" (*idem*). A sexualidade não é uma fatalidade. É algo que torna possível "chegar a uma vida criadora".

Não se trata da descoberta de uma identidade, "descobrir que somos homossexuais", mas de uma criação, criar um modo de vida gay. Um tornar-se gay" (p. 251).

A dimensão da sexualidade, da erótica, Foucault associa à estética e à ética, como uma esfera criativa. Diz ele: "quando se examina as diferentes maneiras como as pessoas experimentam sua liberdade sexual, a maneira como elas criaram suas obras de arte, é preciso constar que a sexualidade, tal como a conhecemos hoje, tornou-se uma das partes mais produtivas de nossa sociedade e de nossa era" (p. 252).

Foucault propõe uma extensão de nossa maneira de compreender a sexualidade, não apenas como "o segredo da vida

XXX Michel Foucault – Ditos e Escritos

intelectual criadora!", "mas algo que se inscreve na nossa necessidade, hoje, na atualidade, de criar uma nova vida cultural sob o pretexto de nossas escolhas sexuais"(p. 252). Foucault afirma ser preciso sustentar a importância para cada sujeito, cada indivíduo – "de ter a possibilidade escolher sua sexualidade" (*idem*). Os direitos individuais no que tange à sexualidade são muito importantes, e Foucault ressalta existirem muitos lugares e países onde eles não são respeitados. São questões ainda não resolvidas, e esta consideração vale ainda para nossa atualidade. Foucault diz ser correto afirmar que houve um verdadeiro movimento de liberação no início da década de 1970. Processo muito benéfico, tanto para a situação dos sujeitos quanto no que diz respeito às mentalidades. Foucault considera ser um processo em curso ainda não estabilizado. Trata-se, diz ele, de dar um passo adiante. A criação de "novas formas de vida, de relações, de amizades, na sociedade, na arte e na cultura" (p. 252), diz Foucault, estas novas formas vão se instaurar através de novas escolhas sexuais, éticas e políticas. Estas formas novas é que vão permitir uma estabilização. Não se trata apenas de defender-se, mas de uma afirmação, não apenas como identidade, mas como "força criadora" (*idem*).

Frente à hipótese de que esta posição se aproxima das tentativas do movimento feminista para criar uma linguagem própria e uma cultura também própria, Foucault diz não estar seguro de que o caminho a seguir seja exatamente este. Não se trata de criar uma cultura própria, isolada, mas diz Foucault: "devemos criar uma cultura" (*idem*). Realizar criações culturais. Toca-se, esbarra-se neste ponto no problema das identidades, ou do que podemos chamar as identificações. Foucault não sabe, não tem fórmulas, prescrições para dizer "o que faríamos para produzir essas criações (p. 253). Não sabe também que formas tomariam estas criações. Ele duvida de que a melhor forma de criação literária que se possa esperar dos homossexuais seja as que reconheçam uma espécie de essência gay. O essencialismo é algo que é preciso evitar. Pergunta Foucault: "o que seria uma pintura gay? Ele tem certeza, sim, de que a partir de nossas escolhas sexuais, éticas algo possa ser criado que tenha relação com a homossexualidade. No entanto esta criação não pode constituir uma tradução da homossexualidade no campo da pintura ou da música. Foucault pensa, aliás, que isto é impossível.

Referindo-se a inovações que acompanham certas práticas homossexuais que têm proliferado, quer seja nos filmes guetopornôs ou nos clubes S/M, particularmente a "subcultura S/M, Foucault não articula a expressão de algo imerso no inconsciente. Ele reivindica para esses modos de gozo o estatuto de uma "criação real de novas possibilidades de prazer" antes nunca imaginadas. Não se trata de uma violência profunda que seria liberada por essas práticas. Para Foucault: "o que estas pessoas fazem não é agressivo". Trata-se da invenção de novas possibilidades de prazer. É um empreendimento criativo. Para ele trata-se de uma "dessexualização do prazer". Foucault considera que nas práticas S/M que ele elogia há "a possibilidade de produzir prazer a partir de objetos muito estranhos, utilizando partes bizarras de nosso corpo" (p. 254). Trata-se de ultrapassar a assimilação do prazer ao sexo. A utilização do corpo "para uma multidão de prazeres", diz Foucault, "é muito importante". No campo dos prazeres físicos, ou da carne, na construção tradicional dos prazeres a constatação de que os prazeres "são sempre a bebida, a comida e o sexo" (*idem*). Limita-se aí a nossa concepção do corpo dos prazeres. Assim Foucault se frustra ao se encarar o problema das drogas apenas em termos de "liberdade e de interdição". Foucault diz com todas as letras que para ele "as drogas devem tornar-se um elemento de nossa cultura" (p. 254). Diz ele: "devemos estudar as drogas. Devemos experimentar as drogas". E Foucault avança: "devemos fabricar boas drogas capazes de produzir um prazer muito intenso" (*idem*). Para ele há um puritanismo em relação às drogas que implica que se seja a favor ou contra. Para ele esta é uma posição errônea. Assim como existem a boa e a má música, há drogas boas e más. Hoje, diz Foucault: "as drogas fazem parte de nossa cultura". E assim como não podemos dizer que somos "contra" a música, não podemos dizer que somos "contra as drogas". É preciso testar a possibilidade do prazer, que também deve fazer parte de nossa cultura. Foucault insiste que os movimentos de liberação falavam de desejo, e não de prazer. Este era o discurso dos indivíduos em geral, mas era também formulado por médicos e psiquiatras. Para Foucault trata-se de "criar novos prazeres". A este movimento se segue talvez o desejo, ligado sempre à interdição e à transgressão.

A questão da posição subjetiva frente às práticas sexuais, da constituição de certas identidades, relacionadas a práticas

XXXII   Michel Foucault – Ditos e Escritos

como o S/M, Foucault diz que, "quando a identidade é somente um jogo, se ela é somente um procedimento para favorecer relações", quer sejam relações sociais ou de prazer sexual, fontes de relações de amizades, ela é útil. Por outro lado, se a identidade se torna o problema maior da existência sexual, ela se torna uma obsessão dos que desejam "desvendar sua identidade própria. Foucault pensa que se volta a uma concepção ética muito próxima da "virilidade heterossexual tradicional". A identidade, se é que há que se voltar para ela, é, enquanto seres singulares, únicos. Enquanto "seres únicos", diz Foucault, "a relação que devemos manter com nós mesmos não deve ser marcada pela identidade: não são relações de identidade". Pelo contrário: devem ser relações de diferenciação, de criação, de inovação (p. 255). A identidade é marcada pelo fastio, pelo tédio. A identidade enquanto modalidade de prazer ou gozo para o sujeito não deve ser descartada. Porém, Foucault recusa que se considere "essa identidade como uma regra ética convencional" (p. 255).

Ainda que a identidade gay tenha sido útil politicamente Foucault considera que ela é uma limitação e que "temos (e podemos ter) o direito de ser livres" (p. 255).

A liberdade é que leva a desejar que as práticas dos gays sejam práticas de resistência política e social.

Há, no entanto o risco de que a estimulação do prazer leve ao controle. Foucault considera impossível pensar que não haverá exploração econômica e política das novas práticas. Com certeza, diz ele, haverá exploração de tudo o que for criado ou adquirido. Haverá exploração em um momento ou outro de tudo o que for criado de novo. É o que ocorre igualmente com a vida, com a luta, com a história. Do ponto de vista político e estratégico Foucault não pensa que a recuperação ou a exploração das novas liberdades seja "uma objeção a todos esses movimentos ou a todas essas situações" (*idem*). Foucault cita como exemplo o gueto S/M de São Francisco que constitui, diz ele, "uma identidade em torno do prazer". Ele chega a dizer, embora diz não ousar formulá-lo assim que se trata de um movimento dialético, estas coisas produzindo efeitos de compensação.

Foucault situa assim o aspecto positivo, produtivo das relações de poder. O poder está sempre presente. Onde ele está há luta, resistência. E mais: que não devemos pensar que estamos sempre presos em uma armadilha. Esta expressão não é para Foucault uma "expressão justa" (p. 256). Tratando-se de relações de poder estamos "uns em relação aos outros, em uma situação estratégica" (*idem*). Diz Foucault: "porque somos homossexuais, não estamos em luta contra o governo, e o governo está em luta contra nós. Quando tratamos com o governo, a luta, é claro, não é simétrica, a situação de poder não é a mesma, mas nós participamos juntos dessa luta" (p. 256). Foucault observa que um de nós leva vantagem sobre o outro. A extensão, o prolongamento desta situação, pode determinar o tipo de postura a tomar. E também influir na conduta, na postura do outro. Conclui Foucault: "Não estamos então presos em uma armadilha. Esta situação é o dado em que se dá qualquer luta. Isto quer dizer que sempre se pode mudar a situação. É uma possibilidade permanente. Não é possível nos colocarmos de fora da situação, em nenhum lugar estamos livres de toda relação de poder" (*idem*). Isto quer dizer que podemos sempre transformar a situação (*idem*). Não estamos "sempre presos em uma armadilha, mas, ao contrário, estamos sempre livres" (p. 258), diz Foucault.

A resistência é o que se pode procurar no interior das relações de poder. Sem resistência, não há relação de poder. Caso contrário, tudo seria uma questão de obediência. No momento em que o sujeito se depara com a situação de "não fazer o que ele quer" deve recorrer a relações de poder. Aqui situa-se a resistência, que vem em primeiro lugar e fica superior a todas forças do processo (p. 257), obrigando as relações de poder a mudar. Foucault considera o termo "resistência" a palavra mais importante, a palavra chave dessa dinâmica (*idem*).

A resistência no sentido de Foucault não significa apenas dizer não, ainda que o dizer não seja extremamente importante. A resistência consiste em um processo de criação, transformar a situação, ter uma participação ativa no processo. Trata-se de saber em que medida a subjetividade dominada pode criar seu próprio discurso. É preciso fazer do não, diz Foucault, "uma forma de resistência decisiva" (p. 257). "A resistência é para ele um elemento desta relação estratégica em que consiste o poder" (*idem*). A resistência não está apenas calcada no discurso dominante, mas de fato se apoia, sempre na realidade, na situação que ela combate. Assim diz Foucault no "movimento homossexual a definição médica da homossexualidade

XXXIV Michel Foucault – Ditos e Escritos

constitui uma ferramenta muito importante para combater a opressão de que era vítima a homossexualidade no fim do século XIX e no início do século XX (*idem*). Esta medicalização era simultaneamente um instrumento de opressão e de resistência, porque, ainda que constituísse um discurso ingênuo, as pessoas podiam afirmar: "se somos doentes por que vocês nos condenam e nos desprezam?". Este discurso era "à época, muito importante", diz Foucault.

Quanto à situação feminina Foucault observa que o fato de "durante séculos e séculos, isoladas na sociedade, frustradas, desprezadas de muitas maneiras lhes deu uma verdadeira possibilidade de constituir uma sociedade, certo tipo de relação social entre si, fora de um mundo dominado pelos homens" (p. 258). Foucault, ao tratar deste problema, refere-se ao livro de Lilian Faderman, *Surpassing the love of man*, "que levanta a questão de saber" que tipo de experiência emocional, que tipo de relações eram possíveis em um mundo no qual as mulheres não tinham nenhum poder social, legal ou político (p. 258). Este isolamento, esta ausência de poder, foi utilizado pelas mulheres, diz Faderman. Referindo-se ao S/M lésbico evocado pelo seu entrevistador Foucault considera que ele permitiu liberar-se de certo número de estereótipos da feminilidade que foram utilizados pelo movimento lésbico. Eles fizeram parte da estratégia utilizada no passado pelo movimento lésbico. Foucault considera que estas armas, ferramentas, estratégias estão possivelmente ultrapassadas. Neste sentido o S/M procura "desembaraçar de todos os velhos estereótipos da feminilidade, das posturas de "rejeição dos homens" (p. 258).

Assim o S/M que constitui uma erotização do poder, uma erotização de relações estratégicas (*idem*). O que surpreende Michel Foucault no S/M é a forma através da qual ele "diverge do poder social" (p. 259) A característica do poder é a de se constituir através de relações estratégicas estabilizadas em instituições. A mobilidade no quadro das relações de poder é limitada; Foucault observa então que algumas fortalezas são difíceis de derrubar. Sua institucionalização torna sua influência sensível nas instituições da justiça, nos códigos. Desta forma as relações entre os indivíduos se encontram engessadas. O que torna então interessantes as relações S/M, diz Foucault, é que, sendo uma relação estratégica e não a erotização e a dramatização de uma relação estratégica ela é sempre fluida.

Apresentação à Edição Brasileira **XXXV**

Se existem papéis, estas posições não são fixas e podem ser invertidas. No começo do jogo um pode ocupar o lugar do mestre e outro o do escravo; no fim do jogo o escravo pode se tornar mestre, e o mestre, escravo. Foucault já comentara antes este aspecto. Assim, mesmo quando há estabilidade dos papeis, ainda assim, como os protagonistas sabem que se trata de um jogo, é possível subverter, transgredir as regras, e pode também haver um pacto que regula certas manobras. Foucault diz que o grande interesse deste jogo estratégico é que ele pode ser fonte de prazer físico (p. 256).

Ele não constitui, no entanto, como muitos pensam, "uma reprodução, no interior das relações eróticas, da estrutura do poder" (*idem*). Trata-se de uma encenação das estruturas de poder feitas por um jogo estratégico que fornece prazer sexual e físico. Para Foucault é o campo na prática S/M da criação de prazer. A identidade do sujeito em jogo nesta criação. Por isto o S/M é uma subcultura.

Foucault lembra não ser a primeira vez que indivíduos utilizaram relações estratégicas para extrair prazer físico. A tradição do amor cortês na Idade Média e o modo com que o trovador se posicionava instauravam "relações entre a dama e seu amante" (p. 259). Na atualidade este jogo existe ainda "entre rapazes e moças que vão dançar sábado à noite" nas baladas. Nas relações heterossexuais estas relações estratégicas precedem o sexo. Sua finalidade única é chegar ao ato. No jogo S/M elas estão no interior da relação, fazem parte do sexo. É, diz Foucault, "uma convenção de prazer no interior de uma relação estratégica" (*idem*). No primeiro caso é a relação social que está implicada; no outro "é o corpo que é implicado" (*idem*). O interesse particular deste jogo reside no deslocamento do ritual da corte para o plano sexual.

Foucault ressalta na sua entrevista sobre a amizade concedida à revista *Gai pied* que a principal fonte de incômodo para as pessoas nas relações homossexuais não era tanto o ato sexual, mas o fato de ver as relações homossexuais afetivas se realizarem fora dos quadros normativos.

Por isso o problema da amizade interessa em especial a Foucault. Desde a antiguidade a amizade constitui uma relação social importantíssima onde relações afetivas podiam ser vividas de forma muito intensa.

XXXVI Michel Foucault – Ditos e Escritos

Só na Renascença e na época barroca é que surgiram textos que criticam a amizade, considerando-a perigosa. No quadro da burocracia pública, no sistema universitário, estas instituições não podem funcionar com amizades tão intensas. Foucault considera a construção destas instituições como "um esforço considerável para diminuir ou minimizar as relações afetivas" (p. 260). Foucault enfatiza especialmente, de forma bem particular, o caso das escolas. Na inauguração dos colégios secundários, que recebiam "centenas de jovens rapazes, um dos problemas foi saber como se podia impedi-los não somente de ter relações sexuais..., mas também de contrair amizades" (*idem*). Foucault considera como objeto particular de estudo as instituições dos jesuítas. Estes, diz Foucault, "compreenderam que lhes era impossível suprimir a amizade" (*idem*). O que fazer então? Vão tentar, simultanemente "utilizar o papel que exerciam o sexo, o amor, a amizade e limitá-lo" (p. 261). Assim, depois de estudar a história da sexualidade, é preciso compreender a história das amizades em um sentido plural. A hipótese de Foucault é que a homossexualidade se tornou um problema a partir do século XVIII, seja para a polícia, seja para o sistema jurídico, porque a amizade desapareceu" (*idem*). Enquanto a amizade representava algo de importante, foi socialmente aceita "ninguém se deu conta" – diz Foucault – "que os homens tinham entre si, relações sexuais" (*idem*). Estas relações eram culturalmente aceitas. Isso não tinha nenhuma importância" (*idem*). Que! fizessem amor ou se beijassem. Insiste Foucault, isto era irrelevante, era desprovido de qualquer implicação social, era culturalmente aceito. Quando desapareceu a amizade, como relação aceita do ponto de vista cultural, surge o problema: "o que fazem juntos os homens". Assim, ocorre hoje, quando os "homens fazem amor ou têm relações sexuais". Para Foucault o desaparecimento da amizade como relação social importante é o "fato de que a homossexualidade tenha sido declarada problema social, político e médico fazem parte do mesmo processo" (p. 261).

Frente à hipótese do movimento homossexual criar novas instituições Foucault considera ser uma questão capital, mas não propõe qualquer resposta fechada. Considera nossa tarefa, a de elaborar uma solução. E ele encerra suas considerações com uma análise de grande alcance que toca o que há de mais vivo na nossa atualidade política, cultural, que atinge o cerne

Apresentação à Edição Brasileira **XXXVII**

da subjetividade de nossa época. Ela é particularmente válida hoje na segunda década do século XXI, na era digital, das redes sociais e da internet, em que o Brasil megaestado inscrito em posição significativa no sistema mundial de poder – ao lado da China, da Índia, da Rússia e da África do Sul – se agita e se mobiliza com movimentos que compreendem as mulheres e os gays, e toca a saúde, a educação e, de forma particularmente crítica, a mobilidade urbana e os transportes. Foucault ressalta que "uma das grandes constatações que fizemos, desde a última guerra" (p. 262) foi a do "insucesso de todos os programas sociais e políticos" (*idem*). Ele lembra que nos demos conta de que as coisas não ocorriam nunca da forma descrita pelos programas políticos. E mais sério ainda que os programas políticos levavam de forma constante ou quase constante "a aberrações, seja a dominação por parte de um bloco, quer se trate de técnicos ou de burocratas ou de outros" (*idem*).

O que Foucault considera uma realização benéfica, uma das realizações das décadas de 1960 e 1970, foi que "alguns modelos institucionais foram experimentados sem programas" (*idem*). O que não quer dizer de forma cega, quanto ao pensamento, adverte Foucault. Ele recorda que na França houve muita crítica ao fato "de que diferentes movimentos políticos em favor da liberdade sexual, das prisões e da ecologia etc. não tinham programa" (p. 262). Na opinião de Foucault, não ter programa é algo que pode ser "muito útil, original e criativo" (*idem*). E também não quer dizer ausência de "reflexão verdadeira!" com o que acontece ou ausência de preocupação com o "impossível". Ele afirma que, desde o século XIX, as grandes instituições políticas e os grandes partidos confiscaram os processos de criação política (*idem*). O que quer dizer terem tentado "dar à criação política a forma de um programa político a fim de se apoderar do poder" (p. 262-263). Foucault afirma que devemos preservar o que ocorreu nos anos 1960 e 1970. O que fundamentalmente deve ser preservado é a "existência fora dos grandes partidos políticos e fora do programa normal ou ordinário de certa forma de inovação política, de criação política e de experimentação política" (p. 263).

Se é um fato que a vida cotidiana mudou dos anos 1960 até agora isto não se deveu aos partidos políticos, mas a "inúmeros movimentos" (*idem*). Foram os movimentos sociais que efetuaram uma "transformação em nossa mentalidade e em nossas

XXXVIII   Michel Foucault – Ditos e Escritos

atitudes", e mesmo transformaram, diz Foucault, a mentalidade e a atitude dos que não participaram destes movimentos. O que constitui, para ele, "algo muito importante e muito positivo" (*idem*). Não foram as velhas organizações políticas, mesmo que com novas bandeiras, que permitiram esta mutação.

O jogo e a aposta de Michel Foucault em sua problematização ética da sexualidade antiga e moderna

Foucault discutiu com Jacques-Alain Miller, Alain Grosrichard, Gérard Miller, Eric Laurent e Gerard Wajeman quando da publicação da *Vontade de saber*, o primeiro volume de sua história da sexualidade. Participaram também do debate Dominique Colas, Guy le Gauffray e Catherine Millot.

A entrevista será inicialmente publicada em *Ornicar*, revista dirigida por Miller que publicou também parte dos últimos seminários de Jacques Lacan, alguns até hoje inéditos, mas já estabelecidos por Jacques-Alain Miller como R.S. I. e L'insu qui sait. *Ornicar*, revista que existe até hoje, é ligada à ECF – Escola do Campo Freudiana fundada por Lacan e ao departamento de psicanálise da Universidade de Paris VIII. O campo freudiano vai tornar-se uma nebulosa europeia e latino-americana com a criação de sete escolas, como a EOL em Buenos Aires, a EBP, no Brasil, a Nel, além de escolas lacanianas na Espanha e na Itália, sem contar a New Lacanian School, voltada para o mundo anglo-saxão. Todas estas se agrupam e funcionam no interior da Associação Mundial de Psicanálise.

A conversação vai iniciada pela informação de que o projeto da história da sexualidade deveria ter seis volumes. Foucault ressalta que ele mudou a maneira de ordenar a sua interligação. Para livros como a história da loucura ou as "palavras e as coisas" ele "não tinha poupado nenhuma citação, nenhuma referência" (p. 44). Lembra ainda que levantaria problemas complexos que ficaram na maior parte do tempo sem resposta. Por isso ele ordenou de forma diversa *A vontade de saber!*. Trata-se de um "livro-programa, que ele compara a um queijo gruyère, cheio de furos, nos quais podemos nos alojar. Nele não se trata, diz Foucault de apresentar: Eis o que eu penso, porque ele não caminha em um terreno marcado pela certeza. Esta estratégia vai tornar-se ainda mais clara na elaboração dos vo-

Apresentação à Edição Brasileira **XXXIX**

lumes seguintes do projeto dedicados ao Uso dos Prazeres e ao cuidado de si em que a escansão temporal da pesquisa vai ser modificada por um retorno aos gregos e pela problematização do sujeito. Algumas das questões elaboradas na última parte da *Vontade de saber* dedicadas à biopolítica, à governamentalidade e ao governo de si vão ser tratadas de forma intensa nos cursos e principalmente em muitos artigos e entrevistas que iremos editar no décimo volume desta série.

Neste volume Foucault pretende ver no que escreve "até onde isso podia ser dito". Ele afirma não calcar sua postura nem numa astúcia nem numa retórica. Recorre a hipóteses.

Em primeiro lugar põe em questão a "hipótese repressiva que explicaria historicamente as atitudes frente à sexualidade na era burguesa". Foucault propõe aos lacanianos, psicanalistas e filósofos, jogarem o jogo que ele propõe no livro.

A primeira questão diz respeito à análise do título do livro-programa: fazer uma história da sexualidade. O que constitui este novo objeto histórico chamado sexualidade. Porque, observa Alain Grosrichard, não se trata de sexualidade como falaria um botânico ou um biólogo, tratada na história das ciências. Uma história da biologia estudada por F. Jacob tomou a sexualidade como ponto central de sua abordagem. Ela está a mil quilômetros de distância dos problemas estudados por Michel Foucault.

Na investigação de Foucault a sexualidade também não é tratada como o faz a história das ideias e dos costumes. Foucault introduz um novo sintagma: o dispositivo de sexualidade. Vê um novo conceito, um novo significante. Este conceito é para Foucault de "natureza essencialmente estratégica" (p. 47). Isso implica que se trata de "uma manipulação de relações de forças" (*idem*). Esta intervenção visa desenvolvê-las, deslocá-las ou estabilizá-las, ou ainda utilizá-las. Ele está constantemente articulado, inscrito em um "jogo de poder". Por outro lado, ele está ligado, observa Foucault, "a um ou alguns limites do saber" que nele nascem ou que o determinam. O dispositivo é assim um conjunto de estratégias, de relações de força, em formas de saber e que são apoiadas por elas. Foucault considera ter chegado a um impasse ao tentar escrever uma história das epistemes. Seu objetivo agora com o conceito de dispositivo "é muito mais geral" (p. 47). A episteme era para ele um dispositivo estruturalmente discursivo, enquanto o dispositivo

XL   Michel Foucault – Ditos e Escritos

é ao mesmo tempo discursivo e não discursivo, marcado por uma clara heterogeneidade.

Frente a essa heterogeneidade Jacques-Alain Miller observa que, na ordenação das epistemes Foucault já misturava tipos de enunciados muito diferentes "enunciados de filósofos, de sábios, enunciados de autores obscuros e de práticos que teorizavam (p. 47). Miller atribui a esta combinatória singular o efeito de surpresa obtido por Foucault, ainda que a análise ficasse sempre no nível do enunciado. Jacques-Alain Miller ressalta que, mesmo que Foucault pretenda ir além do discurso, esses novos conjuntos agregam muitos elementos articulados. Permanecem portanto "conjuntos significantes". Neste ponto ele questiona como seria possível atingir o não discursivo. Para Foucault ele procuraria quais elementos estariam em uma racionalidade. Miller questiona ainda a referência ao racional dada para o dispositivo, o que a seu ver seria um retorno ao conceito de episteme. Esta questão é a que leva M. Foucault a redefinir o conceito de episteme a partir do conceito de dispositivo (p. 48). Para ele a episteme é então o dispositivo estratégico que permite selecionar entre todos os enunciados possíveis os que vão poder ser aceitos no interior de um campo de cientificidade. Foucault não diz que esta seleção se faz no interior de uma teoria científica, mas em um campo que permite dizer que um enunciado é verdadeiro ou falso. Assim é o dispositivo epistêmico que permite separar o que se pode qualificar como científico e não científico.

Frente ao caráter heterogêneo do enunciado e ao campo do que seria não discursivo, Foucault afirma inicialmente que este campo seria o do comportamento obrigado, aprendido, que geralmente se situa como o do social não discursivo, chamado habitualmente de instituição. Miller observa, no entanto, que o campo da instituição é, evidentemente domínio do discursivo. Foucault desqualifica a distinção entre o discursivo e o não discursivo no que diz respeito ao dispositivo. Ele cita o projeto de Jacques-Ange Gabriel para a escola militar, perguntando: "o que é discursivo, o que é institucional?". Para Foucault esta questão só tem interesse se o edifício não se adéqua ao programa. Não se trata de um problema linguístico.

Grosrichard, retomando a questão do livro-programa, contrapõe na história da sexualidade proposta por Foucault, de um lado o dispositivo de sexualidade, dispositivo de poder, e

Apresentação à Edição Brasileira **XLI**

do outro o que ele chama "um objeto imaginário, historicamente datável, o sexo" (p. 49). Na sua "analítica do poder", Foucault chega a dizer que o poder não existe. O poder, na verdade, é para ele "relações, um feixe mais ou menos organizado, mais ou menos coordenado de relações" (*idem*). Ele contrapõe sua teoria ao procedimento de Boulainvilliers e de Rousseau, que partem ambos de um estado originário onde há igualdade entre todos os homens. Em seguida Boulainvilliers propõe uma inversão histórica, e o outro, Rousseau, um "acontecimento mítico-jurídico", ambos produzindo o poder e despojando as pessoas, os sujeitos de seus direitos; esta hipótese supõe sempre que o poder surge em um ponto e que temos que fazer a sua gênese. Por outro lado, se consideramos a hipótese que Foucault propõe de que "o poder é na realidade um feixe aberto, mais ou menos coordenado de relações" (p. 49), trata-se de dotar-se de uma grade de análise, para constituir uma analítica das relações de poder. A este campo plural, heterogêneo, descentralizado e disperso Grosrichard contrapõe Foucault a si próprio, citando o texto em que ele se propõe a estudar, após o Concílio de Trento, "por meio de que canais, deslizando ao longo de que cursos o poder chega às condutas mais tênues e mais individuais, que caminhos lhe permitem atingir as formas raras ou apenas perceptíveis do desejo" (*idem*). Nele se é levado a pensar em um poder que parte de um centro único e que gradualmente por contágio e cancerização vai alcançar "o que há de mais informe e mais periférico" (*idem*). Foucault considera esta metáfora de um centro inadequada, e ele tem como escusa tê-la aplicado apenas ao Concílio de Trento.

Para ele vê-se de forma geral como "as grandes estratégias de poder se incrustam, encontram suas condições de possibilidade e de exercício em microrrelações de poder" (p. 49-50). Mas observa Foucault, há sempre movimentos de volta. Estes fazem com que as estratégias, coordenadoras das relações de poder venham a produzir efeitos inéditos. Foucault cita especialmente, como exemplo, o aparecimento após o Concílio de Trento, em meados do século XVI, ao aparecimento ao lado das velhas técnicas da confissão, de novos procedimentos "que foram atualizados no interior da instituição eclesiástica" (p. 50). Que procedimentos são esses? Foram elaborados para os seminários e os conventos "técnicas minuciosas de colocação em discurso da vida cotidiana, do autoenxame, da confissão, da direção de consciência" (*idem*).

XLII Michel Foucault – Ditos e Escritos

Gérard Miller acrescenta que, na escala do conjunto da sociedade, existe a hipótese de que o poder não procede de cima para baixo e pode ser analisado como um conjunto de relações. Gerard Miller afirma, no entanto que em fins de contas os micropoderes funcionariam de cima para baixo. A esta hipótese Foucault responde que sim, na medida em que as relações de poder "são uma relação desigual, e relativamente estabilizada", ela implicaria de forma evidente, uma "diferença de potencial".

Foucault, no entanto, quis ressaltar que, para que exista um movimento de cima para baixo há necessidade, simultaneamente, de um movimento, de baixo para cima. Ele cita o caso da construção do poder real na França e dos aparelhos de estado que ele criou. Sua condição de possibilidade foi ancoragem do poder "nos corpos, nas relações de poder locais". O que chama a atenção de Foucault é que neste "processo não se deveria ver absolutamente uma simples projeção do poder central" (p 55). Foucault cita a forma pela qual o poder é representado nas sociedades ocidentais. Ele é efetivamente representado, diz ele, "de uma maneira mais ou menos constante, quer seja de cima para baixo ou de baixo para cima, sob uma forma jurídica, isto é, negativa" (p. 51). Ao que se contrapõe na história do Ocidente a linguagem amorosa, tal como aparece na literatura cortês, como observa Grosrichard. Ela não utiliza o código jurídico. Ainda como não deixe de falar de poder como indica em francês *maîtresse* (feminino de *maître*, senhor, dono, amante); Foucault explica este uso com a hipótese de Duby, que liga o surgimento da literatura cortês à existência na sociedade medieval dos juvenes (p. 52). Trata-se de jovens descendentes que não tinham direito a herança. Sua vida, portanto, deveria transcorrer "a margem da sucessão genealógica linear característica do sistema feudal" (*idem*). Os juvenes ficavam na expectativa de que ocorressem mortes entre os herdeiros do sexo masculino legítimos, "para que uma herdeira jovem fosse obrigada a obter um marido, capaz de tomar conta da herança e das funções que cabiam ao chefe da família. Ou o senhor, ou mesmo o rei, tendo como aposta mulher já apropriada". No período entre as guerras, nos momentos de lazer se teciam estas relações de poder. O esquema básico destas relações é um cavaleiro chega a um castelo para roubar a mulher do senhor do lugar. As relações corteses são assim o verso das relações de poder. Com o afrouxamento dos

Apresentação à Edição Brasileira **XLIII**

laços, nas próprias instituições, é um afrouxamento tolerado. Ele tem como produto, como efeito, estas lutas reais/fictícias presentes na temática cortês. É um jogo cênico que gira em torno das relações de poder, nos seus interstícios. Mas para Foucault não se trata de verdadeiras relações de poder.

Um aspecto das relações de poder ressaltado por certos textos de Foucault, na observação de Catherine Millot, é seu caráter anônimo. Ao falar dos dispositivos de conjunto ele diz que "aí a lógica é perfeitamente clara, as aspirações decifráveis, e no, entanto, acontece não haver mais ninguém para tê-las concebido e muito poucos para formulá-las: caráter implícito das grandes estratégias anônimas, quase mudas, que coordenam táticas loquazes cujos inventores ou responsáveis são quase sempre sem hipocrisia... (p. 51). Será possível conceber uma estratégia sem sujeito? Esta formulação se aproximaria da tese de Althusser, que concebe a história como um "processo sem sujeito".

Foucault cita como exemplo o aparecimento no século XIX, entre 1825 e 1830, de "estratégias bem definidas para fixar os operários das primeiras indústrias pesadas nos próprios locais onde trabalham" (p. 52). Eram tecnologias de poder, para evitar a mobilidade do trabalho. Ele cita o caso de Mulhouse, onde se criou uma pluralidade de táticas: pressão para que as pessoas se casem, fornecimento de alojamentos, construção de cidades operárias, indução ao endividamento, com o pagamento adiantado de aluguéis quando o salário só é pago no fim do mês. O discurso da filantropia é construído em torno de todos estes elementos, para moralizar a classe operária. Foucault lembra que a isto se agregam os problemas do salário das mulheres e a escolarização das crianças. Há assim uma multiplicidade de mecanismos de apoio (sejam os sindicatos dos patrões ou as câmaras de comércio) que estão entre as medidas tomadas no nível do parlamento que podem dizer respeito ao alojamento dos operários ou a escola. Assim todas estas relações se inventam, se modificam, se ajustam segundo as condições de tempo e lugar. Forma-se assim uma estratégia global que para Foucault se caracteriza pela coerência e racionalidade, e da qual não se poderá saber quem a concebeu (p. 53). Como pensar então, frente a este tipo de articulação, a função da classe social? Para Foucault a classe não é uma abstração, mas não se constitui também em um dado prévio. Para tornar-se dominante uma classe deve se dotar de "um certo número de táticas eficazes, refletidas" (p. 53).

XLIV   Michel Foucault – Ditos e Escritos

Essas táticas devem se inscrever, funcionar ligadas às "grandes estratégias que garantem esta dominação" (*idem*). Foucault diz que entre a estratégia que fixa, que conduz, multiplica, acentua as relações de força "há com a classe dominante laços de produção recíprocos". Foucault diz então ser lícito dizer que a estratégia de moralização do proletariado é burguesa. Equivale a estratégia que permite à burguesia "ser a classe burguesa e manter a sua dominação" (*idem*).

Foucault pensa, no entanto, que não atribuir a burguesia ter, "ao nível de sua ideologia ou de seu projeto econômico, agido como uma espécie de sujeito", diz ele, "ao tempo real e fictício e inventado e imposto a força esta estratégia a classe operária" (p. 53). Gerard Miller observa que se deveria distinguir entre os diferentes sujeitos implicados por esta estratégia, devendo-se distinguir os que a produzem dos que são a ela submetidos. Ainda que haja convergência entre as estratégias, pode-se perguntar se elas se confundem ou se singularizam. Foucault diz que a moralização da classe operária não foi "imposta nem por Guizot com sua legislação, nem por Dupin, em seus livros" (p. 54). Ela se impôs, foi feita porque constituía uma resposta a um "objetivo urgente de dominar uma mão de obra flutuante e vagabunda" (p. 54). Ele toma como exemplo a construção de um dispositivo centrado ao mesmo tempo na medicina e no direito, por um lado, e, por outro lado, no campo da penalidade. Por outro lado, vão se multiplicar os controles, as intervenções punitivas sobre os comportamentos e modos de ser dos sujeitos anormais. A consequência de tudo isto é a edificação de um "enorme edifício, ao mesmo tempo teórico e legislativo, construído em torno da degenerescência e dos degenerados" (p. 54). Intervém aí uma multiplicidade de sujeitos, quer da esfera administrativa, quer médica ou judiciária. Qual a causa da intervenção dos médicos no domínio penal, quando se haviam separado, faz pouco tempo, a psiquiatria das práticas do internamento. Foucault considera as afirmações dos médicos ao dizer: "Há crimes que nos dizem respeito, como a prova da existência de uma espécie de dinâmica imperialista da psiquiatria com pretensões a submeter o crime a sua racionalidade" (*idem*). Foucault afirma ter existido neste caso uma necessidade (que ele não identifica ao interesse) da psiquiatria que se tornou autônoma e que precisa "fundamentar sua intervenção fazendo-se reconhecer como parte da higiene pública" (p. 55).

Apresentação à Edição Brasileira **XLV**

Neste sentido ela não trata apenas da alienação mental, ela a reabsorve. Tinha que ter "um perigo a combater, como o de uma epidemia, de uma falta de higiene" (p. 55). Situa-se neste ponto a construção da monomania homicida. Esta visava demonstrar o perigo da loucura. A monomania trai a existência dos casos extremos da loucura, não perceptíveis aos olhos da população, do público, sem qualquer manifestação sintomática anterior, salvo "alguns resmungos perceptíveis apenas ao observador altamente experimentado". Ela podia explodir de forma totalmente inesperada em "um crime monstruoso" (p. 55). Perigo terrível, a loucura só pode ser prevista por médicos, inacessível à avaliação de sujeitos dotados apenas de bom senso. A monomania justifica fundamentalmente os direitos "exclusivos dos médicos a intervir sobre a alienação". Os magistrados aceitam apesar de tudo a intervenção médica. Para que a máquina punitiva possa ser eficaz deve agir sobre a individualidade, sobre o criminoso, e não sobre o crime, com o objetivo de corrigi-lo e de emendá-lo É preciso conhecer o sujeito que se pune quando se trata de prisão e não dos suplícios do antigo regime. A psiquiatria tem um espaço para intervir. Trata-se de uma estratégia que situa a intervenção médica como parte da higiene pública e não da integração de um organismo que o século XIX pensou segundo o modelo do positivismo.

Um paradoxo, no entanto, aparece detectado por Grosrichard e Miller: é no século XIX que se centraliza a sociedade e o estado, onde classes surgem como sujeito, e é neste ponto que Foucault parece indicar que há uma estratégia sem sujeito. É uma dificuldade do campo prático, não do campo teórico. No terreno da prática pergunta-se "quem combate?" e "contra quem?", diz Miller; são perguntas feitas necessariamente. Aqui não se pode deixar escapar a questão dos sujeitos. Foucault concorda com esta problematização dizendo que ela o preocupa. Observa que no que tange às relações de poder, pensa poder compreender muito melhor as relações entre o poder e a luta, particularmente a luta de classes. O que surpreende Foucault na maioria dos textos marxistas é que "se deixa sempre em silêncio (exceto, talvez, Trotski) o que se entende por luta quando se fala de luta de classes. O que quer dizer luta aqui? Confronto dialético, combate político pelo poder? Batalha econômica, guerra?" (p. 56). Questões que Foucault irá abordar também em seu curso "É preciso defender a socie-

XLVI   Michel Foucault – Ditos e Escritos

dade". Há uma última fórmula que ele já desenvolveu no capítulo "Método" deste primeiro volume, que ele discute com os psicanalistas da ECF, Jacques-Alain Miller, Eric Laurent, Gérard Miller e Gérard Wajeman. É a questão da sociedade civil atravessada pela luta de classes. Seria a guerra continuada por outros meios? O que é uma inversão da fórmula de Clausewitz. Ou sua ampliação, sua generalização. A questão das alianças, de quem são nossos amigos, quem são nossos inimigos, quem são os sujeitos que se opõem, como diz Miller, Foucault responde que sua hipótese é "todo mundo contra todo mundo". Para Foucault não há "imediatamente dados, dois lados, dos quais um seria o proletariado e o outro a burguesia" (p. 58). "Quem luta contra quem?", pergunta ele. Sua resposta é: "nós lutamos todos contra todos". A dimensão da divisão subjetiva ou não, é levada por Foucault ao extremo: "há sempre alguma coisa em nós que luta contra outra coisa em nós" (*idem*).

Miller interpreta esta leitura no sentido de "que só haverá coalizões transitórias, algumas desmoronariam imediatamente, enquanto outras durariam". Assim, "o elemento primeiro e último são os indivíduos" (*idem*). Foucault concorda e introduz mesmo a categoria de subindivíduos, partes de nós mesmos.

Assim surgem as estratégias de poder, que poderiam ser interpretadas como o fora "Vigiar e punir" pela revista *Nouvelle critique*, onde se afirmava ser a proposta perfeita demais para não conter mentiras. Na questão de Gérard Miller não são as mentiras que contam, mas no universo disciplinar, qual a parte do fracasso, da desordem ou do "bordel"? Foucault lembra que o encontro da psiquiatria e da magistratura se dá no meio da bagunça e do fracasso. Na construção do problema, ao apresentar as questões em termos de estratégias, para explicar a vitória ou a derrota ele apresenta as razões pelas quais essas funcionaram ou aguentaram. Esta abordagem pode dar a impressão de que é muito bonito para ser verdade (p. 58).

Quanto ao que seria o sexo na história ele, ao redigir uma primeira versão da história da sexualidade, pensa primeiro abordá-lo a partir do par conceitual sexo e verdade, na versão que mostrou a François Regnault.

Eis sua questão: o que ocorreu na cultura ocidental para que "a questão da verdade possa ser colocada a propósito do prazer sexual?" (p. 59). A problemática da verdade, ele a perseguia desde a "história da loucura". Era a questão fundamental

Apresentação à Edição Brasileira **XLVII**

dos discursos verdadeiros, tanto no que tange à loucura quanto à sexualidade. Foucault explica que redigiu várias vezes o que será a história da sexualidade. Era algo que não lhe parecera muito seguro. Se o "sexo é que parece ser uma instância que tem suas leis, suas pressões, a partir do que se definem tanto o sexo masculino quanto o sexo feminino" (p. 59), Foucault se pergunta se, pelo contrário, ele não seria algo produzido pelo discurso da sexualidade. Assim este dispositivo seria aplicado, inicialmente ao "corpo, aos órgãos sexuais, aos prazeres e às relações de aliança" (p. 60).

Conjunto heterogêneo, como observa Miller, recoberto pelo dispositivo de sexualidade. Este, conclui Foucault "produziu um fecho de abóbada, de seu próprio funcionamento, a ideia de sexo" (*idem*).

Assim, se a sexualidade aparece no século XVIII, haveria um outro ponto fundamental, que se encontra na antiguidade em Tertuliano, que elaborara a problemática da carne, escapando ao dualismo dos gnósticos.

Miller definiu que, ao situar Tertuliano como ponto capital, se tratou de estabelecer um *continuum* que apagaria o papel fundamental de Freud. Para Foucault a história dos corteses e dos não corteses é sempre, ao mesmo tempo, um ponto de partida e uma coisa "muito relativa" (p. 60). Antes Miller já marcara a atitude crítica de Foucault frente à interpretação de Althusser do corte operado por Marx, fundando o campo teórico da história. Foucault diz claramente que se trata de uma operação teórica orientada por uma aposta, um jogo, depois de falar do corte que inaugura a medicina clínica moderna que ele estudou no "nascimento da clínica". Diz que: "aqui, por razões que são de conjuntura, já que todo mundo insiste no corte, podemos fazer girar a câmara e partamos de algo que é tão constatável quanto o corte, com a condição de pegar outras referências" (p. 61). Então ele faz referência à máquina da confissão, com sua "formidável mecânica", que fizeram aparecer Freud e a psicanálise como um episódio (*idem*). Miller diz ser a confissão um troço, uma máquina que engole uma quantidade enorme de... eventos, relações. Foucault diz que vai procurar estabelecer as transformações desta máquina. O que para Jacques-Alain Miller não seria colocado em Freud. Este jogo, Foucault admite que "ele exclui, sem dúvida, para mim que Freud apareça como o corte radical a partir do qual

XLVIII Michel Foucault – Ditos e Escritos

todo o resto deve ser pensado" (p. 61). Ele se refere ao esquema de sua análise em que Freud terá um lugar no dispositivo geral que será produzido a partir do século XVIII. Trata-se do dispositivo de sexualidade que surge devido a razões históricas e econômicas. A parte que cabe a Freud é ter "virado como uma luva a teoria da degenerescência" (p. 62). Forma diversa daquela com se figura o "corte freudiano como acontecimento de cientificidade" (*idem*).

Miller ressalta que Foucault acentuou o caráter artificial de seu procedimento, e que este depende da escolha das referências e da conjuntura. Com o que Foucault concorda. Trata-se de algo fabricado, de um trabalho com os efeitos de verdade de uma ficção. Ela possui um objetivo polêmico. É uma intervenção capaz, em certos casos, dirá Miller no *Sobrinho de Lacan* (Forense Universitária), de transformar as relações sociais.

Miller pergunta então a Foucault "que efeitos você pretende obter a respeito da psicanálise?" Foucault responde lembrando um certo discurso comum, corrente, que diz que "na história ordinária pode-se ler que a sexualidade tinha sido ignorada pela medicina e, principalmente, pela psiquiatria, e que, enfim, Freud descobriu a etiologia sexual das neuroses". Ele afirma que este enunciado não é verdadeiro e que o problema da sexualidade estava inscrito na medicina e na psiquiatria do século XIX de uma maneira manifesta e maciça (p. 62). Freud não teria feito nada mais do que "tomar ao pé da letra o que tinha ouvido, uma noite Charcot dizer 'é mesmo de sexualidade que se trata'". Foucault observa que o forte da psicanálise é ter recaído sobre algo "completamente diferente", que é a "lógica do inconsciente" (p. 62). Neste ponto, a sexualidade deixa de ser o que era no início. Miller observa que, no que Foucault evoca, se trata de Lacan. Ao que Foucault completa: Freud e Lacan. E que o importante não são "os três ensaios sobre a sexualidade", mas a *Traumdeutung*. Ou como diz Jacques-Alain Miller, não a teoria do desenvolvimento, mas a lógica do inconsciente (*idem*). Não se trata do "segredo sexual por trás da neurose e das psicoses, é uma lógica do inconsciente". Miller afirma ser "muito lacaniano opor a sexualidade e o inconsciente. Este é um axioma da lógica lacaniana, que afirma, aliás, "não há relação sexual". Axioma que Foucault diz que não sabia existir.

Esta fórmula, prossegue Miller, implica uma impossibilidade: a de que a sexualidade seja histórica no sentido em

Apresentação à Edição Brasileira **XLIX**

que tudo é. A história da sexualidade não pode se situar no mesmo plano que a história do pão. Foucault diz existir uma história da loucura, coisa como ele a explicitou em sua obra. Esta se tornaria possível no momento em que "o louco deixou de aparecer como a máscara da razão", quando passou a ser inscrita como um "outro prodigioso", presente em qualquer sujeito humano, detendo em parte, ou o essencial "dos segredos da razão" (*idem*). Quanto à sexualidade afirma Foucault que no dia em que se disse ao homem: com o teu sexo você não vai simplesmente produzir prazer, mas vai fabricar a verdade, a verdade que será a tua verdade. E Foucault invoca Tertuliano. Miller retruca dizendo que neste ponto Foucault está ainda procurando uma origem (*idem*).

Foucault diz que esta elaboração visa um efeito cômico. Ao que Miller pergunta onde situar algo sério. Ele afirma poder fazê-lo encontrando algo na cultura grega clássica, em Eurípedes, em alguns elementos da cultura judaica e em outros da filosofia alexandrina, além da concepção da sexualidade dos estoicos. O essencial, no entanto, concerne ao que foi dito ao sujeito quanto ao seu sexo, que aí havia o segredo de sua verdade.

"Foucault insiste no caráter panorâmico do primeiro volume, onde fala de algo "dificilmente negável: o procedimento regrado da confissão do sexo, da sexualidade e dos prazeres sexuais". Há, por outro lado, no século XVIII, um refinamento do procedimento, das técnicas da confissão. Miller pergunta se durante este longo período o conceito de verdade permaneceu o mesmo e se nesta construção, "por mais divertido que seja, deixa passar o essencial". Que as malhas desta rede de noções e categorias são malhas largas demais e que nelas todos os peixes podem passar. Não se trata de um microscópio na análise, mas de um telescópio. E Jacques-Alain Miller interroga Michel Foucault a respeito de sua expectativa, porque só esta tornaria possível compreender este tipo de grade analítica. Foucault concorda que o termo confissão na sua obra tem um sentido amplo demais. No entanto há no seu trabalho "um conteúdo bastante preciso". Trata-se de situar "todos estes procedimentos pelos quais se incita o sujeito a produzir sobre sua sexualidade um discurso de verdade capaz de ter efeitos sobre o próprio sujeito". Miller afirma que esta resposta lhe parece insatisfatória por causa dos conceitos enormes que Foucault põe em jogo.

L   Michel Foucault – Ditos e Escritos

Pergunta também se ele não vê na "interpretação dos sonhos uma ligação entre o sexo e o discurso uma relação verdadeiramente inédita" (p. 66). O que Foucault julga política, mas considera também inédita, a relação estabelecida após o Concílio de Trento. É o que constitui o problema para Miller, a afirmação de que a psicanálise já exista entre os diretores de consciência. Este resolve então propor a Foucault questões sobre o movimento das mulheres e dos homossexuais. Frente aos movimentos de liberação sexual Foucault insiste que seu livro visa demonstrar que o dispositivo de sexualidade existe há muito tempo e acarreta uma sujeição milenar. Para Foucault nos movimentos de liberação da mulher "não é que eles tenham reivindicado a especificidade da sexualidade", mas que tenham "partido do próprio discurso que era mantido no interior do dispositivo de sexualidade" (p. 68). Eles chegam a um verdadeiro descentramento do problema sexual para "reivindicar formas de cultura, de discurso, de linguagem, que não são mais essa espécie de atribuição e de fixação a seu sexo, que elas precisaram, de algum modo, politicamente bem, aceitar para se fazer ouvir".

Foucault diz que os movimentos homossexuais americanos partiram também deste desafio. Mas a fixação dos homossexuais à especificidade sexual é muito mais forte.

Nesse debate Foucault diz que pretende ver até onde isso pode levar. Esta postura aberta vai ser mais do que confirmada na mudança de programa que vai se notar quando Foucault fizer um recuo histórico para começar a tratar a problematização da sexualidade a partir dos gregos no segundo e no terceiro volumes. Uma parte das pesquisas que tratam da biopolítica vai ser efetivamente desenvolvida no seu curso. Mas a problemática do sujeito e sua hermenêutica vão constituir uma virada que se consolidará nos anos seguintes. O décimo volume dos *Ditos e Escritos* tratará destas questões, centradas ainda na questão da verdade e da subjetividade, associadas ao diagnóstico de nosso presente.

A questão do casamento para todos, no quadro da crise da sociedade centrada no pai

Michel Foucault levou bem longe a crítica ao modelo supostamente normal da relação heterossexual. Nele os fatores

Apresentação à Edição Brasileira LI

ligados à religião são extremamente importantes, e não foi por acaso que Foucault insistiu nos aspectos disciplinares da confissão e da direção de consciência no cristianismo. A legalização na França do casamento gay veio pôr luz na radicalidade desta perspectiva. Neste debate recente sobre o casamento para todos na França, centrado especialmente no casamento gay, mas com implicações muito mais amplas, Mireille Hervieu Leger notou não ser estranho que a Igreja Católica fizesse entender sua voz. Mais importante ainda de ser notado foi o cuidado com que ela se absteve de fazer referência a qualquer interdito religioso. Para recusar a ideia de casamento homossexual, diz Hervieu, a Igreja "evoca com efeito" uma antropologia "que sua expertise em humanidade lhe daria direito a dirigir-se a todos os homens, e não apenas aos fiéis (*Le monde*, 13.01.2013). Qual é o núcleo desta mensagem universal? Ela é a afirmação de que família conjugal – constituída de um pai (macho), de uma mãe (feminina) e crianças que procriam juntos – "é a única instituição natural suscetível de fornecer ao laço entre cônjuges, pais e filhos, as condições de sua realização" (*idem*).

Ela seria regulada por um desejo natural, regulado pela figura do pai. A Igreja recorreria aqui a um modelo da família que teria seu suporte na psicanálise. Mas quanto a isto o que Lacan vai revelar? Em primeiro lugar, que o desejo não é uma função biológica. O desejo nada tem a ver com o instinto, guia de vida infalível para as espécies animais e que os conduz direto ao fim de que ele precisa para a sobrevivência da espécie. O desejo, assim, não é coordenado por um objeto natural – seja ele homem ou mulher – e que suas coordenadas são fantasmáticas. Devido a isto o desejo é extravagante. É inapreensível para quem deseja controlá-lo. Ele prega peças em todo mundo. Mas também o desejo, se não é reconhecido, fabrica sintomas. Assim a função de uma análise é decifrar este desejo que o sujeito porta na mensagem de seu sintoma.

Mas por outro lado se o desejo desencaminha, ele suscita também em contrapartida a invenção de artifícios que têm o papel de verdadeiras bússolas. Diversa das bússolas com uma orientação fixa nas espécies naturais. Múltiplas são as bússolas entre os sujeitos humanos, no *falasser*, no ser falante. Estas bússolas são montagens significantes, discursos. Estes dis-

LII   Michel Foucault – Ditos e Escritos

cursos dizem como é preciso se reproduzir, como gozar, como pensar. São ideais comuns a que o fantasma de cada sujeito não se adapta, porque ele é irredutível aos ideais comuns. A bússola comum de nossa civilização até uma época recente indica um norte invariante: o Pai. O patriarcado, como o indica a Igreja até recentemente, era um invariante antropológico. Seu declínio se acelerou com a igualdade de condições entre os sexos, a expansão como potência do capitalismo, o desenvolvimento acelerado da tecnologia. Com isto a Idade do Pai está terminando. Assistimos a implantação de um novo discurso que supera o antigo. A inovação vai ocupar o lugar da tradição. Em lugar da hierarquia, estabelecem-se as redes. A atração do futuro vai ter mais peso do que o passado. O feminino avança sobre o viril. A antiga ordem, aparentemente imutável é atingida por vagas e mutações ultrapassando suas fronteiras. Neste ponto a época freudiana, marcada pelo Pai, que Foucault contestava, chega a seu fim. É o que o último Lacan, como lembra Miller, anuncia. Freud era da época do Pai. Lacan seguiu o caminho aberto por Freud, mas concluiu que o Pai é um sintoma. É o que ele demonstrou com o exemplo de Hamlet.

Em geral, reteve-se de Lacan a formalização do nome do Pai, o ter acentuado a função do Nome-do-Pai. Mas este era apenas seu ponto de partida. O Édipo não era a solução única do desejo, mas apenas sua forma normalizada, sua prisão. Esta forma é patógena e não esgota em todo o sentido o papel do desejo. E há ainda o papel de gozo, outra bússola, infalível esta, frente ao desejo. A questão dos gays situa-se neste ponto, a forma singular dos encontros permite estabelecer laços com um e outro sexo. A rebelião contra a manutenção da ordem social patriarcal está ai. Os conformismos sociais do casamento, cujo modelo vem da Idade Média, se esgotam hoje.

Mesmo o Pai tem que ser interpretado em termo de perversão, segundo Lacan, a diferença de Freud que o salva.

Assim, frente à instrumentalização da psicanálise na questão do casamento para todos, os psicanalistas da ECF e muitos da AMP declararam que "nada na experiência analítica pode validar uma antropologia calcada no livro do Gênesis; que a estrutura edipiana isolada por Freud *não* constitui um invariante antropológico; que, ao nível do inconsciente, os dois sexos não são ligados por qualquer complementaridade imaginária, o que exprime o aforismo de Lacan: "a relação sexual não existe"; que cabe a cada ser falante encontrar as vias de seu desejo, que são singulares, distorcidas, marcadas pela contingência e desencontros: que alguns se apoiam em uma crença religiosa e que outros as dispensam: os analistas não têm que se manifestar quanto a isto.

Manoel Barros da Motta

1976

O Ocidente e a Verdade do Sexo

"L'Occident et la vérité du sexe", *Le Monde*, n. 9.885, 5 de novembro de 1976, p. 24.

Um inglês, que não deixou nome, escreveu, ao final do século XIX, uma imensa obra que foi impressa com uma dezena de exemplares; jamais foi posta à venda e acabou por encalhar com alguns colecionadores ou em raras bibliotecas. Trata-se de um dos livros mais desconhecidos, intitulado *My secret life* [Minha vida secreta]. O autor faz nele o relato meticuloso de uma vida que ele havia consagrado essencialmente ao prazer sexual. Noite após noite, dia após dia, ele conta até suas menores experiências, sem pompa, sem retórica, só com a preocupação de dizer o que tinha acontecido, como, com que intensidade e com que qualidade de sensação.

Apenas com este cuidado? Talvez. Porque dessa tarefa de escrever o quotidiano de seu prazer ele fala, frequentemente, como de um puro dever. Como se se tratasse de uma obrigação secreta, um pouco enigmática, à qual ele não se recusaria submeter-se: *é preciso dizer tudo*. E, no entanto, há outra coisa: para esse inglês obstinado, trata-se nesse "jogo-trabalho" de combinar da forma mais exata uns com os outros o prazer, o discurso verdadeiro sobre o prazer e o prazer próprio ao enunciado dessa verdade; trata-se de utilizar esse diário – seja relendo-o em voz alta, seja escrevendo-o simultaneamente – no desenrolar de novas experiências sexuais, segundo as regras de certos prazeres estranhos em que "ler e escrever" teriam uma função específica.

Steven Marcus[1] consagrou a esse obscuro contemporâneo da rainha Vitória algumas páginas notáveis. Não seria muito

---

1 Marcus (S.), *The other victorians. A study of sexuality and pornography in mid-nineteenth century England*, Nova York, Basic Books, 1966.

2 Michel Foucault – Ditos e Escritos

ousado, da minha parte, ver nele um personagem da sombra, colocado do "outro lado" em uma idade de pudicícia. Seria uma compensação discreta e zombeteira sobre o pudor da época? Ele parece-me situado no ponto de convergência de três linhas de evolução muito pouco secretas em nossa sociedade. A mais recente é a que dirigia a medicina e a psiquiatria da época para um interesse quase entomológico para as práticas sexuais, suas variações e todo o seu disparate: Krafft-Ebing[2] não está longe. A segunda, mais antiga, é a que, desde Rétif e Sade, inclinou a literatura erótica para a busca dos seus efeitos não somente na vivacidade ou na raridade das cenas que ela imaginava, mas na pesquisa obstinada de certa verdade do prazer: uma erótica da verdade, uma relação do verdadeiro ao intenso são características dessa nova "libertinagem" inaugurada no fim do século XVIII. A terceira linha é a mais antiga; ela atravessou, desde a Idade Média, todo o Ocidente cristão: é a obrigação estrita para cada um de ir procurar no fundo do seu coração, pela penitência e pelo exame de consciência, as pistas até imperceptíveis da concupiscência. A quase clandestinidade de *My secret life*[3] não deve iludir; a relação do discurso verdadeiro com o prazer do sexo foi uma das preocupações constantes das sociedades ocidentais. E isso, há séculos.

*

O que não se terá dito sobre essa sociedade burguesa, hipócrita, pudibunda, avara de seus prazeres, obstinada em não querer nem reconhecê-los nem nomeá-los? O que não se terá dito sobre a mais pesada herança que ela teria recebido do

---

2 Krafft-Ebing (R. von), *Psychopathia Sexualis: eine klinisch-forensische Studie*, Stuttgart, Ferdinand Enke, 1886. A segunda edição desenvolveu o estudo da "sensibilidade sexual contrária": *Psychopathia Sexualis, mit besonderer Berücksichtigung der conträren Sexualempfindung. Eine klinisch-forensische Studie*, Stuttgart, Ferdinand Enke, 1887. A obra, disponível em francês, é, na realidade, a tradução da nova edição elaborada e aumentada por Albert Moll, em 1923, a partir da 16ª e da 17ª edições alemãs: *Psychopathia Sexualis. Étude médico-légale à l'usage des médecins et des juristes* (trad. R. Lobstein), Paris, Payot, 1969.

3 *My secret life* (anônimo), Amsterdã, 1890, 11 v. (reed. por Grove Press, em 1964). Em francês, apareceram extratos sob o título *My secret life. Récit de la vie sexuelle d'un Anglais de l'époque victorienne* (trad. C. Charnaux, N. Gobbi, N. Heinich, M. Lessana), com um prefácio de Michel Foucault (ver nº 188, v. III da edição francesa desta obra), Paris, Les Formes du Secret, 1977.

1976 – O Ocidente e a Verdade do Sexo 3

cristianismo – o sexo-pecado? E sobre a maneira como o século XIX utilizou essa herança para fins econômicos: o trabalho mais do que o prazer, a reprodução das forças mais do que o puro gasto das energias? E se não estivesse aí o essencial? Se houvesse, no centro da "política do sexo", engrenagens bem diferentes? Não de recusa e de ocultação, mas de incitação? Se o poder não tivesse por função essencial dizer não, proibir e censurar, mas ligar, segundo uma espiral indefinida a coerção, o prazer e a verdade?

Pensemos somente no zelo com o qual nossas sociedades multiplicaram, há vários séculos agora, todas as instituições que são destinadas a extorquir a verdade do sexo e que produzem por isso mesmo um prazer específico. Pensemos na enorme obrigação da confissão e em todos os prazeres ambíguos que, ao mesmo tempo, a perturbam e a tornam desejável: confissão, educação, relações entre pais e filhos, médicos e doentes, psiquiatras e histéricos, psicanalistas e pacientes. Diz-se, às vezes, que o Ocidente jamais foi capaz de inventar um só novo prazer. De nada vale a voluptuosidade de investigar, acossar, interpretar, em suma, o "prazer de análise", no sentido amplo do termo?

Mais do que uma sociedade dedicada à repressão do sexo, eu veria a nossa dedicada à sua "expressão". Que me perdoem essa expressão desvalorizada. Eu veria o Ocidente obstinado a arrancar a verdade do sexo. Os silêncios, as barragens, as escapadas não devem ser subestimados; mas eles só puderam formar-se e produzir seus temíveis efeitos no fundo de uma vontade de saber que atravessa toda a nossa relação com o sexo. Vontade de saber a tal ponto imperiosa, e na qual estamos tão envolvidos, que chegamos não somente a buscar a verdade do sexo, mas a perguntar-lhe sobre nossa própria verdade. É ele quem deve dizer-nos o que é feito de nós. De Gerson a Freud, toda uma lógica do sexo se construiu, organizando a ciência do assunto.

Imaginamos de bom grado pertencer a um regime "vitoriano". Parece-me que nosso reino é antes o imaginado por Diderot em *Les bijoux indiscrets* [As joias indiscretas]: certo mecanismo, dificilmente visível, faz o sexo falar com uma conversa quase inesgotável. Estamos em uma sociedade do sexo que fala.

*

4 Michel Foucault – Ditos e Escritos

Será, assim, talvez, necessário interrogar uma sociedade sobre a maneira como se organizam nela as relações do poder, da verdade e do prazer. Parece-me que se podem distinguir dois regimes principais. Um é o da *arte erótica*. A verdade aí é extraída do próprio prazer, recolhido como experiência, analisado segundo sua qualidade, seguido ao longo de suas reverberações no corpo e na alma, e esse saber quintessenciado é, sob o selo de secreto, transmitido por iniciação magistral aos que se mostraram dignos e que saberão dele fazer uso no próprio nível do seu prazer, para intensificá-lo e torná-lo mais agudo e mais acabado.

A civilização ocidental, há séculos, em todo caso, não conheceu arte erótica; ela ligou as relações do poder, do prazer e da verdade de um modo totalmente diferente: o de uma "ciência do sexo". Tipo de saber no qual o que é analisado é menos o prazer do que o desejo; no qual o mestre não tem por função iniciar, mas interrogar, escutar, decifrar; no qual esse longo processo não tem como finalidade uma majoração do prazer, mas uma modificação do sujeito (que se acha assim perdoado ou reconciliado, curado ou liberto).

Dessa arte a essa ciência, as relações são muito numerosas para que se possa dela fazer uma linha de divisão entre os dois tipos de sociedade. Que se trate da direção da consciência ou da cura psicanalítica, o saber do sexo carrega com ele imperativos de segredo, certa relação com o mestre e todo um jogo de promessas que o aparentam, ainda, à arte erótica. Acredita-se que, sem essas relações confusas, alguns comprariam tão caro o direito biebdomadário de formular laboriosamente a verdade de seu desejo e de esperar com toda a paciência o benefício da interpretação?

Meu projeto seria fazer a genealogia dessa "ciência do sexo". Tarefa que nem tem por ela mesma a novidade, eu o sei; muitos hoje se aplicam a isso, mostrando quanta recusa, ocultações, medos, desconhecimentos sistemáticos mantiveram por muito tempo à margem todo um saber eventual do sexo. Mas eu gostaria de tentar essa genealogia em termos positivos, a partir das incitações, dos lugares, das técnicas e dos procedimentos que permitiram a formação desse saber; eu gostaria de seguir, a partir do problema cristão da carne, todos os mecanismos que induziram sobre o sexo um discurso de verdade e organizaram em torno dele um regime misto de prazer e de

1976 – O Ocidente e a Verdade do Sexo   5

poder. Na impossibilidade de seguir globalmente essa gênese, tentarei, em estudos distintos, situar algumas de suas estratégias mais importantes, a respeito das crianças, a respeito das mulheres, a respeito das perversões e a respeito da regulação dos nascimentos.

A questão que se apresenta tradicionalmente é esta: por que o Ocidente culpabilizou por tanto tempo o sexo, e como no fundo dessa recusa ou desse medo chegou-se a lhe apresentar, com o auxílio de muitas reticências, a questão da verdade? Por que e como, desde o fim do século XIX, empreendeu-se retirar uma parte do grande segredo, e isso com uma dificuldade sobre a qual a coragem de Freud ainda testemunha?

Eu gostaria de fazer uma interrogação totalmente diferente: por que o Ocidente se perguntou continuamente sobre a verdade do sexo e exigiu que cada um a formulasse para si? Por que quis ele com tanta obstinação que nossa relação com nós mesmos passasse por essa verdade? Devemos, então, nos surpreender que, no início do século XX, tenhamos sido pegos por uma grande e nova culpabilidade, que começamos a sentir uma espécie de remorso histórico que nos fez acreditar que há séculos estávamos em falta em relação ao sexo.

Parece-me que nessa nova culpabilização, de que parecemos tão apreciadores, o que é sistematicamente desconhecido é justamente essa grande configuração de saber que o Ocidente não deixou de organizar em torno do sexo, por meio de técnicas religiosas, médicas ou sociais.

Suponho que concordem comigo nesse ponto. Mas logo me dirão: "Esse grande barulho em torno do sexo, essa preocupação constante, só teve, no entanto, até o século XIX pelo menos, um objetivo: proibir o livre uso do sexo." Com certeza, o papel dos interditos foi importante. Mas o sexo é inicialmente e antes de mais nada proibido? Ou os interditos não são senão armadilhas no interior de uma estratégia complexa e positiva?

Toca-se aí em um problema mais geral que será necessário tratar como contraponto dessa história da sexualidade, o problema do poder. De uma maneira espontânea, quando se fala do poder, ele é concebido como lei, como interdito, como proibição e repressão; e ficamos desarmados quando se trata de segui-lo em seus mecanismos e seus efeitos positivos. Certo modelo jurídico pesa sobre as análises do poder, dando um privilégio absoluto à forma da lei. Seria necessário escrever

6 Michel Foucault – Ditos e Escritos

uma história da sexualidade que não seria comandada pela ideia de um poder-repressão, de um poder-censura, mas pela ideia de um poder-incitação, de um poder-saber; seria necessário afastar o regime de coerção, de prazer e de discurso que é não inibidor, mas constitutivo desse domínio complexo que é a sexualidade.

Gostaria que essa história fragmentária da "ciência do sexo" pudesse valer igualmente como o esquema de uma analítica do poder.

1977

Prefácio

Préface (trad. F. Durand-Bogaert), *in* Deleuze (G.) e Guattari (F.), *Anti-Œdipus: Capitalism and Schizophrenia*, Nova York, Viking Press, 1977, p. XI-XIV.

Durante os anos 1945-1965 (falo da Europa), havia certa maneira correta de pensar, certo estilo de discurso político, certa ética do intelectual. Era preciso estar familiarizado com Marx, não deixar seus sonhos vagabundearem muito longe de Freud e tratar os sistemas de signos – o significante – com o maior respeito. Tais eram as três condições que tornavam aceitável essa singular ocupação que é o fato de escrever e de enunciar uma parte de verdade sobre si mesmo e sobre sua época. Depois vieram cinco anos breves, apaixonantes, cinco anos de júbilo e de enigma. Às portas do nosso mundo, o Vietnã, evidentemente, e o primeiro grande golpe contra os poderes constituídos. Mas aqui, no interior de nossos muros, o que acontecia exatamente? Um amálgama de política revolucionária e antirrepressiva? Uma guerra mantida em duas frentes – a exploração social e a repressão psíquica? Uma ascensão da libido modulada pelo conflito de classes? É possível. O que quer que seja, foi por essa interpretação familiar e dualista que se pretendeu explicar os acontecimentos desses anos. O sonho que, entre a Primeira Guerra Mundial e a chegada do fascismo, tinha mantido sob seu charme as frações mais utopistas da Europa – a Alemanha de Wilhelm Reich e a França dos surrealistas – tinha voltado para esbrasear a própria realidade: Marx e Freud clareados pela mesma incandescência.

Mas foi mesmo assim que isso aconteceu? Era mesmo uma retomada do projeto utópico dos anos 1930, à escala, dessa vez, da prática histórica? Ou houve, ao contrário, um movimento para lutas políticas que não se conformavam mais com o modelo prescrito pela tradição marxista? Para uma experiência e uma tecnologia do desejo que não eram mais freudianas?

8   Michel Foucault – Ditos e Escritos

Brandiram-se, com certeza, os velhos estandartes, mas o combate se deslocou e ganhou novas zonas. *O anti-Édipo* mostra, inicialmente, a extensão do terreno coberto. Mas é preciso muito mais. Ele não se dissipa no denegrecimento dos velhos ídolos, mesmo se ele se diverte muito com Freud. E, sobretudo, ele nos incita a ir mais longe. Seria um erro ler *O anti-Édipo* como *a* nova referência teórica (vocês sabem, essa famosa teoria que tantas vezes nos anunciaram: a que vai englobar tudo, a que é absolutamente totalizante e tranquilizante, aquela, garantem-nos, de que "nós precisamos tanto" nessa época de dispersão e de especialização de onde a "esperança" desapareceu). Não se deve buscar uma "filosofia" nessa extraordinária profusão de noções novas e de conceitos-surpresa: *O anti-Édipo* não é um Hegel com falso brilho. A melhor maneira, acredito, de ler *O anti-Édipo* é abordá-lo como uma "arte", no sentido em que se fala de "arte erótica", por exemplo. Apoiando-se em noções aparentemente abstratas de multiplicidades, de fluxos, de dispositivos e de ramificações, a análise da relação do desejo com a realidade e com a "máquina" capitalista traz respostas a questões concretas. Questões que se preocupam menos com o *porquê* das coisas do que com o seu *como*. Como se introduz o desejo no pensamento, no discurso, na ação? Como o desejo pode e deve expandir suas forças na esfera do político e intensificar-se no processo de destruição da ordem estabelecida? *Ars erotica, ars theoretica, ars politica.*

Daí os três adversários com os quais *O anti-Édipo* se acha confrontado. Três adversários que não têm a mesma força, que representam graus diversos de ameaça, e que o livro combate por meios diferentes.

1. Os ascetas políticos, os militantes casmurros, os terroristas da teoria, os que gostariam de preservar a ordem pura da política e do discurso político. Os burocratas da revolução e os funcionários da Verdade.

2. Os lastimosos técnicos do desejo – os psicanalistas e os semiólogos que registram cada signo e cada sintoma, e que gostariam de reduzir a organização múltipla do desejo à lei binária da estrutura e da falta.

3. Enfim, o inimigo maior, o adversário estratégico (enquanto a oposição de *O anti-Édipo* aos seus outros inimigos constitui, antes, um engajamento tático): o fascismo. E não somente

1977 – Prefácio 9

o fascismo histórico de Hitler e de Mussolini – que soube tão bem mobilizar e utilizar o desejo das massas –, mas também o fascismo que está em todos nós, que persegue nossos espíritos e nossas condutas quotidianas, o fascismo que nos faz gostar do poder, desejar essa coisa que nos domina e nos explora.

Eu diria que *O anti-Édipo* (que seus autores me perdoem) é um livro de ética, o primeiro livro de ética que se escreveu na França, desde muito tempo (é, talvez, a razão pela qual seu sucesso não se limitou a um "leitorado" particular: ser anti-Édipo tornou-se um estilo de vida, um modo de pensamento e de vida). Como fazer para não se tornar fascista mesmo quando (principalmente quando) acreditamos ser um militante revolucionário? Como desembaraçar nosso discurso e nossos atos, nossos corações e nossos prazeres do fascismo? Como desalojar o fascismo que se incrustou em nosso comportamento? Os moralistas cristãos procuravam os vestígios da carne que se tinham alojado nas pregas da alma. Deleuze e Guattari, por sua parte, espreitam os vestígios mais ínfimos do fascismo no corpo.

Prestando uma modesta homenagem a São Francisco de Sales, poder-se-ia dizer que *O anti-Édipo* é uma *Introdução à vida não fascista*.[1]

Essa arte de viver contrária a todas as formas de fascismo, estejam já instaladas ou próximas de sê-lo, é acompanhada de um número de princípios essenciais, que resumiria como segue se eu tivesse de fazer desse grande livro um manual ou um guia da vida quotidiana:

– libere a ação política de toda forma de paranoia unitária e totalizante;

– faça crescer a ação, o pensamento e os desejos por proliferação, justaposição e disjunção, mais do que por subdivisão e hierarquização piramidal;

– livre-se das velhas categorias do Negativo (a lei, o limite, a castração, a falta, a lacuna), que o pensamento ocidental sacralizou por muito tempo como forma do poder e modo de acesso à realidade. Prefira o que é positivo e múltiplo, a diferença à uniformidade, os fluxos às unidades, as organizações móveis aos sistemas. Considere que o que é produtivo não é sedentário, mas nômade;

---

1 François de Sales, *Introduction à la vie dévote* (1604), Lyon, Pierre Rigaud, 1609.

10 Michel Foucault – Ditos e Escritos

– não imagine que é preciso ser triste para ser militante, mesmo se a coisa que se combate é abominável. É o elo do desejo com a realidade (e não sua fuga nas formas da representação) que possui uma força revolucionária;

– não utilize o pensamento para dar a uma prática política um valor de verdade; nem a ação política para desacreditar um pensamento, como se ele fosse apenas pura especulação. Utilize a prática política como um intensificador do pensamento, e a análise como um multiplicador das formas e dos domínios de intervenção da ação política;

– não exija da política que ela restabeleça os "direitos" do indivíduo da forma como a filosofia os definiu. O indivíduo é o produto do poder. O que é preciso é "desindividualizar" pela multiplicação e pelo deslocamento os diversos arranjos. O grupo não deve ser o elo orgânico que une indivíduos hierarquizados, mas um constante gerador de "desindividualização";

– não se apaixone pelo poder.

Poder-se-ia até dizer que Deleuze e Guattari gostam tão pouco do poder, que procuraram neutralizar os efeitos de poder ligados ao seu próprio discurso. Donde os jogos e as armadilhas que se encontram um pouco em toda parte no livro e que fazem de sua tradução um verdadeiro esforço violento. Mas não são as armadilhas familiares da retórica as que procuram seduzir o leitor sem que ele tenha consciência da manipulação e acabam por ganhá-lo para a causa dos autores contra sua vontade. As armadilhas de *O anti-Édipo* são as do humor: tantos convites para se deixar expulsar, para abandonar o texto, batendo a porta. O livro dá, muitas vezes, a pensar que ele é apenas humor e jogo, quando, no entanto, algo de essencial acontece, algo que é da maior seriedade: o cerco de todas as formas de fascismo, desde aqueles, colossais, que nos cercam e nos esmagam até as formas miúdas que fazem a amarga tirania de nossas vidas quotidianas.

1977

Sexualidade e Verdade

"Sexualität und Wahrheit" ("Sexualité et vérité"; trad. J. Chavy), *in* Foucault (M.), *Der Wille zum Wissen*, Frankfurt, Suhrkamp Verlag, 1977, p. 7-8.
Nova introdução a *A vontade de saber*.

1. O presente volume inaugura uma série de pesquisas que não pretendem ser nem um todo homogêneo nem um tratamento exaustivo do assunto. Trata-se de recolher algumas amostras em um terreno com estratos múltiplos. Os volumes que seguirão não podem, também, senão ser anunciados provisoriamente. Meu sonho seria fazer um trabalho de fôlego que se corrigisse no decorrer de sua progressão, que fosse, também, aberto tanto às reações que ele provocasse quanto às conjunturas que ele cruzasse no caminho e, talvez, também, aberto a novas hipóteses. O que eu desejo é um trabalho disperso e alterável.

2. Os leitores que quiserem aprender como os homens têm amado no decorrer dos séculos e como isso lhes foi proibido (questão absolutamente séria, importante e difícil) ficarão, provavelmente, decepcionados. Eu não quis escrever a história do comportamento sexual nas sociedades ocidentais, mas tratar de uma questão mais sóbria e mais limitada: como esses comportamentos se tornaram objetos do saber? Por que caminhos e por que razões se organizou esse domínio de conhecimento que é circunscrito por essa palavra relativamente nova, que é a "sexualidade"? Trata-se, aqui, do devir de um saber que gostaríamos de apreender em sua raiz: nas instituições religiosas, nos regulamentos pedagógicos, nas práticas médicas, nas estruturas familiares no seio das quais ele se formou, mas também nas coerções que ele exerceu sobre os indivíduos, desde que foram persuadidos de que teriam de descobrir neles mesmos a força secreta e perigosa de uma "sexualidade".

3. Eu sei que é imprudente enviar primeiro, como um foguete de alerta, um livro que faz, incessantemente, alusão a publi-

12 Michel Foucault – Ditos e Escritos

cações por vir. É grande o perigo de que ele dê a aparência do arbitrário e do dogmático. Suas hipóteses poderiam parecer afirmações que decidem sobre a questão, e as grades de análise propostas poderiam conduzir a um mal-entendido e ser consideradas como uma nova teoria. Foi assim que, na França, críticos, subitamente convertidos aos benefícios da luta contra a repressão (sem ter até então manifestado um grande zelo nesse domínio), me repreenderam por negar que a sexualidade tenha sido reprimida. Mas eu não pretendi absolutamente que não tenha havido repressão da sexualidade. Eu somente me perguntei se, para decifrar as relações entre o poder, o saber e o sexo, o conjunto da análise era obrigado a orientar-se sobre o conceito de repressão; ou, então, se não era possível compreender melhor inserindo interditos, proibições, forclusões e dissimulações em uma estratégia mais complexa e mais global que não fosse dirigida sobre o recalque como objetivo principal e fundamental.

4. Os conceitos de "sexo" e de "sexualidade" são conceitos intensos, sobrecarregados, "ardentes", que colocam facilmente à sombra os conceitos que se avizinham. É a razão pela qual eu gostaria de destacar que a sexualidade é aqui somente um exemplo de um problema geral que pesquiso há mais de 15 anos e que me persegue há mais de 15 anos. É o problema que determina quase todos os meus livros: como, nas sociedades ocidentais, a produção de discursos carregados (pelo menos por um tempo determinado) de um valor de verdade está ligada aos diferentes mecanismos e instituições do poder?

1977

Entrevista com Michel Foucault

"Intervista a Michel Foucault" ("Entretien avec Michel Foucault"; realizada por A. Fontana e P. Pasquino, em junho de 1976; trad. C. Lazzeri), *in* Fontana (A.) e Pasquino (P.), ed., *Microfisica del potere: interventi politici*, Turim, Einaudi, 1977, p. 3-28.

– *Para o público italiano, você é o autor da* História da loucura, *de* As palavras e as coisas *e, hoje, de* Vigiar e punir. *Você poderia brevemente esquematizar o trajeto que o levou do seu trabalho sobre a loucura na Idade Clássica ao estudo da criminalidade e da delinquência?*

– Quando fiz meus estudos, nos anos 1950-1955, um dos grandes problemas que se apresentavam era o do estatuto político da ciência e das funções ideológicas que ela podia veicular. Não era exatamente o problema Lyssenko que dominava, mas acredito que, em torno desse caso desagradável que ficou por tanto tempo enterrado e cuidadosamente oculto, uma porção de questões interessantes foi agitada. Duas palavras vão resumi-las: poder e saber. Penso que escrevi a *História da loucura* um pouco dentro do horizonte dessas questões. Eu queria dizer o seguinte: se colocamos em uma ciência como a física teórica ou como a química orgânica o problema de suas relações com as estruturas políticas e econômicas da sociedade, não estamos colocando um problema muito complicado? Não estamos colocando muito alta a linha da explicação possível? Se, em compensação, tomamos um saber como a psiquiatria, a questão não será muito mais fácil de resolver, porque o perfil epistemológico da psiquiatria é baixo e porque a prática psiquiátrica está ligada a toda uma série de instituições, de exigências econômicas imediatas, de urgências políticas de regulações sociais? Será que, no caso de uma ciência tão "duvidosa" como a psiquiatria, não se poderia, de maneira mais segura, apreender o emaranhado dos efeitos de poder e de saber? Foi

14 Michel Foucault – Ditos e Escritos

essa mesma questão que eu quis, no *Nascimento da clínica*, apresentar a respeito da medicina: ela tem, certamente, uma estrutura científica muito mais forte que a psiquiatria, mas ela também está engajada muito profundamente nas estruturas sociais. O que me desconcertou, então, um pouco foi o fato de que essa questão que eu me apresentava não interessou em nada àqueles a quem eu a apresentava. Eles consideraram que era um problema politicamente sem importância e epistemologicamente sem nobreza.

Havia nisso, eu penso, três razões. A primeira é que o problema dos intelectuais marxistas na França era – e nisso eles exerciam o papel que lhes prescrevia o PCF – fazer-se reconhecer pela instituição universitária e pelo *establishment*; eles tinham, então, de apresentar as mesmas questões que eles, tratar dos mesmos problemas e dos mesmos domínios: "por mais que sejamos marxistas, não somos estranhos ao que os preocupa; mas somos os únicos que podemos dar às suas antigas preocupações soluções novas". O marxismo queria fazer-se aceitar como renovação da tradição liberal, universitária (como, de uma maneira mais ampla, na mesma época, os comunistas se apresentavam como os únicos suscetíveis de retomar e de revigorar a tradição nacionalista). Daí, no domínio que nos interessa, o fato de que eles quiseram retomar os problemas mais acadêmicos e mais "nobres" da história das ciências: matemática, física, em resumo, os temas valorizados por Duhem, Husserl, Koyré. A medicina, a psiquiatria, isso não parecia nem muito nobre nem muito sério, não à altura das grandes formas do racionalismo clássico.

A segunda razão é que o stalinismo pós-staliniano, excluindo do discurso marxista tudo o que não era repetição do já dito, não permitia abordar domínios ainda não percorridos. Nada de conceitos formados, de vocabulário validado para questões como os efeitos de poder da psiquiatria ou o funcionamento político da medicina; enquanto as inúmeras trocas que aconteciam desde Marx até a época atual, passando por Engels e Lenin, entre os universitários e os marxistas tinham realimentado toda uma tradição de discurso sobre a ciência no sentido como o século XIX a entendia. Os marxistas davam prova de sua fidelidade ao velho positivismo, ao custo de uma surdez radical em relação a todas as questões de psiquiatria pavlovianas; para alguns médicos próximos do PCF, a política

1977 – Entrevista com Michel Foucault **15**

psiquiátrica, a psiquiatria como política não tinha muita consideração.

O que eu, de minha parte, tinha tentado fazer nesse domínio foi recebido com um grande silêncio pela esquerda intelectual francesa. E foi somente por volta de 1968, apesar da tradição marxista e do PC, que todas essas questões assumiram sua significação política, com uma acuidade de que eu não tinha suspeitado e que mostrava o quanto meus livros anteriores eram ainda tímidos e embaraçados. Sem a abertura política realizada naqueles anos, eu não teria, sem dúvida, tido a coragem de retomar o fio desses problemas e de continuar minha investigação do lado da penalidade, das prisões, das disciplinas.

Enfim, há, talvez, uma terceira razão, mas não estou absolutamente certo de que isso tenha funcionado. Eu me pergunto, entretanto, se não havia entre os intelectuais do PCF (ou próximos dele) uma recusa de apresentar o problema do confinamento, da utilização política da psiquiatria, de uma maneira mais geral do enquadramento disciplinar da sociedade. Poucos ainda, sem dúvida, conhecem, nos anos 1955-1960, a amplitude do *gulag* na realidade, mas eu creio que muitos a pressentiam, muitos tinham o sentimento de que daquelas coisas era melhor, de qualquer maneira, não falar: zona perigosa, luz vermelha. É claro, é difícil avaliar retrospectivamente seu grau de consciência. Mas vocês sabem com que facilidade a direção do Partido – que não ignorava, com certeza – podia fazer circular regras, impedir que se falasse disso ou daquilo, desqualificar os que disso falavam...

– *Existe, então, certo tipo de descontinuidade em seu próprio trajeto teórico. A esse respeito, o que você pensa hoje do conceito por meio do qual se procurou fazer de você, muito rapidamente e muito facilmente, um historiador estruturalista?*

– Essa história de descontinuidade sempre me surpreendeu um pouco. Uma edição do *Petit Larousse* que acaba de aparecer diz: "Foucault: filósofo que fundamenta sua teoria da história sobre a descontinuidade." Isso me deixa atônito. Sem dúvida, eu me expliquei de maneira insuficiente em *As palavras e as coisas*, ainda que eu tenha falado muito disso. Pareceu-me que, em algumas formas do saber empírico, como a biologia, a economia política, a psiquiatria, a medicina etc., o ritmo das transformações não obedecia aos esquemas suaves e continuístas do desenvolvimento que se admitem normalmente.

16 Michel Foucault – Ditos e Escritos

A grande imagem biológica de uma maturação da ciência subentende ainda muitas análises históricas; ela não me parece pertinente historicamente. Em uma ciência como a medicina, por exemplo, até o fim do século XVIII, tem-se certo tipo de discurso cujas transformações lentas – 25, 30 anos – romperam não somente com as proposições verdadeiras que puderam ser formuladas até aí, mas, mais profundamente, com as maneiras de falar, com as maneiras de ver, com todo o conjunto das práticas que serviam de suporte à medicina: não são simplesmente novas descobertas; é um novo regime no discurso e no saber. E isso em alguns anos. É algo que não se pode negar a partir do momento em que se olham os textos com suficiente atenção. Meu problema não foi absolutamente dizer: eia, pois, viva a descontinuidade, estamos na descontinuidade e fiquemos nela, mas apresentar a questão: como pode acontecer que se tenha em alguns momentos e em algumas ordens de saber essas bruscas arrancadas, essas precipitações de evolução, essas transformações que não respondem à imagem tranquila e continuísta que se faz dela ordinariamente? Mas o importante em tais mudanças não é se elas serão rápidas ou de grande extensão, ou, antes, essa rapidez e essa extensão são apenas o sinal de outras coisas: uma modificação nas regras de formação dos enunciados que são aceitos como cientificamente verdadeiros. Não é, pois, uma mudança de conteúdo (refutação de antigos erros, atualização de novas verdades), não é também uma alteração da forma teórica (renovação do paradigma, modificação dos conjuntos sistemáticos); o que está em questão é o que *rege* os enunciados e a maneira como eles se *regem* uns aos outros para constituir um conjunto de proposições aceitáveis cientificamente e suscetíveis, por conseguinte, de serem verificadas ou infirmadas por procedimentos científicos. Em suma, problema de regime, de política do enunciado científico. Nesse nível, trata-se de saber não qual é o poder que pesa do exterior sobre a ciência, mas que efeitos de poder circulam entre os enunciados científicos; qual é, de alguma maneira, seu regime interior de poder; como e por que, em alguns momentos, ele se modifica de maneira global.

Foram esses diferentes regimes que tentei referenciar e descrever em *As palavras e as coisas*. Dizendo que eu não tentava, para o momento, explicá-las, e que seria necessário tentar fazê-lo em um trabalho ulterior. Mas o que faltava ao meu trabalho era esse problema do regime discursivo, dos efeitos de poder próprio ao jogo enunciativo. Eu o confundia muito com a sistematicidade, a forma teórica ou algo como o paradigma. No ponto de confluência da *História da loucura* e de *As palavras e as coisas* havia, sob dois aspectos muito diferentes, esse problema central de poder que eu tinha ainda muito mal isolado.

– Deve-se, então, reposicionar o conceito de descontinuidade no lugar que lhe é próprio. Há, talvez, um conceito, então, que é mais obrigatório, que é mais central em seu pensamento, o conceito de acontecimento. Ora, a respeito do acontecimento, uma geração ficou durante muito tempo no impasse, porque, após trabalhos dos etnólogos e até dos grandes etnólogos, estabeleceu-se essa dicotomia entre as estruturas, por um lado (o que é pensável), e o acontecimento, por outro lado, que seria o lugar do irracional, do impensável, do que não entra e não pode entrar na mecânica e no jogo da análise, pelo menos na forma que eles tomaram no interior do estruturalismo. Ainda muito recentemente, no quadro de um debate publicado na revista L'Homme, três eminentes etnólogos apresentam de novo essa questão e respondem a respeito do acontecimento: é o que nos escapa, ele é o lugar da contingência absoluta. Nós somos os pensadores e os analistas das estruturas. A história não nos concerne, nós não sabemos o que fazer disso etc. Essa oposição foi o lugar e o produto de certa antropologia. Eu penso que ela provocou estragos, inclusive entre os historiadores, que chegaram, finalmente, a desqualificar o acontecimento e a história do acontecimento como história de segunda ordem dos fatos pequenos, até mesmo ínfimos, dos acidentes etc. O fato é que em história se produzem nós onde não se trata de fatos menores nem dessa bela estrutura bem-ordenada, pertinente e transparente para a análise. O grande internamento, por exemplo, que você descreve na História da loucura, *constitui, talvez, um desses nós que escapam à oposição entre acontecimento e estrutura. Talvez você pudesse precisar, no estado atual das coisas, essa retomada e essa reformulação do conceito de acontecimento?*

– Admite-se que o estruturalismo foi o esforço mais sistemático para evacuar não somente da etnologia, mas de toda uma série de outras ciências, e até, no limite, da história, o conceito de acontecimento. Eu não vejo quem possa ser mais

18   Michel Foucault – Ditos e Escritos

antiestruturalista do que eu. Mas o que importa é não fazer para o acontecimento o que se fez para a estrutura. Não se trata de colocar tudo em certo plano, que seria o do acontecimento, mas de considerar que existe toda uma escala de tipos de acontecimentos diferentes que não têm nem o mesmo alcance, nem a mesma amplitude cronológica, nem a mesma capacidade de produzir efeitos.

O problema é, ao mesmo tempo, distinguir os acontecimentos, diferenciar as redes e os níveis aos quais eles pertencem e reconstituir os fios que os religam e os fazem gerar-se uns a partir dos outros. Daí a recusa das análises que se referem ao campo simbólico ou ao domínio das estruturas significantes; e o recurso às análises que se fazem em termos de genealogia de relações de forças, de desenvolvimentos estratégicos, de táticas. Penso que aquilo a que se deva referir não é ao grande modelo da língua e dos signos, mas da guerra e da batalha. A historicidade que nos arrebata e nos determina é belicosa; ela não é de linguagem. Relação de poder, não relação de sentido. A história não tem sentido, o que não quer dizer que ela seja absurda ou incoerente. Ela é, ao contrário, inteligível e deve poder ser analisada até em seu menor detalhe: mas segundo a inteligibilidade das lutas, das estratégias e das táticas. Nem a dialética (como lógica de contradição) nem a semiótica (como estrutura da comunicação) poderiam dar conta do que é a inteligibilidade intrínseca dos confrontos. Essa inteligibilidade, a dialética é uma maneira de esquivar sua realidade sempre ocasional e aberta, rebaixando-a sobre o esqueleto hegeliano; e a semiologia é uma maneira de esquivar seu caráter violento, sangrento, mortal, rebaixando-a sobre a forma apaziguada e platônica da linguagem e do diálogo.

– *Em relação a esse problema da discursividade, acredito que se possa dizer tranquilamente que você foi o primeiro a apresentar para o discurso a questão do poder, apresentá-la no momento em que grassava um tipo de análise que passava pelo conceito de texto, digamos o objeto "texto" com a metodologia que o acompanha, isto é, a semiologia, o estruturalismo etc. Então, apresentar para o discurso a questão do poder quer dizer, no fundo, a quem você serve? Não se trata tanto de decompô-lo em seu não dito, de forçar nele um sentido implícito. Os discursos, você o repetiu frequentemente, são transparentes, eles não precisam de interpretação ou de*

1977 – Entrevista com Michel Foucault 19

alguém que venha lhes dar um sentido. Quando se leem os textos de certo modo, vê-se que eles falam claramente e que não precisam de um sentido e de uma interpretação adicionais. Essa questão do poder apresentada nos discursos comportou naturalmente certo tipo de efeito e certo número de implicações no plano metodológico e no da pesquisa histórica em curso. Você poderia situar bem rapidamente essa questão que você apresentou, se é verdade que você a apresentou?

– Não penso ter sido o primeiro a propor essa questão. Fico surpreso, ao contrário, da dificuldade que tive para formulá-la. Quando penso novamente nisso agora, eu me pergunto sobre o que pude falar, por exemplo, na *História da loucura* ou no *Nascimento da clínica* senão do poder? Ora, tenho perfeitamente consciência de não ter praticamente usado a palavra e de não ter tido esse campo de análises à minha disposição. Posso dizer que houve, certamente, uma incapacidade que estava ligada, com certeza, à situação política na qual nos encontrávamos. Não vemos de que lado – à direita ou à esquerda – poderíamos ter proposto esse problema do poder. À direita, ele só era apresentado em termos de Constituição, de soberania etc., então em termos jurídicos; do lado do marxismo, em termos de aparelhos do Estado. A maneira como ele se exercia concretamente e no detalhe, com sua especificidade, suas técnicas e suas táticas, não a procurávamos; contentávamo-nos em denunciá-lo no lado do outro, no lado do adversário, de uma maneira, ao mesmo tempo, polêmica e global: o poder no socialismo soviético era chamado por seus adversários de totalitarismo, e, no capitalismo ocidental, era denunciado pelos marxistas como dominação de classe; mas a mecânica do poder jamais era analisada. Pudemos começar a fazer esse trabalho somente depois de 1968, isto é, a partir de lutas quotidianas e mantidas na base, com os que tinham de se debater nas mais finas malhas da rede do poder. Foi aí onde o concreto do poder apareceu e, ao mesmo tempo, a fecundidade verossímil dessas análises do poder para se dar conta dessas coisas que tinham ficado até aí fora do campo da análise política. Para dizer as coisas mais simplesmente, o internamento psiquiátrico, a normalização mental dos indivíduos, as instituições penais têm, sem dúvida, uma importância bastante limitada, se procurarmos somente a significação econômica. Em compensação, no funcionamento geral das engrenagens do poder, eles são, sem

20 Michel Foucault – Ditos e Escritos

dúvida, essenciais. Enquanto apresentávamos a questão do poder, subordinando-o à instância econômica e ao sistema de interesse que ela garantia, éramos levados a considerar esses problemas como de pouca importância.

– *Certo marxismo e certa fenomenologia constituíram um obstáculo objetivo à formulação dessa problemática?*

– Sim, se assim quiserem, na medida em que é verdade que as pessoas de minha geração foram instruídas, quando eram estudantes, com estas duas formas de análise: uma que remetia ao assunto constituinte e a outra que remetia ao econômico, em última instância, à ideologia e ao jogo das superestruturas e das infraestruturas.

– *Ainda nesse quadro metodológico, a abordagem genealógica, como você a situaria, então? Qual é sua necessidade como questionamento sobre as condições de possibilidade, as modalidades e a constituição dos "objetos" e dos domínios que você analisou um por um?*

– Esses problemas de constituição, eu gostaria de ver como se poderiam resolvê-los no interior de uma trama histórica em vez de remetê-los a um sujeito constituinte. Mas essa trama histórica não deveria ser a simples relativização do sujeito fenomenológico. Não acredito que o problema se resolva historicizando o assunto ao qual se referiam os fenomenologistas e dando, por conseguinte, uma consciência que se transforma através da história. É preciso, livrando-se do sujeito constituinte, livrar-se do próprio sujeito, isto é, chegar a uma análise que possa dar conta da constituição do sujeito na trama histórica. E é o que eu chamaria de genealogia, isto é, uma forma de história que dê conta da constituição dos saberes, dos discursos, dos domínios de objeto etc., sem ter de se referir a um sujeito, seja ele transcendente em relação ao campo de acontecimentos, ou transcorra em sua identidade vazia, ao longo de toda a história.

– *A fenomenologia marxista, certo marxismo, com certeza, fizeram barreira e obstáculo; há dois conceitos, também, que continuam, estes, a fazer barreira e obstáculo, hoje, os de ideologia, por um lado, e os de repressão, por outro. É assim que, depois de séria reflexão, se pensa a história, que se dá um sentido a esses fenômenos de normalização, de sexualidade, de poder. No fundo, fazendo ou não uso disso, volta-se sempre, por um lado, à ideologia, conceito que se*

1977 – Entrevista com Michel Foucault 21

pode facilmente fazer chegar a Marx, e, por outro lado, ao de repressão, que Freud, frequente e habitualmente, utilizou em toda a sua obra. Por conseguinte, eu me permitirei adiantar o seguinte: há como uma espécie de nostalgia por trás dessas duas noções e para aqueles que as utilizam a torto e a direito; por trás da noção de ideologia, há a nostalgia de um saber que seria como transparente a si mesmo e que funcionaria sem ilusão, sem erro; por outro lado, há por trás da noção de repressão a nostalgia de um poder que funcionaria livremente, sem disciplina, sem normalização; uma espécie de poder sem freio, por um lado, e um saber sem ilusão, por outro. Essas duas noções de ideologia e de repressão, você as definiu como negativas, psicológicas, insuficientemente explicativas. Você fez isso principalmente em seu último livro, Vigiar e punir, *no qual, se não se encontra grande discussão teórica sobre esses conceitos, encontra-se um tipo de análise que permite ir além das formas de inteligibilidade tradicionais fundadas, e não somente em última instância, em noções de ideologia e de repressão. Você não disporia agora do lugar e da ocasião para precisar seu pensamento a esse respeito? Pela primeira vez, talvez, se anuncia, em* Vigiar e punir, *uma espécie de história positiva, sem ideologia e sem repressão, história, enfim, liberada de toda a negatividade e de todo o psicologismo que esses instrumentos* passe-partout *implicam.*

– A noção de ideologia me parece dificilmente utilizável por três razões. A primeira é que ela, querendo ou não, está sempre em oposição virtual a alguma coisa que seria a verdade. Ora, eu penso que o problema é não fazer a divisão entre o que, em um discurso, depende da cientificidade e da verdade e, depois, o que dependeria de outra coisa, mas ver historicamente como se produzem efeitos de verdade no interior de discursos que não são, por eles mesmos, nem verdadeiros nem falsos. Segundo inconveniente, ela se refere, penso eu, necessariamente a alguma coisa como um sujeito. E, em terceiro lugar, a ideologia está em posição secundária em relação a algo que deve funcionar para ela como infraestrutura ou determinante econômico, material etc. Por essas três razões, penso que é uma noção que não se pode utilizar sem precaução.

A noção de repressão é mais pérfida, ou, em todo caso, tive muito mais dificuldade de me livrar dela, na medida em que,

22 Michel Foucault – Ditos e Escritos

com efeito, ela parece colar tão bem em toda uma série de fenômenos que dependem dos efeitos do poder. Quando escrevi a *História da loucura*, eu utilizava, pelo menos implicitamente, essa noção de repressão. Acho que supunha, então, uma espécie de loucura viva, volúvel e ansiosa, que a mecânica do poder e da psiquiatria teria chegado a reprimir e a reduzir ao silêncio. Ora, parece-me que a noção de repressão é totalmente inadequada para dar conta do que há justamente de produtor no poder. Quando se definem os efeitos de poder pela repressão, tem-se uma concepção puramente jurídica desse mesmo poder; identifica-se o poder com uma lei que diz não; ele teria principalmente o poder do interdito. Ora, penso que essa é uma concepção completamente negativa, estreita, esquelética do poder, que foi curiosamente dividido. Se o poder fosse sempre repressivo, se ele não fizesse jamais nada além de dizer não, você acredita realmente que chegaríamos a obedecer a ele? O que faz com que o poder se sustente, que o aceitemos, é tão simplesmente que ele não pesa somente como um poder que diz não, mas que, de fato, ele atravessa, ele produz as coisas, ele induz ao prazer, ele forma o saber, ele produz o discurso; é preciso considerá-lo como uma rede produtiva que passa através de todo o corpo social muito mais que como uma instância negativa que tem como função reprimir. Em *Vigiar e punir*, o que eu quis mostrar é como, a partir dos séculos XVII-XVIII, tinha havido um desbloqueio tecnológico da produtividade do poder. Não somente as monarquias da época clássica desenvolveram grandes aparelhos de Estado – exército, polícia, administração fiscal –, mas, sobretudo, viu-se, nessa época, instaurar-se o que se poderia chamar de uma nova economia do poder, isto é, procedimentos que permitem fazer circular os efeitos de poder de maneira, ao mesmo tempo, contínua, ininterrupta, adaptada, individualizada em todo o corpo social. Essas novas técnicas são, ao mesmo tempo, muito mais eficazes e muito menos dispendiosas (menos caras economicamente, menos aleatórias em seu resultado, menos suscetíveis de escapatórias ou de resistências) que as técnicas que se utilizavam até aí e que repousavam em uma mistura de tolerâncias, mais ou menos forçadas (desde o privilégio reconhecido até a criminalidade endêmica), e de ostentação cara (intervenções estrondosas e descontínuas do poder, cuja forma mais violenta era o castigo exemplar, porque excepcional).

– A repressão é um conceito que foi principalmente utilizado para a sexualidade. Foi dito que a sociedade burguesa reprime a sexualidade, sufoca o desejo etc., e, se olhamos, por exemplo, essa campanha contra a masturbação que começa no século XVIII, ou o discurso médico sobre a homossexualidade da segunda metade do século XIX, ou ainda o discurso sobre a sexualidade em geral, é verdade que há a aparência de um discurso de repressão. Na realidade, ele permite toda uma série de operações que são essencialmente operações que aparecem intimamente ligadas a essa técnica que se apresenta, em aparência, ou que pode ser decodificada como uma técnica de repressão. Acredito que a cruzada contra a masturbação constitui um exemplo típico.

– Com certeza. Tem-se o costume de dizer que a sociedade burguesa reprimiu a tal ponto a sexualidade infantil que ela até se recusou a falar disso e de enxergá-la onde esta estava. Teria sido necessário esperar Freud para descobrir finalmente que as crianças tinham uma sexualidade. Ora, você pode ler todos os livros de pedagogia, de medicina infantil, de conselhos aos pais que foram publicados no século XVIII, aí se fala constantemente e a respeito de tudo sobre o sexo das crianças. Pode-se dizer que esses discursos eram precisamente feitos para impedir que houvesse uma sexualidade. Mas esses discursos funcionavam de maneira a fazer entrar na cabeça dos pais que existia um problema fundamental em sua tarefa educativa: o sexo de seus filhos; e, por outro lado, a fazer entrar na cabeça das crianças que existia um problema capital para elas, a relação com o próprio corpo e com o próprio sexo; assim se achava eletrizado o corpo das crianças, enquanto se fixavam o olhar e a atenção dos pais na sexualidade infantil. Sexualizaram o corpo infantil, sexualizaram a relação do corpo das crianças com o dos pais, sexualizaram o espaço familiar. O poder produziu positivamente a sexualidade, em vez de reprimi-la. Penso que são mecanismos positivos que é preciso procurar analisar, livrando-se do esquematismo jurídico por meio do qual se procurou até hoje conferir um estatuto ao poder. Daí, um problema histórico: saber por que o Ocidente não quis ver durante tanto tempo o poder que ele exercia, senão de maneira juridicamente negativa, no lugar de vê-lo de maneira técnico-positiva.

– É, talvez, porque sempre se pensou que o poder se exprimia por meio das grandes teorias jurídicas e filosóficas e que

24 Michel Foucault – Ditos e Escritos

existia uma separação fundamental e imutável entre os que o exerciam e os que o suportavam.
– Eu me pergunto se isso não está ligado à instituição da monarquia. Ela se instituiu na Idade Média sobre um fundo de luta permanente entre os poderes feudais preexistentes. Ela se apresentou como árbitro, como poder de fazer cessar a guerra, de colocar um termo às violências, às exações e de dizer não às lutas e aos litígios privados. Ela se tornou aceitável, dando-se um papel jurídico e negativo, que ela, é claro, imediatamente extrapolou. O soberano, a lei, a interdição, tudo isso constituiu um sistema de representação do poder que foi, em seguida, transmitido pelas teorias do direito: a teoria política ficou obcecada pelo personagem do soberano. Todas essas teorias apresentam, ainda, o problema da soberania. Aquilo de que precisamos é de uma filosofia política que não seja construída em torno do problema da soberania, então, da lei, então, da interdição; deve-se cortar a cabeça do rei, e ainda não se fez isso na teoria política.

– *Não cortaram a do rei e, por outro lado, procuram colocar uma nas disciplinas, isto é, nesse vasto sistema de vigilância, de controle, de normalização e, mais tarde, de punição, de correção, de educação, que se institui nos séculos XVII-XVIII. Pergunta-se de onde vem esse sistema, por que ele aparece e que vantagem comporta. E, hoje, tem-se um pouco a tendência de lhe dar um sujeito, um grande sujeito molar, totalitário, o Estado moderno que se constituiu nos séculos XVI e XVII, que dispõe de um exército profissional e, segundo a teoria clássica, de uma polícia e de um corpo de funcionários.*

– Colocar o problema em termos de Estado é ainda colocá-lo em termos de soberano e de soberania e em termos de lei. Descrever todos esses fenômenos de poder em função do aparelho de Estado é colocá-los essencialmente em termos de função repressiva: o exército que é um poder de morte, a polícia e a justiça que são instâncias de penalidade... Não quero dizer que o Estado não é importante; o que eu quero dizer é que as relações de poder, e, por conseguinte, a análise que se deve fazer dele, devem ir para além do quadro do Estado. E isso em dois sentidos: primeiro, porque o Estado, inclusive com sua onipresença e com seus aparelhos, está bem longe de recobrir todo o campo real das relações de poder; em seguida, porque o Estado só pode funcionar sobre a base de relações de poder preexistentes. O Estado é superestrutural em vista de toda uma série de redes de poder que passam através dos corpos, da sexualidade, da família, das atitudes, dos saberes, das técnicas, e essas relações mantêm uma relação de condicionante/condicionado em relação a uma espécie de metapoder estruturado essencialmente em torno de certo número de grandes funções de interdição. Mas esse metapoder que dispõe de funções de interdição não pode realmente dispor de preensões e não pode manter-se senão na medida em que se enraíza em toda uma série de relações de poder múltiplas, indefinidas e que constituem a base necessária dessas grandes formas de poder negativas; é isso que eu gostaria de colocar em evidência.

– *A partir desse discurso, não se abre a possibilidade de superar esse dualismo, inclusive no plano das lutas que existem há tanto tempo da oposição entre o Estado, por um lado, e a revolução, por outro? Não se desenha um terreno de lutas mais amplo que o que tem como adversário o Estado?*

– Eu diria que o Estado é uma codificação de relações de poder múltiplas que lhe permite funcionar, e que a revolução constitui outro tipo de codificação dessas relações. Isso implica que existem tantos tipos de revoluções quantas codificações subversivas possíveis das relações de poder, e que é possível, por outro lado, perfeitamente conceber revoluções que deixam intactas, no essencial, as relações de poder que tinham permitido ao Estado funcionar.

– *A propósito do poder como objeto de investigação, você disse que seria preciso derrubar a fórmula de Clausewitz e chegar à ideia de que a política é a continuação da guerra por outros meios. Na base de suas análises recentes, parece que o modelo militar é o que melhor dá conta do poder. A guerra é, então, um simples modelo metafórico ou constitui o funcionamento quotidiano e regular do poder?*

– Em todos os casos, é o problema que tenho de enfrentar hoje. No fundo, a partir do momento em que se procura isolar o poder, com suas técnicas e seus procedimentos, da forma jurídica no interior da qual as teorias o tinham encerrado até agora, é preciso propor o problema: o poder não é simplesmente uma dominação de tipo guerreiro? Não é, então, em termos de relações de forças que é preciso, por conseguinte, colocar todos os problemas de poder? Não é uma espécie de guerra

26 Michel Foucault – Ditos e Escritos

generalizada que tomaria, em alguns momentos, a forma da paz e do Estado? A paz seria uma forma de guerra, e o Estado, uma maneira de conduzi-la. É aqui que surge toda uma série de problemas: a guerra de quem contra quem? Luta entre duas ou várias classes? Luta de todos contra todos? Papel da guerra e das instituições militares nessa sociedade civil onde se vive uma guerra permanente; valor das noções de tática e de estratégia para analisar as estruturas e o processo políticos; natureza e transformação das relações de força: tudo isso deveria ser estudado. Em todo caso, é surpreendente constatar com que facilidade, com que quase evidência se fala de relações de força ou de luta das classes sem jamais precisar claramente se se trata de uma forma de guerra ou de que forma poderia tratar-se.

– *Falamos desse poder disciplinar cujo funcionamento você indica, as regras e o modo de constituição em seu último livro; poder-se-ia, então, fazer a pergunta: por que vigiar? Qual é o benefício da vigilância? Um fenômeno aparece no século XVIII, é o que consiste em tomar a população como objeto científico; começa-se a estudar os nascimentos, os óbitos, os deslocamentos de população; começa-se, também, a dizer, por exemplo, que um Estado não pode governar se não conhece sua população. Moheau, por exemplo, um dos primeiros a organizar do ponto de vista administrativo esse tipo de pesquisa, parece colocar aí a aposta nos problemas do controle da população. Esse poder disciplinar funciona, então, sozinho? Ele não está ligado a algo de mais geral que seria essa ideia fixa de uma população que se reproduza bem, de pessoas que se casem bem, que se comportem bem segundo normas bem-definidas? Haveria, então, um corpo molar, um grande corpo, o da população, e toda uma série de discursos que se mantêm sobre ela, e, por outro lado, para baixo, os pequenos corpos, os corpos dóceis, singulares, os microcorpos das disciplinas. Como se podem pensar, mesmo se não se trata, talvez, senão de um início de pesquisa para você, hoje, os tipos de relações que se estabelecem, se for o caso, entre estes dois corpos: o corpo molar da população e os microcorpos dos indivíduos?*

– A questão está perfeitamente bem formulada. Tenho dificuldade em responder a ela, porque é justamente sobre isso que estou começando a trabalhar neste momento. Acredito que é preciso ter presente no espírito que entre todas as invenções

1977 – Entrevista com Michel Foucault   27

técnicas fundamentais dos séculos XVII e XVIII apareceu uma nova tecnologia do exercício do poder, que é, provavelmente, mais importante que as reformas constitucionais ou que as novas formas de governo que foram instituídas no fim do século XVIII. Na esquerda, ouve-se frequentemente dizer: "O poder é o que abstrai e que nega o corpo, o que recalca e reprime." Eu diria, antes, que o que me surpreende mais nessas novas tecnologias de poder instauradas a partir dos séculos XVII-XVIII é seu caráter, ao mesmo tempo, concreto e preciso, seu domínio sobre uma realidade múltipla e diferenciada. O poder tal como era exercido nas sociedades de tipo feudal funcionava, *grosso modo*, por sinais e retiradas. Sinais de fidelidade ao senhor, rituais, cerimônias, e retiradas de bens através do imposto, da pilhagem, da caça, da guerra. A partir dos séculos XVII e XVIII, lidou-se com um poder que começou a se exercer através da produção e da prestação. Tratou-se de obter dos indivíduos, em sua vida concreta, prestações produtivas. E para isso foi necessário realizar uma verdadeira incorporação do poder, no sentido de que ele teve de chegar até o corpo dos indivíduos, aos seus gestos, às suas atitudes, aos seus comportamentos de todos os dias; daí a importância de procedimentos como as disciplinas escolares, que conseguiram fazer do corpo das crianças um objeto de manipulações e de condicionamentos muito complexos. Mas, por outro lado, essas novas técnicas de poder deviam levar em conta os fenômenos de população. Em resumo, tratar, controlar, dirigir a acumulação dos homens (um sistema econômico que favorecia a acumulação do capital e um sistema de poder que comandava a acumulação dos homens se tornaram, a partir do século XVII, dois fenômenos correlativos e indissociáveis um do outro); daí o aparecimento dos problemas de demografia, de saúde pública, de higiene, de habitação, de longevidade e de fecundidade. E a importância política do problema do sexo é devida, eu penso, ao fato de que o sexo se situa na junção das disciplinas do corpo e do controle das populações.

– *Para terminar, uma questão que já lhe foi feita: esses trabalhos que você faz, essas suas preocupações, esses resultados aos quais você chega, em suma, como é possível servir-se deles, digamos, nas lutas quotidianas? Você já falou da luta pontual como lugar específico de conflitos com o poder, para além das diversas instâncias que são as dos partidos,*

28 Michel Foucault – Ditos e Escritos

das classes em sua globalidade e sua generalidade. Em consequência, qual é o papel dos intelectuais, hoje? Quando não se é um intelectual orgânico (isto é, que fala como porta-voz de uma organização global), quando não se é um detentor, um mestre de verdade, onde nos encontramos?

– Durante muito tempo, o intelectual dito "de esquerda" tomou a palavra e viu que lhe foi reconhecido o direito de falar como mestre de verdade e de justiça. Escutavam-no, ou ele pretendia se fazer ouvir como representante do universal. Ser intelectual era ser um pouco a consciência de todos. Acredito que se reencontrava aí uma ideia transposta do marxismo, e de um marxismo que se tornou sem graça: assim como o proletariado, pela necessidade de sua posição histórica, é portador do universal (mas portador imediato, não reflexivo, pouco consciente dele mesmo), o intelectual, por sua escolha moral, teórica e política, quer ser portador dessa universalidade, mas em sua forma consciente e elaborada. O intelectual seria a figura clara e individual de uma universalidade da qual o proletariado seria a forma sombria e coletiva.

Faz muitos anos agora que não se pede mais ao intelectual para desempenhar essa função. Um novo modo de ligação entre a teoria e a prática se estabeleceu. Os intelectuais se habituaram a trabalhar não no universal, no exemplar, no justo-e-o-verdadeiro-para-todos, mas em setores determinados, em pontos precisos nos quais os situavam ou suas condições de trabalho, ou suas condições de vida (a moradia, o hospital, o asilo, o laboratório, a universidade, as relações familiares ou sexuais). Com isso, eles ganharam, com certeza, uma consciência muito mais concreta e imediata das lutas. E encontraram aí problemas que eram específicos, não universais, diferentes, muitas vezes, dos do proletariado, ou das massas. E, entretanto, eles se aproximaram realmente deles, eu penso, por duas razões: porque se tratava de lutas reais, materiais, quotidianas, e porque eles encontravam frequentemente, mas de outra forma, o mesmo adversário que o proletariado, os camponeses, ou as massas (as multinacionais, o aparelho judiciário e policial, a especulação imobiliária); é o que eu chamaria o intelectual específico em oposição ao intelectual universal.

Essa figura nova tem outra significação política: ela permitiu, senão reunir, pelo menos rearticular categorias bastante vizinhas que tinham ficado separadas. O intelectual, até aí, era

1977 – Entrevista com Michel Foucault   29

por excelência o escritor: consciência universal, sujeito livre, ele se opunha aos que eram apenas *competências* a serviço do Estado ou do capital (engenheiros, magistrados, professores). Desde que a politização se opera a partir da atividade específica de cada um, o limiar da *escrita*, como marca sacralizante do intelectual, desaparece; e podem produzir-se, então, elos transversais de saber a saber, de um ponto de politização a outro: assim, os magistrados e os psiquiatras, os médicos e os trabalhadores sociais, os trabalhadores de laboratório e os sociólogos podem cada um em seu lugar próprio, e por via de trocas e de apoios, participar de uma politização global dos intelectuais. Esse processo explica que, se o escritor tende a desaparecer como figura de proa, o professor e a Universidade aparecem não, talvez, como elementos principais, mas como encruzilhadas, pontos de cruzamento privilegiados. Que a Universidade e o ensino tenham se tornado regiões politicamente ultrassensíveis, a razão disso está, sem dúvida, aí. E o que se chama a crise da Universidade não deve ser interpretado como perda de poder, mas, ao contrário, como multiplicação e reforço de seus efeitos de poder, no meio de um conjunto multiforme de intelectuais que, praticamente todos, passam por ela e a ela se referem. Toda a teorização exasperada da escrita à qual se assistiu nos anos 1960 era, sem dúvida, somente o canto do cisne: o escritor se debatia aí para a manutenção de seu privilégio político; mas que se tenha tratado justamente de uma teoria, que lhe tenham faltado cauções científicas, apoiadas na linguística, na semiologia, na psicanálise, que essa teoria tenha tido suas referências do lado de Saussure ou de Chomsky etc., que ela tenha dado lugar a obras literárias tão medíocres, tudo isso prova que a atividade do escritor não era mais o foco ativo.

Parece-me que essa figura do intelectual específico se desenvolveu a partir da Segunda Guerra Mundial. Foi, talvez, o físico atômico – digamos com uma palavra, ou antes com um nome: Oppenheimer – que fez a junção entre intelectual universal e intelectual específico. É porque ele tinha uma relação direta e localizada com a instituição e o saber científicos que o físico atômico intervinha; mas, visto que a ameaça atômica dizia respeito ao gênero humano todo e ao destino do mundo, seu discurso podia ser, ao mesmo tempo, o discurso do universal. Sob a aparência desse protesto que se referia a todo

30 Michel Foucault – Ditos e Escritos

mundo, o sábio atômico fez funcionar sua posição específica na ordem do saber. E, pela primeira vez, eu acredito, o intelectual foi perseguido pelo poder político, não mais em função do discurso geral que ele mantinha, mas por causa do saber de que ele era detentor: era nesse nível que ele constituía um perigo político. Falo aqui somente dos intelectuais ocidentais. O que aconteceu na União Soviética é, certamente, análogo em alguns pontos, mas diferente em muitos outros. Haveria todo um estudo a fazer sobre o *Dissent* científico no Ocidente e nos países socialistas desde 1945.

Pode-se supor que o intelectual universal tal como funcionou no século XIX e no início do século XX seja, de fato, derivado de uma figura histórica bem particular: o homem de justiça, o homem de lei, o que, ao poder, ao despotismo, aos abusos, à arrogância da riqueza, opõe a universalidade da justiça e a equidade de uma lei ideal. As grandes lutas políticas do século XVIII se fizeram em torno da lei, do direito, da Constituição, do que é justo em razão e em natureza, do que pode e deve valer universalmente. O que chamamos hoje de intelectual (quero dizer, o intelectual no sentido político, e não sociológico ou profissional da palavra, isto é, o que faz uso de seu saber, de sua competência, de sua relação com a verdade na ordem das lutas políticas) nasceu, eu penso, do jurista, ou, em todo caso, do homem que reivindicava para si a universalidade da lei justa, eventualmente contra os profissionais do direito (Voltaire é, na França, o protótipo desses intelectuais). O intelectual universal deriva do jurista notório e encontra sua expressão mais plena no escritor, portador de significações e de valores em que todos podem reconhecer-se. O intelectual específico deriva de uma figura totalmente diferente, não mais o jurista notório, mas do cientista-perito. Eu dizia agora mesmo que foi com os cientistas atômicos que ele se pôs a ocupar a dianteira do palco. De fato, ele se preparava já nos bastidores há muito tempo, ele estava até presente, pelo menos, em um canto do palco, desde, digamos, o fim do século XIX. É, sem dúvida, com Darwin, ou melhor, com os evolucionistas pós-darwinianos que ele começa a aparecer claramente. As relações tempestuosas entre o evolucionismo e os socialistas, os efeitos muito ambíguos do evolucionismo (por exemplo, sobre a sociologia, a criminologia, a psiquiatria, o eugenismo) destacam o momento importante em que é em nome de uma verdade científica "local"

1977 – Entrevista com Michel Foucault   31

– por mais importante que ela seja – que se faz a intervenção do cientista nas lutas políticas que lhe são contemporâneas. Historicamente, Darwin representa esse ponto de inflexão na história do intelectual ocidental (Zola, sob esse ponto de vista, é muito significativo: é o tipo do intelectual universal, portador da lei e militante da equidade, mas ele carrega seu discurso com toda uma referência nosológica, evolucionista, que acredita científica, que ele domina, aliás, muito mal e cujos efeitos políticos sobre seu próprio discurso são muito ambíguos). Seria preciso, se estudássemos isso de perto, ver como os físicos, na virada do século, entraram no debate político. Os debates entre os teóricos do socialismo e os teóricos da relatividade foram capitais nessa história.

É verdade que biologia e física foram, de modo privilegiado, as zonas de formação desse novo personagem do intelectual específico. A extensão das estruturas técnico-científicas na ordem da economia e da estratégia lhe deu sua importância real. A figura na qual se concentram as funções e os prestígios desse novo intelectual não é mais o escritor genial, é o sábio absoluto, não mais o que sozinho carrega os valores de todos, opõe-se ao soberano ou aos governantes injustos, e faz ouvir seu grito até na imortalidade; é o que detém, com alguns outros, seja a serviço do Estado, seja contra ele, poderes que podem favorecer ou matar definitivamente a vida. Não mais o chantre da eternidade, mas estratégia da vida e da morte. Vivemos atualmente o desaparecimento do grande escritor.

Voltemos a coisas mais precisas. Admitamos, com o desenvolvimento na sociedade contemporânea das estruturas técnico-científicas, a importância assumida pelo intelectual específico há dezenas de anos e a aceleração desse movimento desde 1960. O intelectual específico encontra obstáculos e expõe-se a perigos. Perigo de se agarrar a lutas de conjuntura, a reivindicações setoriais. Risco de se deixar manipular por partidos políticos ou aparelhos sindicais que conduzem essas lutas locais. Risco, principalmente, de não poder desenvolver essas lutas por falta de estratégia global e de apoios externos. Risco, também, de não ser seguido ou somente por grupos muito limitados. Na França, temos sob os olhos um exemplo. A luta a respeito da prisão, do sistema penal, do aparelho policial-judiciário, por se ter desenvolvido solitariamente com trabalhadores sociais e antigos detentos, separou-se cada vez mais de tudo

32 Michel Foucault – Ditos e Escritos

o que podia permitir-lhe ampliar-se. Ela se deixou penetrar por toda uma ideologia ingênua e arcaica que faz do delinquente, ao mesmo tempo, a vítima inocente e o puro revoltado, o cordeiro do grande sacrifício social e o jovem lobo das revoluções futuras. Esse retorno aos temas anarquistas do fim do século XIX só foi possível por uma falta de integração nas estratégias atuais. E o resultado é um divórcio profundo entre essa pequena canção monótona e lírica, mas que só é ouvida em grupos muito pequenos, e uma massa que tem boas razões para não tomá-la como coisa líquida e certa, mas que, por medo, cuidadosamente mantido da criminalidade, aceita a manutenção, até mesmo o reforço, do aparelho judiciário e policial.

Parece-me que estamos em um momento em que a função do intelectual específico deve ser reelaborada. Não abandonada, apesar da nostalgia de alguns pelos grandes intelectuais universais ("precisamos", dizem eles, "de uma filosofia, de uma visão do mundo"); basta pensar nos resultados importantes obtidos em psiquiatria: eles provam que essas lutas locais e específicas não foram um erro e não conduziram a um impasse. Pode-se até dizer que o papel do intelectual específico deve tornar-se cada vez mais importante, na medida das responsabilidades políticas que, por bem ou por mal, é bem obrigatório considerar como cientista atômico, geneticista, profissional de informática, farmacologista etc. Não somente seria perigoso desqualificá-lo em sua relação específica com um saber local, sob pretexto de que isso é tarefa de especialistas que não interessa às massas (o que é duplamente falso: elas têm consciência disso e, de qualquer maneira, estão implicadas nisso), ou que ele serve aos interesses do capital e do Estado (o que é verdade, mas mostra, ao mesmo tempo, o lugar estratégico que ocupa), ou ainda que ele veicula uma ideologia cientista (o que não é sempre verdadeiro, e só é, sem dúvida, de importância secundária em relação ao que é primordial: os efeitos próprios aos discursos verdadeiros).

O importante, creio, é que a verdade não está fora do poder nem sem poder (ela não é, apesar de um mito de que seria preciso retomar a história e as funções, a recompensa dos espíritos livres, a criança de longas solidões, o privilégio dos que souberam libertar-se). A verdade é desse mundo; ela é produzida aí por meio de múltiplas coações. Ela detém aí efeitos regrados de poder. Cada sociedade tem seu regime de verdade,

1977 – Entrevista com Michel Foucault   33

sua política geral da verdade: isto é, os tipos de discursos que ela acolhe e faz funcionar como verdadeiros; os mecanismos e as instâncias que permitem distinguir os enunciados verdadeiros ou falsos, a maneira como se sancionam uns e outros; as técnicas e os procedimentos que são valorizados para a obtenção da verdade; o estatuto dos que têm o encargo de dizer o que funciona como verdadeiro.

Em sociedades como as nossas, a economia política da verdade é caracterizada por cinco traços historicamente importantes: a verdade está centrada na forma do discurso científico e nas instituições que o produzem; ela é submetida a uma constante incitação econômica e política (necessidade de verdade tanto para a produção econômica quanto para o poder político); ela é o objeto, sob formas diversas, de uma imensa difusão e consumo (ela circula em aparelhos de educação ou de informação cuja extensão é relativamente ampla no corpo social, apesar de certas limitações estritas); ela é produzida e transmitida sob o controle não exclusivo, mas dominante de alguns grandes aparelhos políticos ou econômicos (universidade, exército, escrita, mídia); enfim, ela é a aposta de todo um debate político e de todo um confronto social (lutas ideológicas).

Parece-me que o que é preciso levar em consideração, agora, no intelectual, não é, então, o portador de valores universais; é alguém que ocupa uma posição específica – mas de uma especificidade que está ligada às funções gerais do dispositivo de verdade em uma sociedade como a nossa. Dito de outra maneira, o intelectual depende de uma tripla especificidade: a especificidade de sua posição de classe (pequeno-burguês a serviço do capitalismo, intelectual orgânico do proletariado); a especificidade de suas condições de vida e de trabalho, ligadas à sua condição intelectual (seu domínio de pesquisa, seu lugar em um laboratório, as exigências econômicas ou políticas às quais ele se submete ou contra as quais ele se revolta, na universidade, no hospital etc.); enfim, a especificidade da política de verdade em nossas sociedades. E é aí que sua posição pode ganhar uma significação geral, que o combate local ou específico que ele empreende carrega com ele efeitos, implicações que não são simplesmente profissionais ou setoriais. Ele funciona ou ele luta no nível geral desse regime da verdade tão essencial às estruturas e ao funcionamento de nossa sociedade. Há um combate para a verdade, ou, pelo menos, em torno da verdade – ficando entendido, ainda uma vez, que por verdade eu não quero dizer

34   Michel Foucault – Ditos e Escritos

o conjunto das coisas verdadeiras que há a descobrir ou a fazer aceitar, mas o conjunto das regras segundo as quais se separa o verdadeiro do falso e se atribui ao verdadeiro efeitos específicos de poder; ficando entendido, também, que não se trata de um combate em favor da verdade, mas em torno do estatuto da verdade e do papel econômico-político que ela desempenha. É preciso pensar os problemas políticos dos intelectuais não nos termos ciência/ideologia, mas nos termos verdade/poder. E é aí que a questão da profissionalização do intelectual, da divisão do trabalho manual/intelectual pode ser de novo encarada.

Tudo isso pode parecer bem confuso e incerto. Incerto, sim, e o que digo aí é, sobretudo, a título de hipótese. Para que seja um pouco menos confuso, no entanto, eu gostaria de adiantar algumas proposições – no sentido não das coisas admitidas, mas somente oferecidas para ensaios ou provas futuras:

– por verdade, entender um conjunto de procedimentos regrados para a produção, a lei, a repartição, a colocação em circulação e o funcionamento dos enunciados;

– a verdade está ligada circularmente a sistemas de poder que a produzem e a sustentam, e a efeitos de poder que ela induz e que a reconduzem. Regime da verdade;

– esse regime não é simplesmente ideológico ou superestrutural; ele foi uma condição de formação e de desenvolvimento do capitalismo. E é ele que, com reserva de algumas modificações, funciona na maior parte dos países socialistas (eu deixo aberta a questão da China, que não conheço);

– o problema político essencial para o intelectual não é de criticar os conteúdos ideológicos que estariam ligados à ciência, ou de fazer de modo que sua prática científica seja acompanhada de uma ideologia justa. Mas saber se é possível constituir uma nova política da verdade. O problema não é mudar a consciência das pessoas ou o que elas têm na cabeça, mas o regime político, econômico, institucional de produção da verdade.

Não se trata de liberar a verdade de todo sistema de poder – seria uma quimera, já que a verdade é, ela própria, poder –, mas separar o poder da verdade das formas de hegemonia (sociais, econômicas, culturais) no interior das quais, no momento, ela funciona.

A questão política, em suma, não é o erro, a ilusão, a consciência alienada ou a ideologia; é a própria verdade. Daí a importância de Nietzsche.

1977

As Relações de Poder Passam para o Interior dos Corpos

"Les rapports de pouvoir passent à l'intérieur des corps" (entrevista com L. Finas), *La Quinzaine Littéraire*, n. 247, 1º a 15 de janeiro de 1977, p. 4-6.

– *Michel Foucault, A vontade de saber, primeiro volume de sua* História da sexualidade, *me parece um texto surpreendente em todos os sentidos. A tese que você defende aí, inesperada e simples à primeira vista, se revela progressivamente muito complexa. Digamos, para resumi-la, que, do poder ao sexo, a relação não seria de repressão, ao contrário. Mas, antes de ir mais longe, remetamo-nos à sua aula inaugural no Collège de France, em dezembro de 1970. Nela, você analisa os procedimentos que controlam a produção do discurso. Entre eles: o interdito, depois, a velha separação razão-loucura, enfim, a vontade de verdade. Poderia precisar-nos as ligações de* A vontade de saber *com* A ordem do discurso *e nos dizer se, durante toda a sua demonstração, vontade de saber e vontade de verdade se sobrepõem?*

– Eu penso, nessa *Ordem do discurso*, ter misturado duas concepções, ou, antes, a uma questão que julgo legítima (a articulação dos fatos de discurso sobre os mecanismos de poder) eu propus uma resposta inadequada. Foi um texto que escrevi em um momento de transição. Até aí, parece-me que eu aceitava do poder a concepção tradicional, o poder como mecanismo essencialmente jurídico, o que diz a lei, o que proíbe, o que diz não, com toda uma ladainha de efeitos negativos: exclusão, rejeição, barragem, denegações, ocultamentos...

Ora, eu acredito que essa concepção seja inadequada. Ela me havia bastado, no entanto, na *História da loucura* (não que esse livro seja, por ele mesmo, satisfatório ou suficiente), porque a loucura é um caso privilegiado: durante o período clássico, o poder se exerceu sobre a loucura, sem dúvida, pelo

36 Michel Foucault – Ditos e Escritos

menos sob a forma maior da exclusão; assiste-se, então, a uma grande reação de rejeição em que a loucura se achou implicada. De maneira que, analisando esse fato, eu pude utilizar, sem muitos problemas, uma concepção puramente negativa do poder. Pareceu-me, a partir de certo momento, que era insuficiente, e isso durante uma experiência concreta que pude fazer, a partir dos anos 1971-1972, a propósito de prisões. O caso da penalidade me convenceu de que não era tanto em termos de direito, mas em termos de tecnologia, em termos de tática e de estratégia, e foi essa substituição de uma grade técnica e estratégica em vez de uma grade jurídica e negativa que eu tentei estabelecer em *Vigiar e punir*, depois, utilizar na *História da sexualidade*. De modo que eu abandonaria muito de bom grado tudo o que na ordem do discurso pode apresentar as relações do poder com o discurso como mecanismos negativos de rarefação.

– *O leitor que se lembra de sua* História da loucura na idade clássica (*conserva a imagem da grande loucura barroca fechada e reduzida ao silêncio. Em toda a Europa, no meio do século XVII, edifica-se rapidamente o asilo. Será para dizer que a história moderna, se ela impôs silêncio à loucura, soltou a língua para o sexo? Ou, então, uma mesma obsessão – preocupação da loucura, preocupação do sexo – teria alcançado, no plano duplo do discurso e dos fatos, resultados para uma e para outro, e por quê?*

– Penso, com efeito, que entre a loucura e a sexualidade há uma série de relações históricas que são importantes e que eu não havia certamente percebido quando escrevia a *História da loucura*. Naquele momento, tinha pensado em fazer duas histórias paralelas: de um lado, a história da exclusão da loucura e das separações que se operaram a partir daí; de outro, uma história das delimitações que se operaram no campo da sexualidade (sexualidade permitida e proibida, normal e anormal, a das mulheres e a dos homens, a dos adultos e a das crianças); eu pensava em toda uma série de divisões binárias que teriam servido, à sua maneira, à grande divisão razão-desrazão que eu tinha tentado reconstituir a respeito da loucura. Mas penso que é insuficiente; se a loucura, pelo menos durante um século, foi essencialmente o objeto de operações negativas, a sexualidade, por sua vez, tinha, desde essa época, dependido de investimentos tanto mais precisos quanto mais positivos.

1977 – As Relações de Poder Passam para o Interior dos Corpos 37

Mas, a partir do século XIX, aconteceu um fenômeno absolutamente fundamental, a engrenagem, a complicação de duas grandes tecnologias de poder: a que tramava a sexualidade e a que partilhava a loucura. A tecnologia concernente à loucura de negativa tornou-se positiva, de binária tornou-se complexa e multiforme. Nasce, então, uma grande tecnologia da psique, que é um dos traços fundamentais de nosso século XIX e de nosso século XX: ela faz do sexo, ao mesmo tempo, a verdade oculta da consciência racional e o sentido decifrável da loucura: seu sentido comum, e, então, o que permite ter domínio sobre uma e outro, segundo as mesmas modalidades.

– *Talvez seja necessário afastar três mal-entendidos possíveis. Sua refutação da hipótese repressiva não consiste nem em um simples deslocamento de ênfase nem em uma verificação de denegação ou de ignorância por parte do poder? Que seja a Inquisição, por exemplo. Em vez de colocar em evidência a repressão que ela faz o herético sofrer, poder-se-ia dar ênfase à vontade de saber que é mais importante na tortura! Você não caminha nessa direção? Você também não diz que o poder se esconde de si mesmo seu interesse pelo sexo, nem que o sexo fala sem o conhecimento de um poder que ele transbordaria em surdina?*

– Eu penso, com efeito, que meu livro não corresponde a nenhum desses temas e desses objetivos de que você fala, como de tantos mal-entendidos. Mal-entendido seria uma palavra pouco severa, aliás, para designar essas interpretações, ou, antes, essas delimitações de meu livro. A primeira: eu quis, com efeito, deslocar as ênfases e fazer aparecerem mecanismos positivos onde, normalmente, se enfatizam mais os mecanismos negativos.

Assim, a propósito da penitência, destaca-se sempre que o cristianismo sanciona nela a sexualidade, só autorizando algumas de suas formas e punindo todas as outras. Mas deve-se, também, observar, creio, que no centro da penitência cristã há a confissão, então, o reconhecimento, o exame de consciência, e nisso toda uma extrusão de saber e de discurso sobre o sexo que induziu uma série de efeitos teóricos (por exemplo, a grande análise da concupiscência no século XVII) e de efeitos práticos (uma pedagogia da sexualidade que foi laicizada e medicalizada em seguida). Assim como eu falei da maneira como as diferentes instâncias ou as diferentes representações do poder tinham, de alguma maneira, se entregado ao próprio

38 Michel Foucault – Ditos e Escritos

prazer do seu exercício. Há na vigilância, mais precisamente no olhar dos vigias, algo que não é estranho ao prazer de vigiar e ao prazer de vigiar o prazer. Isso eu quis dizer, mas não é esse todo o meu propósito. Eu insisti, também, nesses mecanismos de compensação de que você falava. É certo, por exemplo, que as explosões de histeria que se manifestaram nos hospitais psiquiátricos na segunda metade do século XIX foram um mecanismo de compensação, um contragolpe do próprio exercício do poder psiquiátrico: os psiquiatras receberam o corpo histérico de seus doentes em pleno rosto (quero dizer em pleno saber e em plena ignorância) sem ter querido isso, ou mesmo sem saber como isso acontecia. Esses elementos estão no meu livro, mas eles não constituem sua parte essencial; devem-se, parece-me, compreendê-los a partir de um posicionamento de um poder que se exerce sobre o próprio corpo. O que procuro é tentar mostrar como as relações de poder podem passar materialmente na própria espessura dos corpos sem ter de ser substituídas pela representação dos sujeitos. Se o poder atinge o corpo, não é porque ele foi inicialmente interiorizado na consciência das pessoas. Há uma rede de biopoder, de somatopoder que é, ela mesma, uma rede a partir da qual nasce a sexualidade como fenômeno histórico e cultural no interior do qual, ao mesmo tempo, nós nos reconhecemos e nos perdemos.

– *Na página 121 de* A vontade de saber, *respondendo, ao que parece, à espera do leitor, você distingue do poder – como conjunto de instituições e de aparelhos – o poder como multiplicidade das relações de força imanentes no domínio no qual elas se inscrevem. Esse poder, esse poder-jogo, você o representa produzindo-se a todo momento, em qualquer ponto, em qualquer relação de um ponto a outro. E é esse poder, se for bem compreendido, que não seria exterior ao sexo, muito pelo contrário?*

– Para mim, o essencial do trabalho é uma reelaboração da teoria do poder, e não estou seguro de que só o prazer de escrever sobre a sexualidade me teria motivado suficientemente para começar essa série de seis volumes (pelo menos), se eu não tivesse me sentido ser levado pela necessidade de retomar um pouco essa questão do poder. Parece-me que muito frequentemente, e segundo o modelo que foi prescrito pelo pensamento jurídico-filosófico do século XVI e do século XVII, reduz-se o problema do poder ao problema da soberania: o que é o

1977 – As Relações de Poder Passam para o Interior dos Corpos   39

soberano? Como o soberano se pode constituir? O que liga os indivíduos ao soberano? É esse problema, apresentado pelos juristas monarquistas ou antimonarquistas desde o século XIII até o século XIX, que continua a nos perseguir e me parece desqualificar toda uma série de domínios de análise; eu sei que eles podem parecer bem empíricos, e secundários, mas, afinal das contas, eles dizem respeito aos nossos corpos, nossas existências, nossa vida quotidiana. Contra esse privilégio do poder soberano eu quis tentar fazer valer uma análise que iria em outra direção. Entre cada ponto de um corpo social, entre um homem e uma mulher, em uma família, entre um mestre e seu aluno, entre o que sabe e o que não sabe passam relações de poder que não são a projeção pura e simples do grande poder soberano sobre os indivíduos; elas são, antes, o solo móvel e concreto sobre o qual ele vêm ancorar-se as condições de possibilidade para que ele possa funcionar. A família, mesmo ainda até nossos dias, não é o simples reflexo, o prolongamento do poder de Estado: ela não é o representante do Estado junto aos filhos, assim como o macho não é o representante do Estado junto à mulher. Para que o Estado funcione como funciona é preciso que haja do homem à mulher ou do adulto à criança relações de dominação bem específicas, que têm sua configuração própria e sua relativa autonomia.

Eu penso que se deve desconfiar de toda uma temática da representação que estorva as análises do poder. Foi durante muito tempo a questão de saber como as vontades individuais podiam ser representadas na ou pela vontade geral. É agora a afirmação tantas vezes repetida de que o pai, o marido, o patrão, o adulto, o professor representam um poder de Estado que, ele próprio, representa os interesses de uma classe. Isso não dá conta nem da complexidade dos mecanismos, nem de sua especificidade, nem dos apoios, complementaridades, e, às vezes, bloqueios, que essa diversidade explica.

De um modo geral, penso que o poder não se constrói a partir de vontades (individuais ou coletivas), nem que ele deriva de interesses. O poder se constrói e funciona a partir de poderes, de multidões de questões e de efeitos de poder. É esse domínio complexo que se deve estudar. Isso não quer dizer que ele seja independente e que se poderia decifrá-lo fora do processo econômico e das relações de produção.

– Lendo o que se pode considerar em seu texto como uma tentativa de elaborar uma nova concepção do poder, fica-se

40   Michel Foucault – Ditos e Escritos

dividido entre a imagem do computador e a do indivíduo, isolado, ou pretensamente isolado, detentor, ele também, de um poder específico.

– A ideia de que a origem ou o ponto de acumulação do poder sendo o Estado é a ele que se deve pedir conta de todos os dispositivos de poder parece-me sem grande fecundidade histórica, ou digamos que sua fecundidade histórica, ele a esgotou agora. O procedimento inverso parece atualmente mais rico: penso em estudos como o de Jacques Donzelot sobre a família (ele mostra como as formas absolutamente específicas de poder que se exercem no interior das famílias foram penetradas por mecanismos mais gerais de tipo estatal através da escolarização, mas como poderes de tipo estatal e poderes de tipo familiar conservaram sua especificidade e não puderam verdadeiramente engrenar-se senão na medida em que cada um de seus mecanismos foi respeitado). Assim também, François Ewald faz um estudo sobre as minas, o estabelecimento dos sistemas de controle patronal e a maneira como esse controle patronal foi relegado, mas sem perder sua eficácia nas grandes gestões estatais.

– É possível, a partir dessa recolocação em jogo do que se chama poder, adotar em relação a ele um ponto de vista político? Ora, você fala da sexualidade como de um dispositivo político. Você poderia definir a acepção que dá a "político"?

– Se é verdade que o conjunto das relações de força em uma sociedade dada constitui o domínio da política, e que uma política é uma estratégia mais ou menos global que tenta coordenar e finalizar essas relações de força, creio que se pode responder às suas questões da maneira seguinte: a política não é o que determina em última instância (ou o que sobredetermina) relações elementares e neutras por natureza. Toda relação de força implica, a cada momento, uma relação de poder (que é, de algum modo, seu corte instantâneo), e cada relação de poder remete, como ao seu efeito, mas também como à sua condição de possibilidade, a um campo político de que ela faz parte. Dizer que "tudo é político" é mostrar essa onipresença das relações de força e sua imanência em um campo político; mas é assumir a tarefa ainda apenas esquematizada de desembaraçar essa meada indefinida. Uma análise tal, não se deve esmagá-la em uma culpabilização individual (como a que se praticou principalmente há algumas dezenas de anos, no exis-

1977 – As Relações de Poder Passam para o Interior dos Corpos 41

tencialismo de autoflagelação); você sabe: cada um é responsável por tudo, não há uma injustiça no mundo de que não sejamos, no fundo, cúmplices; não é preciso, também, esquivá-la por um desses deslocamentos que se praticam de bom grado hoje: tudo isso deriva de uma economia mercante, ou da exploração capitalista, ou tão simplesmente dessa sociedade podre (então, os problemas do sexo, ou da delinquência, ou da loucura devem ser remetidos a outra sociedade). A análise e a crítica políticas estão, em boa parte, por inventar – mas inventar também as estratégias que permitirão, ao mesmo tempo, modificar essas relações de força e coordená-las de maneira que essa modificação seja possível e se inscreva na realidade. Significa que o problema não é tanto definir uma posição política (o que nos conduz a uma escolha sobre um tabuleiro de xadrez já constituído), mas imaginar e fazer existir novos esquemas de politização. Se politizar é conduzir a escolhas, a organizações já prontas, todas essas relações de força e esses mecanismos de poder que a análise libera, então não vale a pena. Às grandes técnicas novas de poder (que correspondem às economias multinacionais ou aos Estados burocráticos) deve opor-se uma politização que terá formas novas.

– *Uma das fases e consequências de sua pesquisa consiste em distinguir de maneira muito perplexa sexo e sexualidade. Você pode precisar essa distinção e nos dizer como, doravante, teremos de ler o título de sua* História da sexualidade?

– Essa questão foi a dificuldade central do meu livro; eu tinha começado a escrevê-lo como uma história da maneira como se tinha recoberto e travestido o sexo por essa espécie de fauna, por essa vegetação estranha que seria a sexualidade. Ora, creio que essa oposição sexo e sexualidade remetia a uma posição do poder como lei e interdição: o poder teria estabelecido um dispositivo de sexualidade para dizer não ao sexo. Minha análise ficava ainda prisioneira da concepção jurídica do poder. Foi preciso que eu operasse uma inversão; eu supus que a ideia de sexo era interior ao dispositivo da sexualidade e que, por conseguinte, o que se deve encontrar em sua raiz não é o sexo recusado, é uma economia positiva dos corpos e do prazer.

Ora, há um traço fundamental na economia dos prazeres tal como ela funciona no Ocidente: é que o sexo lhe serve de princípio de inteligibilidade e de medida. Há milênios, tende-se a nos fazer crer que a lei de todo prazer é, secretamente pelo menos, o sexo: e que é isso que justifica a necessidade de sua moderação

42   Michel Foucault – Ditos e Escritos

e dá a possibilidade de seu controle. Esses dois temas, de que no fundo de todo prazer há o sexo e de que a natureza do sexo quer que ele se dedique e se limite à procriação, não são temas inicialmente cristãos, mas estoicos; e o cristianismo foi obrigado a retomá-los quando quis integrar-se às estruturas estatais do Império Romano, do qual o estoicismo era a filosofia quase universal. O sexo tornou-se, então, o código do prazer. No Ocidente (enquanto, nas sociedades dotadas de uma arte erótica, é a intensificação do prazer que tende a dessexualizar o corpo), foi essa codificação do prazer pelas leis do sexo que forneceu ocasião, finalmente, a todo o dispositivo da sexualidade. E este nos fez acreditar que nós nos liberamos quando decodificamos todo prazer em termos de sexo enfim descoberto. Enquanto não se deve tender mais a uma dessexualização, a uma economia geral do prazer que não seja sexualmente normatizada.

    – Sua análise evidencia a psicanálise em uma arqueologia um pouco suspeita e vergonhosa. A psicanálise desvenda sua dupla pertença, pelo menos primordial, por um lado, à confissão inquisitorial, e, por outro, à medicalização psiquiátrica. É mesmo esse seu ponto de vista?

    – Pode-se dizer, é claro, que a psicanálise depende desse formidável crescimento e institucionalização dos procedimentos de confissão tão característicos de nossa civilização. Ela faz parte, no mais curto termo, dessa medicalização da sexualidade que, também ela, é um fenômeno estranho: enquanto na arte erótica o que é medicalizado são antes os meios (farmacêuticos ou somáticos) que servem para intensificar o prazer, tem-se, no Ocidente, uma medicalização da própria sexualidade, como se ela fosse uma zona de fragilidade patológica particular na existência humana. Toda sexualidade corre o risco, ao mesmo tempo, de ser doente e de induzir doenças em número infinito. Não se pode negar que a psicanálise se encontra no ponto de cruzamento desses dois processos. Como a psicanálise, na data em que apareceu, pôde formar-se, eu tentarei tratar disso nos volumes ulteriores. Temo, simplesmente, que a propósito da psicanálise aconteça o que tinha acontecido a propósito da psiquiatria, quando eu tinha tentado fazer a *História da loucura*; eu tinha tentado contar o que havia acontecido até o início do século XIX; ora, os psiquiatras entenderam minha análise como um ataque contra a psiquiatria. Eu não sei o que vai acontecer com os psicanalistas, mas receio que eles entendam como antipsicanálise algo que será apenas uma genealogia.

1977 – As Relações de Poder Passam para o Interior dos Corpos **43**

Por que uma arqueologia da psiquiatria funciona como antipsiquiatria, enquanto uma arqueologia da biologia não funciona como uma antibiologia? Seria por causa do caráter parcial da análise? Ou não seria mais por causa de alguma má relação da psiquiatria com sua própria história, de alguma incapacidade em que se encontra a psiquiatria, considerando-se o que ela é, de receber sua própria história? Vamos ver como a psicanálise recebe a questão de sua história.

– *Você tem o sentimento de que sua* História da sexualidade *fará progredir a questão feminina? Fico pensando no que diz a respeito da histerização e da psiquiatrização do corpo da mulher.*

– Algumas ideias, mas hesitantes, não fixadas. São a discussão e as críticas conforme cada volume que permitirão, talvez, liberá-las. Mas eu mesmo não devo fixar regras de utilização.

– *Em* A vontade de saber, *trata-se de fatos e de discursos, fatos e discursos se encontram presos, eles mesmos, em seu próprio discurso, nessa ordem de seu discurso que se apresenta mais como uma desordem, com a condição de bem destacar o prefixo. Você voa de um ponto a outro de sua demonstração, você mesmo suscita seus contraditores, como se o lugar de sua análise o precedesse e obrigasse. Sua escrita, por outro lado, procura pintar aos olhos do leitor relações de longa distância e abstratas. Você concorda com a dramatização de sua análise e seu caráter de ficção?*

– Esse livro não tem função demonstrativa. Ele está aí como prelúdio, para explorar o teclado e esquematizar um pouco os temas e ver como as pessoas vão reagir, onde estarão as críticas, onde estarão as incompreensões, onde estarão as cóleras: é para tornar os outros volumes, de alguma maneira, permeáveis a todas essas reações que eu escrevi esse primeiro volume. Quanto ao problema da ficção, para mim é um problema muito importante; tenho consciência de que sempre escrevi somente ficções. Nem por isso quero dizer que isso esteja fora da verdade. Parece-me que há possibilidade de fazer trabalhar a ficção na verdade, de induzir efeitos de verdade com um discurso de ficção, e provocar, de algum modo, que o discurso de verdade suscite, fabrique alguma coisa que ainda não existe, que, então, "ficcione". "Ficciona-se" história a partir de uma realidade política que a torna verdadeira; "ficciona-se" uma política que não existe ainda a partir de uma verdade histórica.

1977

O Jogo de Michel Foucault

"Le jeu de Michel Foucault" (entrevista com D. Colas, A. Grosrichard, G. Le Gaufey, J. Livi, G. Miller, J. Miller, J.-A. Miller, C. Millot, G. Wajeman), *Ornicar?*, *Bulletin Périodique du Champ Freudien*, n. 10, julho de 1977, p. 62-93.

Pouco tempo após a publicação de A vontade de saber, *convidamos Michel Foucault para vir passar uma noite conosco. Reproduzimos aqui alguns momentos de uma conversação fragmentada.*

A. G.

A. Grosrichard: Seria hora de falar dessa *História da sexualidade*, de que já temos o primeiro volume, e que deve, conforme você anuncia, ter seis.

M. Foucault: Sim, e eu queria, inicialmente, lhes dizer que estou realmente contente de estar aqui com vocês. Foi um pouco por isso que escrevi esse livro dessa forma. Até o momento, eu tinha empacotado as coisas, não tinha poupado nenhuma citação, nenhuma referência, e havia proposto problemas um pouco complicados, que ficavam a maior parte do tempo sem resposta. Donde a ideia desse livro-programa, espécie de queijo de *gruyère*, com furos, para que pudéssemos nos alojar neles. Eu não quis dizer "Eis o que penso", porque não estou ainda muito seguro do que estou adiantando. Mas quis ver se isso podia ser dito e até onde isso podia ser dito, e, é claro, há o risco de isso ser muito decepcionante para vocês. O que há de incerto no que escrevi é certamente incerto. Não há astúcia, não há retórica. E não estou certo, também, do que vou escrever nos volumes seguintes. É a razão pela qual eu gostaria de ouvir o efeito produzido pelo discurso hipotético, de modo geral. Parece-me que é a primeira vez que encontro pessoas que querem jogar esse jogo que eu lhes proponho em meu livro.

A. Grosrichard: Com certeza. Comecemos pelo título geral desse programa: *História da sexualidade*. De que tipo é esse novo objeto histórico que você chama "a sexualidade"? Porque

1977 – O Jogo de Michel Foucault   45

não se trata, manifestamente, nem da sexualidade tal como dela se fala, ou como falaram os botânicos ou os biólogos, e que é o assunto do historiador das ciências; nem da sexualidade no sentido em que se poderia entender como a tradicional história das ideias ou dos costumes, que você contesta de novo hoje, por meio das suas dúvidas sobre a "hipótese repressiva"; nem mesmo, enfim, das práticas sexuais, que os historiadores estudam hoje com métodos e meios técnicos de análise novos. Você fala, você, de um "dispositivo de sexualidade". Qual é para você o sentido e a função metodológica desse termo: "dispositivo"?

M. Foucault: O que eu tento descobrir sob esse nome é, primeiramente, um conjunto decididamente heterogêneo, que comporta discursos, instituições, arranjos arquitetônicos, decisões regulamentares, leis, medidas administrativas, enunciados científicos, proposições filosóficas, morais, filantrópicas, em resumo: do dito, tanto quanto do não dito, eis os elementos do dispositivo. O dispositivo propriamente é a rede que se pode estabelecer entre esses elementos.

Em segundo lugar, o que gostaria de descobrir no dispositivo é exatamente a natureza do laço que pode existir entre estes elementos heterogêneos. Assim tal discurso pode aparecer como programa de uma instituição, ora pelo contrário como um elemento que permite justificar e mascarar uma prática, que permanece, ela, muda, ou funcionar como interpretação secundária desta prática, dar-lhe acesso a um plano novo de racionalidade. Em suma, entre estes elementos, discursivos ou não, há como um jogo, mudanças de posição, modificações de posições, que podem eles também, serem muito diferentes.

Em terceiro lugar, por dispositivo entendo uma espécie – digamos – de formação, que, em um dado momento histórico, teve por função maior responder a uma urgência. O dispositivo tem, pois, uma função estratégica dominante. Isso pôde ser, por exemplo, a reabsorção de uma massa de população flutuante que uma sociedade de economia do tipo essencialmente mercantilista achava incômoda: houve aí um imperativo estratégico, funcionando como matriz de um dispositivo, que se tornou pouco a pouco o dispositivo de controle-sujeição da loucura, da doença mental, da neurose.

G. Wajeman: Um dispositivo se define, então, por uma estrutura de elementos heterogêneos, mas também por certo tipo de gênese?

46 Michel Foucault – Ditos e Escritos

M. Foucault: Sim. E eu veria dois momentos nessa gênese. Um primeiro momento, que é o da prevalência de um objetivo estratégico. Em seguida, o dispositivo se constitui propriamente como tal e permanece dispositivo na medida em que ele é o lugar de um duplo processo: processo de sobredeterminação funcional, por um lado, já que cada efeito, positivo e negativo, querido ou não querido, vem entrar em ressonância, ou em contradição, com os outros, e exige uma retomada, um reajuste, dos elementos heterogêneos que surgem aqui e acolá. Processo de perpétuo preenchimento estratégico, por outro lado. Tomemos o exemplo da prisão, esse dispositivo que fez com que, em dado momento, as medidas de detenção aparecessem como o instrumento mais eficaz, o mais razoável que se possa aplicar ao fenômeno da criminalidade. Isso resultou em quê? Um efeito que não estava absolutamente previsto antecipadamente, que nada tinha a ver com uma astúcia estratégica de algum assunto meta ou trans-histórico que o tivesse percebido e querido. Esse efeito foi a constituição de um meio delinquente, muito diferente dessa espécie de disseminação de práticas e de indivíduos ilegalistas que se encontrava na sociedade do século XVIII. O que aconteceu? A prisão funcionou como filtragem, concentração, profissionalização, fechamento de um meio delinquente. A partir dos anos 1830, mais ou menos, assiste-se a uma reutilização imediata desse efeito involuntário e negativo em uma nova estratégia, que, de alguma maneira, preencheu o espaço vazio, ou transformou o negativo em positivo: o meio delinquente encontrou-se reutilizado para fins políticos e econômicos diversos (assim o ganho de um lucro sobre o prazer, com a organização da prostituição). Eis o que chamo de preenchimento estratégico do dispositivo.

A. Grosrichard: Em *As palavras e as coisas*, em *A arqueologia do saber*, você falava de *episteme*, de saber, de formações discursivas. Hoje, você fala mais habitualmente de "dispositivo", de "disciplinas". Esses conceitos se substituem aos precedentes, que você abandonaria agora? Ou, então, eles os reproduzem em outro registro? Deve-se ver aí uma mudança na ideia que você teve do uso que se deve fazer dos seus livros? Você escolhe seus objetos, a maneira de abordá-los, os conceitos para compreendê-los em função de novos objetivos, que seriam hoje das lutas a empreender, um mundo a transformar, mais do que a interpretar? Digo isso para que as questões que vamos lhe propor não se afastem do que você quis fazer.

M. Foucault: Veja que talvez seja bom que elas se afastem completamente: isso provaria que meu propósito está distante. Mas você tem razão de perguntar. A propósito do dispositivo, eu me encontro diante de um problema de que ainda não me livrei muito. Eu disse que o dispositivo era de natureza essencialmente estratégica, o que supõe que se trata aí de uma manipulação de relações de forças, seja para desenvolvê-las em uma direção, seja para bloqueá-las, ou para estabilizá-las, utilizá-las. O dispositivo está, então, sempre inscrito em um jogo de poder, mas sempre ligado, também, a um ou alguns limites de saber, que nascem dele, mas também o condicionam. É isto o dispositivo: estratégias de relações de forças suportando tipos de saber e suportadas por eles. Em *As palavras e as coisas*, querendo fazer uma história da *episteme*, eu ficava em um impasse. Agora, o que eu gostaria de fazer é tentar mostrar que o que chamo dispositivo é um caso muito mais geral da *episteme*. Ou mais, que a *episteme* é um dispositivo especificamente discursivo, diferentemente do dispositivo, que é, ele próprio, discursivo e não discursivo, sendo seus elementos muito mais heterogêneos.

J.-A. Miller: O que você introduz como dispositivo se entende certamente mais heterogêneo que o que você chamava *episteme*.

M. Foucault: Correto.

J.-A. Miller: Você misturava ou ordenava em suas *epistemes* enunciados de tipo muito diferente, enunciados de filósofos, de sábios, enunciados de autores obscuros e de práticos que teorizavam, donde o efeito de surpresa que você obteve, mas, enfim, tratava-se sempre de enunciados.

M. Foucault: Com certeza.

J.-A Miller: Com os dispositivos, você quer ir além do discurso. Mas esses novos conjuntos reúnem muitos elementos articulados.

M. Foucault: Ah, sim!

J.-A Miller: ...ficam nisso conjuntos significantes. Eu não entendo muito bem em que você atingiria o não discursivo.

M. Foucault: Em resumo: eis um dispositivo, eu procuro quais foram os elementos que intervieram em uma racionalidade, uma dada concertação, mais ou menos que...

J.-A. Miller: Não se deve dizer racionalidade, senão voltaríamos à *episteme*.

48 Michel Foucault – Ditos e Escritos

M. Foucault: Se você quiser, a *episteme*, eu a definiria, voltando, como o dispositivo estratégico que permite selecionar entre todos os enunciados possíveis os que vão poder ser aceitáveis no interior, não digo de uma teoria científica, mas de um campo de cientificidade, e do qual se poderá dizer: este é verdadeiro ou falso. É o dispositivo que permite separar, não o verdadeiro do falso, mas o inqualificável cientificamente do qualificável.

G. Le Gaufey: Mas, voltando ao não discursivo, fora dos enunciados, que outra coisa há, em um dispositivo, além das instituições?

M. Foucault: O que se chama geralmente "instituição" é todo comportamento mais ou menos obrigado, aprendido. Tudo o que, em uma sociedade, funciona como sistema de obrigação, sem ser um enunciado, em resumo, todo o social não discursivo é a instituição.

J.-A. Miller: A instituição é, evidentemente, domínio do discursivo.

M. Foucault: Como queira, mas, para meu negócio do dispositivo, não é muito importante dizer: eis o que é discursivo, eis o que não é. Entre o programa arquitetural da Escola Militar por Gabriel e a construção da Escola Militar em si mesma, o que é discursivo, o que é institucional? Isso só me interessa se o edifício não está conforme o programa. Mas eu não acredito que seja muito importante fazer essa seleção, já que o meu problema não é linguístico.

A. Grosrichard: Você estuda, no seu livro, a constituição e a história de um dispositivo: o dispositivo da sexualidade. Esquematizando muito, pode-se dizer que ele se articula, por um lado, com o que você chama de poder, de que ele é o meio, ou a expressão. E, por outro lado, ele produz, poder-se-ia dizer, um objeto imaginário, historicamente datável, o sexo. A partir daí, duas grandes séries de questões: sobre o poder, sobre o sexo, em sua relação com o dispositivo de sexualidade. Para o poder, você emite dúvidas sobre as concepções que, tradicionalmente, deixamos de lado. E o que você propõe não é tanto uma nova teoria do poder quanto uma "analítica do poder". Como esse termo "analítica" lhe permite esclarecer o que você chama aqui o "poder", estando ligado ao dispositivo da sexualidade?

M. Foucault: *O poder, isso não existe*. Quero dizer isto: a ideia de que há, em um dado lugar, ou emanando de um ponto dado, algo que é um poder me parece repousar em uma aná-

1977 – O Jogo de Michel Foucault   **49**

lise falsificada e que, em todo caso, não leva em conta um número considerável de fenômenos. O poder são, na realidade, relações, um feixe mais ou menos organizado, mais ou menos piramidalizado, mais ou menos coordenado de relações. Então, o problema não é constituir uma teoria do poder que teria por função refazer o que um Boulainvilliers, por um lado, e um Rousseau, por outro, quiseram fazer. Os dois partem de um estado originário em que todos os homens são iguais, e, depois, o que acontece? Invasão histórica para um, acontecimento mítico-jurídico para o outro, tanto que, a partir de um momento, as pessoas não tiveram mais direitos e aconteceu o poder. Se tentarmos construir uma teoria do poder, seremos sempre obrigados a considerar que ele surgiu em um ponto e em um momento dados, e deveremos fazer sua gênese, depois a dedução. Mas se o poder é, na realidade, um feixe aberto, mais ou menos coordenado (e, sem dúvida, mais para mal coordenado) de relações, então o único problema é prover-se de uma grade de análise, permitindo uma analítica das relações de poder.

A. Grosrichard: E, no entanto, na página 20 do seu livro, você se predispõe a estudar, evocando o que acontece após o Concílio de Trento, "por meio de que canais, deslizando ao longo de que discursos, o poder chega às condutas mais tênues e mais individuais, que caminhos lhe permitem atingir as formas raras ou apenas perceptíveis do desejo" etc. A linguagem que você usa aqui dá, ainda assim, a pensar em um poder que partiria de um centro único e que, pouco a pouco, segundo um processo de difusão, de contágio, de cancerização, alcançaria o que há de mais ínfimo e de mais periférico. Ora, parece-me que, quando você fala, aliás, da multiplicação das "disciplinas", você deixa evidenciar o poder como partindo de "pequenos lugares", organizando-se a propósito de "pequenas coisas", para finalmente concentrar-se. Como conciliar essas duas representações do poder: uma que o descreve como se exercendo de cima para baixo, do centro para a circunferência, do importante para o ínfimo, e a outra, que parece ser o inverso?

M. Foucault: Ouvindo você ler, eu me enrubesci, moralmente, até as orelhas, dizendo-me: é verdade, eu usei essa metáfora do ponto que, pouco a pouco, irradia... Mas era em um caso muito preciso: o da Igreja depois do Concílio de Trento. De modo geral, eu penso que se deve ver antes como as grandes estratégias do poder se incrustam, encontram suas condições

50 Michel Foucault – Ditos e Escritos

de exercício em microrrelações de poder. Mas há sempre, também, movimentos de volta, que fazem com que as estratégias que coordenam as relações de poder produzam efeitos novos e avancem em domínios que, até o presente, não eram afetados. Assim, até a metade do século XVI, a Igreja só controlou a sexualidade de uma maneira bastante distante: a obrigação à confissão anual, com as confissões dos diferentes pecados, garantia que não se teria muitas histórias impuras para contar ao seu pároco. A partir do Concílio de Trento, por volta do meio do século XVI, viu-se aparecer, ao lado das antigas técnicas da confissão, uma série de procedimentos novos que foram atualizados no interior da instituição eclesiástica, com fins de depuração e de formação do pessoal eclesiástico: para os seminários ou os conventos, elaboraram-se técnicas minuciosas de colocação em discurso da vida quotidiana, de autoexame, de confissão, de direção de consciência, de relações dirigidos-dirigentes. Foi isso que se tentou injetar na sociedade, em um movimento, é verdade, de cima para baixo.

J.-A. Miller: É por isso que se interessa Pierre Legendre.

M. Foucault: Eu ainda não pude ler seu último livro, mas o que ele fazia em *O amor do censor*[1] me parece absolutamente necessário. Ele descreve um processo que existe realmente. Mas eu não acredito que o engendramento das relações de poder se faça assim, somente de cima para baixo.

A. Grosrichard: Você pensa, então, que essa representação do poder, se exercendo de cima para baixo, e de maneira repressiva ou negativa, é uma ilusão? Não é uma ilusão necessária, gerada pelo próprio poder? Em todo caso, é uma ilusão bem tenaz, e é, assim mesmo, contra esse tipo de poder que as pessoas lutaram e acreditaram poder fazer mudarem as coisas.

G. Miller: Acrescento uma observação: mesmo se admitirmos que o poder, na escala de toda a sociedade, não procede de cima para baixo, mas se analisa como um feixe de relações, os micropoderes, sobre os quais ele se funda, não funcionam sempre, eles, de cima para baixo?

M. Foucault: Sim, como queira. Na medida em que as relações de poder são uma relação de forças desigual e relativa-

---

1 Legendre (P.), *L'amour du censeur. Essai sur l'ordre dogmatique*, Paris, Éd. du Seuil, col. "Le Champ Freudien", 1974. Tradução brasileira, *O amor do censor*. Ed. Forense Universitária, Rio de Janeiro, 1983.

1977 – O Jogo de Michel Foucault   51

mente estabilizada, é evidente que isso implica, em cima e embaixo, uma diferença de potencial.

A. Grosrichard: Sempre se tem necessidade de alguém menor que si.

M. Foucault: Certo, mas o que eu quis dizer é que, para que haja movimento de cima para baixo, é preciso que haja, ao mesmo tempo, uma capilaridade de baixo para cima. Tomemos algo simples: as relações de poder de tipo feudal. Entre os servos, ligados à terra, e o senhor, que retirava deles uma renda, havia uma relação local, relativamente autônoma, quase um cara a cara. Para que essa relação se mantivesse, era preciso haver, por trás, certa piramidalização do sistema feudal. Mas é certo que o poder dos reis da França e os aparelhos de Estado que eles constituíram pouco a pouco tiveram como condição de possibilidade a ancoragem nos comportamentos, nos corpos, nas relações de poder locais, em que não se deveria ver absolutamente uma simples projeção do poder central.

J.-A. Miller: O que é, então, essa relação de poder? Não é somente a obrigação...

M. Foucault: Ah, não! Eu gostaria justamente de responder à questão que me era feita há pouco, sobre esse poder de cima para baixo que seria negativo. Todo o poder, seja ele de cima para baixo ou de baixo para cima, e qualquer que seja o nível em que o tomamos, é efetivamente representado, de uma maneira mais ou menos constante nas sociedades ocidentais, sob uma forma negativa, isto é, sob uma forma jurídica. É o próprio de nossas sociedades ocidentais que a linguagem do poder seja o direito, e não a magia ou a religião.

A. Grosrichard: Mas a linguagem amorosa, por exemplo, tal como se formula na literatura cortês e em toda a história do amor no Ocidente, não é uma linguagem jurídica. E, no entanto, ela só fala do poder, ela não para de operar relações de dominação e de servidão. Tome o termo *"maîtresse"* [feminino de mestre ou dono, em francês, mas, no caso, amante], por exemplo.

M. Foucault: De fato. Mas, sobre isso, Duby tem uma explicação interessante.[2] Ele liga o aparecimento da literatura cortês

---

2 Duby (G.), "Les jeunes dans la société aristocratique dans la France du Nord-Ouest au XIIᵉ siècle", *Annales. Économies, sociétés, civilisations*, t. XIX, n. 5, setembro-outubro de 1964, p. 835-846. *L'an mil*, Paris, Gallimard, col. "Archives", n. 30, 1974.

52 Michel Foucault – Ditos e Escritos

à existência, na sociedade medieval, dos *juvenes*: os *juvenes* eram jovens, descendentes que não tinham direito à herança e que deviam viver, de alguma maneira, à margem da sucessão genealógica linear característica do sistema feudal. Eles esperavam, então, que houvesse mortos entre os herdeiros machos legítimos, para que uma herdeira se achasse na obrigação de conseguir um marido, capaz de se encarregar da herança e das funções ligadas ao chefe de família. Os *juvenes* eram, pois, esse excesso turbulento, gerado necessariamente pelo modo de transmissão do poder e da propriedade. E, para Duby, a literatura cortês vem daí: era uma espécie de luta fictícia entre os *juvenes* e o chefe de família, ou o senhor, ou mesmo o rei, tendo como aposta a mulher já apropriada. No intervalo das guerras, no lazer das longas noites de inverno se teciam em torno da mulher essas relações corteses, que são, no fundo, o próprio inverso das relações de poder, visto que se trata sempre de um cavaleiro chegando a um castelo para roubar a mulher do senhor dos lugares. Havia, então, aí, gerado pelas próprias instituições, como afrouxamento das amarras, um desenfreamento tolerado, que resultava nessa luta real-fictícia que se encontra nos temas corteses. É uma comédia em torno das relações de poder, que funciona nos interstícios do poder, mas não é uma verdadeira relação de poder.

A. Grosrichard: Talvez, mas a literatura cortês chega, assim mesmo, por meio dos trovadores, da civilização árabo-muçulmana. Ora, o que diz Duby vale ainda para ela? Mas voltemos à questão do poder, em sua relação com o dispositivo.

C. Millot: Falando dos "dispositivos de conjunto", você escreve, na página 125, que, "aí, a lógica é ainda perfeitamente clara, as aspirações decifráveis, e, no entanto, acontece não haver mais ninguém para tê-las concebido e muito poucos para formulá-las: caráter implícito das grandes estratégias anônimas, quase mudas, que coordenam táticas loquazes cujos 'inventores' ou responsáveis são frequentemente sem hipocrisia...". Você define aí alguma coisa como uma estratégia sem sujeito. Como isso é concebível?

M. Foucault: Tomemos um exemplo. A partir dos anos 1825-1830, vê-se aparecerem localmente, e de uma maneira que é, com efeito, loquaz, estratégias bem definidas para fixar os operários das primeiras indústrias pesadas no próprio lugar onde eles trabalham. Tratava-se de evitar a mobilidade do

1977 – O Jogo de Michel Foucault   53

emprego. Em Mulhouse, ou no norte da França, elaboram-se, assim, técnicas variadas: faz-se pressão para que as pessoas se casem, fornecem-se alojamentos, constroem-se cidades operárias, pratica-se esse sistema astucioso de endividamento de que fala Marx e que consiste em fazer pagar o aluguel adiantado, enquanto o salário só é pago no fim do mês. Há, também, os sistemas de caixa de poupança, de endividamento no consumo com as mercearias ou comerciantes de vinho, que não são senão agentes do patrão... Pouco a pouco se forma em torno de tudo isso um discurso que é o da filantropia, o discurso da moralização da classe operária. Depois, as experiências se generalizam, por meio da representação de instituições, sociedades que propõem, muito conscientemente, programas de moralização da classe operária. Sobre isso vem-se enxertar o problema do trabalho das mulheres, da escolarização das crianças e da relação entre os dois. Entre a escolarização das crianças, que é uma medida central, tomada no nível do Parlamento, e tal ou tal forma de iniciativa puramente local tomada a propósito, por exemplo, do alojamento dos operários, você tem todas as espécies de mecanismos de apoio (sindicato de patrões, câmaras de comércio...) que inventam, modificam, reajustam, segundo as circunstâncias do momento e do lugar: de tal forma que se obtém uma estratégia global, coerente, racional, mas da qual não se pode mais dizer quem a concebeu.

C. Millot: Mas, então, que papel desempenha a classe social?

M. Foucault: Ah, aí estamos no cerne do problema, e, sem dúvida, das obscuridades de meu próprio discurso. Uma classe dominante não é uma abstração, mas não é um dado prévio. Que uma classe se torne classe dominante, que ela garanta sua dominação e que essa dominação se reconduza, esse é o efeito de certo número de táticas eficazes, refletidas, que funcionam no interior das grandes estratégias que garantem essa dominação. Mas, entre a estratégia que fixa, reconduz, multiplica, acentua as relações de forças e a classe que se acha dominante, você tem uma relação de produção recíproca. Pode-se, então, dizer que a estratégia de moralização da classe operária é a da burguesia. Pode-se até dizer que é a estratégia que permite à classe burguesa ser a classe burguesa e exercer sua dominação. Mas que, se a classe burguesa que, no nível de sua ideologia ou de seu projeto econômico, tenha, como uma espécie de sujeito, ao mesmo tempo, real e fictício, inventado e imposto à força essa estratégia à classe operária, eu penso que isso não se pode dizer.

54 Michel Foucault – Ditos e Escritos

J.-A. Miller: Não há sujeito, mas isso se finaliza...

M. Foucault: Isso se finaliza em relação a um objetivo.

J.-A. Miller: Quem, então, se impôs...

M. Foucault: ...quem acabou por impor-se. A moralização da classe operária, ainda uma vez, não foi imposta nem por Guizot, em suas legislações, nem por Dupin, em seus livros. Não foram também os sindicatos de patrões. E, no entanto, ela se fez, porque respondia ao objetivo urgente de dominar uma mão de obra flutuante e vagabunda. O objetivo existia, então, e a estratégia se desenvolveu, com uma coerência cada vez maior, mas sem que fosse necessário supor-lhe um sujeito detentor da lei e enunciando-a sob a forma de um "você deve, você não deve".

G. Miller: Mas o que dá a origem entre os diferentes sujeitos implicados por essa estratégia? Não se devem distinguir, por exemplo, os que a produzem dos que só se submetem a ela? Mesmo se suas iniciativas acabam, muitas vezes, por convergir, eles se confundem todos, ou se singularizam? E em que termos?

A. Grosrichard: Ou, ainda: o seu modelo seria o da *Fábula das abelhas*, de Mandeville?[3]

M. Foucault: Eu não diria exatamente isso, mas vou pegar outro exemplo: o da constituição de um dispositivo médico-legal, em que se utilizou a psiquiatria no domínio penal, por um lado, mas em que, por outro, se encontram multiplicados os controles, as intervenções de tipo penal sobre condutas ou comportamentos de sujeitos anormais. Isso levou a esse enorme edifício, ao mesmo tempo teórico e legislativo, construído em torno da questão da degenerescência e dos degenerados. O que aconteceu aí? Todas as espécies de sujeitos intervêm: o pessoal administrativo, por exemplo, por razões de ordem pública, mas antes de todos os médicos e dos magistrados. Pode-se falar de interesse? No caso dos médicos, por que quiseram eles intervir tão diretamente no domínio penal? Enquanto eles acabavam apenas de separar a psiquiatria, e não sem sofrimento, dessa espécie de magma que era a prática do internamento, onde se estava em cheio, justamente, no médico-legal, salvo que não era nem do domínio médico nem do legal. Os

---

3 Mandeville (B. de), *The fable of the bees, or private vices*, Londres, J. Tonson, 1728-1729, 2 v. (*La Fable des abeilles, ou les Fripons devenus honnêtes gens*, trad. J. Bertrand, Londres, J. Nourse, 1740, 4 v.).

alienistas acabam somente de destacar a teoria e a prática da alienação mental e de definir sua especificidade, quando dizem: "Há crimes que nos dizem respeito, a nós, essas pessoas!" Onde está seu interesse de médicos? Dizer que houve uma espécie de dinâmica imperialista da psiquiatria, que quis juntar a ela o crime, submetê-lo à sua racionalidade, isso não leva a nada. Eu ousaria dizer que, de fato, havia aí uma necessidade (que não se é obrigado a chamar de interesse) ligada à própria existência de uma psiquiatria que se tornou autônoma, mas que tinha de, a partir de então, fundamentar sua intervenção fazendo-se reconhecer como parte da higiene pública. E ela não podia fundamentá-lo somente no fato de que tinha uma doença (a alienação mental) a reabsorver. Era preciso, também, que ela tivesse um perigo a combater, como o de uma epidemia, de uma falta de higiene. Ora, como demonstrar que a loucura é um perigo senão mostrando que há casos extremos em que uma loucura – não aparente aos olhos do público, não se manifestando antecipadamente por nenhum sintoma, salvo algumas pequenas fissuras, alguns minúsculos resmungos só perceptíveis ao observador altamente experimentado – podia bruscamente explodir em um crime monstruoso. Foi assim que se construiu a monomania homicida. A loucura é um perigo temível no sentido justamente de que não é previsível por nenhuma das pessoas de bom-senso que têm a pretensão de poder conhecer a loucura. Somente um médico pode detectá-la: eis aí a loucura transformada em objeto exclusivo do médico, cujo direito de intervenção se encontra imediatamente fundamentado. No caso dos magistrados, pode-se dizer que é outra necessidade que fez com que, apesar de suas reticências, aceitassem a intervenção dos médicos. Ao lado do edifício do Código, a máquina punitiva que lhes colocaram à disposição – a prisão – só podia funcionar eficazmente com a condição de intervir sobre a individualidade do indivíduo, sobre o criminoso, e não sobre o crime, para transformá-lo e emendá-lo. Mas, desde que houvesse crimes dos quais não se compreendiam a razão nem os motivos, não se podia mais punir. Punir alguém que não se conhece torna-se impossível em uma penalidade que não é mais a do suplício, mas a da prisão. (Tanto é verdade, aliás, que se ouviu da boca de alguém de bem, no entanto, esta frase colossal, que deveria ter deixado todo mundo bo-

56 Michel Foucault – Ditos e Escritos

quiaberto: "Vocês não podem matar Patrick Henry,[4] vocês não o conhecem." Então, como? Se o conhecessem, teriam-no matado?) Os magistrados, então, para poder unir um código (que continuava código da punição, da expiação) e uma prática punitiva que se tornou a da emenda e da prisão, foram obrigados a fazer intervir o psiquiatra. Têm-se, então, aí, necessidades estratégicas que não são exatamente interesses...

G. Miller: Você substitui "interesse" por "problema" (para os médicos) e por "necessidade" (para os magistrados). O benefício é pequeno, e isso continua, assim mesmo, muito impreciso.

G. Le Gaufey: Parece-me que o sistema metafórico que comanda sua análise é o do organismo, que permite eliminar a referência a um sujeito pensante e dotado de vontade. Um organismo vivo tende sempre a perseverar em seu ser, e todos os meios lhe são bons para conseguir atingir esse objetivo.

M. Foucault: Não, não concordo absolutamente. Primeiro, jamais usei a metáfora do organismo. Em seguida, o problema não é o de se manter. Quando falo de estratégia, levo o termo a sério: para que alguma relação de forças possa não somente manter-se, mas acentuar-se, estabilizar-se, ganhar em extensão, é necessário que haja uma manobra. A psiquiatria manobrou para chegar a se fazer reconhecer como parte da higiene pública. Não é um organismo, não mais que a magistratura, e não vejo como o que eu digo implica que sejam organismos.

A. Grosrichard: O que é notável, em compensação, é que foi no decorrer do século XIX que se constituiu uma teoria da sociedade concebida sobre o modelo de um organismo, com Auguste Comte, por exemplo. Mas deixemos isso. Os exemplos que você nos deu, para explicar como você concebia essa "estratégia sem sujeito", são todos tirados do século XIX, uma época em que a sociedade e o Estado se encontram já muito centralizados e tecnicizados. É também tão claro para períodos anteriores?

J.-A. Miller: Em resumo, é justamente no momento em que a estratégia parece ter um sujeito que Foucault demonstra que ela não tem...

M. Foucault: Vou aceitar isso, de forma limitada. Eu estava ouvindo, outro dia, alguém falar do poder – é a moda. Ele constatava que essa famosa monarquia absoluta francesa não tinha, na realidade, nada de absoluto. Eram, de fato, peque-

---

4 Ver *A Angústia de Julga*, v. VIII da edição brasileira desta obra.

1977 – O Jogo de Michel Foucault   57

nas ilhas de poder disseminadas, que funcionavam umas por áreas geográficas, outras, por pirâmides, outras, como corpos, ou segundo as influências familiares, as redes de alianças. Concebe-se bem por que as grandes estratégias não podiam aparecer em tal sistema: a monarquia francesa se havia dotado de um aparelho administrativo muito forte, mas muito rígido, e que deixava passar coisas enormes. Havia, é verdade, um rei, representante manifesto do poder, mas, na realidade, o poder não era centralizado, ele não se exprimia em grandes estratégias, ao mesmo tempo finas, flexíveis e coerentes. Em compensação, no século XIX, por meio de todas as espécies de mecanismos ou de instituições – parlamentarismo, difusão da informação, edição, exposições universais, universidade – o poder burguês pôde elaborar grandes estratégias sem que, por isso, fosse necessário lhes supor um sujeito.

J.-A. Miller: No campo teórico, afinal das contas, o velho espaço transcendental sem sujeito jamais provocou medo em muita gente, embora lhe tenham censurado bastante, no momento de *As palavras e as coisas*, ao lado de *Temps Modernes*,[5] a ausência de toda espécie de causalidade nesses movimentos de oscilação que o faziam passar de uma *episteme* a outra. Mas, talvez haja uma dificuldade quando se trata não mais do campo teórico, mas do campo prático. Há aí relações de forças e combates. A pergunta "Quem combate? E contra quem?" se faz necessariamente. Você não pode fazer escapar aqui a questão do, ou melhor, dos sujeitos.

M. Foucault: Certamente, e é o que me preocupa. Não sei muito bem como sair disso. Mas, enfim, se consideramos que o poder deve ser analisado em termos de relações de poder, parece-me que temos aí um meio de compreender, muito melhor que em outras elaborações teóricas, a relação que há entre o poder e a luta, em particular a luta de classes. O que me surpreende, na maioria dos textos, senão de Marx, pelo menos dos marxistas, é que se deixa sempre em silêncio (exceto, talvez, em Trotski) o que se entende por luta, quando se fala de luta de classes. O que quer dizer luta, aqui? Confronto dialético? Combate político pelo poder? Batalha econômica? Guerra?

---

5 Amiot (M.), "Le relativisme culturel de Michel Foucault", *Les Temps Modernes*, ano 22, n. 248, janeiro de 1967, p. 1.271-1.298. Le Bon (S.), "Un positiviste désespéré: Michel Foucault", *ibid.*, p. 1.299-1.319.

58 Michel Foucault – Ditos e Escritos

A sociedade civil atravessada pela luta de classes seria a guerra continuada por outros meios?

D. Colas: Seria necessário, talvez, levar em conta essa instituição que é o partido, e que não se pode assimilar às outras, que não têm por finalidade tomar o poder...

A. Grosrichard: E, depois, os marxistas fazem, mesmo assim, esta pergunta: "Quem são nossos amigos, quem são os inimigos?", que tende a determinar, nesse campo de lutas, as linhas de confronto reais...

J.-A. Miller: Enfim, quem são para você os sujeitos que se opõem?

M. Foucault: É só uma hipótese, mas eu diria: todo mundo contra todo mundo. Não há, imediatamente dados, sujeitos dos quais um seria o proletariado e o outro, a burguesia. Quem luta contra quem? Nós lutamos todos contra todos. E há sempre alguma coisa em nós que luta contra outra coisa em nós.

J.-A. Miller: O que eu quero dizer é que só haveria coalizões transitórias, das quais algumas desmoronariam imediatamente, enquanto outras durariam, mas, em definitivo, o elemento primeiro e último são os indivíduos?

M. Foucault: Sim, os indivíduos, e até os subindivíduos.

J.-A. Miller: Os subindivíduos?

M. Foucault: Por que não?

G. Miller: Sobre essa questão do poder, se eu quisesse dar minha impressão de leitor, eu diria, às vezes: bem feito demais...

M. Foucault: É o que *La Nouvelle Critique* tinha dito a propósito do livro precedente: é muito bem feito para que isso não esconda mentiras...

G. Miller: Quero dizer: são muito bem feitas, essas estratégias. Não penso que isso esconda mentiras, mas, por ver as coisas tão bem ordenadas, agenciadas, no nível local, regional, nacional, em séculos inteiros, eu me pergunto: não há, mesmo assim, um lugar por fazer no... "bordel"?

M. Foucault: Oh, completamente de acordo. A magistratura e a psiquiatria se encontram, mas por meio de que bagunça, que fracassos! Apenas, eu, é como se eu estivesse tratando de uma batalha: quando não se fica na descrição, quando se quer tentar explicar a vitória ou a derrota, é preciso apresentar os problemas em termos de estratégias e perguntar-se: Por que funcionou? Por que aguentou? Eis a razão pela qual eu tomo as coisas por esse lado, que dá a impressão de que é muito bonito para ser verdade.

A. *Grosrichard*: Bordel ou não, falemos agora do sexo. Você faz dele um objeto histórico, gerado, de alguma maneira, pelo dispositivo da sexualidade.

J.-A. Miller: Seu livro anterior tratava da delinquência. A sexualidade é, aparentemente, um objeto de tipo diferente. A menos que não seja mais divertido mostrar que é igual? O que você prefere?

M. Foucault: Eu diria: tentemos ver se não seria igual. É a aposta do jogo, e se há seis volumes, é que é um jogo! Esse livro é o único que eu escrevi sem saber antes qual seria o título dele. E, até o último momento, eu não encontrei. A *História da sexualidade* é por falta de melhor. O primeiro título, que eu tinha mostrado a François Regnault, era *Sexo e verdade*. Renunciamos a ele, mas, enfim, isso era, apesar de tudo, meu problema: o que aconteceu no Ocidente para que a questão da verdade fosse colocada a propósito do prazer sexual? E é meu problema desde a *História da loucura*. Historiadores me dizem: "Sim, é claro, mas por que você não estudou as diferentes doenças mentais que se encontram nos séculos XVII e XVIII? Por que você não fez uma história das epidemias de doenças mentais?" Eu não consigo fazer com que eles compreendam que, com efeito, tudo isso é absolutamente interessante, mas que não era meu problema. Meu problema foi, a respeito da loucura, saber como se tinha podido fazer funcionar a questão da loucura no sentido dos discursos de verdade, isto é, discursos tendo estatuto e função de discursos verdadeiros. No Ocidente, é o discurso científico. É sob esse ângulo que eu quis abordar a sexualidade.

A. *Grosrichard*: O que você chama "sexo", como você o define em relação a esse dispositivo de sexualidade? É um objeto imaginário, um fenômeno, uma ilusão?

M. Foucault: Bom, vou lhe dizer como as coisas aconteceram. Houve várias redações sucessivas. No início, o sexo era um dado prévio, e a sexualidade aparecia como uma espécie de formação, ao mesmo tempo discursiva e institucional, vindo comunicar-se com o sexo, recobri-lo e, no limite, ocultá-lo. Era essa a primeira linha. E, depois, eu mostrei a pessoas o manuscrito, e eu percebia que não era satisfatório. Então, mudei a coisa. Era um jogo, porque eu não estava muito seguro... Mas eu me dizia: no fundo, o sexo, que parece ser uma instância que tem suas leis, suas pressões, a partir do que se definem tanto o sexo masculino quanto o sexo feminino, não seria, pelo con-

60 Michel Foucault – Ditos e Escritos

trário, algo que teria sido produzido pelo dispositivo de sexualidade? Aquilo a que se aplicou, de início, o discurso de sexualidade não era o sexo, eram o corpo, os órgãos sexuais, os prazeres, as relações de aliança, as relações interindividuais...

J.-A. Miller: Um conjunto heterogêneo...

M. Foucault: Sim, um conjunto heterogêneo, que, finalmente, foi recoberto pelo dispositivo de sexualidade, o qual produziu, em um dado momento, como fecho de abóbada de seu próprio discurso e, talvez, de seu próprio funcionamento, a ideia do sexo.

G. Miller: Essa ideia do sexo não é contemporânea do estabelecimento do dispositivo da sexualidade?

M. Foucault: Não, não! Vemos aparecer o sexo, parece-me, no decorrer do século XIX.

G. Miller: Tem-se um sexo desde o século XIX?

M. Foucault: Tem-se uma sexualidade desde o século XVIII, um sexo desde o século XIX. Antes, tinha-se, sem dúvida, uma carne. O "cara" fundamental é Tertuliano.

J.-A. Miller: Você precisa nos explicar isso.

M. Foucault: Pois bem, Tertuliano reuniu, no interior de um discurso teórico coerente, duas coisas fundamentais: o essencial dos imperativos cristãos – a *didakhé* – e os princípios a partir dos quais se podia escapar do dualismo dos gnósticos.

J.-A. Miller: Estou vendo que você procura quais operadores vão lhe permitir apagar o corte que se coloca para Freud. Você se lembra, na época em que Althusser fazia valer o corte marxista, você já tinha chegado com sua borracha. E, agora, é Freud que vai passar por isso; enfim, penso que é seu objetivo, em uma estratégia complexa, como você diria. Você acha realmente que vai conseguir apagar o corte entre Tertuliano e Freud?

M. Foucault: Eu direi que, para mim, a história dos cortes e dos não cortes é sempre, ao mesmo tempo, um ponto de partida e uma coisa muito relativa. Em *As palavras e as coisas*, eu partia de diferenças muito manifestas, das transformações das ciências empíricas por volta do fim do século XIX. É preciso ser de uma ignorância, da qual eu sei que não é a de vocês, para não saber que um tratado de medicina de 1780 e um tratado de anatomia patológica de 1820 são dois mundos diferentes. Meu problema era saber quais eram os grupos de transformações necessários e suficientes no interior do próprio regime

1977 – O Jogo de Michel Foucault   61

dos discursos para que se pudesse empregar aquelas palavras melhor que estas, tal tipo de análise melhor que outro, que se pudessem olhar as coisas sob tal ângulo e não sob outro. Aqui, por razões que são de conjuntura, já que todo mundo insiste no corte, eu penso: tentemos fazer girar o cenário, e partamos de algo que é tão constatável quanto o corte, com a condição de pegar outras referências. Vê-se aparecer essa formidável mecânica, maquinaria de confissão, na qual, com efeito, a psicanálise e Freud aparecem como um dos episódios. Bom...

J.-A. Miller: Você constrói um troço que engole de uma só vez uma enorme quantidade...

M. Foucault: De uma só vez, uma enorme quantidade, e em seguida, eu tentarei ver quais são as transformações...

J.-A. Miller: E, com certeza, você prestará, principalmente, muita atenção para que a principal transformação não se situe em Freud. Você demonstrará, por exemplo, que a focalização na família começou antes de Freud, ou...

M. Foucault: Se você permite, parece-me que só o fato de eu ter jogado esse jogo exclui, sem dúvida, para mim, que Freud apareça como o corte radical a partir do que todo o resto deve ser repensado. Farei, provavelmente, evidenciar que, por volta do século XVIII, se estabelece, por razões econômicas, históricas, um dispositivo geral no qual Freud terá seu lugar. E mostrarei, sem dúvida, que Freud revirou como uma luva a teoria da degenerescência, o que não é a maneira como se coloca em geral o corte freudiano como acontecimento de cientificidade.

J.-A. Miller: Sim, se você enfatiza à vontade o caráter artificioso do seu procedimento. Seus resultados dependem da escolha das referências, e a escolha das referências depende da conjuntura. Tudo isso é só o que parece, é o que você nos diz?

M. Foucault: Não é falsa aparência, é o fabricado.

J.-A. Miller: Sim, e é, então, motivado pelo que você quer, sua expectativa, sua...

M. Foucault: É isso, é aí onde aparece o objetivo polêmico ou político. Mas polêmica, você sabe que jamais faço; política, estou longe disso.

J.-A. Miller: Sim, e que efeito você pensa obter a propósito da psicanálise?

M. Foucault: Bom, eu diria que nas histórias ordinárias pode-se ler que a sexualidade tinha sido ignorada pela medicina, e, principalmente, pela psiquiatria, e que, enfim, Freud descobriu a etiologia sexual das neuroses. Ora, todo mundo

62   Michel Foucault – Ditos e Escritos

sabe que não é verdade, que o problema da sexualidade estava inscrito na medicina e na psiquiatria do século XIX, de uma maneira manifesta e maciça, e que, no fundo, Freud nada mais fez que tomar ao pé da letra o que ele tinha ouvido, uma noite, Charcot dizer: é mesmo de sexualidade que se trata.[6] O forte da psicanálise é ter recaído sobre algo completamente diferente, que é a lógica do inconsciente. E, aí, a sexualidade não é mais o que ela era no início.

J.-A. Miller: Certamente. Você diz: a psicanálise. Pelo que você evoca aí, poder-se-ia dizer: Lacan, não?

M. Foucault: Eu diria: Freud e Lacan. Dito de outra maneira, o importante não são os *Três ensaios sobre a sexualidade*,[7] mas é a *Traumdeutung*.[8]

J.-A. Miller: Não é a teoria do desenvolvimento, mas a lógica do significante.

M. Foucault: Não é a teoria do desenvolvimento, não é o segredo sexual por trás das neuroses ou das psicoses, é uma lógica do inconsciente...

J.-A. Miller: É muito lacaniano, isso, opor a sexualidade e o inconsciente. E é, aliás, um dos axiomas dessa lógica de que não há relação sexual.

M. Foucault: Eu não sabia que havia esse axioma.

J.-A. Miller: Isso implica que a sexualidade não é histórica no sentido em que tudo é, de lado a lado e desde o início, não é? Não há uma história da sexualidade como há uma história do pão.

M. Foucault: Não, como há uma história da loucura, quero dizer, da loucura como questão, colocada em termos de verdade. No interior de um discurso no qual a loucura do homem é considerada como dizer algo quanto à verdade do que é o homem, o sujeito, ou a razão. No dia em que a loucura deixou de aparecer como a máscara da razão, mas em que ela foi inscrita

---

6 Alusão ao episódio da recepção junto a Charcot, relatado por Freud in *Zur Geschichte der Psychoanalytischen Bewegung, Jahrbuch der Psychoanalyse*, v. VI, 1914, p. 207-260 (*Sur l'histoire du mouvement psychanalytique*, trad. C. Heim, Paris, Gallimard, col. "Connaissance de l'Inconscient", 1991, p. 25).

7 Freud (S.), *Drei Abhandlungen sur Sexualtheorie*, Leipzig, Franz Deuticke, 1905 (*Trois essais sur la théorie sexuelle*, trad. P. Koeppel, Paris, Gallimard, col. "Connaissance de l'Inconscient", 1987).

8 Freud (S.), *Die Traumdeutung*, Leipzig, Franz Deuticke, 1900 (*L'Interprétation des rêves*, trad. D. Berger, Paris, PUF, 1967).

como um Outro prodigioso, mas presente em todo homem razoável, detendo somente para ela uma parte, senão o essencial, dos segredos da razão, nesse momento, algo como uma história da loucura começou, ou um novo episódio na história da loucura. E ainda não saímos desse episódio. Digo, da mesma maneira, no dia em que se disse ao homem: com o teu sexo, não vais simplesmente produzir prazer, mas tu vais fabricar-te a verdade, e verdade que será a tua verdade; no dia em que Tertuliano começou a dizer aos cristãos: quanto à vossa castidade...

J.-A. Miller: Eis aí você procurando ainda uma origem, e agora é o erro de Tertuliano...

M. Foucault: É brincadeira.

J.-A. Miller: Evidentemente, você vai dizer: é mais complexo, há níveis heterogêneos, movimentos de baixo para cima e de cima para baixo. Mas, seriamente, essa pesquisa, do ponto em que teria começado, essa doença da palavra, será que você...

M. Foucault: Eu digo isso de uma maneira fictícia, para rir, para divertir.

J.-A. Miller: Mas, se a gente não quer fazer rir, o que se deveria dizer?

M. Foucault: O que se deveria dizer? Encontraríamos, provavelmente, em Eurípedes, ligando-o com alguns elementos da mística judia, e outros da filosofia alexandrina, e da sexualidade para os estoicos, tomando também a noção de *enkrateia*, essa maneira de assumir algo que não existe entre os estoicos, a castidade... Mas eu, o que digo é aquilo pelo que se disse às pessoas que, quanto ao seu sexo, havia o segredo de sua verdade.

A. Grosrichard: Você fala das técnicas de confissão. Há, também, parece-me, o das técnicas de escuta. Encontra-se, por exemplo, na maioria dos manuais de confessores ou dicionários de casos de consciência, um artigo sobre a "deleitação morosa", que trata da natureza e da gravidade do pecado que consiste em conseguir prazer atardando-se nele (é isso, a *morositas*), na representação, pelo pensamento ou pela palavra, de um pecado sexual passado. Ora, isso concerne diretamente ao confessor: como ficar ouvindo o relato de cenas abomináveis sem pecar ele mesmo, isto é, sem sentir prazer nisso? E há toda uma técnica e toda uma casuística da escuta, que depende manifestamente da relação própria da coisa com o pensamento da coisa, por um lado, e do pensamento da coisa com

64 Michel Foucault – Ditos e Escritos

as palavras que servem para dizê-la, por outro. Ora, essa dupla relação variou: você mostrou em *As palavras e as coisas*, quando delimita os limites inicial e terminal do *"episteme* da representação". Essa longa história da confissão, essa vontade de ouvir do outro a verdade sobre seu sexo, que não acabou hoje, acompanha-se, então, de uma história das técnicas de escuta, que se modificaram profundamente. A linha que você traça da Idade Média até Freud é contínua? Quando Freud – ou um psicanalista – escuta, a maneira como ele escuta e o que ele escuta, o lugar que ocupa, nessa escuta, o significante, por exemplo, é ainda comparável ao que era para os confessores?

M. Foucault: Nesse primeiro volume, trata-se de uma visão panorâmica de alguma coisa cuja existência permanente no Ocidente é dificilmente negável: os procedimentos regrados da confissão do sexo, da sexualidade e dos prazeres sexuais. Mas é verdade: esses procedimentos foram profundamente perturbados em alguns momentos, em condições, muitas vezes, difíceis de explicar. Assiste-se, no século XVIII, a um desmoronamento muito nítido, não da pressão ou da injunção sobre a confissão, mas do refinamento nas técnicas da confissão. Nessa época, quando a direção de consciência e a confissão perderam o essencial de seu papel, vê-se aparecerem técnicas médicas brutais, do tipo: vamos lá, vai, conte-nos sua história, conte-a por escrito...

J.-A. Miller: Mas você acha que, durante esse longo período, perdura o mesmo conceito, não do sexo, mas, dessa vez, da verdade? Ela é localizada e recolhida da mesma maneira? Ela é suposta causa?

M. Foucault: Que a produção de verdade seja carregada de efeitos sobre o sujeito é algo que não se deixou de admitir, é claro, com todas as espécies de variações possíveis...

J.-A. Miller: Você não tem o sentimento de que constrói algo que, por mais divertido que seja, está destinado a deixar passar o essencial? Que sua rede tem malhas tão largas que deixa passar todos os peixes? Por que, em vez do seu microscópio, você pega um telescópio, e ao contrário? Só se pode compreender isso de você se nos disser qual é, fazendo isso, sua expectativa?

M. Foucault: Será que se pode falar de expectativa? A palavra "confissão", que eu uso, é, talvez, um pouco ampla. Mas eu penso que dei a ela, no meu livro, um conteúdo bastante preciso. Falando de confissão, eu entendo, mesmo se sei que é um

1977 – O Jogo de Michel Foucault   65

pouco incômodo, todos esses procedimentos pelos quais se incita o sujeito a produzir sobre sua sexualidade um discurso de verdade capaz de ter efeitos sobre o próprio sujeito.
J.-A. Miller: Não estou muito satisfeito com conceitos enormes que você coloca em jogo aqui; eu os vejo dissolverem-se, assim que se olham as coisas mais de perto.
M. Foucault: Mas é feito para ser dissolvido, são definições muito gerais...
J.-A. Miller: Nos procedimentos de confissão, supõe-se que o sujeito saiba a verdade. Não há uma mudança radical, quando se supõe que essa verdade, o sujeito não a saiba?
M. Foucault: Estou vendo aonde você quer chegar. Mas, justamente, um dos pontos fundamentais, na direção de consciência cristã, é que o sujeito não sabe a verdade.
J.-A. Miller: E você vai demonstrar que esse não saber tem o estatuto do inconsciente? Reinscrever o discurso do sujeito em uma grade de leitura, recodificá-lo conforme um questionário para saber em que tal ato é pecado ou não nada tem a ver com supor ao sujeito um saber de que ele não sabe a verdade.
M. Foucault: Na direção de consciência, o que o sujeito não sabe é algo diferente de saber se é pecado ou não, pecado mortal ou venial. Ele não sabe o que acontece com ele. E quando o dirigido vem procurar seu diretor e lhe diz: escute, olhe...
J.-A. Miller: O dirigido, o diretor, é absolutamente a situação analítica, com efeito.
M. Foucault: Ouça, eu gostaria de terminar. O dirigido diz: "Escute, olhe, eu não posso fazer minha oração no momento, sinto um estado de secura que me fez perder contato com Deus." E o diretor lhe diz: "Pois bem, há algo em você que acontece, de que você não sabe. Vamos trabalhar juntos para expressá-lo."
J.-A. Miller: Desculpe-me, mas não acho essa comparação muito convincente.
M. Foucault: Estou sentindo que estamos atingindo aí, para você como para mim, e para todo mundo, a questão fundamental. Não busco construir, com essa noção de confissão, um quadro que me permitiria reduzir tudo à mesma coisa, dos confessores a Freud. Ao contrário, como em *As palavras e as coisas*, trata-se de fazer aparecer melhor as diferenças. Aqui, meu campo de objetos são esses procedimentos de extorsão da verdade: no próximo volume, a propósito da carne cristã,

66 Michel Foucault – Ditos e Escritos

eu tentarei estudar o que caracterizou, do século X até o XVIII, esses procedimentos discursivos. E, depois, chegarei a essa transformação, que me parece, de outra maneira, mais enigmática que a que se produz com a psicanálise, visto que é a partir da questão que ela me colocou que cheguei a transformar o que devia ser somente um livrinho nesse projeto atual um pouco louco: no espaço de 20 anos, em toda a Europa, não foi mais o caso, entre os médicos e os educadores, senão desta epidemia incrível que ameaçava o gênero humano inteiro: a masturbação das crianças. Uma coisa que ninguém teria praticado antes!

J. Livi: A respeito da masturbação das crianças, você não pensa que você não valoriza suficientemente a diferença dos sexos? Ou, então, considera que a instituição pedagógica operou da mesma maneira para as meninas e para os meninos?

M. Foucault: À primeira vista, as diferenças me pareceram fracas antes do século XIX...

J. Livi: Parece-me que isso se passa de maneira mais reservada entre as meninas. Fala-se menos disso, enquanto, para os meninos, há descrições muito detalhadas.

M. Foucault: Sim... no século XVIII, o problema do sexo era o problema do sexo masculino, e a disciplina do sexo era trabalhada nos colégios de meninos, nas escolas militares... E, depois, a partir do momento em que o sexo da mulher começa a ganhar importância médico-social, com os problemas conexos da maternidade, do aleitamento, então, a masturbação feminina passa à ordem do dia. Parece que no século XIX é ela quem passa à frente. No fim do século XIX, em todo caso, as grandes operações cirúrgicas incidiram sobre as meninas, eram verdadeiros suplícios: a cauterização clitoridiana com o ferro quente era, senão corrente, pelo menos relativamente frequente, na época. Via-se, na masturbação, algo de dramático.

G. Wajeman: Você poderia precisar o que diz de Freud e de Charcot?

M. Foucault: Freud chega até Charcot. Ele vê aí internos que mandam fazer inalações de nitrato de amila em mulheres, que eles conduzem assim embebidas diante de Charcot. As mulheres assumem posturas, dizem coisas. Olham-nas, escutam-nas, e, depois, em um dado momento, Charcot declara que isso se torna muito desagradável. Tem-se, então, aí uma coisa magnífica, quando a sexualidade é efetivamente extraída, suscitada, incitada, acariciada de mil maneiras, e Charcot, de repente, diz:

"Basta." Freud vai dizer: "E por que bastaria?" Freud não precisou ir buscar algo diferente do que tinha visto com Charcot. A sexualidade, ela estava aí sob seus olhos, presente, manifesta, orquestrada por Charcot e seus homenzinhos...

G. Wajeman: Não é exatamente o que você diz no seu livro. Houve, apesar disso, aí a intervenção da "mais famosa Orelha"... Sem dúvida, a sexualidade passou de uma boca a uma orelha, da boca de Charcot à orelha de Freud, e é verdade que Freud viu, na Salpêtrière, manifestar algo da ordem da sexualidade. Mas Charcot tinha reconhecido aí a sexualidade? Charcot fazia manifestarem-se crises histéricas, por exemplo a postura em arco de círculo. Freud reconhece aí algo como o coito. Mas pode-se dizer que Charcot via o que verá Freud?

M. Foucault: Não, mas eu falava como apólogo. Eu queria dizer que a grande originalidade de Freud não foi de descobrir a sexualidade sob a neurose. Ela estava lá, a sexualidade; Charcot já falava dela. Mas sua originalidade foi de tomar isso ao pé da letra e edificar sobre isso a *Traumdeutung*, que é diferente da etiologia sexual das neuroses. Eu, sendo muito pretensioso, diria que faço um pouco igual. Parto de um dispositivo de sexualidade, dado histórico fundamental, e a partir do qual não se pode não falar. Eu o tomo ao pé da letra, coloco-me do lado de fora, porque não é possível, mas isso me leva a outra coisa.

J.-A. Miller: E na *Ciência dos sonhos*,[9] você não é sensível ao fato de que se vê ligar entre o sexo e o discurso uma relação verdadeiramente inédita?

M. Foucault: É possível. Não a excluo completamente. Mas a relação que se instituiu com a direção de consciência, depois do Concílio de Trento, era inédita, também ela. Foi um fenômeno cultural gigantesco. É inegável!

J.-A. Miller: Mas não a psicanálise?

M. Foucault: Sim, evidentemente; não quero dizer que a psicanálise já existe entre os diretores de consciência. Seria um absurdo!

J.-A. Miller: Sim, sim, você não o diz, mas você o diz, mesmo assim! Enfim, pensa que se pode dizer que a história da sexualidade, no sentido em que você entende esse último termo, culmina com a psicanálise?

---

9 É o título francês da *Die Traumdeutung* da interpretação dos sonhos de Freud, publicado por P.U.F.

68 Michel Foucault – Ditos e Escritos

M. Foucault: Seguramente! Atinge-se aí, na história dos procedimentos que colocam em relação o sexo e a verdade, um ponto culminante. Em nossos dias, não há um só discurso sobre a sexualidade que, de uma maneira ou de outra, não se ordene ao da psicanálise.

J.-A. Miller: Pois bem, o que me diverte é que uma declaração como essa só se concebe no contexto francês, e na conjuntura de hoje. Não é?

M. Foucault: Há países, é verdade, onde, por razões de institucionalização e de funcionamento do mundo cultural, os discursos sobre o sexo não têm, talvez, relação com a psicanálise, essa posição de subordinação, de derivação, de fascinação que eles têm na França, onde a *intelligentsia*, por seu lugar na pirâmide e na hierarquia de valores admitidos, dá à psicanálise um privilégio absoluto, que ninguém pode evitar, nem mesmo Ménie Grégoire.

J.-A. Miller: Você falaria um pouco dos movimentos de liberação da mulher e dos movimentos homossexuais?

M. Foucault: Bom, precisamente, o que quero evidenciar, em relação a tudo o que se diz atualmente quanto à liberação da sexualidade, é que o objeto "sexualidade" é, na realidade, um instrumento formado há muito tempo, que constituiu um dispositivo de sujeição milenar. O que há de forte nos movimentos de liberação da mulher não é que eles tenham reivindicado a especificidade da sexualidade e os direitos aferentes a essa sexualidade especial, mas que eles tenham partido do próprio discurso que era mantido no interior dos dispositivos de sexualidade. É, com efeito, como reivindicação de sua especificidade sexual que os movimentos aparecem no século XIX. Para chegar a quê? A uma verdadeira dessexualização, enfim... a um deslocamento em relação à centragem sexual do problema, para reivindicar formas de cultura, de discurso, de linguagem, que não são mais essa espécie de atribuição e de fixação a seu sexo, que elas precisaram, de algum modo, politicamente bem, aceitar para se fazer ouvir. O que há de criativo e de interessante nos movimentos de mulheres é precisamente isso.

J.-A. Miller: De inventivo?

M. Foucault: Sim, de inventivo... Os movimentos homossexuais americanos também partiram desse desafio. Como as mulheres, eles começaram a procurar formas novas de comunidade, de coexistência, de prazer. Mas, diferentemente das mulheres, a fixação dos homossexuais à especificidade sexual é muito mais forte, eles fazem recair tudo sobre o sexo. As mulheres, não.

G. *Le Gaufey*: Foram eles, entretanto, que conseguiram fazer com que a homossexualidade não estivesse mais na nomenclatura das doenças mentais. Há aí, em todo caso, uma grande diferença com o fato de dizer: "Vocês querem que sejamos homossexuais, nós o somos."

M. *Foucault*: Sim, mas os movimentos de homossexuais continuam muito presos à reivindicação dos direitos de sua sexualidade, na dimensão do sexológico. É normal, aliás, porque a homossexualidade é uma prática sexual que é, como tal, relegada, barrada, desqualificada. Quanto às mulheres, elas podem ter objetivos econômicos, políticos muito mais amplos que os homossexuais.

G. *Le Gaufey*: A sexualidade das mulheres não as faz sair dos sistemas de aliança reconhecidos, enquanto a dos homossexuais os faz sair imediatamente. Os homossexuais estão em uma posição diferente em relação ao corpo social.

M. *Foucault*: Sim, é verdade.

G. *Le Gaufey*: Olhe os movimentos de homossexuais femininas: eles caem nas mesmas aporias que os homossexuais masculinos. Não há diferença, precisamente porque elas recusam todo o sistema de aliança.

A. *Grosrichard*: O que você diz das perversões vale também para o sadomasoquismo? As pessoas que se fazem chicotear para gozar, fala-se disso há muito tempo...

M. *Foucault*: Ouça, isso dificilmente se pode dizer. Você tem documentos?

A. *Grosrichard*: Sim, existe um tratado, *De l'usage du fouet dans les choses de Vénus* [Do uso do chicote nas coisas de Vênus],[10] escrito por um médico e que data, eu acho, de 1665, com um catálogo de casos muito completo. Aí se faz alusão, justamente, no momento do caso dos convulsionários de Saint-Médard, para mostrar que os pretensos milagres escondiam histórias sexuais.

M. *Foucault*: Sim, mas esse prazer de se fazer chicotear não é repertoriado como doença do instinto sexual. Veio muito tar-

---

10 Meibom (J. H.), *De Flagrorum usu in re veneria*, Lyon, Batavorum, 1629 (*De l'utilité de la flagellation dans la médecine et dans les plaisirs du mariage*, Paris, C. Mercier, 1795).

70 Michel Foucault – Ditos e Escritos

diamente. Eu creio, sem estar absolutamente seguro, que, na primeira edição de Krafft-Ebing, só se encontra o caso de Masoch. O aparecimento da perversão, como objeto médico, está ligado ao do instinto, que, eu lhes digo, data dos anos 1840.[11]

G. Wajeman: No entanto, quando se lê um texto de Platão, ou de Hipócrates, vê-se o útero descrito como um animal que passeia, no ventre da mulher, a gosto, justamente, de seu instinto. Mas esse instinto...

M. Foucault: Sim, você compreende bem que entre dizer: o útero é um animal que passeia, e dizer: você pode ter doenças orgânicas ou doenças funcionais, e, entre as doenças funcionais, existem as que se referem às funções dos órgãos e outras que afetam os instintos, e, entre os instintos, o instinto sexual pode ser afetado de diferentes maneiras que se podem classificar, há uma diferença, um tipo completamente inédito de medicalização da sexualidade. Com relação à ideia de um órgão que passeia como uma raposa em seu terreiro, tem-se um discurso que é, mesmo assim, de outra granulação epistemológica!

J.-A. Miller: Ah, sim, e o que o inspira a granulação epistemológica da teoria de Freud, a respeito do instinto, precisamente? Você pensa, como se pensava, aliás, antes de Lacan, que esse instinto tem a mesma granulação que o seu instinto de 1840? Como você vai ler isso?

M. Foucault: Eu ainda não sei nada!

J.-A. Miller: Você acha que o instinto de morte está na linha direta dessa teoria do instinto que você faz aparecer em 1844?

M. Foucault: Para lhe responder, seria necessário que eu relesse todo o Freud...

J.-A. Miller: Mas, apesar de tudo, você leu a Traumdeutung?

M. Foucault: Sim, mas não Freud todo.

A. Grosrichard: Para falar da última parte do seu livro...

M. Foucault: Sim, dessa última parte ninguém fala. No entanto, o livro é curto, mas eu suspeito que as pessoas jamais chegaram a esse capítulo. É, apesar disso, o fundo do livro.

A. Grosrichard: Você articula o tema racista ao dispositivo da sexualidade – e à questão da degenerescência. Mas ele parece ter sido elaborado bem antes no Ocidente, em particular

---

11 Alusão à obra de H. Kaan, Psychopathia sexualis, Leipzig, Voss, 1844.

1977 – O Jogo de Michel Foucault   71

pela nobreza de velha estirpe, hostil ao absolutismo de Luís XIV, que favorecia a plebeidade. Em Boulainvilliers, que representa essa nobreza, encontra-se já uma história da superioridade do sangue germânico, do qual descenderia a nobreza, sobre o sangue gaulês.[12]

M. Foucault: De fato, essa ideia de que a aristocracia vem da Germânia remonta à Renascença, e isso foi, inicialmente, um tema utilizado pelos protestantes franceses, que diziam: a França era outrora um Estado germânico, e há no direito germânico limites ao poder do soberano. Foi essa ideia que uma fração da nobreza francesa retomou em seguida...

A. Grosrichard: A respeito da nobreza, você fala no seu livro de um mito do sangue, do sangue como objeto mítico. Mas o que me parece notável, ao lado de sua função simbólica, é que o sangue tenha sido também considerado como um objeto biológico, por essa nobreza. Seu racismo não está somente fundado sobre uma tradição mítica, mas sobre uma verdadeira teoria da hereditariedade pelo sangue. Já é um racismo biológico.

M. Foucault: Mas isso eu digo em meu livro.

A. Grosrichard: Eu tinha, sobretudo, guardado que você falava do sangue como objeto simbólico.

M. Foucault: Sim, com efeito, no momento em que os historiadores da nobreza, como Boulainvilliers, cantavam o sangue nobre, dizendo que era portador de qualidades físicas, de coragem, de virtude, de energia, houve uma correlação entre as teorias da geração e os temas aristocráticos. Mas o que é novo, no século XIX, é o aparecimento de uma biologia de tipo racista, inteiramente centrada em torno da concepção da degenerescência. O racismo não foi, inicialmente, uma ideologia política. Era uma ideologia científica que se difundia em toda parte, em Morel, como nos outros. E a utilização política dela foi feita, primeiro, pelos socialistas, pelas pessoas de esquerda, antes das da direita.

G. Le Gaufey: Quando a esquerda era nacionalista?

M. Foucault: Sim, mas, sobretudo, com essa ideia de que a classe decadente, a classe podre eram as pessoas do alto, e que

---

12 Boulainvilliers (H. de), *Abrégé chronologique de l'histoire de France*, Haia, Gesse et Neaulne, 1733, 3 v. *Histoire de l'ancien gouvernement de la France*, Haia, Gesse et Neaulne, 1727.

72 Michel Foucault – Ditos e Escritos

a sociedade socialista devia ser limpa e sadia. Lombroso era um homem de esquerda. Ele não era socialista no sentido estrito, mas fez muitas coisas com os socialistas, e os socialistas retomaram Lombroso. A ruptura se fez no fim do século XIX.

G. Le Gaufey: Pode-se ver uma confirmação do que você diz na moda, no século XIX, dos romances de vampiros, em que a aristocracia é sempre apresentada como o animal a abater? O vampiro é sempre um aristocrata, e o salvador, um burguês...

A. Grosrichard: No século XVIII, já, corriam rumores dizendo que os aristocratas devassos roubavam as criancinhas para degolá-las e se regenerar em seu sangue, banhando-se nele. Isso provocou motins...

G. Le Gaufey: Sim, mas isso é a origem. A extensão, essa é estritamente burguesa, com toda essa literatura de vampiros cujos temas se reproduzem nos filmes de hoje: é sempre o burguês que, sem os meios da polícia nem do pároco, elimina o vampiro.

M. Foucault: O antissemitismo moderno começou dessa forma. As formas novas de antissemitismo recomeçaram, no meio socialista, a partir da teoria da degenerescência. Dizia-se: são ricos, e, depois, porque eles se casam entre eles, têm práticas sexuais e religiosas completamente aberrantes; então, são que são portadores da degenerescência em nossas sociedades. Encontra-se isso na literatura socialista até o caso Dreyfus. O pré-hitlerismo, o antissemitismo nacionalista de direita vai retomar exatamente os mesmos enunciados, em 1910.

A. Grosrichard: A direita vai dizer que esse tema é, hoje, encontrado na pátria do socialismo...

J.-A. Miller: Você sabe que vai haver na URSS um primeiro congresso sobre a psicanálise?

M. Foucault: É o que me haviam dito. Vai haver psicanalistas soviéticos?

J.-A. Miller: Não, eles tentam mandar vir psicanalistas de outros lugares...

M. Foucault: Então, seria um congresso de psicanálise na União Soviética em que as pessoas que farão exposições serão estrangeiros! Incrível! Embora... Houve o Congresso Internacional Penitenciário em São Petersburgo, em 1890, em que um criminalista francês, de nome muito desconhecido – ele se cha-

1977 – O Jogo de Michel Foucault   73

mava Sr. Leveillé[13] –, disse aos russos: "Todo mundo está de acordo, agora, os criminosos são pessoas impossíveis, criminosos natos. Que fazer deles? Em nossos países, que são muito pequenos, não se sabe como se livrar deles. Mas vocês, os russos, que têm a Sibéria, vocês não poderiam colocá-los em espécies de grandes campos de trabalho e valorizar, ao mesmo tempo, esse país de uma riqueza extraordinária?"

A. Grosrichard: Não havia ainda campos de trabalho na Sibéria?

M. Foucault: Não! Eu fiquei surpreso.

D. Colas: Mas era um lugar de exílio. Lenin foi lá em 1898, casou-se aí, ia à caça, tinha uma empregada. E encontravam-se aí, também, presídios. Tchekhov visitou um nas ilhas Sacalina. Os campos de concentração maciços onde se trabalhava são uma invenção socialista! Eles nasceram principalmente de iniciativas como as de Trotski, que organizou ruínas do Exército Vermelho em uma espécie de exército de trabalho, depois isso constituiu campos disciplinares que se tornaram rapidamente lugares de relegação. Há uma mistura de vontade, de eficacidade pela militarização, de reeducação, de coerção...

M. Foucault: De fato, essa ideia vinha da legislação francesa recente sobre a relegação. A ideia de utilizar prisioneiros durante o tempo de sua pena para um trabalho ou algo de útil é velha como as prisões. Mas a ideia de que, no fundo, entre os delinquentes há aqueles que são absolutamente irrecuperáveis e que é preciso eliminá-los, de uma maneira ou de outra, da sociedade, utilizando-os, mesmo assim, era isso a relegação. Na França, depois de certo número de recidivas, o tipo era enviado para a Guiana, ou para a Nova Caledônia, depois se tornava colono. Eis o que o Sr. Léveillé propunha aos russos, para explorar a Sibéria. É, apesar de tudo, incrível que os russos não tenham pensado nisso antes. Mas, se isso tinha sido o caso, teria havido, no congresso, um russo para dizer: "Mas, caro Sr. Léveillé, essa maravilhosa ideia, nós já a tivemos." Absolutamente, não. Na França, não temos *gulag*, mas temos ideias...

A. Grosrichard: Maupertuis – ainda um francês, mas que, esse era secretário da Academia Real de Berlim – propunha aos

---

13 Léveillé (J.), *Compte rendu des travaux de la seconde section du Congrès de Saint-Pétersbourg*, Melun, Imprimerie Administrative, 1891, p. 10.

74 Michel Foucault – Ditos e Escritos

soberanos, em uma *Carta sobre o progresso das ciências*,[14] utilizar os criminosos para fazer experiências úteis. Era em 1752.

J.-A. Miller: E parece que La Condamine, com uma corneta na orelha, porque tinha ficado surdo depois de sua expedição ao Peru, ia escutar o que diziam os supliciados logo no momento em que iam morrer.

A. Grosrichard: Tornar o suplício útil, utilizar esse poder absoluto de dar a morte em proveito de um melhor conhecimento da vida, fazendo, de alguma maneira, o condenado à morte confessar uma verdade sobre a vida, tem-se aí como um ponto de encontro entre o que você nos dizia da confissão e o que você analisa na última parte do seu livro. Você escreve que se passa, em um dado momento, de um poder que se exerce como direito de morte a um poder sobre a vida. Poder-se-ia lhe perguntar: esse poder sobre a vida, essa preocupação de dominar seus excessos ou suas falhas é próprio das sociedades ocidentais modernas? Tomemos um exemplo: o livro XXIII de *O espírito das leis*, de Montesquieu, tem como título: "Das leis na relação que elas têm com o número dos habitantes".[15] Ele fala, como de um problema grave, da despopulação da Europa, e opõe, ao édito de Luís XIV em favor dos casamentos, que data de 1666, as medidas diferentemente eficazes que os romanos tinham colocado em operação. Como se, sob o Império Romano, a questão de um poder sobre a vida, de uma disciplina da sexualidade do ponto de vista da reprodução se tivesse apresentado, depois, tivesse sido esquecida, para ressurgir no meio do século XVIII. Então, essa oscilação de um direito de morte a um poder sobre a vida é realmente inédita, ou não seria periódica, ligada, por exemplo, a épocas e a civilizações em que a urbanização, a concentração da população ou, ao contrário, a despopulação provocada pelas guerras ou pelas epidemias pareciam colocar em perigo a nação?

M. Foucault: É claro, o problema da população sob a forma: "Somos muito numerosos, não bastante numerosos?", faz

---

14 Maupertuis (P. L. de), *Lettre sur le progrès des sciences* (1752), in *Vénus physique*, éd. Patrick Tort, Paris, Aubier-Montaigne, col. "Palimpsestes", 1980.

15 Montesquieu (C. L. de Secondat de), *De l'esprit des lois*, t. II, livro XXIII, 2ª seção, "Des lois dans le rapport qu'elles ont avec le nombre des habitants" (Genebra, Barillot, 1748), in *Œuvres complètes*, Paris, Éd. du Seuil, 1964, p. 687-697.

1977 – O Jogo de Michel Foucault **75**

tempo que o colocamos, e faz tempo que se lhe dão soluções legislativas diversas: imposto sobre os solteiros, redução para famílias numerosas... Mas, no século XVIII, o que é interessante é: primeiro, uma generalização desses problemas – todos os aspectos do fenômeno população começam a ser levados em conta (epidemias, condições de habitação, de higiene...) e a integrar-se no interior de um problema central. Segundo, vê-se aplicarem-se aí tipos de saber novos: aparecimento da demografia, observações sobre a repartição das epidemias, investigações sobre as amas de leite e as condições de aleitamento. Terceiro, o estabelecimento de aparelhos de poder, que permitem não somente a observação, mas a intervenção direta e a manipulação de tudo isso. Eu direi que, naquele momento, começa algo que se pode chamar de poder sobre a vida, enquanto, outrora, não se tinham vagas incitações, uma por vez, para modificar uma situação que não se conhecia bem. No século XVIII, por exemplo, apesar dos esforços estatísticos importantes, as pessoas estavam convencidas de que havia despopulação, enquanto os historiadores sabem agora que, ao contrário, havia um aumento formidável da população.

A. Grosrichard: Você tem luzes particulares com relação a historiadores como Flandrin, sobre o desenvolvimento das práticas contraceptivas no século XVIII?[16]

M. Foucault: Ouça, aí eu sou obrigado a confiar neles. Eles têm técnicas muito convenientes para interpretar os registros notariais, os registros de batismo. Flandrin mostra isso, que me parece muito interessante, a propósito do jogo entre o aleitamento e a contracepção, que a verdadeira questão era a sobrevivência das crianças, e não sua criação. Dito de outra forma, praticava-se a contracepção, não para que as crianças não nascessem, mas para que pudessem viver, uma vez tendo nascido. A contracepção induzida por uma política natalista, ora, isso é bastante engraçado!

A. Grosrichard: Mas é o que declaram abertamente os médicos ou os demógrafos da época.

M. Foucault: Sim, mas havia uma espécie de circuito que fazia com que as crianças nascessem, mesmo assim, próximas. A tradição médica e popular queria, com efeito, que uma

---

16 Flandrin (J.-L.), *Familles, parenté, maison, sexualité dans l'ancienne société*, Paris, Éd. du Seuil, col. "L'Univers Historique", 1976.

76 Michel Foucault – Ditos e Escritos

mulher, quando estivesse amamentando, não tivesse mais o direito de ter relações sexuais, pois o leite estragaria. Então, as mulheres, principalmente as ricas, para poderem recomeçar a ter relações sexuais e conservar seus maridos, mandavam suas crianças para a ama de leite. Havia uma verdadeira indústria da amamentação. As mulheres pobres faziam isso para ganhar dinheiro. Mas não havia nenhum meio de verificar como se educava a criança, nem mesmo se a criança estava viva ou morta. De tal maneira que as amas, e principalmente os intermediários entre as amas e os pais, continuavam a receber a pensão de uma criança que já estava morta. Algumas amas tinham uma tabela de controle de 19 crianças mortas em 20 que lhes tinham sido confiadas. Era espantoso! Foi para evitar esse desgaste, para restabelecer um pouco de ordem, que incentivaram as mães a amamentar seus filhos. Imediatamente, fez-se cair a incompatibilidade entre a relação sexual e o aleitamento, mas com a condição, é claro, de que as mulheres não ficassem grávidas imediatamente depois. Donde a necessidade da contracepção. E todo o negócio, afinal das contas, gira em torno disto: já que foi feita a criança, é preciso mantê-la.

A. Grosrichard: O que é surpreendente é que, entre os argumentos utilizados para levar as mães a amamentar, aparece outro. Diz-se: dar de mamar permite, é claro, à criança e à mãe continuar com boa saúde, mas também: deem de mamar, vocês verão como isso lhes dá prazer! De maneira que isso coloca o problema do desmame em termos que não são somente fisiológicos, mas psicológicos. Como separar a criança de sua mãe? Um médico bastante conhecido inventou, por exemplo, uma rodela guarnecida com pontas, que a mãe ou a ama deve colocar na ponta do seio. A criança, mamando, sente um prazer misturado com dor, e, se você aumenta o calibre das pontas, ela não aguenta, e se desgruda do seio que a amamenta.

M. Foucault: É mesmo?

J. Livi: A Senhora Roland conta que, quando era muito menininha, sua ama tinha posto, para desmamá-la, mostarda em seu seio. Ela tinha zombado da menina a quem, irritada, a mostarda tinha sufocado!

A. Grosrichard: É também a época em que se inventa a mamadeira moderna.

1977 – O Jogo de Michel Foucault 77

M. Foucault: Eu não conheço a data!

A. Grosrichard: 1786, tradução francesa da *Maneira de amamentar as crianças à mão, por falta de amas*, de um italiano, Baldini.[17] Isso teve muito sucesso...

M. Foucault: Renuncio a todas as minhas funções públicas e privadas! A vergonha se abate sobre mim! Cubro-me de cinzas! Eu não sabia a data da mamadeira!

---

17 Baldini (F.), *Metodo di allattare a mano i bambini*, Nápoles, 1784 (*Manière d'allaiter les enfants à la main, au défaut de nourrices*, trad. Lefebvre de Villebrune, Paris, Buisson, 1786).

1978

Apresentação

Quatrième de couverture in *Herculine Barbin, dite Alexina B.* Paris, Gallimard, col. "Les Vies Parallèles", 1978.

As recordações de Herculine Barbin, tiradas dos *Annales d'hygiène publique*, deviam inaugurar a publicação de uma série de arquivos médico-legais tratando da sexualidade e especialmente do hermafroditismo. Depois de *Herculine Barbin*, a coleção só terá um único título: *Le Cercle amoureux d'Henry Legrand*, publicado em 1979.

Os antigos gostavam de colocar em paralelo as vidas dos homens ilustres; ouviam-se falar através dos séculos essas sombras exemplares.

As paralelas, eu sei, são feitas para se juntar no infinito. Imaginemos outras que, indefinidamente, divergem. Sem ponto de encontro, nem lugar para recolhê-las. Frequentemente, não tiveram outro eco senão o de sua condenação. Seria preciso apreendê-las na força do movimento que as separa; seria preciso reencontrar a esteira instantânea e brilhante que elas deixaram quando se precipitaram para uma obscuridade em que "isso não se conta mais" e em que toda "fama" está perdida. Seria como o inverso de Plutarco: vidas a tal ponto paralelas, que ninguém pode mais alcançá-las.

1978

Michel Foucault e o Zen: uma Estada em um Templo Zen

"M. Foucault to zen: *zendera taizai-ki*" ("Michel Foucault et le zen: un séjour dans un temple zen"; conversações coletadas por C. Polac), *Umi*, n. 197, agosto-setembro de 1978, p. 1-6.

Trabalhando na história da disciplina cristã, M. Foucault tinha desejado compreender melhor a prática do zen e foi convidado a permanecer no templo Seionji em Uenohara, no departamento de Yamanashi, onde o mestre Omori Sogen dirigia a sala de meditação. Um redator da revista budista *Shunjû* gravou algumas entrevistas com os bonzos que Christian Polac traduzia.

M. Foucault: Não sei se sou capaz de seguir corretamente as regras rigorosas do templo zen, mas farei o melhor que posso. Estou muito interessado pela filosofia do budismo. Mas, desta vez, não vim para essa finalidade. O que me interessa mais é a própria vida no templo zen, a saber, a prática do zen, seus treinamentos e suas regras. Porque penso que uma mentalidade totalmente diferente da nossa se forma por meio da prática e do treinamento no templo zen. Há pouco, você nos disse que aqui é um templo vivo que se diferencia dos templos tradicionais. Você tem regras diferentes dos outros templos?

Um bonzo: Eu queria dizer que aqui não é um templo representativo da cultura zen. Nesse sentido, este templo não é, talvez, bastante satisfatório. Há uma expressão que diz que "o zen representa o homem". Nós temos aqui inúmeros monges que perseguem com ardor o zen em si mesmos. O zen vivo significa isso.

M. Foucault: No que concerne às recordações de minha primeira estada no Japão, tenho mais um sentimento de pesar por não ter visto nada e por nada ter compreendido. Isso não significa absolutamente que não me tinham mostrado nada. Mas, durante e logo após ter dado a volta para observar muitas coisas, senti que não tinha aprendido nada. Para mim, do

80 Michel Foucault – Ditos e Escritos

ponto de vista da tecnologia, do modo de vida, da aparência da estrutura social, o Japão é um país extremamente próximo do mundo ocidental. E, ao mesmo tempo, os habitantes deste país me pareciam sobre todos os planos muito mais misteriosos com relação aos de todos os outros países do mundo. O que me impressionou foi essa mistura de proximidade e de distância. E eu não pude ter nenhuma impressão mais nítida.

Um bonzo: Disseram-me que quase todas as suas obras são traduzidas em japonês. Você pensa que os seus pensamentos sejam bem compreendidos?

M. Foucault: Não tenho meio de saber como as pessoas interpretam o trabalho que realizei. É sempre uma grande surpresa para mim que minhas obras sejam traduzidas no exterior e até que minhas obras sejam lidas na França. Para falar francamente, espero que meu trabalho interesse a dez ou cem pessoas. E, quando se trata de um número mais importante, fico sempre um pouco surpreso. Do meu ponto de vista, é que meu nome, Foucault, é fácil de pronunciar em japonês, por exemplo, muito mais fácil que Heidegger. É claro que isso é uma brincadeira. Penso que aquele que escreve não tem o direito de exigir ser compreendido como quis sê-lo no momento da escrita. Isto é, que a partir do momento em que ele escreve, não é mais o proprietário do que diz, exceto sob um aspecto jurídico. Evidentemente, se alguém o critica e não lhe dá razão, por ter interpretado mal seus argumentos, você pode insistir sobre o que quis exprimir. Mas, fora esses casos, penso que a liberdade do leitor deve absolutamente ser respeitada. O discurso é uma realidade que pode transformar-se infinitamente. Assim, o que escreve não tem o direito de dar ordens sobre a utilização de seus escritos.

Eu não considero o que escrevo como uma obra no sentido originário e clássico desse termo. Escrevo coisas que parecem utilizáveis. Em suma, coisas utilizáveis em um sentido diferente, por pessoas diferentes, em países diferentes, em certos casos. Então, se analiso algo como a loucura ou o poder, e isso serve para alguma coisa, isso basta. É a razão pela qual eu escrevo. Se alguém utiliza diferentemente o que escrevi, isso não me desagrada, e até se ele o utiliza em outro contexto para outra coisa, fico bastante contente. Nesse sentido, não penso que eu seja o autor da obra, e que o pensamento e a intenção do autor devam ser respeitados.

1978 – Michel Foucault e o Zen: uma Estada em um Templo Zen   81

Um bonzo: Seu interesse pelo Japão é profundo ou superficial?

M. Foucault: Honestamente, não estou constantemente interessado pelo Japão. O que me interessa é a história ocidental da racionalidade e seu limite. Nesse ponto, o Japão apresenta um problema que não se pode evitar, e é uma ilustração desse problema. Porque o Japão é um enigma, muito difícil de decifrar. Isso não quer dizer que ele é o que se opõe à racionalidade ocidental. Na realidade, esta constrói colônias por toda parte em outros lugares, enquanto, no Japão, ela está longe de construir uma; ela é, antes, ao contrário, colonizada pelo Japão.

Um bonzo: Disseram-me que você é interessado pelo misticismo. Em sua opinião, o misticismo e o esoterismo significam a mesma coisa?

M. Foucault: Não.

Um bonzo: Você pensa que o zen é um misticismo japonês?

M. Foucault: Como você sabe, o zen nasceu na Índia, desenvolveu-se na China e chegou ao Japão no século XIII. Não penso, então, que ele seja propriamente japonês. Rinzai é um bonzo zen de quem gosto muito, e ele não é japonês.[1] Ele não é nem tradutor de sutra, nem fundador do zen chinês, mas penso que é um grande filósofo do zen. É alguém do século IX, não é? Eu li a versão francesa do professor Demiéville, que é um excelente especialista francês do budismo.

Um bonzo: Parece que a maioria dos especialistas japoneses pensa que o budismo zen é originário da China mais do que da Índia.

M. Foucault: O zen originário da Índia é, talvez, um pouco mitológico. É, provavelmente, para ligar o zen ao próprio Buda. O zen na Índia não é muito importante. E, certamente, ele se desenvolveu fortemente na China, no século VII, e no Japão, no século XIII, não é?

Um bonzo: O que você pensa das relações entre o zen e o misticismo?

M. Foucault: Eu penso que o zen é totalmente diferente do misticismo cristão. E penso que o zen é um misticismo. Dito isso, não tenho um conhecimento suficiente do zen para sustentar essa convicção. Poder-se-ia dizer, em todo caso, que ele

---

1 Rinzai (Lin Chi), morto em 867. Um dos maiores mestres zen da dinastia Tang.

82 Michel Foucault – Ditos e Escritos

não tem quase nenhum ponto em comum com o misticismo cristão, cuja tradição remonta a São Bernardo, a Santa Teresa de Ávila, a São João da Cruz. É completamente diferente. Quando digo misticismo, utilizo o termo no sentido cristão. O que é muito impressionante, no que diz respeito à espiritualidade cristã e à sua técnica, é que se busca sempre mais individualização. Tenta-se fazer apreender o que há no fundo da alma do indivíduo. "Dize-me quem és", eis a espiritualidade do cristianismo. Quanto ao zen, parece que todas as técnicas ligadas à espiritualidade têm, ao contrário, tendência a fazer atenuar-se o indivíduo. O zen e o misticismo cristão são duas coisas que não se podem comparar, enquanto a técnica da espiritualidade cristã e a do zen são comparáveis. E, aqui, uma grande oposição existe. No misticismo cristão, mesmo quando ele prega a união de Deus e do indivíduo, há algo de individual. Porque se trata das relações de amor entre Deus e o indivíduo. Um é aquele que ama, e o outro é aquele que é amado. Em suma, o misticismo cristão visa à individualização.

Sobre a meditação zen:

M. Foucault: Com tão pouca experiência, não posso dizer nada de preciso. Apesar disso, se pude sentir algo por meio da postura do corpo na meditação zen, isto é, a posição justa do corpo, são novas relações que podem existir entre o espírito e o corpo e, além disso, novas relações entre o corpo e o mundo exterior.

Não temos muito tempo. Eu gostaria de lhe fazer só uma pergunta. Trata-se da universalidade do zen. É possível separar a prática do zen da totalidade da religião e da prática do budismo?

Omori: O zen nasceu do budismo. Então, existem relações estreitas entre o zen e o budismo. Entretanto, o zen não exige obrigatoriamente a forma do zen. Pode-se até abandonar o nome "zen". O zen é muito mais livre.

Você acaba de dizer que sentiu novas relações entre o espírito e o corpo e entre o corpo e o mundo exterior. Eu o acho admirável por tê-lo sentido com tão pouca experiência do zen. Não é verdade que são experiências universais sentir que o espírito e o corpo se reúnem e que nós mesmos e o mundo exterior nos reunimos? Isso mostra que o zen possui um caráter internacional e universal. O zen é pequeno se pensarmos que é somente uma parte do budismo, mas nós não o consideramos

1978 – Michel Foucault e o Zen: uma Estada em um Templo Zen   83

como uma parte do budismo. Se você pode compreender o zen nesse sentido, com sua experiência, penso que você estará convencido da universalidade do zen.

Um bonzo: Estou muito feliz de recebê-lo em minha pequena cidade japonesa, Uenohara, um grande filósofo como você.

M. Foucault: Eu não sou um grande filósofo como você diz. Sou eu quem está feliz de participar desta festa.[2] Eu não esperava poder assistir a um acontecimento assim.

Um bonzo: A propósito da crise do pensamento ocidental que domina atualmente a Europa, você pensa que o pensamento do Oriente poderia ajudar a reconsiderar o pensamento ocidental? Isto é, você acredita que o pensamento do Oriente permitirá, de certa maneira, ao pensamento ocidental encontrar um novo caminho?

M. Foucault: Os reexames desses assuntos se efetuam por meios diversos, por intermédio da psicanálise, da antropologia e da análise da história. E eu penso, também, que os reexames podem ser procurados, confrontando o pensamento ocidental com o pensamento do Oriente.

Com efeito, o pensamento europeu se encontra em uma virada. Essa virada, no plano histórico, não é outra coisa senão o fim do imperialismo. A crise do pensamento ocidental é idêntica ao fim do imperialismo. Essa crise não produz nenhum filósofo supremo que exceda a significá-la ela própria. Porque o pensamento ocidental em crise se exprime por discursos que podem ser muito interessantes, mas que não são nem específicos nem extraordinários. Não há nenhum filósofo que marque esta época. Porque é o fim da era da filosofia ocidental. Assim, se uma filosofia do futuro existe, ela deve nascer fora da Europa, ou, então, deve nascer em consequência de encontros e de percussões entre a Europa e a não Europa.

Um bonzo: O que você pensa da difusão do pensamento ocidental e de sua universalidade?

M. Foucault: A Europa se situa em uma região determinada no mundo e em uma época determinada. Dito isso, ela apresenta a particularidade de criar uma categoria universal que caracteriza o mundo moderno. A Europa é o lugar de nascimento da universalidade. Nesse sentido, a crise do pensamento eu-

---

2 Celebração de um serviço em memória das crianças mortas antes do seu nascimento.

84 Michel Foucault – Ditos e Escritos

ropeu atrai a atenção de todo o mundo e diz respeito a todo o mundo. É uma crise que influencia os diferentes pensamentos de todos os países do mundo, assim como o pensamento geral do mundo. Por exemplo, o marxismo nasceu em uma época determinada, em uma região determinada: ele foi fundado por um judeu por meio de contatos com um punhado de operários. Isso se tornou não somente uma forma ideológica, mas uma visão do mundo, uma organização social. O marxismo pretende a universalidade, e, aliás, como você o sabe, apesar de um pouco de refração, ele se reflete no mundo inteiro.

Ora, o marxismo se encontra atualmente em uma crise indiscutível: a crise do pensamento ocidental, a crise do conceito ocidental que é a revolução, a crise do conceito ocidental que são o homem e a sociedade. É uma crise que diz respeito ao mundo inteiro e que concerne tanto à União Soviética quanto ao Brasil, à Thecoslováquia, a Cuba etc.

Um bonzo: No que concerne ao marxismo, o que você pensa quanto ao seu futuro e o que pensa do eurocomunismo?

M. Foucault: A meu ver, uma das coisas importantes nisso que se chama a crise do marxismo é o fato de que o marxismo não é mais útil como garantia teórica do Partido Comunista. O Partido Comunista não é mais marxista. O mesmo acontece na União Soviética, nos países de democracia popular, na França e em Cuba.

No que diz respeito ao eurocomunismo, a questão importante, hoje, não se apresenta quanto ao seu futuro, mas quanto à ideia e ao tema da revolução. Desde 1789, a Europa mudou em função da ideia de revolução. A história europeia foi dominada por essa ideia. É exatamente essa ideia que está começando a desaparecer neste momento.

Um bonzo: Eis a minha última pergunta. Segundo você, como deve ser o Japão no futuro?

M. Foucault: Minha resposta é simples. Eu penso que o papel dos intelectuais, na realidade, não consiste absolutamente em se fazerem profetas, ou, então, legisladores. Há dois mil anos, os filósofos sempre falaram do que se devia fazer. Mas isso se traduziu sempre por um fim trágico. O que é importante é que os filósofos falam do que acontece atualmente, mas não do que poderia se passar.

(...)

M. Foucault: Eu já visitei vários templos zen. Tive a impressão de que eles eram fechados, frios e cortados do mundo exterior. Mas o seu me deu a impressão muito clara de um templo aberto e integrado ao ambiente.

Eu agradeço a você por me ter dado esta experiência do zen, que me será muito preciosa. Mas é uma modesta experiência. Desejo poder voltar daqui a um ou dois anos para adquirir mais experiência.

1978

O Misterioso Hermafrodita

"Il misterioso ermafrodito" ("Le mystérieux hermaphrodite"; entrevista com E. Guicciardi; trad. C. Lazzeri), *La Stampa*, suplemento literário, ano 4, n. 30, 5 de agosto de 1978, p. 5. Dessa entrevista, que foi resumida pelo jornalista, só foram retidos os raros propósitos atribuídos diretamente a Michel Foucault.

O que mais me surpreendeu no relato de Herculine Barbin[1] foi que, no seu caso, não existe verdadeiro sexo. O conceito de pertença de todo indivíduo a um sexo determinado foi formulado pelos médicos e pelos juristas somente no século XVIII, mais ou menos. Mas, na realidade, pode-se sustentar que cada um dispõe de um verdadeiro sexo, e que o problema do prazer se apresenta em função desse pretenso verdadeiro sexo, isto é, do sexo que cada um deveria assumir, ou descobrir, se ele está oculto por uma anomalia anatômica? Tal é o problema de fundo levantado pelo caso de Herculine. Na civilização moderna, exige-se uma correspondência rigorosa entre o sexo anatômico, o sexo jurídico, o sexo social: esses sexos devem coincidir e nos colocam em uma das duas colunas da sociedade. Antes do século XVIII, havia, no entanto, uma margem de mobilidade bastante grande.

(...)

Entre outros aspectos que eu gostaria de colocar em evidência, há o fato bastante curioso de que, na iconografia e na literatura do século XVI, o hermafroditismo se encontra ligado à Reforma, isto é, à dualidade da religião cristã: é a imagem emblemática de um mundo no qual as duas religiões, a católica e a reformada, se encontrariam reconciliadas. Por outro lado, ele pode ser também a expressão simbólica da dualidade do papado e do Império. No século XVII, ao contrário, o

---

1 *Herculine Barbin, dite Alexina B.*, apresentado por M. Foucault, Paris, Gallimard, col. "Les Vies Parallèles", 1978. Ver *Apresentação*, neste volume.

tema do hermafroditismo se liga diretamente ao erotismo, em particular à descoberta do erotismo do adolescente, esse ser de transição, indefinível. No século XIX, entre as novas significações atribuídas ao hermafroditismo, em uma perspectiva místico-religiosa, nós encontramos o do casal primordial. A religião católica é a única na qual não se encontra casal divino, uma deusa ao lado de um deus: essa lacuna será preenchida por algumas seitas paracristãs ou não cristãs que proliferavam no decorrer do século passado. Refiramo-nos, por exemplo, ao positivismo de Auguste Comte, que, quando se transforma em religião, instaura o casal religioso homem-mulher.

(...)

Tal é um dos principais aspectos que uma história do hermafroditismo deveria elucidar: como se chegou a essa condenação de dois fenômenos perfeitamente distintos, o do hermafroditismo e o da homossexualidade.

1979

A Lei do Pudor

"La loi de la pudeur" (entrevista com J. Danet, advogado no foro de Nantes; P. Hahn, jornalista de *Gai Pied*, e T. Hocquenghem, *Dialogues*, France-Culture, 4 de abril de 1978), *Recherches*, n. 37: *Fous d'enfance*, abril de 1979, p. 69-82.

O Parlamento trabalhava na revisão das disposições do Código Penal concernentes à sexualidade e à infância. A Comissão de Reforma do Código Penal tinha consultado M. Foucault, ele mesmo muito atento às teses conflituosas sustentadas pelos diferentes movimentos de liberação: as mulheres queriam a criminalização do estupro; os homossexuais, a descriminalização da homossexualidade; lésbicas e pedófilos se enfrentavam, como se enfrentavam com os psicanalistas sobre a noção de perigo ligada à sexualidade. M. Foucault defendeu diante da Comissão alguns dos argumentos da "Carta aberta sobre a revisão da lei sobre os delitos sexuais concernentes aos menores". Finalmente, em junho de 1978, o Senado votava a supressão da discriminação entre atos homossexuais e heterossexuais. O atentado ao pudor sem violência em relação a um menor de 15 anos, qualquer que fosse seu sexo, passava para a jurisdição correcional, ao passo que era, até então, passível de tribunal criminal.

Guy Hocquenghem, escritor, fundador da Frente Homossexual de Ação Revolucionária (FHAR), tinha tomado, no outono de 1977, com René Scherer, professor no Departamento de Filosofia de Vincennes, a iniciativa de uma "Carta aberta sobre a revisão da lei sobre os delitos sexuais concernentes aos menores", assinada, em especial, por Françoise Dolto, psicanalista de crianças e cristã. Essa carta pedia uma revisão radical do direito em matéria sexual e de legislação da infância.

M. Foucault: Se aceitamos, os três, participar desta emissão (faz, agora, vários meses que o seu princípio tinha sido conquistado), é pela razão seguinte. Uma evolução bastante ampla, bastante maciça, e que, à primeira vista, parecia irreversível, podia fazer esperar que o regime legal imposto às práticas sexuais de nossos contemporâneos ia, enfim, acalmar-se e deslocar-se. Regime que não é tão antigo, visto que o Código Penal de 1810 não dizia grande coisa sobre a sexualidade, como se a sexualidade não devesse depender da lei; e foi simplesmente, no curso do século XIX, e principalmente no século XX, na época de Pétain e no momento da emenda Mirguet (1960),[1] que a legislação da sexualidade se tornou cada vez mais pesada. Mas pode-se constatar, há uma dezena de anos, nos costumes, na opinião pública, um movimento para fazer evoluir esse regime legal. Reuniu-se até uma Comissão de Reforma do Direito Penal que tinha, que continua a ter como tarefa redigir de novo certo número de artigos fundamentais do Código Penal. E essa comissão admitiu, efetivamente, com muita seriedade, devo dizer, não somente a possibilidade, mas a necessidade de mudar a maior parte dos artigos que regem, na legislação atual, o comportamento sexual. Essa comissão, instalada agora, há vários meses, objetivou essa reforma sobre a legislação sexual no decorrer dos meses de maio e junho últimos. E eu penso que as proposições que ela pretendia fazer eram o que se pode chamar liberais.[2] Ora, parece que, há certo número de meses, um movimento em sentido inverso começa a desenhar-se, um movimento que é inquietante. Primeiro, porque ele não acontece somente na França. Olhem o que acontece, por exemplo, nos Estados Unidos, com a campanha que Anita Bryant realizou contra os homossexuais, que chegou até a beirar o chamado ao assassinato. É um fenômeno que se pode constatar na França. Mas, na França, ele é constatado por meio de certo número de fatos particulares, pontuais, de que se falará daqui a pouco (Jean Danet e Guy Hocquenghem darão, com certeza, exemplos), mas que parecem indicar que,

---

1 A emenda Mirguet, de 18 de julho de 1960, aumenta as penas previstas por ultraje público ao pudor entre pessoas do mesmo sexo (*Diário Oficial*, n. 51, 19 de julho de 1960, p. 1.981).

2 A partir dessas proposições, foi realizada a reforma dos artigos 330-331. Os artigos 330-331 do Código Penal dizem respeito aos atentados aos costumes. Os artigos 330-331 tratam do ultraje público ao pudor e do atentado ao pudor sem violência contra menores.

A alínea 2 do artigo 330 sanciona mais severamente o ultraje público ao pudor contra natureza entre pessoas do mesmo sexo (emenda Mirguet).

O artigo 331 diz respeito à proteção dos menores com menos de 15 anos contra atentados ao pudor sem violência:

Alínea 1: "O atentado ao pudor de um ou outro sexo é punido com reclusão de cinco a 10 anos desde o decreto de 8 de fevereiro de 1945";

Alínea 2: "Os atos homossexuais – impudicos ou contra natureza – com menor de menos de 21 anos são punidos com uma pena de prisão de seis meses a três anos e com uma multa" (enquanto a maioridade heterossexual é de 15 anos).

A lei de 5 de julho de 1974 rebaixa a maioridade civil e política para 18 anos e a maioridade homossexual para 18 anos.

Os artigos 332-333 tratam dos crimes ou atos de violência (estupro) contra indivíduos maiores ou menores.

90   Michel Foucault – Ditos e Escritos

por um lado, na prática policial e, por outro, na jurisprudência, volta-se mais a posições firmes, posições duras, posições estritas. E esse movimento que se constata na prática policial e judiciária é infelizmente apoiado muito frequentemente por campanhas de imprensa, ou por um sistema de informações conduzido pela imprensa. É, pois, nessa situação, movimento global que tende para o liberalismo, e, depois, fenômeno de retorno, contragolpe, freada, talvez até partida do processo inverso, que devemos discutir esta noite.

G. Hocquenghem: Faz agora seis meses, lançamos uma petição que pedia a ab-rogação de certo número de artigos de lei, em especial os que reprimem as relações entre maiores e menores, assim como os que reprimem a incitação de menores à devassidão e à descriminalização das relações entre maiores e menores abaixo de 15 anos. Muitas pessoas a assinaram, pessoas que são recrutadas em todo o leque político, que vão do Partido Comunista à Senhora Dolto. É, então, uma petição que foi assinada por muitas pessoas que não são nem suspeitas de serem elas mesmas particularmente pedófilas, nem mesmo suspeitas de serem extravagantes do ponto de vista político. Tínhamos a impressão de que certo movimento se desenhava, e esse movimento era confirmado pelos documentos que tínhamos podido ver da Comissão de Reforma do Código Penal. O que nós constatamos, hoje, então, é que não somente esse gênero de movimento é um pouquinho uma ilusão liberal, que, de fato, ele não corresponde a uma transformação profunda na jurisprudência, no julgar ou na própria maneira de instruir um caso. Mas, além disso, no nível da opinião pública, e da opinião pública propriamente dita, isto é, dos jornais, das rádios, das televisões etc., é antes o inverso que parece estar começando, com novos argumentos. Esses novos argumentos giram essencialmente em torno da infância, isto é, em torno da exploração da sensibilidade popular, da sensibilidade da opinião e do seu horror espontâneo por tudo o que diz respeito ao sexo, quando ligado à criança. Assim, um artigo do *Nouvel Observateur* começa por um título dizendo que "a pornografia em relação à infância é o último pesadelo americano e, sem dúvida, o mais terrível de um país sem dúvida fértil em escândalos". Que a pornografia infantil seja o mais terrível dos escândalos atuais, a própria desproporção entre o assunto evocado, a pornografia infantil, nem mesmo a prostituição, e a imensidão dos dramas e das repressões que podem sofrer, por exemplo, os negros

1979 – A Lei do Pudor   **91**

nos Estados Unidos salta aos olhos. Toda essa campanha sobre a pornografia, sobre a prostituição, sobre todos esses fenômenos sociais que, de toda maneira, estão sujeitos a discussão (ninguém, aqui, pensa em se fazer o paladino da pornografia ou da prostituição infantil) não serve, de fato, senão para chegar a esta questão essencial: é ainda pior quando as crianças são consentintes, é ainda pior se isso não é nem pornográfico nem pago etc. Isso quer dizer que todo o contexto criminalizante só serve para destacar o núcleo da acusação: vocês querem fazer amor com crianças consentintes. Ele só serve para destacar o interdito tradicional, e para destacá-lo de uma nova maneira, com novos argumentos, o interdito tradicional sobre as relações sexuais consentidas, sem violência, sem dinheiro, sem nenhuma forma de prostituição, que podem existir entre maiores e menores.

J. Danet: Já se sabe que alguns psiquiatras consideram que as relações entre as crianças e os adultos são sempre traumáticas. E que, se elas não guardam essa recordação, é porque está no seu inconsciente, mas, de toda maneira, ficam marcadas para sempre e se tornarão caracteriais. Então, o que se prepara com a intervenção dos psiquiatras no tribunal é uma manipulação do consentimento das que se dizem vítimas, é uma manipulação do consentimento das crianças, é uma manipulação de sua palavra. E, depois, há uma utilização, bastante recente, parece-me, dos textos repressivos, que convém observar porque, talvez, ela servirá de tática provisória para a justiça a fim de preencher faltas. Com efeito, nas instituições disciplinares tradicionais, a prisão, a escola, o asilo, os enfermeiros, os professores seguiam um regulamento muito estrito; a hierarquia era muito próxima, e as observava permanentemente tanto quanto, finalmente, observava as crianças ou os loucos; por outro lado, nas novas instâncias de controle social, o controle pela hierarquia é muito mais difícil; e podemos nos perguntar se não vamos assistir a uma utilização dos textos de direito comum: excitação de menor à devassidão, por exemplo, contra os trabalhadores sociais, os educadores. E eu observo, falando nisso, que Villerot[3] é educador, que Gallien era mé-

---

3 Gilbert Villerot publica no mesmo número da revista *Recherches* (p. 167-212) o dossiê de sua incriminação, em 1977, por "atentado ao pudor sem violência contra menor de 15 anos" transformado pela corte em "violências à criança", delito menos grave no plano penal pelo que ele foi condenado a um ano de prisão.

92 Michel Foucault – Ditos e Escritos

dico, mesmo se os fatos não haviam acontecido enquanto ele exercia sua profissão. Que, em 1976, em Nantes, aconteceu um processo de um educador que era acusado de excitação de menores à devassidão por ter fornecido contraceptivos aos meninos e às meninas de quem ele cuidava. Então, o direito comum serviria, dessa vez, para reprimir os educadores, os trabalhadores sociais que não fariam seu trabalho de controle social como o desejavam suas hierarquias respectivas. Já, de 1830 a 1860, veem-se decretos se obstinar literalmente nos professores, a tal ponto que algumas decisões de justiça dizem explicitamente que o artigo 334[4] do Código Penal sobre a incitação de menores à devassidão se aplica a algumas pessoas, precisando, entre parênteses, o professor, por exemplo, enquanto o caso em questão não se referia a um professor. Isso quer dizer a que ponto todos esses textos, finalmente, estão à procura dos lugares por onde poderiam introduzir-se os perversos que vão corromper a juventude. É essa a obsessão dos juízes. Eles não conseguiram definir as perversões. Serão a medicina e a psiquiatria que o farão em seu lugar. No meio do século XIX, vem-lhes uma obsessão: e se o pervertido estivesse em toda parte? E vamos começar a acossá-los nas instituições mais perigosas, de risco, nas populações de risco, antes da época em que a expressão foi inventada. Atualmente, se pudemos acreditar, durante um tempo, que os textos de lei iam recuar, não foi porque pensávamos que o período fosse liberal, mas porque sabíamos que controles mais sutis iam estabelecer-se sobre a sexualidade. E que, talvez, a aparente liberdade que camuflava esses controles sociais mais flexíveis, mais difusos, ia provocar uma retirada de campo do jurídico, do penal. Isso não é sempre necessariamente o caso, e pode-se pensar que leis repressivas tradicionais funcionarão junto com controles muito mais sutis, uma forma da sexologia tal como não se conheceu e que se introduziria em todas as instituições, inclusive escolares.

---

4 O objeto inicial desse artigo era atingir os proxenetas: "Aquele que se interpõe no interesse das paixões dos outros e não de suas paixões pessoais." "Entretanto, declarava, em 1851, a corte de Angers, quando se trata de fatos que revoltam a natureza (...), a lei deve aplicar-se em seu espírito, em caso semelhante (...), ao professor, por exemplo, que excita menores do mesmo sexo a cometer sobre sua pessoa atos imorais." A lei de 6 de agosto de 1942 precisa e confirma essa extensão.

M. Foucault: Parece-me, com efeito, que chegamos, aí, a um ponto que é importante. Se é verdade que estamos em uma mutação, não é verdade, sem dúvida, que essa mutação será favorável a um abrandamento real da legislação sobre a sexualidade. Jean Danet o indicou, durante todo o século XIX, acumulou-se, pouco a pouco, não sem muitas dificuldades, uma legislação muito pesada. Ora, essa legislação tinha, mesmo assim, essa característica que jamais foi capaz de dizer exatamente o que ela punia. Puniam-se atentados, o atentado jamais foi definido. Puniam-se ultrajes, jamais se soube o que era um ultraje. A lei era destinada a defender o pudor, jamais se soube o que era o pudor. Praticamente, cada vez que era preciso justificar uma intervenção legislativa no domínio da sexualidade, invocava-se o direito do pudor. E pode-se dizer que toda a legislação sobre a sexualidade, tal como estava estabelecida desde o século XIX, na França, é um conjunto de leis sobre o pudor. É certo que esse aparelho legislativo, que visava a um objeto não definido, não era jamais utilizado, senão em casos considerados como taticamente úteis. Houve, com efeito, toda a campanha contra os professores. Houve, em dado momento, uma utilização contra o clero. Houve uma utilização dessa legislação para regular os fenômenos de prostituição de crianças, que foram tão importantes em todo o século XIX, entre 1830 e 1880. Agora, damo-nos conta de que esse instrumento, que tem para ele a vantagem da flexibilidade, visto que seu objeto não é definido, não pode, no entanto, subsistir assim, uma vez que essas noções de pudor, de ultraje, de atentado pertencem a um sistema de valores, de cultura, de discurso; na explosão pornográfica e nos proveitos que ela induz, em toda essa nova atmosfera, não é mais possível empregar essas palavras e fazer funcionar a lei sobre essas bases. Mas o que se desenha, e é porque eu acredito que era importante, com efeito, falar do problema das crianças, o que se desenha, é um novo sistema penal, um novo sistema legislativo que terá como função não tanto punir o que seria infração a essas leis gerais do pudor quanto proteger populações ou partes de populações consideradas como particularmente frágeis. Isso quer dizer que o legislador não justificará as medidas que ele propõe, dizendo: "É preciso defender o pudor universal da humanidade"; mas ele dirá: "Há pessoas para quem a sexualidade dos outros pode tornar-se um perigo permanente." Assim, as crianças,

94 Michel Foucault – Ditos e Escritos

que podem encontrar-se às voltas com uma sexualidade adulta que lhes será estranha e que apresenta forte risco de lhes ser prejudicial. Daí uma legislação apelando para essa noção de população frágil, de populações com alto risco, como se diz, e para todo um saber psiquiátrico ou psicológico embebido de uma psicanálise de boa ou de má qualidade, pouco importa, no fundo; e isso dará aos psiquiatras o direito de intervir duas vezes. Primeiramente, em termos gerais, para dizer: sim, é claro, a sexualidade da criança existe, não voltemos mais a essas velhas quimeras que nos faziam acreditar que a criança era pura e não sabia o que é a sexualidade. Mas nós, psicólogos, ou psicanalistas, ou psiquiatras, pedagogos, nós sabemos perfeitamente que a sexualidade da criança é uma sexualidade específica, que tem suas formas próprias, que tem seus tempos de maturação, que tem seus momentos fortes, que tem suas pulsões específicas, que tem suas latências, igualmente. Essa sexualidade da criança é uma terra que tem sua geografia própria na qual o adulto não deve penetrar. Terra virgem, terra sexual certamente, mas terra que deve conservar sua virgindade. Ele intervirá, então, como caução, como garantia dessa especificidade da sexualidade infantil, para protegê-la. E, por outro lado, em cada caso particular, ele dirá: eis que um adulto veio misturar sua sexualidade com a sexualidade da criança. Talvez a criança, com sua sexualidade própria, pôde desejar esse adulto, talvez até tenha consentido, talvez até tenha dado os primeiros passos. Admitir-se-á que foi ela quem seduziu o adulto; mas nós, com nosso saber psicológico, nós sabemos perfeitamente que mesmo a criança sedutora corre o risco e até, em todos os casos, vai sofrer certo dano e um traumatismo, pelo fato de ter-se metido com um adulto. Por conseguinte, é preciso proteger a criança de seus próprios desejos, assim que seus desejos se orientarem para o adulto. É o psiquiatra que poderá dizer: "Eu posso predizer que um traumatismo de tal ou tal importância vai-se produzir depois de tal ou tal tipo de relações." É, por conseguinte, no interior do novo quadro legislativo destinado essencialmente a proteger certas frações frágeis da população, a instauração de um poder médico, que será fundado sobre uma concepção da sexualidade, e, principalmente, das relações da sexualidade infantil e adulta, que é inteiramente contestável.

G. *Hocquenghem*: Há toda uma mistura de noções que permitem fabricar essa noção de crime, ou de atentado ao pudor, uma mistura muito complexa sobre a qual não se tem o tempo, aqui, de dissertar longamente, mas que compreende, ao mesmo tempo, interditos religiosos sobre a sodomia, ao mesmo tempo, dados completamente novos como aqueles aos quais Michel Foucault fez alusão, sobre o que se acredita saber da total estranheza do universo infantil e do universo adulto. Mas a evolução global, indiscutivelmente, agora, é não somente fabricar um tipo de crime que é simplesmente a relação erótica ou sensual entre uma criança e um adulto, mas, por outro lado, visto que isso pode se isolar sob a forma de um crime, criar certa categoria da população definida pelo fato de que ela se entregue a esses prazeres. Então, existe uma categoria particular de pervertidos, no sentido próprio, monstros que têm como objetivo na vida praticar o sexo com as crianças. Eles se tornam, aliás, pervertidos e monstros isoláveis, já que o crime como tal é reconhecido e constituído, e doravante reforçado por todo o arsenal psicanalítico e sociológico. Estãonos fabricando com todas as partes um tipo de criminoso, e um criminoso que é de tal modo horrível de conceber que seu crime, no limite, fica sem qualquer explicação, sem qualquer vítima. Um pouco à maneira como funciona essa espécie de monstro jurídico, esse termo de atentado sem violências: um atentado cometido sem violência, não provável, de qualquer modo, que não deixa nenhuma pista, visto que o próprio anuscópio é incapaz de descobrir o menor ferimento que legitime, de uma maneira ou de outra, a noção de violência. O ultraje público ao pudor, de certa maneira, realiza também isso, na medida em que, como todos sabem, o ultraje em questão não tem absolutamente necessidade de um público para ser constituído. No caso de atentado sem violência, aquele em que não se pôde realmente encontrar nada, nada de nada de nada, zero, nesse caso, o criminoso é simplesmente criminoso porque é criminoso, porque tem esses gostos. O que se poderia chamar tradicionalmente de um crime de opinião. Vejam o caso Paradjanov. Quando uma delegação chegou a Paris para ver o representante da embaixada da URSS, para levar um protesto, o representante da URSS lhe respondeu: "Vocês não sabem, na verdade, por que ele é condenado: ele é condenado por estupro de criança." Esse representante lia a imprensa, ele sabia

96 Michel Foucault – Ditos e Escritos

que esse termo provoca mais medo do que qualquer outro. A constituição desse novo tipo de criminoso, a constituição desse indivíduo bastante pervertido para fazer algo que sempre tinha sido feito até o presente, sem que ninguém tivesse achado bom meter o bedelho, é uma ação extremamente grave do ponto de vista político. Mesmo que ela não tenha atingido as dimensões que tiveram as campanhas contra os terroristas, são, contudo, várias centenas de casos por ano que passam diante dos tribunais. E essa campanha diz que certa parte da população deve, a partir de agora, ser considerada *a priori* como criminosa, talvez perseguida em operações do tipo "Ajudem a polícia", e foi o caso para Villerot. O relatório da guarda republicana observa com interesse que a população participou da busca, que os carros procuraram o sátiro. De alguma maneira, o movimento se nutre por si mesmo. O crime esmaece, ninguém se preocupa mais em saber se houve, de fato, um crime ou não, se alguém foi ou não lesado. Ninguém se preocupa mais nem mesmo em saber se houve uma vítima. O crime se alimenta totalmente por ele mesmo pela caçada ao homem, pela identificação, pelo isolamento da categoria de indivíduos considerados como os pedófilos. Ele chega a essa forma de chamamento à linchagem que representam hoje alguns artigos de imprensa.

J. Danet: É certo que os advogados que defendem esses casos têm enormes problemas. Mas é precisamente esses problemas sobre os quais eu gostaria de fazer uma observação. Em casos como o de Croissant[5] ou de advogados de terroristas, os advogados eram considerados imediatamente como perigosos cúmplices dos terroristas. Tudo o que se referia de perto ou de longe à coisa era cúmplice. Um pouco da mesma maneira, o problema da defesa de alguém que é incriminado por atentado aos costumes com um menor, no interior do país, em especial, é extremamente grave, porque muitos advogados não podem simplesmente assumir essa defesa, evitam fazê-lo, preferem ser designados *ex officio*. Porque, de certa forma, quem quer que defenda um pedófilo pode ser suspeito de não se sabe que obscura simpatia por essa causa, obscura simpatia da qual os juízes entre eles pensam sempre: se ele os defende, é porque ele não está tanto contra ele próprio, no fundo. Fato grave, que

---

5 Ver *Vão Extraditar Klaus Croissant?*, v. VIII da edição brasileira desta obra.

eu cito um pouco rindo, mas que é conhecido de todos os que se viram às voltas com a justiça, tanto na província quanto em Paris, por esses casos: é extremamente difícil não só para o advogado defender esse caso, mas até, no limite, encontrar um advogado que aceite defendê-lo. Um advogado poderá muito facilmente defender um vadio, um assassino que tem 10 idosas em seu encalço. Isso não tem nenhuma importância. Mas defender alguém que roçou o pinto de um garoto durante um segundo, isso é um verdadeiro problema. Isso faz parte do conjunto que se constitui em torno desse novo criminoso, o adulto praticando as relações eróticas com a infância.

Eu me desculpo por fazer referência ainda uma vez à história, mas acredito que nessa matéria ela hesita um pouquinho, e que se pode fazer referência utilmente ao que aconteceu no século XIX e no início do século XX. Viu-se, quando uma carta aberta à Comissão de Reforma do Código Penal foi publicada e que assinaturas foram colocadas abaixo dessa carta, viu-se certo número de psicólogos, de sexólogos, de psiquiatras vir assinar essa carta. Eles pediam, então, uma descriminalização do atentado ao pudor com menor de 15 anos, um regime diferente para os atentados ao pudor com menores de 15 a 18 anos, uma supressão dos ultrajes públicos etc.

Mas não é porque psiquiatras, psicólogos vinham reclamar um adiamento da lei sobre esse ponto que eles estavam mais do lado dos que sofrem essas repressões. Quero dizer que não é porque se luta contra um poder, no caso, o poder legal, que se está do lado dos que o sofrem. Um exemplo histórico para comprová-lo é o exemplo da Alemanha, onde, desde o século XIX, desde 1870, todo um movimento protestou contra uma lei que visava a todos os homossexuais, o § 175 do Código Penal alemão. Não era nem mesmo um delito costumeiro, não havia necessidade de ser um homossexual reconhecido, um só ato homossexual bastava, qualquer que fosse. Então, todo um movimento se estabeleceu, sendo composto por homossexuais, mas também por médicos, psiquiatras que vinham reclamar a ab-rogação desse texto de lei. Ora, quando se lê a literatura que publicavam esses médicos e esses psiquiatras, fica-se absolutamente convencido de que eles só esperavam uma coisa da ab-rogação desse texto de lei: poder apoderar-se eles mesmos dos pervertidos, não só para poder tratá-los com todo o saber que eles pretendiam ter conseguido, desde mais

98 Michel Foucault – Ditos e Escritos

ou menos 1860. Com Morel, o *Tratado das degenerescências*[6] é o estabelecimento de toda a nosografia sobre as perversões; e esses psiquiatras reclamavam, de fato, que lhes entregassem os pervertidos, que o direito renunciasse a conhecer o pudor, quando fala tanto mal dele, de maneira tão pouco científica, e que, enfim, eles pudessem tratar caso a caso, talvez de maneira menos agressiva, talvez de maneira menos sistemática, menos cega que a lei; mas que eles pudessem dizer, caso a caso, quem é culpado, ou, antes, quem é doente, e decidir, tranquilamente, sobre as medidas a serem tomadas. Então, eu não digo que as coisas se reproduzem da mesma maneira, mas é interessante ver como duas instâncias podem ser colocadas em concorrência para se apoderar dessa população de pervertidos.

M. Foucault: Eu não vou, com certeza, resumir tudo o que foi dito. Penso que Hocquenghem mostrou o que estava começando a nascer atualmente em relação a essas camadas de população que se devem proteger. Por um lado, há uma infância que, por sua própria natureza, está em perigo, e que se deve proteger contra todo perigo possível antes mesmo, por conseguinte, de qualquer ato ou qualquer ataque eventual. E, depois, à frente, haverá indivíduos perigosos, e os indivíduos perigosos vão ser, evidentemente, o adulto em geral, de maneira que, no novo dispositivo que se está começando a estabelecer, a sexualidade vai assumir outro comportamento diferente do que existia antes. Antes, as leis proibiam certo número de atos, atos, aliás, tão numerosos que não se chegava muito bem a saber o que eram, mas, enfim, eram atos a que a lei se referia. Condenavam-se formas de conduta. Agora, o que se está começando a definir, e o que, por conseguinte, vai se encontrar fundamentado pela intervenção não só da lei, mas também do juiz e do médico, são indivíduos perigosos. Vai-se ter uma sociedade de perigos, com os que são colocados em perigo, por um lado, e, por outro, os que são portadores de perigo. E a sexualidade não será mais uma conduta com certas interdições precisas, mas vai se tornar uma espécie de perigo que ronda, uma espécie de fantasma onipresente, fantasma que se vai colocar entre homens e mulheres, entre crianças e adultos,

---

6 Morel (B.-A.), *Traité des dégénérescences physiques, intellectuelles e morales de l'espèce humaine, et des causes qui produisent ces variétés maladives*, Paris, Baillière, 1857.

1979 – A Lei do Pudor   **99**

e, eventualmente, entre adultos entre eles etc. A sexualidade vai se tornar essa ameaça em todas as relações sociais, em todas as relações de idades, em todas as relações de indivíduos. Aí está essa sombra, sobre esse fantasma, sobre esse medo, que o poder tentará agarrar, por uma legislação aparentemente generosa e, em todo caso, geral; e, por meio de uma série de intervenções pontuais que serão essas, provavelmente, das instituições judiciárias apoiadas nas instituições médicas. E aí se terá um regime completamente novo de controle da sexualidade; mas que, na segunda metade do século XX, ela esteja, com certeza, descriminalizada, mas para aparecer sob a forma de um perigo, e de um perigo universal, aí está uma mudança considerável. Eu diria que aí está o perigo.

DEBATE

P. Hahn: Eu queria simplesmente evocar uma obra que foi publicada há uns 10 anos, mas que me parece, no contexto atual, bastante importante. Trata-se de uma obra sobre a personalidade dos exibicionistas. Por um lado, então, há essa classificação que chega a excluir certo tipo de exibicionistas do que eu chamaria o sistema de reeducação psicanalítica, e, por outro, isso consiste, de fato, em voltar, mas sob formas bastante diferentes, aparentemente, à noção do criminoso nato.[7] Eu gostaria simplesmente de citar esta frase do livro, porque ela me parece significativa, e eu direi por que, em seguida: "A perversão exibicionista – trata-se de uma categoria de pervertidos exibicionistas –, a perversão exibicionista responde aqui a um fenômeno de amputação radical de uma parte do instintual, e essa amputação se faz em um estágio que não é nem genital ou não genital da evolução sexual, mas nesse lugar ainda misterioso em que personalidade e instinto me parecem potenciais."

Sim, volta-se à noção do criminoso nato segundo Lombroso, que o próprio autor tinha citado antes. Trata-se, no fundo, de algo que está lá antes do nascimento, que estaria no embrião; e se falo do embrião é porque, no momento atual, assiste-se

---

7 Lombroso (C.), *L'homme criminel, criminel-né, fou moral, épileptique. Étude anthropologique et médico-legale* (trad. Regnier et Bounet), Paris, F. Alcan, 1887, 2 v.

100 Michel Foucault – Ditos e Escritos

a um retorno forçado de certos métodos, sob formas, talvez, novas: métodos tais como a psicocirurgia, em que, por exemplo, operam-se homossexuais do cérebro, operam-se pedófilos do cérebro, operam-se estupradores do cérebro. Por um lado, praticam-se manipulações genéticas, tem-se realmente a prova disso, ainda recentemente, na Alemanha Oriental, em especial. Tudo isso me parece, de fato, muito perturbador. Com certeza, é pura repressão. Mas, por outro lado, isso comprova, também, alguma utilização da crítica da psicanálise em um sentido completamente, eu diria entre aspas, reacionário.

O perito autor desse texto que acabo de citar se chama Jacques Stephani, psiquiatra em Bordeaux (contribuição ao estudo da personalidade exibicionista). O perito diz textualmente que o juiz deve agir como um elemento em um processo de reeducação terapêutica, exceto no caso extremo em que o sujeito é considerado como não reeducável. É o louco moral, o criminoso nato de Lombroso.

Com efeito, essa ideia de que a legislação, o aparelho judiciário, o sistema penal, a própria medicina devem atacar essencialmente os perigos, os indivíduos perigosos, mais do que atos, data mais ou menos de Lombroso, e, portanto, não é nada surpreendente que se reencontre a temática de Lombroso atualmente. A sociedade tem de se defender contra os indivíduos perigosos. Há indivíduos perigosos por natureza, por hereditariedade, por código genético etc.

Pergunta: Eu queria simplesmente perguntar a Guy Hocquenghem quem nos pintou um quadro de alguns exemplos atuais em matéria de repressão desse tipo de atos, como se pode encarar certo número de alianças para lutar nesse plano. Os aliados naturais desse tipo de movimentos, que são, digamos, os grupos progressistas, têm algumas reticências para se intrometer nesses assuntos. Movimentos como o movimento das mulheres focalizam sua militância em problemas tais como o estupro, e, de fato, conseguem aumentar a penalização desses casos.

G. Hocquenghem: Prestamos muita atenção no texto da "Carta Aberta ao Código Penal". Preocupamo-nos muito em falar exclusivamente do atentado ao pudor sem violência e de incitação de menor à devassidão. Preocupamo-nos extremamente em não abordar, de maneira nenhuma, o problema do estupro, que é totalmente diferente. Agora, estou de acordo

1979 – A Lei do Pudor   101

com você sobre uma coisa, é que todos nós vimos essa emissão sobre o estupro na televisão, que todos ficamos chocados pelas reações que ela suscitou na França, chegando mesmo a chamadas telefônicas exigindo a castração química dos estupradores. Há dois problemas. Há o problema do estupro propriamente dito sobre o qual os movimentos feministas e as mulheres em geral se expressaram perfeitamente, mas há o outro problema das reações no nível da opinião pública. Desencadeiam-se efeitos secundários de caça ao homem, de linchamento ou de mobilização moral.

J. Danet: Eu gostaria de acrescentar algo em resposta à mesma pergunta. Quando dizemos que o problema do consentimento é absolutamente central nos casos de pedofilia, não dizemos que o consentimento existe sempre, é claro. Mas, e é aí que podemos dissociar a atitude da justiça no caso do estupro e no caso da pedofilia; no caso do estupro, os juízes consideram que há uma presunção de consentimento por parte da mulher, e que se deve demonstrar o contrário. Enquanto, em matéria de pedofilia, é o inverso. Considera-se que há uma presunção de não consentimento, uma presunção de violência, mesmo no caso em que não se pôde culpar de atentado ao pudor com violência; no caso em que se reconsiderou no texto do atentado ao pudor sem violência, isto é, do prazer consentido. Porque atentado ao pudor sem violência, é preciso dizer que é a tradução repressiva e jurídica do prazer consentido. Deve-se ver como se manipula o sistema das provas: de maneira inversa, no caso do estupro de mulheres e no caso do atentado ao pudor pedófilo.

Pergunta: A opinião pública, inclusive a opinião esclarecida como a dos médicos do Instituto de Sexologia, pergunta em que idade há um consentimento certo. É um grande problema.

M. Foucault: (...) Sim, é difícil fixar barreiras. Uma coisa é o consentimento, outra é a possibilidade para uma criança de ser acreditada quando falando de suas relações sexuais ou de sua afeição, de sua ternura ou de seus contatos (o adjetivo sexual é frequentemente perturbador sobre o assunto, porque ele não corresponde à realidade), outra coisa, então, é a capacidade que se reconhece à criança de explicar o que é feito de seus sentimentos, o que foi feito de sua aventura, e a credibilidade que se lhe confere. Ora, quanto às crianças, supõe-se-lhes uma sexualidade que não pode jamais se dirigir para um adulto, e

102 Michel Foucault – Ditos e Escritos

de um adulto. Segundo, supõe-se que elas não são capazes de dizer sobre si próprias, de ser suficientemente lúcidas sobre si próprias. Que elas não têm suficientemente a capacidade de expressão para explicar o que acontece. Então, não se acredita nelas. Acreditamo-las não suscetíveis de sexualidade e não as acreditamos suscetíveis de falar disso. Mas, afinal de contas, escutar uma criança, ouvi-la falar, ouvi-la explicar quais foram efetivamente suas relações com alguém, adulto ou não, visto que se escuta com bastante simpatia, deve poder permitir estabelecer mais ou menos qual foi o regime de violência ou de consentimento ao qual ela foi submetida. Supor que, porque ela é uma criança, não se pode explicar o que acontece, que, porque ela é uma criança, não pode ser consentinte, há aí dois abusos que são intoleráveis, inaceitáveis.

Pergunta: Se você fosse o legislador, não fixaria nenhum limite e deixaria aos juízes o cuidado de apreciar se houve o que se chama em direito um vício do consentimento, se houve manobra dolosa? É isso que você pensa?

M. Foucault: De toda maneira, uma barreira de idade fixada pela lei não tem muito sentido. Ainda uma vez, pode-se confiar na criança para dizer se, sim ou não, ela sofreu uma violência. Afinal de contas, um juiz de instrução do Sindicato da Magistratura, que era um liberal, me disse, um dia em que falávamos desse assunto: "Afinal de contas, há meninas de 18 anos que são praticamente obrigadas a fazer amor com seu pai ou com seu padrasto; não importa elas terem 18 anos, é um sistema de pressão que é intolerável." E que elas sintam, aliás, como intolerável, com a condição, pelo menos, de que se queira escutá-las e colocá-las nas condições tais que elas possam dizê-lo.

G. Hocquenghem: Por um lado, não se colocou absolutamente nesse texto limite de idade. Nós não nos consideramos, de toda maneira, como legisladores, mas simplesmente como um movimento de opinião que pede a ab-rogação de certo número de textos legislativos. Sem fabricar novos, o que não é nosso papel. Quanto a essa questão do consentimento, eu prefiro os termos que empregou Michel Foucault: escutar o que diz a criança e lhe conferir certo crédito. Essa noção de consentimento é, de qualquer maneira, como armadilha. É certo que a forma jurídica de um consentimento intersexual é um absurdo. Ninguém assina um contrato antes de fazer amor.

M. Foucault: É uma noção contratual.
G. Hocquenghem: É uma noção puramente contratual.
Quando dizemos que as crianças são "consentintes" nesses casos, queremos simplesmente dizer isto: em todo caso, não houve violências ou manobras organizadas para lhes arrancar relações afetivas ou eróticas. Ponto importante, tanto mais importante para as crianças quanto efetivamente obter diante de um juiz a organização de uma cerimônia em que as crianças viriam dizer se elas foram efetivamente consentintes é uma vitória ambígua. A afirmação pública do consentimento a tais atos é extremamente difícil, como se constatou. Todo mundo, os juízes, os médicos, o acusado, sabe que a criança era consentinte, mas ninguém fala disso porque, de toda maneira, não há meio de registrar isso. Não é simplesmente o efeito de uma interdição da lei; é uma impossibilidade real de traduzir uma relação muito completa entre uma criança e um adulto. Relação que é progressiva, que é longa, que passa por todos os tipos de desvios, que não são devidamente sexuais, por todos os tipos de contatos afetivos. Traduzi-la em termos de consentimento jurídico é um absurdo. De toda maneira, se se ouve o que a criança diz, e se ela diz: "Eu queria", isso não tem o valor jurídico de um consentimento. Mas eu desconfio também muito desse reconhecimento formal de consentimento do menor, porque sei que não será jamais obtido e que ele é, de fato, vazio de sentido.

1979

Um Prazer Tão Simples

"Un plaisir si simple", *Le Gai Pied*, n. 1, 1º de abril de 1979, p. 1 e 10.

Os homossexuais, diz um tratado de psiquiatria, se suicidam frequentemente. *"Frequentemente"* me encanta. Imaginemos, então, grandes rapazes, franzinos, com rostos muito pálidos; incapazes de adentrar o limiar do outro sexo; eles não param, durante sua vida, de entrar na morte, para sair dela logo, fazendo bater a porta com grande estrondo. O que não deixa de importunar os vizinhos. Por falta de núpcias com o bom sexo, eles se casam com a morte. O outro lado por falta do outro sexo. Mas eles são também tão incapazes de morrer quanto o são de viver de verdade. Com esse jogo grotesco, os homossexuais e o suicida se desconsideram um ao outro.

Falemos um pouco a favor do suicídio. Não pelo seu direito, sobre o qual muitas pessoas disseram tantas coisas belas. Mas contra a mesquinha realidade que se faz dele. Contra as humilhações, as hipocrisias, as manobras estranhas às quais ele é obrigado: juntar às escondidas caixas de comprimidos, encontrar um bom sólido barbeador de outrora, lamber a vitrine de um armeiro, entrar tentando compor-se uma "cara". Enquanto eu penso que se teria direito, não a uma consideração apressada que seria mais incômoda, mas a uma atenção séria e bastante competente. Dever-se-ia poder discutir sobre a qualidade de cada arma, de seus efeitos, preferir-se-ia que o vendedor fosse experiente, sorridente, incentivador, mas reservado, não muito tagarela; que ele compreendesse bem que está lidando com uma pessoa de boa vontade, mas desajeitada, porque não teve jamais a ideia de se servir de uma máquina para atirar em outro. Desejar-se-ia que seu zelo não o impedisse de o aconselhar sobre outros meios que fossem, talvez, mais convenientes à sua maneira de ser, à sua compleição. Esse gênero de comércio e de conversa valeria mil vezes mais que a discussão, em torno do cadáver, com os empregados da funerária.

Pessoas que não conhecemos, que não nos conheciam fizeram com que um dia nos puséssemos a existir. Fingiram acreditar e imaginaram, sem dúvida, sinceramente, que nos esperavam. Em todo caso, prepararam, com muito cuidado e frequentemente, uma solenidade um pouco imitada, nossa entrada no "mundo". Não é admissível que não nos permitam prepararmos nós mesmos com todo o cuidado, a intensidade e o ardor que desejamos, e as algumas cumplicidades de que temos vontade, esse algo ao qual pensamos há muito tempo, de que fizemos o projeto desde, uma noite de verão, talvez, nossa infância. Parece que a vida é frágil na espécie humana, e a morte, certa. Por que é preciso que nos façam dessa certeza um acaso, que ganha, por seu caráter repentino ou inevitável, os ares de uma punição?

Irritam-me um pouco as sabedorias que prometem aprender a morrer e as filosofias que dizem como pensar nisso. Deixa-me indiferente o que se considerar "preparar-nos para isso". É preciso prepará-la, arrumá-la, fabricá-la peça por peça, calculá-la, encontrar da melhor forma seus ingredientes, imaginar, escolher, aconselhar-se, trabalhá-la para formar com ela uma obra sem espectador, que só existe para mim, só o tempo que dura o menor segundo da vida. Os que sobrevivem, eu sei, não veem em torno do suicida senão traços miseráveis, solidão, falta de jeito, chamadas sem resposta. Eles não podem não se perguntar sobre o "porquê". Pergunta que deveria ser a única que não se faz a respeito do suicídio.

"Por quê? Ora, simplesmente porque eu quis." É verdade que o suicídio deixa marcas que desestimulam. Mas de quem é o erro? Vocês acreditam que seja de tal maneira gozado ter de se enforcar em sua cozinha e mostrar uma língua toda azulada? Ou de se trancar no banheiro para abrir o gás? Ou deixar um pedacinho de miolos na calçada, que os cachorros virão farejar? Acredito na espiral do suicídio: estou certo de que tantas pessoas se sentem deprimidas com a ideia de todas essas mesquinhezes às quais se condena um candidato ao suicídio (e não falo dos que se suicidaram eles próprios, com a polícia, o caminhão de bombeiros, a zeladora, a autópsia, que mais sei?), que muitos preferem matar-se a continuar a pensar nisso.

Conselhos aos filantropos. Se vocês querem realmente que o número dos suicídios diminua, façam de maneira que não haja mais senão pessoas que se matam por uma vontade refle-

106 Michel Foucault – Ditos e Escritos

tida, tranquila, liberada de incerteza. Não se deve abandonar o suicídio a pessoas infelizes que arriscam desperdiçá-lo e fazer dele uma miséria. De toda maneira, há muito menos pessoas felizes que infelizes.

Sempre me pareceu estranho que se diga: a morte, não há do que se inquietar, visto que, entre a vida e o nada, ela não é, em si mesma, em suma, nada. Mas é isso o pouco que merece estar em jogo? Fazer dela algo, e algo de bem.

Sem dúvida, perdemos muitos prazeres, tivemos alguns medíocres, deixamos escapar outros por distração ou preguiça, falta de imaginação, falta de obstinação também; tivemos tantos que eram completamente monótonos. Temos a sorte de ter à nossa disposição esse momento absolutamente singular; de todos, ele é o que merece mais que nos preocupemos com ele; não para nos inquietarmos ou para nos certificarmos, mas para fazer dele um prazer desmesurado, cuja preparação paciente, sem trégua, sem fatalidade também, iluminará toda a vida. O suicídio festa, o suicídio orgia são apenas fórmulas, e há outras formas mais sábias e mais refletidas.

Quando vejo as *funeral homes* nas ruas das cidades americanas, não me aflijo somente com sua espantosa banalidade, como se a morte devesse apagar todo esforço de imaginação, mas eu lamento que isso só sirva para cadáveres e a famílias felizes de estarem ainda em vida. O que não existe, para os que têm poucos meios, ou que uma reflexão muito longa cansou de repente, a ponto de aceitar reportar-se a artifícios bem preparados, desses labirintos fantásticos como os japoneses ambientaram para o sexo e que eles chamam "Love Hotel"? Mas é verdade que, em relação ao suicídio, eles são melhores conhecedores que nós.

Se vocês tiverem a oportunidade de ir ao Chantilly de Tóquio, compreenderão o que eu quis dizer. Pressente-se aí a possibilidade dos lugares sem geografia nem calendário onde se entraria para procurar, em meio a cenários mais absurdos com parceiras sem nome, ocasiões de morrer livres de toda identidade: ter-se-iam aí um tempo indeterminado, segundos, semanas, meses, talvez, até que se apresente com uma evidência imperiosa a ocasião da qual se reconheceria logo que não se pode perdê-la: ela teria a forma sem forma do prazer, absolutamente simples.

1979

Michel Foucault: o Momento de Verdade

"Michel Foucault: le moment de vérité", *Le Matin*, n. 673, 25 de abril de 1979, p. 20. (Sobre a morte de M. Clavel.)

Segunda-feira, você me telefonava para me anunciar sua morte. Domingo, quase na mesma hora, o telefone tinha tocado, era ele. De que falamos? De um livro de que ele tinha gostado, a respeito de Freud; e, depois, de várias coisas; e, depois, da penitência cristã: por que, dizia ele, a obrigação de dizer a verdade carrega com ela a cinza, a poeira e a morte do velho, mas também o renascimento e o novo dia? Por que o momento de verdade fica nesse limiar? Sua última frase foi para me dizer que ele esperava com impaciência. O quê? Jamais saberei.

O que você quer que eu lhe diga mais? Para essa dor, um dia não basta.

1979

Viver de Outra Maneira o Tempo

"Vivre autrement le temps", *Le Nouvel Observateur*, n. 755, 30 de abril-6 de maio de 1979, p. 88. (Sobre M. Clavel.)

Ele tinha, em nosso século de promessas caducas, uma singular maneira de esperar. Ele só era "profeta" para os que não compreendiam. Ele não esperava o momento último, a catástrofe, a libertação, que sei eu? Ele "esperava", sem complemento de objeto. De sua certeza ele tinha feito uma pura espera. Atitude menos histórica que seja? Era ela, em todo caso, que o fazia vibrar em todo acontecimento da história, seja ele próximo, longínquo, imenso, minúsculo. Esperar era sua maneira de receber tudo o que o tempo lhe podia trazer – para acolhê-lo e queimá-lo, ao mesmo tempo.

*

Blanchot: diáfano, imóvel, espreitando um dia mais transparente que o dia, atento aos sinais que só dão sinal no movimento que os apaga. Clavel: impaciente, sobressaltado ao menor barulho, clamando na penumbra, chamando a tempestade. Esses homens – como concebê-los mais diferentes? – introduziram no mundo sem oriente em que vivemos a única tensão de que não temos, em seguida, de rir ou enrubescer: a que rompe a linha do tempo.

*

Daquilo em que acreditava, ele jamais se serviu para constranger, para escravizar, para trancar. Paradoxalmente, acreditar, para ele, era uma maneira de sacudir as evidências, abalar o solo sobre o qual andamos. Sua fé fraturava. Sua fidelidade era um penhor de desobediência. A tal ponto que os que não o

1979 – Viver de Outra Maneira o Tempo   109

conheciam senão acreditando podem imaginar que, descrente, ele era dogmático. E os que não são crentes suspeitam-no de não ter acreditado com tanta violência, senão para tornar o mundo ainda mais incerto, frágil, ameaçado.

*

Kant e o Cristo: esses dois não tinham jamais se encontrado até então. Kant passa por ter esvaziado o céu de tudo o que ele tinha de certo. Clavel, ele, serve-se desse mesmo Kant para aliviar a terra de todas as suas plenitudes. Tratava-se para ele de fazer do homem de hoje algo de tão duvidoso quanto o tinha tornado, desde Kant, a metafísica. E isso não para reduzi-lo ainda e mergulhá-lo mais longe na natureza, mas para abri-lo, ao contrário, a todos os acontecimentos que pudessem apreendê-lo do alto. Essa brusca reviravolta da "revolução" kantiana, não sei muito o que os sábios pensam dela ou pensarão. Mas é bom que, no pensamento de uma época, haja, às vezes, profundas mudanças de respiração – desses movimentos muito "elementares e que fazem com que se pense diferente.

*

Como todo filósofo de verdade, aquilo com que ele lidava era a liberdade. E muito simplesmente, muito corajosamente, ele a tinha colocado no que acontece, por excelência, para negá-la. Melhor: para derrubá-la. Ele tinha enganchado no relâmpago que surpreende, no raio de Deus, no que derruba, no homem o próprio homem. A liberdade, esta não existia para ele nos recônditos da reflexão, na prudência do escravo mantido sob ferros, nem no pensamento do filósofo que acredita reconhecê-la sob a imagem necessária da totalidade. Ele a aprendia no inevitável acontecimento que rompe tudo e o Todo. É enfrentando a extrema e singular vontade de Deus que se é livre. Teólogo ab-rupto, ele fazia da força invencível da graça o momento da liberdade.

*

Assim, ele pensava que o que, na história, escapa à história não é o universal, o imóvel, o que todo mundo, o tempo

110 Michel Foucault – Ditos e Escritos

todo, pode pensar, dizer ou querer. O que escapa à história é o instante, a fratura, o dilaceramento, a interrupção. À graça corresponde (e responde, talvez), junto aos homens, a *sublevação*. A revolução se organiza segundo toda uma economia interior ao tempo: condições, promessas, necessidades; ela reside, então, na história, aí faz sua cama e, finalmente, se deita nela. A sublevação, ela, cortando o tempo, erige os homens na vertical de sua terra e de sua humanidade.

É essa a razão pela qual esse cristão, que, como tantos outros, não gostava da Igreja, não era fervoroso de uma "volta às fontes". Como não se teria ele sentido estranho a todo um cristianismo que tentava unir uma pureza evangélica reencontrada às promessas de uma política mais humana? Seu problema não era o grande ciclo que reencontra, um no outro, o passado e o futuro. Ele só queria conhecer a fratura do presente pelo intemporal.

*

Ele estava no cerne do que há, sem dúvida, de mais importante em nossa época. Quero dizer: uma alteração muito ampla e muito profunda na consciência que o Ocidente pouco a pouco se formou da história e do tempo. Tudo o que organizava essa consciência, tudo o que lhe dava uma continuidade, tudo o que lhe prometia um acabamento se rasga. Alguns desejariam recosturar. Ele nos diz, ele, que é preciso, hoje mesmo, viver o tempo de maneira diferente. Principalmente hoje.

1980

Roland Barthes

(12 de novembro de 1915-26 de março de 1980)
"Roland Barthes (12 novembre 1915-26 mars 1980)", *Annuaire du Collège de France*, 1980, p. 61-62.

Eis, em bem pouco tempo, a segunda vez que devo falar-lhes de Roland Barthes.
Há alguns anos, quando eu lhes propunha acolhê-lo entre vocês, a originalidade e a importância de um trabalho que se tinha continuado durante mais de 20 anos em um brilho reconhecido me permitiam não recorrer, para sustentar meu pedido, à amizade que eu tinha por ele. Eu não devia esquecê-lo. Eu podia fazer abstração dele. A obra estava aí.
Essa obra está sozinha, a partir de agora. Ela falará ainda; outros a farão falar e falarão sobre ela. Então, permitam-me, nesta tarde, fazer emergir só a amizade. A amizade que, com a morte que ela detesta, deveria ter pelo menos essa semelhança de não ser loquaz.
Quando vocês o elegeram, vocês o conheciam. Vocês sabiam que estavam escolhendo o raro equilíbrio da inteligência e da criação. Vocês estavam escolhendo – e vocês o sabiam – alguém que tinha o paradoxal poder de compreender as coisas da maneira como elas são e de inventá-las em um frescor jamais visto. Vocês tinham consciência de escolher um grande escritor, quero dizer, um escritor, só, e um surpreendente professor, cujo ensinamento era, para quem o acompanhava, não uma lição, mas uma experiência.
Mas eu penso que mais de um entre vocês, no decorrer desses alguns anos interrompidos, descobriu nesse homem, que devia seu brilho a uma parte involuntária de sua solidão, às qualidades de espírito e de coração que prometiam a amizade.
Eu gostaria de dizer-lhes somente uma coisa. Amizade, ele tinha por vocês. No início, vocês o haviam intimidado. Antigas

feridas, uma vida que não tinha sido fácil, uma carreira universitária desajeitada pelas circunstâncias, mas também pelas incompreensões tenazes, lhe tinham feito temer as instituições. Ora, ele tinha sido surpreendido, e seduzido – posso dizê-lo, pois ele me dizia –, pela acolhida que vocês lhe haviam feito: uma simpatia, atenção, generosidade, certa maneira de se respeitar uns aos outros. Ele gostava da serenidade desta casa. Ele lhes era grato por tê-lo feito conhecê-la e saber mantê-la. Ele era grato por isso – singularmente ao Sr. Horeau –, e a cada um de vocês. A toda a administração também, quero destacar, e a todos aqueles que, por um motivo qualquer, trabalham aqui e com os quais ele ainda estava em contato. É verdade, ele tinha amizade por vocês, por nós.

O destino quis que a violência animal das coisas – a única realidade que ele era capaz de odiar – pusesse um termo a tudo isso, e na soleira desta casa onde eu lhes havia pedido que o introduzisse. A amargura seria insuportável se eu não soubesse que ele estava feliz por estar aqui, e se eu não me sentisse no direito de levar, dele a vocês, através da dor, o sinal, um pouco sorridente, da amizade.

1980

Do Governo dos Vivos

"Du gouvernement des vivants", *Annuaire du Collège de France, 80ᵉ année, Histoire des systèmes de pensée, année 1979-1980*, 1980, p. 449-452.

O curso deste ano se fundamentou nas análises feitas, nos anos anteriores, da noção de "governo": essa noção sendo entendida no sentido amplo de técnicas e procedimentos destinados a dirigir a conduta dos homens. Governo das crianças, governo das almas ou das consciências, governo de uma casa, de um Estado ou de si mesmo. No interior desse quadro muito geral, estudou-se o problema do exame de consciência e da confissão.

Tomaso de Vio, a propósito do sacramento da penitência, chamava "ato de verdade" a confissão dos pecados.[1] Conservemos essa palavra com o sentido que Caetano lhe dava. A questão colocada é, então, esta: como é que, na cultura ocidental cristã, o governo dos homens exige da parte dos que são dirigidos, além dos atos de obediência e de submissão, "atos de verdade" que têm de particular que não somente o sujeito é solicitado a dizer a verdade, mas dizer a verdade a respeito dele mesmo, de seus erros, de seus desejos, do estado de sua alma etc.? Como se formou um tipo de governo dos homens em que não se é solicitado somente a obedecer, mas a manifestar, enunciando-o, o que se é?

Depois de uma introdução teórica da noção de "regime de verdade", a mais longa parte do curso foi consagrada aos procedimentos do exame das almas e da confissão no cristianismo primitivo. Dois conceitos devem ser reconhecidos, correspondendo cada um a uma prática particular: a *exomologese* e a *exagoreusis*. O estudo da exomologese mostra que esse termo

---

1 De Vio (padre T.), *De confessione questiones*, in *Opuscula*, Paris, F. Regnault, 1530.

114 Michel Foucault – Ditos e Escritos

é frequentemente empregado em um sentido mais amplo: ele designa um ato destinado a manifestar, ao mesmo tempo, uma verdade e a adesão do sujeito a essa verdade; fazer a exomologese de sua crença não é simplesmente afirmar o que se crê, mas afirmar o fato dessa crença; é fazer do ato de afirmação um objeto de afirmação, e, então, autentificá-lo seja para si mesmo, seja diante dos outros. A exomologese é uma afirmação enfática, cuja ênfase diz respeito, antes de tudo, ao fato de que o sujeito se liga ele próprio a essa afirmação e aceita suas consequências.

A exomologese como "ato de fé" é indispensável ao cristão, para quem as verdades reveladas e ensinadas não são simplesmente negócio de crenças que ele aceita, mas de obrigações pelas quais ele se engaja – obrigação de manter suas crenças, de aceitar a autoridade que as autentifica, de fazer delas, eventualmente, profissão pública, de viver em conformidade com elas etc. Mas outro tipo de exomologese se encontra muito cedo: é a exomologese dos pecados. Aí ainda, é preciso operar distinções: reconhecer que se cometeram pecados é uma obrigação imposta seja aos catecúmenos que postulam o bastismo, seja aos cristãos que puderam estar sujeitos a algumas falhas: a estes a *Didascália*[2] prescreve fazer a exomologese de seus erros na assembleia. Ora, essa "confissão" parece não ter tomado, então, a forma de um enunciado público e detalhado das faltas cometidas, mas, antes, de um rito coletivo no decorrer do qual cada um por si se reconhecia, diante de Deus, pecador. É a propósito de faltas graves e, em particular, da idolatria, do adultério e do homicídio, assim como por ocasião das perseguições e da apostasia, que a exomologese das faltas assume sua especificidade: ela se torna uma condição da reintegração e está ligada a um rito público complexo.

A história das práticas penitenciais do século II ao V mostra que a exomologese não tinha, então, a forma de uma confissão verbal analítica das diferentes faltas com suas circunstâncias; e que ela não obtinha a remissão pelo fato de que era cumprida na forma canônica àquele que tinha recebido poder de remiti-

---

2 *Didascália*: ensino dos 12 apóstolos e de seus discípulos, documento eclesiástico do século III, cujo original, em língua grega, se perdeu. Só subsiste um remanejamento nos seis primeiros livros das *Constitutions apostoliques*. *Didascalie, c'est-à-dire l'enseignemnt catholique des douze apôtres et des saints disciples de Notre Sauveur* (trad. abade F. Nau), Paris, Firmin Didot, 1902.

1980 – Do Governo dos Vivos 115

las. A penitência era um *status* no qual se entrava depois de um ritual e que acabava (algumas vezes, no leito de morte) depois de um segundo cerimonial. Entre esses dois momentos, o penitente fazia a exomologese de suas faltas através de suas macerações, suas austeridades, seu modo de vida, suas roupas, a atitude manifesta de arrependimento – em resumo, por toda uma dramaticidade na qual a expressão verbal não tinha o papel principal e de que parece ter estado ausente toda enunciação analítica das faltas em sua especificidade. É bem possível que, antes da reconciliação, um rito especial tenha havido, que se lhe tenha aplicado de maneira mais particular o nome de "exomologese". Mas, mesmo aí, tratava-se sempre de uma expressão dramática e sintética pela qual o pecador reconhecia diante de todos o fato de ter pecado; ele atestava esse reconhecimento em uma manifestação que, de uma só vez, o ligava visivelmente a um estado de pecador e preparava sua liberação. A verbalização da confissão dos pecados na penitência canônica só será feita sistematicamente mais tarde, primeiro com a prática da penitência tarifada, depois, a partir dos séculos XII e XIII, quando será organizado o sacramento da penitência.

Nas instituições monásticas, a prática da confissão assumiu completamente outras formas (o que não exclui, quando o monge tinha cometido faltas de certa importância, o recurso a formas de exomologese diante da comunidade reunida). Para estudar essas práticas de confissão na vida monástica, apelou-se para o estudo mais detalhado das *Instituições cenobíticas* e das *Conferências de Cassiano*,[3] vistas sob o ângulo das técnicas de direção espiritual. Três aspectos foram, principalmente, analisados: o modo de dependência em relação ao antigo ou ao mestre, a maneira de conduzir o exame de sua própria consciência e o dever de dizer tudo dos movimentos do pensamento em uma formulação que se propõe ser exaustiva: a *exagoreusis*. Sobre esses três pontos, diferenças consideráveis aparecem com os procedimentos de direção de consciência que se podiam encontrar na filosofia antiga. Esquematicamente, pode-se dizer que, na instituição monástica, a relação com o mestre assume a forma de uma obediência incondicional e permanente

---

3 Cassien (J.), *Institutions cénobitiques* (trad. J.-C. Guy), Paris, Éd. du Cerf, col. "Sources chrétiennes", n. 109, 1965. *Conférences* (trad. dom Pichery), Paris, Éd. du Cerf, col. "Sources chrétiennes", t. I, n. 54, 1967; t. III, n. 64, 1971.

116   Michel Foucault – Ditos e Escritos

que diz respeito a todos os aspectos da vida e não deixa, em princípio, ao noviço nenhuma margem de iniciativa; se o valor dessa relação depende da qualificação do mestre, nem por isso deixa de ser verdade que, por ela mesma, a forma da obediência, qualquer que seja o objeto ao qual se refira, detém um valor positivo; enfim, se a obediência é indispensável entre os noviços e se os mestres são, em princípio, antigos, a relação de idade não é nela mesma suficiente para justificar essa relação – ao mesmo tempo porque a capacidade de dirigir é um carisma e a obediência deve constituir, sob a forma da humildade, uma relação permanente consigo mesmo e com os outros.

O exame de consciência também é muito diferente do que era recomendado nas escolas filosóficas da Antiguidade. Sem dúvida, como ele, ele comporta duas grandes formas: o recolhimento vesperal do dia passado e a vigilância permanente sobre si mesmo. É essa segunda forma principalmente que é importante no monasticismo tal como o descreve Cassiano. Seus procedimentos mostram que não se trata de determinar o que se deve fazer para não cometer falta ou mesmo reconhecer se se cometeu falta no que se pôde fazer. Trata-se de apreender o movimento do pensamento (*cogitatio* = *logismos*), de examiná-lo bastante a fundo para apreender sua origem e decifrar de onde ela vem (de Deus, de si mesmo ou do diabo) e de operar uma seleção (que Cassiano descreve utilizando várias metáforas, das quais a mais importante é provavelmente a do cambista que verifica as moedas de dinheiro). É a "mobilidade da alma", à qual Cassiano consagra uma das *Conferências* mais interessantes – ele relata aí as palavras do abade Serenus –, que constitui o domínio de exercício de um exame de consciência do qual se vê bem que ele tem por função tornar possível a unidade e a permanência da contemplação.[4]

Quanto à confissão proposta por Cassiano, não é a simples enunciação das faltas cometidas nem uma exposição global do estado da alma; ela deve tender à verbalização permanente de todos os movimentos do pensamento. Essa confissão permite ao diretor dar conselhos e fazer um diagnóstico: Cassiano relata, assim, exemplos de consulta; acontece que vários antigos participam dela e dão sua opinião. Mas a verbalização compor-

---

4 Cassien (J.), Première Conférence de l'abbé Serenus, De la mobilité de l'âme et des esprits du mal, rimeira, *in Conférences*, *op. cit.*, t. I, n. 42, p. 242-277.

1980 – Do Governo dos Vivos   117

ta também efeitos intrínsecos que ela deve somente ao fato de que transforma em enunciados, dirigidos a outro, os movimentos da alma. Em particular, a "seleção", que é um dos objetivos do exame, é operada pela verbalização, por meio do triplo mecanismo da vergonha que faz enrubescer por formular todo pensamento ruim, da realização material pelas palavras pronunciadas do que acontece na alma e da incompatibilidade do demônio (que seduz e que engana, escondendo-se nas partes secretas da consciência) com a luz que as descobre. Trata-se, então, na confissão assim entendida, de uma exteriorização permanente pelas palavras dos "arcanos" da consciência. A obediência incondicionada, o exame ininterrupto e a confissão exaustiva formam, então, um conjunto de que cada elemento implica os dois outros; a manifestação verbal da verdade que se oculta no fundo de si mesma aparece como uma peça indispensável ao governo dos homens uns pelos outros, tal como foi operacionalizado nas instituições monásticas – e principalmente cenobíticas – a partir do século IV. Mas é preciso destacar que essa manifestação não tem por fim estabelecer o domínio soberano de si sobre si; o que se espera dela, ao contrário, é a humildade e a mortificação, o desapego de si e a constituição de uma relação consigo que tende à destruição da forma do si.

*

O seminário deste ano foi consagrado a alguns aspectos do pensamento liberal no século XIX. Exposições foram feitas por N. Coppinger, sobre o desenvolvimento econômico no fim do século XIX, por D. Deleule, sobre a escola histórica escocesa, P. Rosanvallon, sobre Guizot, F. Ewald, sobre Saint-Simon e os saint-simonistas, P. Pasquino, sobre o lugar de Menger na história do liberalismo, A. Schtuz, sobre a epistemologia de Menger, e C. Mevel, sobre as noções de vontade geral e de interesse geral.

1982

O Sujeito e o Poder

"The subject and power" ("Le sujet et le pouvoir"; trad. F. Durand-Bogaert), *in* Dreyfus (H.) e Rabinow (P.), *Michel Foucault: beyond structuralism and hermeneutics*, Chicago, The University of Chicago Press, 1982, p. 208-226.

POR QUE ESTUDAR O PODER: A QUESTÃO DO SUJEITO

As ideias que eu gostaria de tratar aqui não fazem as vezes nem de teoria nem de metodologia.

Eu gostaria de dizer primeiramente qual foi o objetivo do meu trabalho nesses últimos 20 anos. Não foi de analisar os fenômenos de poder nem de lançar as bases de tal análise. Procurei, antes, produzir uma história dos diferentes modos de subjetivação do ser humano em nossa cultura; tratei, nessa ótica, dos três modos de objetivação que transformam os seres humanos em sujeitos.

Há, inicialmente, os diferentes modos de investigação que procuram aceder ao estatuto de ciência; penso, por exemplo, na objetivação do sujeito, falando de gramática geral, de filologia e de linguística. Ou, então, sempre nesse primeiro modo, na objetivação do sujeito produtivo, do sujeito que trabalha, em economia e na análise das riquezas. Ou, ainda, para tomar um terceiro exemplo, na objetivação somente do fato de estar em vida, na história natural ou na biologia.

Na segunda parte do meu trabalho, eu estudei a objetivação do sujeito no que chamarei as "práticas divisoras". O sujeito é ou dividido no interior dele mesmo, ou dividido dos outros. Esse processo faz dele um objeto. A separação entre o louco e o homem são de espírito, o doente e o indivíduo em boa saúde, o criminoso e o "rapaz gentil" ilustra essa tendência.

Enfim, procurei estudar – esse é meu trabalho em curso – a maneira como um ser humano se transforma em sujeito;

orientei minhas pesquisas para a sexualidade, por exemplo, a maneira como o homem aprendeu a se reconhecer como sujeito de uma "sexualidade".

Não é, pois, o poder, mas o sujeito que constitui o tema geral de minhas pesquisas.

É verdade que fui levado a interessar-me de perto pela questão do poder. Evidenciou-se-me logo que, se o sujeito humano está preso em relações de produção e em relações de sentido, ele está também preso em relações de poder de uma grande complexidade. Ora, acontece que dispomos, graças à história e à teoria econômicas, de instrumentos adequados para estudar as relações de produção; assim também, a linguística e a semiótica fornecem instrumentos ao estudo das relações de sentido. Mas, quanto às relações de poder, não havia nenhum instrumento definido; recorríamos a maneiras de pensar o poder que se apoiavam seja em modelos jurídicos (o que legitima o poder?), seja em modelos institucionais (o que é o Estado?).

Era, então, necessário ampliar as dimensões de uma definição do poder, se quiséssemos utilizar essa definição para estudar a objetivação do sujeito.

Será que precisamos de uma teoria do poder? Uma vez que toda teoria supõe uma objetivação prévia, nenhuma pode servir de base para o trabalho de análise. Mas o trabalho de análise não pode ocorrer sem uma conceitualização dos problemas tratados. E essa conceitualização implica um pensamento crítico – uma verificação constante.

É preciso certificar-se inicialmente do que chamarei as "necessidades conceituais". Entendo por isso que a conceitualização não deve fundamentar-se em uma teoria do objeto: o objeto conceitualizado não é o único critério de validade de uma conceitualização. Precisamos conhecer as condições históricas que motivam tal ou tal tipo de conceitualização. Precisamos ter uma consciência histórica da situação na qual vivemos.

Segundo, é preciso certificar-se do tipo de realidade com que somos confrontados.

Um jornalista de um grande jornal francês exprimia, um dia, sua surpresa: "Por que tantas pessoas levantam a questão do poder hoje? Seria um assunto tão importante? E tão independente que se possa falar dele sem levar em conta outros problemas?"

Essa surpresa me deixou estupefato. É difícil, para mim, acreditar que foi preciso esperar o século XX para que essa

120 Michel Foucault – Ditos e Escritos

questão fosse, enfim, levantada. Para nós, de toda maneira, o poder não é somente uma questão teórica, mas algo que faz parte de nossa experiência. Só tomarei como testemunho duas de suas "formas patológicas" – essas duas "doenças do poder" que são o fascismo e o stalinismo. Uma das inúmeras razões que fazem com que sejam para nós tão desconcertantes é que, a despeito de sua singularidade histórica, elas não são completamente originais. O fascismo e o stalinismo utilizaram e estenderam mecanismos já presentes na maior parte das outras sociedades. Não somente isso, mas, apesar de sua loucura interna, eles utilizaram, em ampla medida, as ideias e os procedimentos de nossa racionalidade política.

Aquilo de que precisamos é de uma nova economia das relações de poder – e eu utilizo aqui a palavra "economia" em seu sentido teórico e prático. Para dizer de outro modo: desde Kant, o papel da filosofia é impedir a razão de exceder os limites do que é dado na experiência; mas, desde essa época, também – isto é, desde o desenvolvimento do Estado moderno e da gestão política da sociedade –, a filosofia tem, igualmente, por função vigiar os poderes excessivos da racionalidade política. E é pedir-lhe muito.

Aí estão fatos de uma extrema banalidade, que todo mundo conhece. Mas não é porque eles são banais que não existem. O que se deve fazer com os fatos banais é descobrir – ou, pelo menos, tentar descobrir – que problema específico e, talvez, original a eles se liga.

A relação entre a racionalização e os excessos do poder político é evidente. E não deveríamos ter de esperar a burocracia ou os campos de concentração para reconhecer a existência de relações desse tipo. Mas o problema que se apresenta é o seguinte: o que fazer de uma tal evidência?

É preciso fazer o processo da razão? A meu ver, nada seria mais estéril. Primeiro, porque o campo a cobrir nada tem a ver com a culpabilidade ou a inocência. Em seguida, porque é absurdo referir-se à razão como a entidade contrária da não razão. Enfim, porque tal processo nos condenaria a exercer a função arbitrária e maçante do racionalista ou do irracionalista.

Vamos tentar analisar esse tipo de racionalismo que parece próprio à nossa cultura moderna e que encontra seu ponto de fixação na *Aufklärung*? Tal foi a abordagem de alguns membros da Escola de Frankfurt. Meu objetivo, porém, não é de

1982 – O Sujeito e o Poder **121**

começar uma discussão de suas obras, no entanto importantes e preciosas. Mas, antes, propor outro modo de análise das relações entre a racionalização e o poder.

Sem dúvida, seria mais prudente não considerar globalmente a racionalização da sociedade ou da cultura, mas, antes, analisar o processo em vários domínios, dos quais cada um remete a uma experiência fundamental: a loucura, a doença, a morte, o crime, a sexualidade etc. Eu penso que a palavra "racionalização" é perigosa. O que se deve fazer é analisar racionalidades específicas mais do que invocar incessantemente o progresso da racionalização em geral. Mesmo se a *Aufklärung* constituiu uma fase muito importante de nossa história e do desenvolvimento da tecnologia política, acredito que se deve remontar a processos muito mais distantes, se se quer compreender por que mecanismos nós nos encontramos prisioneiros em nossa própria história.

Gostaria de sugerir aqui outra maneira de caminhar para uma nova economia das relações de poder, que seja, ao mesmo tempo, mais empírica, mais diretamente ligada à nossa situação presente, e que implique mais relações entre a teoria e a prática. Esse novo modo de investigação consiste em tomar as formas de resistência aos diferentes tipos de poder como ponto de partida. Ou, para utilizar outra metáfora, ele consiste em utilizar essa resistência como um catalisador químico que permite colocar em evidência as relações de poder, ver onde elas se inscrevem, descobrir seus pontos de aplicação e os métodos que elas utilizam. Mais do que analisar o poder do ponto de vista de sua racionalidade interna, trata-se de analisar as relações do poder por meio do enfrentamento das estratégias.

Por exemplo, seria, talvez, necessário, para compreender o que a sociedade entende por "ser sensato", analisar o que acontece no campo da alienação. E, da mesma forma, analisar o que acontece no campo da ilegalidade, para compreender o que nós queremos dizer quando falamos de legalidade. Quanto às relações de poder, para compreender em que elas consistem, seria, talvez, necessário analisar as formas de resistência e os esforços despendidos para tentar dissociar essas relações.

Proporei, como ponto de partida, tomar uma série de oposições que se desenvolveram nesses últimos anos: a oposição ao poder dos homens sobre as mulheres, dos pais sobre seus filhos, da psiquiatria sobre os doentes mentais, da medicina

122 Michel Foucault – Ditos e Escritos

sobre a população, da administração sobre a maneira como as pessoas vivem.

Não basta dizer que essas oposições são lutas contra a autoridade; deve-se tentar definir mais precisamente o que elas têm em comum.

1. São lutas "transversais"; quero dizer assim que elas não se limitam a um país particular. É claro, certos países favorecem seu desenvolvimento, facilitam sua extensão, mas elas não são restritas a um tipo particular de governo político ou econômico.

2. O objetivo dessas lutas são os efeitos de poder como tais. Por exemplo, a censura que se fez à profissão médica não é inicialmente de ser uma tarefa com fim lucrativo, mas de exercer sem controle um poder sobre os corpos, sobre a saúde dos indivíduos, sua vida e sua morte.

3. São lutas "imediatas", e isso por duas razões. Primeiro, porque as pessoas criticam as instâncias de poder que estão mais próximas delas, as que exercem sua ação sobre os indivíduos. Elas não procuram o "inimigo número um", mas o inimigo imediato. Em seguida, não consideram que a solução para o seu problema possa residir em um futuro qualquer (isto é, em uma promessa de liberação, de revolução, no fim do conflito das classes). Quanto a uma escala teórica de explicação ou à ordem revolucionária que polariza o historiador, são lutas anárquicas.

Mas não são essas suas características mais originais. Sua especificidade se define, antes, como segue:

4. São lutas que colocam em questão o estatuto do indivíduo: por um lado, elas afirmam o direito à diferença e destacam tudo o que pode tornar os indivíduos verdadeiramente individuais. Por outro, dizem respeito a tudo o que pode isolar o indivíduo, cortá-lo dos outros, cindir a vida comunitária, obrigar o indivíduo a se curvar sobre ele mesmo e o ligam à sua identidade própria.

Essas lutas não são exatamente por ou contra o "indivíduo", mas se opõem ao que se poderia chamar o "governo pela individualização".

5. Elas opõem uma resistência aos efeitos de poder que estão ligados ao saber, à competência e à qualificação. Elas lutam contra os privilégios do saber. Mas se opõem também ao mistério, à deformação e a tudo o que pode haver de mistificador nas representações que se impõem às pessoas.

1982 – O Sujeito e o Poder **123**

Não há nada de "cientificista" em tudo isso (isto é, nenhuma crença dogmática no valor do saber científico), mas também não há recusa cética ou relativista de toda verdade atestada. O que é colocado em questão é a maneira como o saber circula e funciona, suas relações com o poder. Em resumo, o regime do saber.

6. Enfim, todas as lutas atuais giram em torno da mesma questão: quem somos nós? Elas são uma rejeição dessas abstrações, uma rejeição da violência exercida pelo Estado econômico e ideológico, que ignora quem nós somos individualmente, e também uma rejeição da inquisição científica ou administrativa que determina nossa identidade.

Para resumir, o principal objetivo dessas lutas não é tanto criticar tal ou tal instituição de poder, ou grupo, ou classe, ou elite, mas uma técnica particular, uma forma de poder.

Essa forma de poder se exerce sobre a vida quotidiana imediata, que classifica os indivíduos em categorias, designa-os por sua individualidade própria, liga-os à sua identidade, impõe-lhes uma lei de verdade que lhes é necessário reconhecer e que os outros devem reconhecer neles. É uma forma de poder que transforma os indivíduos em sujeitos. Há dois sentidos para a palavra "sujeito": sujeito submisso ao outro pelo controle e pela dependência, e sujeito ligado à sua própria identidade pela consciência ou pelo conhecimento de si. Nos dois casos, essa palavra sugere uma forma de poder que subjuga e submete.

De maneira geral, pode-se dizer que há três tipos de lutas: as que se opõem às formas de dominação (étnicas, sociais e religiosas); as que denunciam as formas de exploração que separam o indivíduo do que ele produz; e as que combatem tudo o que liga o indivíduo a ele mesmo e garante, assim, sua submissão aos outros (lutas contra a submissão, contra as diversas formas de subjetividade e de submissão).

A história é rica de exemplos desses três tipos de lutas sociais, produzam-se elas de maneira isolada ou conjunta. Mas, mesmo quando essas lutas se misturam, há sempre uma que domina. Nas sociedades feudais, por exemplo, são as lutas contra as formas de dominação étnica ou social que prevalecem, enquanto a exploração econômica poderia ter constituído um fator de revolta muito importante.

Foi no século XIX que a luta contra a exploração chegou ao primeiro plano.

E, hoje, é a luta contra as formas de sujeição – contra a submissão da subjetividade – que prevalece cada vez mais, mesmo

124 Michel Foucault – Ditos e Escritos

se as lutas contra a dominação e a exploração não desapareceram, muito pelo contrário.

Tenho o sentimento de que não é a primeira vez que nossa sociedade se acha confrontada com esse tipo de luta. Todos esses movimentos que ocorreram no século XV e no século XVI, encontrando sua expressão e sua justificação na Reforma, devem ser compreendidos como os índices de uma crise maior que afetou a experiência ocidental da subjetividade e de uma revolta contra o tipo de poder religioso e moral que tinha dado forma, na Idade Média, a essa subjetividade. A necessidade então ressentida de uma participação direta na vida espiritual, no trabalho da salvação, na verdade do Grande Livro – tudo isso testemunha uma luta por uma nova subjetividade.

Eu sei que objeções se podem fazer. Pode-se dizer que todos os tipos de sujeição são apenas fenômenos derivados, as consequências de outros processos econômicos e sociais: as forças de produção, os conflitos de classes e as estruturas ideológicas que determinam o tipo de subjetividade ao qual se recorre.

É evidente que não se podem estudar os mecanismos de sujeição sem levar em conta suas relações com os mecanismos de exploração e de dominação. Mas esses mecanismos de submissão não constituem simplesmente o "terminal" de outros mecanismos, mais fundamentais. Eles mantêm relações complexas e circulares com outras formas.

A razão pela qual esse tipo de luta tende a prevalecer em nossa sociedade é devida ao fato de que uma nova forma de poder político se desenvolveu de maneira contínua a partir do século XVI. Essa nova estrutura política é, como todos sabem, o Estado. Mas, na maior parte do tempo, o Estado é visto como um tipo de poder político que ignora os indivíduos, ocupando-se somente dos interesses da comunidade ou, eu deveria dizer, de uma classe ou de um grupo de cidadãos escolhidos.

É totalmente verdadeiro. Entretanto, eu gostaria de destacar o fato de que o poder do Estado – e aí está uma das razões de sua força – é uma forma de poder, ao mesmo tempo, globalizante e totalizadora. Jamais, eu penso, na história das sociedades humanas – e até na velha sociedade chinesa –, encontrou-se no interior das mesmas estruturas políticas uma combinação tão complexa de técnicas de individualização e de procedimentos totalizadores.

1982 – O Sujeito e o Poder **125**

Isso se deveu ao fato de que o Estado ocidental moderno integrou, sob uma forma política nova, uma velha técnica de poder que tinha nascido nas instituições cristãs. Essa técnica de poder, chamemo-la de poder pastoral. E, para começar, algumas palavras sobre esse poder pastoral.

Frequentemente se disse que o cristianismo tinha dado origem a um código de ética fundamentalmente diferente daquele do mundo antigo. Mas insiste-se em geral menos sobre o fato de que o cristianismo propôs e estendeu a todo o mundo antigo novas relações de poder.

O cristianismo é a única religião que se organizou na Igreja. E, como Igreja, o cristianismo postula em teoria que alguns indivíduos são aptos, por sua qualidade religiosa, a servir outros, não como príncipes, magistrados, profetas, adivinhos, benfeitores ou educadores, mas como pastores. Essa palavra, todavia, designa uma forma de poder bem particular.

1. É uma forma de poder cujo objetivo final é garantir a salvação dos indivíduos no outro mundo.

2. O poder pastoral não é simplesmente uma forma de poder que ordena; ele deve também estar pronto a se sacrificar pela vida e pela salvação do seu rebanho. Nisso ele se distingue, então, do poder soberano, que exige um sacrifício da parte dos seus súditos a fim de salvar o trono.

3. É uma forma de poder que não se preocupa somente com o conjunto da comunidade, mas com cada indivíduo particular, durante toda a sua vida.

4. Enfim, essa forma de poder não pode exercer-se sem conhecer o que acontece na cabeça das pessoas, sem explorar suas almas, sem forçá-las a revelar seus segredos mais íntimos. Ela implica um conhecimento da consciência e uma aptidão a dirigi-la.

Essa forma de poder é orientada para a salvação (em oposição ao poder político). Ela é oblativa (em oposição ao princípio de soberania) e individualizante (em oposição ao poder jurídico). Ela é coextensiva à vida e em seu prolongamento; ela está ligada a uma produção da verdade – a verdade do próprio indivíduo.

Mas, me dirão vocês, tudo isso pertence à história; a pastoral, se não desapareceu, perdeu, pelo menos, o essencial do que fazia sua eficacidade.

126 Michel Foucault – Ditos e Escritos

É verdade, mas penso que se deve distinguir entre dois aspectos do poder pastoral: a institucionalização eclesiástica, que desapareceu, ou, pelo menos, perdeu seu vigor a partir do século XVIII, e a função dessa institucionalização, que se estendeu e se desenvolveu fora da instituição eclesiástica.

Produziu-se, por volta do século XVIII, um fenômeno importante: uma nova distribuição, uma nova organização desse tipo de poder individualizante.

Não creio que seja necessário considerar o "Estado moderno" como uma entidade que se desenvolveu com o desprezo pelos indivíduos, ignorando quem eles são e até sua existência, mas, ao contrário, como uma estrutura muito elaborada, na qual os indivíduos podem ser integrados com uma condição: que se atribua a essa individualidade uma forma nova e que seja submetida a um conjunto de mecanismos específicos.

Em um sentido, pode-se ver no Estado uma matriz da individualização ou uma nova forma de poder pastoral.

Gostaria de acrescentar algumas palavras a respeito desse novo poder pastoral.

1. Observa-se, no curso de sua evolução, uma mudança de objetivo. Passa-se da preocupação em conduzir as pessoas para a salvação no outro mundo à ideia de que se deve garanti-la aqui embaixo. E, nesse contexto, a palavra "salvação" toma vários sentidos: ela quer dizer saúde, bem-estar (isto é, nível de vida correto, recursos suficientes), segurança, proteção contra os acidentes. Certo número de objetivos "terrestres" vêm substituir as aspirações religiosas da pastoral tradicional, e isso, de maneira mais fácil que esta última, por diversas razões, sempre se atribuiu acessoriamente alguns desses objetivos; basta pensar no papel da medicina e em sua função social que por muito tempo garantiram as Igrejas católica e protestante.

2. Assistiu-se conjuntamente a um reforço da administração do poder pastoral. Às vezes, essa forma de poder foi exercida pelo aparelho do Estado, ou, pelo menos, uma instituição pública, como a polícia. (Não esqueçamos que a polícia foi inventada no século XVIII não somente para zelar pela manutenção da ordem e da lei e para ajudar os governos a lutar contra seus inimigos, mas para garantir o aprovisionamento das cidades, proteger a higiene e a saúde, assim como todos os critérios considerados como necessários ao desenvolvimento do artesanato e do comércio.) Às vezes, o poder foi exercido

por empresas privadas, sociedades de assistência, benfeitores e, de uma maneira geral, filantropos. Por outro lado, as velhas instituições, como, por exemplo, a família, foram elas também mobilizadas para preencher funções pastorais. Enfim, o poder foi exercido por estruturas complexas, como a medicina, que englobava, ao mesmo tempo, as iniciativas privadas (a venda de serviços na base da economia de mercado) e algumas instituições públicas, como os hospitais.

3. Enfim, a multiplicação dos objetivos e dos agentes do poder pastoral permitiu centrar o desenvolvimento do saber no homem em torno de dois polos: um, globalizante e quantitativo, dizia respeito à população; o outro, analítico, dizia respeito ao indivíduo.

Uma das consequências é que o poder pastoral, que tinha sido ligado, durante séculos – de fato, durante mais de um milênio –, a uma instituição religiosa bem particular, estendeu-se, de repente, ao conjunto do corpo social; ele encontrou apoio em uma multidão de instituições. E, em vez de ter um poder pastoral e um poder político mais ou menos ligados um ao outro, mais ou menos rivais, viu-se desenvolver-se uma "tática" individualizante, característica de toda uma série de poderes múltiplos: o da família, da medicina, da psiquiatria, da educação dos empregadores etc.

No fim do século XVIII, Kant publica em um jornal alemão – o *Berliner Monatschrift* – um texto muito curto, que ele intitula "Was heisst Aufklärung?". Considerou-se por muito tempo – e se considera ainda – esse texto como relativamente menor.

Mas não posso deixar de achá-lo, ao mesmo tempo, surpreendente e interessante, porque, pela primeira vez, um filósofo propõe como tarefa filosófica analisar não somente o sistema ou os fundamentos metafísicos do saber científico, mas um acontecimento histórico – um acontecimento recente, de atualidade.

Quando Kant pergunta, em 1784: "*Was heisst Aufklärung?*", ele quer dizer: "O que acontece neste momento? O que nos acontece? Que mundo é este, este período, este momento preciso em que vivemos?"

Ou, para dizer as coisas de outra maneira: "Quem somos nós?" Quem somos nós como *Aufklärer*, como testemunhas deste século das Luzes? Comparemos com a questão cartesiana: quem sou eu? Mas, como sujeito único, mas universal e não histórico? Quem sou *eu, eu*, porque Descartes é todo mundo, em qualquer lugar e em qualquer momento.

128 Michel Foucault – Ditos e Escritos

Mas a questão apresentada por Kant é diferente: quem somos nós, neste momento preciso da história? Essa questão é, ao mesmo tempo, nós e nossa situação presente que ela analisa. Esse aspecto da filosofia se tornou cada vez mais importante. Pensemos em Hegel, em Nietzsche...

O outro aspecto, o da "filosofia universal", não desapareceu. Mas a análise crítica do mundo no qual vivemos constitui cada vez mais a grande tarefa filosófica. Sem dúvida, o problema filosófico mais infalível é o da época presente, do que somos neste momento preciso.

Sem dúvida, o objetivo principal, hoje, não é descobrir, mas recusar o que nós somos. Devemos imaginar e construir o que poderíamos ser para nos livrarmos dessa espécie de "dupla obrigação" política que são a individualização e a totalização simultâneas das estruturas do poder moderno.

Poder-se-ia dizer, para concluir, que o problema, ao mesmo tempo, político, ético, social e filosófico que se apresenta a nós, hoje, não é de tentar liberar o indivíduo do Estado e de suas instituições, mas de nos livrarmos, nós, do Estado e do tipo de individualização que a ele se prende. Precisamos promover novas formas de subjetividade, recusando o tipo de individualidade que se nos impôs durante vários séculos.

O PODER, COMO SE EXERCE?

Para alguns, interrogar-se sobre o "como" do poder seria limitar-se a descrever seus efeitos, sem relacioná-los jamais nem com causas nem com nenhuma natureza. Seria fazer desse poder uma substância misteriosa que se esquiva de interrogar ela própria, sem dúvida porque se prefere não "questioná-la". Nessa maquinaria da qual não se conhece razão, eles suspeitam de um fatalismo. Mas sua própria desconfiança não mostra que eles mesmos supõem que o poder é algo que existe com sua origem, por um lado, sua natureza, por outro, suas manifestações, finalmente.

Se confiro certo privilégio provisório à questão do "como", não é que eu queira eliminar a questão do quê e do porquê. É para colocá-los de outra maneira; melhor: para saber se é legítimo imaginar um poder que reúne um quê, um porquê, um como. Em termos bruscos, eu direi que iniciar a análise pelo "como" é introduzir a suspeita de que o poder não existe: é per-

1982 – O Sujeito e o Poder   129

guntar-se, em todo caso, a que conteúdos atribuíveis se pode visar quando se faz uso desse termo majestoso, globalizante e substantificador; é suspeitar que se deixa escapar um conjunto de realidades muito complexas, quando se marca passo indefinidamente diante da dupla interrogação: "O poder, o que é? O poder, de onde vem?" A pequena questão, completamente plana e empírica: "Como acontece?", enviada como exploradora, não tem como função transformar em fraude uma "metafísica", ou uma "ontologia" do poder; mas tentar uma investigação crítica na temática do poder.

1. "Como", não no sentido de "como se manifesta?", mas de "como se exerce?", como acontece quando indivíduos exercem, como se diz, seu poder sobre outros?"

Desse poder, deve-se distinguir primeiro o que se exerce sobre as coisas e que dá a capacidade de modificá-las, utilizá-las, consumi-las ou destruí-las – um poder que remete a aptidões diretamente inscritas no corpo ou mediatizadas por dispositivos instrumentais. Digamos que se trata aí de "capacidade". O que caracteriza, em compensação, o "poder" que se trata de analisar aqui é o que coloca em jogo relações entre indivíduos (ou entre grupos). Porque não devemos nos enganar quanto a isto: se falamos do poder das leis, das instituições ou das ideologias, se falamos de estruturas ou mecanismos de poder, é na medida somente em que supomos que "alguns" exercem um poder sobre outros. O termo "poder" designa relações entre "parceiros" (e por isso não penso em um sistema de jogo, mas simplesmente, ficando, no momento, na maior generalidade, em um conjunto de ações que se induzem e se correspondem umas às outras).

É necessário distinguir, também, as relações de poder das relações de comunicação que transmitem uma informação por meio de uma língua, um sistema de signos ou qualquer outro meio simbólico. Sem dúvida, comunicar é sempre certa maneira de agir sobre o outro ou os outros. Mas a produção e a colocação em circulação de elementos significantes podem muito bem ter por objetivo ou por consequências efeitos de poder; estes não são simplesmente um aspecto daquelas. Que elas passem ou não por sistemas de comunicação, as relações de poder têm sua especificidade.

"Relações de poder", "relações de comunicação", "capacidades objetivas" não devem, pois, ser confundidas. O que não quer dizer que se trate de três domínios separados; e que have-

130   Michel Foucault – Ditos e Escritos

ria, por um lado, o domínio das coisas, da técnica finalizada, do trabalho e da transformação do real; por outro lado, o domínio dos signos, da comunicação, da reciprocidade e da fabricação do sentido; enfim, o domínio da dominação dos meios de obrigação, da desigualdade e da ação dos homens sobre os homens.[1] Não se trata de três tipos de relações que, de fato, são sempre imbricadas unas nas outras, dando-se um apoio recíproco e servindo-se mutuamente de instrumento. A operacionalização de capacidades objetivas, em suas formas mais elementares, implica relações de comunicação (que se trate de informação prévia ou de trabalho dividido); ela está ligada, também, a relações de poder (que se trate de tarefas obrigatórias, gestos impostos por uma tradição ou uma aprendizagem, subdivisões ou repartição mais ou menos obrigatória de trabalho). As relações de comunicação implicam atividades finalizadas (funcionamento "correto" dos elementos significantes) e, somente no fato de modificar o campo informativo dos parceiros, elas induzem efeitos de poder. Quanto às próprias relações de poder, elas se exercem para uma parte extremamente importante por meio da produção e da troca de signos; e não são dissociáveis também das atividades finalizadas, que se trate das que permitem exercer esse poder (como as técnicas de treinamento, os processos de dominação, as maneiras de obter a obediência) ou das que recorrem, para se desenvolver, a relações de poder (assim na divisão do trabalho e na hierarquia das tarefas).

É claro, a coordenação entre esses três tipos de relações não é nem uniforme nem constante. Não há em certa sociedade um tipo geral de equilíbrio entre as atividades finalizadas, os sistemas de comunicação e as relações de poder. Há, antes, diversas formas, diversos lugares, diversas circunstâncias ou ocasiões em que essas inter-relações se estabelecem sobre um modelo específico. Mas há também "blocos" nos quais o ajustamento das capacidades, as redes de comunicação e as relações de poder constituem sistemas regrados e concertados. Seja, por exemplo, uma instituição escolar: sua disposição espacial, o regulamento meticuloso que rege sua vida interior, as diferentes atividades que aí são organizadas, os diversos personagens

---

1 (N.A.) Quando Habermas distingue dominação, comunicação e atividade finalizada, ele não vê nisso, eu penso, três domínios diferentes, mas três "transcendentais".

1982 – O Sujeito e o Poder   131

que aí vivem ou se encontram, cada um com uma função, um lugar, um rosto bem-definido; tudo isso constitui um "bloco" de capacidade-comunicação-poder. A atividade que garante a aprendizagem e a aquisição das aptidões ou dos tipos de comportamento aí se desenvolve por meio de todo um conjunto de comunicações regradas (lições, questões e respostas, ordens, exortações, signos codificados de obediência, marcas diferenciais do "valor" de cada um e dos níveis de saber) e por meio de toda uma série de procedimentos de poder (encerramento, vigilância, recompensa e punição, hierarquia piramidal).

Esses blocos em que a operacionalização de capacidades técnicas, o jogo das comunicações e as relações de poder são ajustados uns aos outros, segundo fórmulas refletidas, constituem o que se pode chamar, ampliando um pouco o sentido da palavra, de "disciplinas". A análise empírica de algumas disciplinas tais como elas se constituíram historicamente apresenta por isso mesmo certo interesse. Primeiro, porque as disciplinas mostram segundo esquemas artificialmente claros e decantados a maneira como podem se articular uns aos outros os sistemas de finalidade objetiva, de comunicações e de poder. Porque elas mostram, também, diferentes modelos de articulações (ora com preeminência das relações de poder e de obediência, como nas disciplinas de tipo monástico ou de tipo penitenciário, ora com preeminência das atividades finalizadas, como nas disciplinas de oficinas ou de hospitais, ora com preeminência das relações de comunicação, como nas disciplinas de aprendizagem, ora, também, com uma saturação dos três tipos de relações, como, talvez, na disciplina militar, em que uma pletora de signos marca até à redundância relações de poder estreitadas e cuidadosamente calculadas para fornecer certo número de efeitos técnicos).

E o que se deve entender pela disciplinarização das sociedades, a partir do século XVIII, na Europa, não é, com certeza, que os indivíduos que dela fazem parte se tornem cada vez mais obedientes: nem que elas se ponham todas a se parecer com casernas, escolas ou prisões; mas que aí se procurou um ajustamento cada vez mais bem controlado – cada vez mais racional e econômico – entre as atividades produtivas, as redes de comunicação e o jogo das relações de poder.

Abordar o tema do poder por uma análise do "como" é, então, operar, em relação à suposição de um poder fundamental,

132 Michel Foucault – Ditos e Escritos

vários deslocamentos críticos. É dar-se por objeto de análise *relações de poder*, e não um poder; relações de *poder* que são distintas das capacidades objetivas tanto quanto relações de comunicação; relações de poder, enfim, que se podem apreender na diversidade de seu encadeamento com essas capacidades e essas relações.

2. Em que consiste a especificidade das relações de poder?

O exercício do poder não é simplesmente uma relação entre "parceiros", individuais ou coletivos; é um modo de ação de alguns sobre alguns outros. O que quer dizer, é claro, que não há algo como o poder, ou poder que existiria globalmente, maciçamente ou no estado difuso, concentrado ou distribuído: só há poder exercido por "uns" sobre os "outros"; o poder só existe em ato, mesmo se, é claro, ele se inscreve em um campo de possibilidade esparso, apoiando-se em estruturas permanentes. Isso quer dizer, também, que o poder não é da ordem do consentimento; ele não é nele próprio renúncia a uma liberdade, transferência de direito, poder de todos e de cada um delegado a alguns (o que não impede que o consentimento possa ser uma condição para que a relação de poder exista e se mantenha); a relação de poder pode ser o efeito de um consentimento anterior ou permanente; ela não está em sua natureza própria, a manifestação de um consenso.

Isso quer dizer que é necessário procurar o caráter próprio às relações de poder junto a uma violência que seria sua forma primitiva, o segredo permanente e o recurso último – o que aparece em último lugar como sua verdade, quando ele é obrigado a tirar a máscara e mostrar-se tal como ele é? De fato, o que define uma relação de poder é um modo de ação que não age direta e imediatamente sobre os outros, mas que age sobre sua ação própria. Uma ação sobre a ação, sobre ações eventuais, ou atuais, futuras ou presentes. Uma relação de violência age sobre um corpo, sobre coisas: ela força, ela dobra, ela quebra, ela destrói: ela fecha todas as possibilidades; ela não tem, então, junto a ela, outro polo senão o da passividade; e se ela encontra uma resistência, não tem outra escolha senão empreender reduzi-la. Uma relação de poder, em compensação, se articula sobre dois elementos que lhe são indispensáveis para ser justamente uma relação de poder: que "o outro" (aquele sobre o qual ela se exerce) seja bem reconhecido e mantido até

1982 – O Sujeito e o Poder   133

o fim como sujeito de ação; e que se abra, diante da relação de poder, todo um campo de respostas, reações, efeitos, invenções possíveis.

O funcionamento de relações de poder não é evidentemente mais exclusivo do uso da violência que da aquisição dos consentimentos; nenhum exercício de poder pode, sem dúvida, dispensar um ou outro, frequentemente os dois ao mesmo tempo. Mas, se eles são seus instrumentos ou seus efeitos, não constituem seu princípio ou sua natureza. O exercício do poder pode bem suscitar tanta aceitação quanto se quiser: ele pode acumular as mortes e se abrigar por trás de todas as ameaças que pode imaginar. Ele não é em si uma violência que saberia, às vezes, esconder-se, ou um consentimento que, implicitamente, se reconduziria. É um conjunto de ações sobre ações possíveis: ele opera no campo de possibilidade em que vem inscrever-se o comportamento de sujeitos agentes: ele incita, ele induz, ele desvia, ele facilita ou torna mais difícil, ele amplia ou ele limita, ele torna mais ou menos provável; no limite, ele obriga ou impede absolutamente; mas é sempre uma maneira de agir sobre um ou sobre sujeitos agentes, e isso enquanto eles agem ou são suscetíveis de agir. Uma ação sobre ações.

O termo "conduta" com seu próprio equívoco é, talvez, um dos que permitem melhor apreender o que há de específico nas relações de poder. A "conduta" é, ao mesmo tempo, o ato de "conduzir" os outros (segundo mecanismos de coerção mais ou menos estritos) e a maneira de se comportar em um campo mais ou menos aberto de possibilidades. O exercício do poder consiste em "conduzir condutas" e em arranjar a probabilidade. O poder, no fundo, é menos da ordem do enfrentamento entre dois adversários, ou do engajamento de um em relação ao outro, do que da ordem do "governo". Deve-se deixar a essa palavra a significação muito ampla que ela tinha no século XVI. Ela não se referia somente a estruturas políticas e à gestão dos Estados, mas designava a maneira de dirigir a conduta de indivíduos ou de grupos: governo das crianças, das almas, das comunidades, das famílias, dos doentes. Ela não recobria simplesmente formas instituídas e legítimas de sujeição política ou econômica, mas modos de ação mais ou menos refletidos e calculados, todos destinados a agir sobre as possibilidades de ação de outros indivíduos. Governar, nesse sentido, é estruturar o campo de ação eventual dos outros. O modo de relação

134 Michel Foucault – Ditos e Escritos

próprio ao poder não deveria, pois, ser procurado junto à violência e à luta, nem junto ao contrato e ao elo voluntário (que não podem ser, no máximo, senão instrumentos), mas junto a esse modo de ação singular – nem guerreiro nem jurídico – que é o governo.

Quando se define o exercício do poder como um modo de ação sobre as ações dos outros, quando são caracterizadas pelo "governo" dos homens uns pelos outros – no sentido mais amplo dessa palavra –, inclui-se nele um elemento importante: o da liberdade. O poder só se exerce sobre "sujeitos livres", e enquanto são "livres" – entendamos por isso sujeitos individuais ou coletivos que têm diante de si um campo de possibilidade em que várias condutas, várias reações e diversos modos de comportamento podem apresentar-se. Aí onde as determinações são saturadas não há relação de poder: a escravidão não é uma relação de poder quando o homem está acorrentado (trata-se, então, de uma relação física de obrigação), mas justamente quando ele pode deslocar-se e, no limite, escapar. Não há, pois, um face a face de poder e de liberdade, com uma relação de exclusão entre eles (por toda parte onde o poder se exerce, a liberdade desaparece); mas um jogo muito mais complexo: nesse jogo, a liberdade vai aparecer como condição de existência do poder (ao mesmo tempo, prévio, visto que é necessário que haja liberdade para que o poder se exerça, e também seu apoio permanente, visto que, se ela se retirasse inteiramente do poder que se exerce sobre ela, este desapareceria pelo próprio fato e deveria encontrar para ele um substituto na coerção pura e simples da violência); mas ela aparece também como o que só poderá opor-se a um exercício do poder que tende, afinal de contas, a determiná-la inteiramente.

A relação de poder e a insubmissão da liberdade não podem, pois, estar separadas. O problema central do poder não é o da "servidão voluntária" (como podemos desejar ser escravos?): no cerne da relação de poder, "provocando-a" incessantemente, há a relatividade do querer e a intransitividade da liberdade. Mais do que um "antagonismo" essencial, valeria mais a pena falar de um "agonismo" – de uma relação que é, ao mesmo tempo, de incitação recíproca e de luta; menos de uma oposição termo a termo que os bloqueia um diante do outro do que de uma provocação permanente.

3. Como analisar a relação de poder?

1982 – O Sujeito e o Poder   135

Pode-se – quero dizer: é perfeitamente legítimo analisá-la em instituições bem-determinadas; estas constituindo um observatório privilegiado para compreendê-las, diversificadas, concentradas, colocadas em ordem e levadas, parece, ao seu mais alto ponto de eficacidade; é aí, em primeira abordagem, que se pode esperar ver aparecer a forma e a lógica de seus mecanismos elementares. Entretanto, a análise das relações de poder em espaços institucionais fechados apresenta certo número de inconvenientes. Primeiro, o fato de que uma parte importante dos mecanismos colocados em funcionamento por uma instituição é destinada a garantir sua própria conservação traz o risco de decifrar, principalmente nas relações de poder "intrainstitucionais", funções essencialmente reprodutoras. Em segundo lugar, nós nos expomos, analisando as relações de poder a partir das instituições, a buscar nestas a explicação e a origem daquelas, isto é, em suma, a explicar o poder pelo poder. Enfim, na medida em que as instituições agem essencialmente pelo funcionamento de dois elementos: regras (explícitas ou silenciosas) e um aparelho, com o risco de dar a um e a outro um privilégio exagerado na relação de poder, e, então, não ver nestas senão modulações da lei e da coerção.

Não se trata de negar a importância das instituições na administração das relações de poder. Mas sugerir que se devem, antes, analisar as instituições a partir das relações de poder, e não o inverso; e que o ponto de fixação fundamental destas, mesmo se elas ganham corpo e se cristalizam em uma instituição, deve ser buscado aquém.

Tornemos a falar da definição segundo a qual o exercício do poder seria uma maneira para alguns de estruturar o campo de ação possível dos outros. O que seria, assim, o próprio de uma relação de poder é que ela seria um modo de ação sobre ações. O que quer dizer que as relações de poder se enraízam longe no nexo social; e que elas não reconstituem, acima da "sociedade", uma estrutura suplementar e da qual se poderia, talvez, pensar no apagamento radical. Viver em sociedade é, de toda forma, viver de maneira que seja possível agir sobre a ação uns dos outros. Uma sociedade "sem relações de poder" só pode ser uma abstração. O que, diga-se de passagem, torna politicamente tanto mais necessária a análise do que elas são em uma sociedade dada, de sua formação histórica, do que as torna sólidas ou frágeis, das condições que são necessárias

136 Michel Foucault – Ditos e Escritos

para transformar algumas, abolir as outras. Porque dizer que não pode haver sociedade sem relação de poder não quer dizer nem que estas que são dadas são necessárias, nem que, de qualquer maneira, o poder constitua, no cerne das sociedades, uma fatalidade incontornável; mas que a análise, a elaboração, o questionamento das relações de poder, e do "agonismo" entre relações de poder e intransitividade da liberdade, são uma tarefa política incessante; e que é mesmo isso a tarefa política inerente a toda existência social.

Concretamente, a análise das relações de poder exige que se estabeleça certo número de pontos.

1. *O sistema das diferenciações* que permitem agir sobre a ação dos outros: diferenças jurídicas ou tradicionais de estatuto e de privilégios; diferenças econômicas na apropriação das riquezas e dos bens; diferenças de lugar nos processos de produção; diferenças linguísticas ou culturais; diferenças no *savoir-faire* e nas competências etc. Toda relação de poder coloca em operação diferenciações que são para ela, ao mesmo tempo, condições e efeitos.

2. *O tipo de objetivos* perseguidos pelos que agem sobre a ação dos outros: manutenção de privilégios, acumulação de proveitos, operacionalização de autoridade estatutária, exercício de uma função ou de um ofício.

3. *As modalidades instrumentais*: conforme o exercício do poder seja exercido pela ameaça das armas, pelos efeitos da palavra, por meio de disparidades econômicas, por mecanismos mais ou menos complexos de controle, por sistemas de vigilância, com ou sem arquivos, segundo regras explícitas ou não, permanentes ou modificáveis, com ou sem dispositivos materiais etc.

4. *As formas de institucionalização*: estas podem misturar disposições tradicionais, estruturas jurídicas, fenômenos de costume ou de moda (como é visto nas relações de poder que permeiam a instituição familiar); elas podem, também, assumir o comportamento de um dispositivo fechado sobre ele mesmo com seus lugares específicos, seus regulamentos próprios, suas estruturas hierárquicas cuidadosamente desenhadas e uma relativa autonomia funcional (assim nas instituições escolares ou militares); elas podem, também, formar sistemas muito complexos dotados de aparelhos múltiplos, como no caso do Estado, que tem por função constituir o invólucro ge-

1982 – O Sujeito e o Poder   137

ral, a instância de controle global, o princípio de regulação e, em certa medida, também, de distribuição de todas as relações de poder em um conjunto social dado.

5. *Os graus de racionalização*: porque o funcionamento das relações de poder como ação sobre um campo de possibilidade pode ser mais ou menos elaborado em função da eficácidade dos instrumentos e da certeza do resultado (refinamentos tecnológicos maiores ou menores no exercício do poder), ou, ainda, em função do custo eventual (que se trate do "custo" econômico dos meios utilizados ou do custo "reacional" constituído pelas resistências encontradas). O exercício do poder não é um fato bruto, um dado institucional, nem uma estrutura que se mantém ou se quebra: ele se elabora, se transforma, se organiza, se dota de procedimentos mais ou menos ajustados.

Vê-se por que razão a análise das relações de poder em uma sociedade não pode se reduzir ao estudo de uma série de instituições, nem mesmo ao estudo de todas as que mereceriam o nome de "política". As relações de poder se enraízam no conjunto da rede social. Isso não quer dizer, no entanto, que haja um princípio de poder primeiro e fundamental que domina até o menor elemento da sociedade; mas que, a partir dessa possibilidade de ação sobre a ação dos outros que é coextensão a toda relação social, formas múltiplas de disparidade individual, de objetivos, de instrumentações dadas sobre nós e os outros, de institucionalização mais ou menos setorial ou global, de organização mais ou menos refletida definem formas diferentes de poder. As formas e os lugares de "governo" dos homens uns pelos outros são múltiplos em uma sociedade; eles se superpõem, se entrecruzam, se limitam e se anulam, algumas vezes, se reforçam em outros casos. Que o Estado nas sociedades contemporâneas não seja simplesmente uma das formas ou um dos lugares – por mais importante que fosse – de exercício do poder, mas que, de certa maneira, todos os outros tipos de relação de poder se referem a ele, isso é fato certo. Mas não é porque cada um deriva dele. É, antes, porque se produziu uma estatização contínua das relações de poder (ainda que ela não tenha tomado a mesma forma na ordem pedagógica, judiciária, econômica, familiar). Referindo-se ao sentido, desta vez restrito à palavra "governo", poder-se-ia dizer que as relações de poder foram progressivamente governamentalizadas, isto é, elaboradas, racionalizadas e centralizadas na forma ou sob a caução das instituições estatais.

138 Michel Foucault – Ditos e Escritos

4. *Relações de poder e relações estratégicas.*
A palavra estratégia é empregada correntemente em três sentidos. Primeiro, para designar a escolha dos meios utilizados para chegar a um fim; trata-se da racionalidade posta em ação para atingir um *objetivo*. Para designar a maneira como um parceiro, em um dado jogo, age em função do que ele pensa dever ser a ação dos outros e do que ele estima que os outros pensarão ser a sua; em suma, a maneira como se tenta *ganhar do outro*. Enfim, para designar o conjunto dos procedimentos utilizados em um enfrentamento – guerra ou jogo – em que o objetivo é agir sobre um adversário de tal maneira que a luta seja para ele impossível. A estratégia se define, então, pela escolha das soluções "ganhadoras". Mas é preciso ter em mente que se trata aí de um tipo bem particular de situação; e que existem outros em que é preciso manter a distinção entre os diferentes sentidos da palavra estratégia.

Referindo-se ao primeiro sentido indicado, pode-se chamar de "estratégia de poder" o conjunto dos meios utilizados para fazer funcionar ou para manter um dispositivo de poder. Pode-se, também, falar de estratégia própria a relações de poder na medida em que estas constituem modos de ação sobre a ação possível, eventual, suposta dos outros. Podem-se, então, decifrar em termos de "estratégias" os mecanismos utilizados nas relações de poder. Mas o ponto mais importante é, evidentemente, a relação entre relações de poder e estratégias de confronto. Porque, se é verdade que, no cerne das relações de poder e como condição permanente de sua existência, há uma "insubmissão" e liberdades essencialmente renitentes, não há relação de poder sem resistência, sem escapatória ou fuga, sem reviravolta eventual; toda relação de poder implica, pois, pelo menos de maneira virtual, uma estratégia de luta, sem que por isso elas cheguem a se sobrepor, a perder sua especificidade e, finalmente, a confundir-se. Elas constituem uma para a outra uma espécie de limite permanente, de ponto de derrubada possível. Uma relação de confronto encontra seu termo, seu momento final (e a vitória de um dos dois adversários) quando no jogo das reações antagonistas vêm substituir-se os mecanismos estáveis pelos quais um pode conduzir de maneira bastante constante e com suficiente certeza a conduta dos outros; para uma relação de confronto, desde que não seja uma luta de morte, a fixação de uma relação de poder constitui

1982 – O Sujeito e o Poder   139

um ponto de mira – ao mesmo tempo, seu cumprimento e sua própria suspensão. E, em retorno, para uma relação de poder, a estratégia de luta constitui, ela também, uma fronteira: aquela em que a indução calculada das condutas entre os outros não pode mais ir além da réplica à sua própria ação. Como não poderia haver relações de poder sem pontos de insubmissão que por definição lhe escapam, toda intensificação, toda extensão das relações de poder para submetê-los só podem conduzir aos limites do exercício do poder; este encontra, então, seu botaréu, seja em um tipo de ação que reduz o outro à impotência total (uma "vitória" sobre o adversário se substitui ao exercício do poder), seja em um reviramento dos que são governados e sua transformação em adversários. Em suma, toda estratégia de confronto imagina tornar-se relação de poder; e toda relação de poder se inclina, tanto se ela segue sua própria linha de desenvolvimento quanto se ela se choca com resistências frontais, a tornar-se estratégia ganhadora.

De fato, entre relação de poder e estratégia de luta, há apelo recíproco, encadeamento indefinido e inversão perpétua. A cada instante, a relação de poder pode tornar-se, e, em alguns pontos, se torna, um enfrentamento entre adversários. A cada instante, também, as relações de adversidade, em uma sociedade, dão lugar à utilização de mecanismos de poder. Instabilidade, então, que faz com que os mesmos processos, os mesmos acontecimentos e as mesmas transformações possam decifrar-se tanto no interior de uma história de lutas quanto no das relações e dos dispositivos de poder. Não serão nem os mesmos elementos significativos, nem os mesmos encadeamentos, nem os mesmos tipos de inteligibilidade que aparecerão, ainda que seja ao mesmo tecido histórico que eles se refiram e embora cada uma das duas análises deva remeter à outra. E é justamente a interferência das duas leituras que faz aparecer esses fenômenos fundamentais de "dominação" que apresenta a história de grande parte das sociedades humanas. A dominação é uma estrutura global de poder da qual se podem encontrar, às vezes, as significações e as consequências até na trama mais tênue da sociedade; mas é, ao mesmo tempo, uma situação estratégica mais ou menos adquirida e solidificada em um confronto de longo alcance histórico entre adversários. Pode acontecer que um fato de dominação seja somente a transcrição de um dos mecanismos de poder de uma relação de confronto e de suas consequências (uma estrutura política derivando de uma invasão); é possível, também, que uma relação de luta entre dois adversários seja o efeito do desenvolvimento das relações de poder com os conflitos e as clivagens que ele provoca. Mas o que faz da dominação de um grupo, de uma casta ou de uma classe, e das resistências ou das revoltas com as quais ela se choca, um fenômeno central na história das sociedades é que elas se manifestam, sob uma forma global e maciça, na escala do corpo social completo, o disparo das relações de poder sobre as relações estratégicas e seus efeitos de encadeamento recíproco.

1982

Entrevista com M. Foucault

"Entretien avec M. Foucault" (entrevista com J. P. Joecker, M. Overd e A. Sanzio), *Masques*, n. 13, primavera 1982, p. 15-24.

– O livro de K. J. Dover, Homossexualidade grega,[1] apresenta um esclarecimento novo sobre a homossexualidade na Grécia antiga.

– O que me parece mais importante nesse livro é que Dover mostra que nosso recorte das condutas sexuais entre homo e heterossexualidade não é absolutamente pertinente para os gregos e os romanos. Isso significa duas coisas: por um lado, que eles não tinham noção disso, não tinham o *conceito*, e, por outro lado, que eles não tinham essa experiência. Uma pessoa que se deitava com outra do mesmo sexo não se reconhecia como homossexual. Isso me parece fundamental.

Quando um homem fazia amor com um rapaz, a clivagem moral passava pelas questões: esse homem é ativo ou passivo e ele faz amor com um rapaz imberbe – o aparecimento da barba definindo uma idade limite – ou não? A combinação dessas duas espécies de clivagem instaura um perfil muito complexo de moralidade e de imoralidade. Não há, então, nenhum sentido em dizer que a homossexualidade era tolerada entre os gregos. Dover valoriza bem a complexidade dessa relação entre homens e rapazes, que era muito codificada. Tratava-se de comportamentos de fuga e de proteção para os rapazes, de perseguição e de cortejo para os homens. Existia, pois, toda uma civilização da pederastia, do amor homem-rapaz, provocando, como sempre, quando há uma codificação desse tipo, a valorização ou a desvalorização de certas condutas. Eis aí, entenda isso, o que reterei do livro de Dover; isso permite, me

---

1 Dover (K. J.), *Greek Homosexuality*, Londres, Duckworth, 1978 (*Homosexualité grecque*, trad. S. Saïd, Grenoble, La Pensée Sauvage, 1982).

142   Michel Foucault – Ditos e Escritos

parece, desembaraçar muitas coisas na análise histórica que se pode fazer a respeito dos famosos interditos sexuais, da própria noção de interdito. Penso que se trata de entender as coisas de outra maneira, isto é, fazer a história de uma família de experiências, de diferentes modos de vida, fazer a história dos diversos tipos de relações entre pessoas do mesmo sexo, segundo as idades etc. Ou seja, não é a condenação de Sodoma que deve servir como modelo histórico.

Gostaria de acrescentar alguma coisa que não se encontra em Dover e cuja ideia me veio no ano passado. Há todo um discurso teórico sobre o amor dos rapazes na Grécia, desde Platão até Plutarco, Luciano etc. E o que me surpreende muito nessa série de textos teóricos é isto: é muito difícil para um grego ou um romano aceitar a ideia de que um rapaz, que será levado – por sua condição de homem livre nascido em uma grande família – a exercer responsabilidades familiares e sociais e um poder sobre os outros – senador em Roma, homem político orador na Grécia –, aceitar, então, a ideia de que esse rapaz foi *passivo* em sua relação com um homem. É uma espécie de impensável no jogo dos valores morais, que não se pode assimilar, também quanto a isso, a um interdito. Que um homem persiga um rapaz, não há nada para dizer sobre isso, e que esse rapaz seja um escravo, em Roma principalmente, só pode ser natural. Como dizia um ditado: "Deixar-se possuir, para um escravo é uma necessidade, para um homem livre, uma vergonha, e, para um liberto, é um serviço prestado..." Em compensação, então, é imoral para um homem jovem livre deixar-se possuir; é nesse contexto que se pode compreender a lei que proibia aos antigos prostitutos exercer funções políticas. Chamava-se prostituto não o que "fazia o *trottoir*", mas o que tinha sido possuído sucessivamente e aos olhos de todos por pessoas diferentes; que ele tenha sido passivo, objeto de prazer, torna inadmissível que exerça uma autoridade qualquer. Eis contra o que os textos teóricos sempre se obstinam. Trata-se, para eles, de edificar um discurso que consiste em provar que o único amor verdadeiro deve excluir as relações sexuais com um rapaz e prender-se às relações afetivas pedagógicas de quase paternidade. Isso é uma maneira de tornar aceitável, de fato, uma prática amorosa entre homem livre e rapaz livre, negando, ao mesmo tempo, e transpondo o que acontece na realidade. Não se deve, pois, interpretar a existência

1982 – Entrevista com M. Foucault 143

desses discursos como o sinal de uma tolerância para com a homossexualidade, na prática como no pensamento, mas, antes, como o sinal de um *embaraço*; se se fala disso, é que isso cria problema, porque se deve reter o princípio seguinte: não é porque se fala de algo em uma sociedade que isso é admitido, por essa razão. Se levarmos em conta um discurso, não devemos interrogar a realidade de que esse discurso seria o reflexo, mas a realidade do problema que faz com que nos achemos obrigados a falar dele. O que faz com sejamos obrigados a falar dessas relações homens-rapazes – enquanto se falava muito menos das relações de casamento com as mulheres – é porque essas relações eram mais difíceis de aceitar moralmente.

– *Era difícil de aceitar moralmente e, no entanto, toda a sociedade grega está fundamentada praticamente sobre essas relações pederásticas, digamos pedagógicas no sentido amplo. Não haveria aí uma ambiguidade?*

– Efetivamente, eu simplifiquei um pouco. Aquilo que se deve ter em conta na análise desses fenômenos é a existência de uma sociedade monossexual, visto que há separação muito nítida entre os homens e as mulheres. Havia, certamente, relações muito densas entre mulheres, mas que se conhecem mal, porque não existe praticamente nenhum texto teórico, reflexivo, escrito por mulheres sobre o amor e a sexualidade antigos; coloco de lado os textos de algumas pitagóricas, neopitagóricas entre o século I e o século VIII antes de Cristo, e a poesia. Em compensação, dispõe-se de todas as espécies de testemunhos que remetem a uma sociedade monossexual masculina.

– *Como você poderia explicar que essas relações monossexuais tenham finalmente desaparecido em Roma, bem antes do cristianismo?*

– De fato, parece-me que não se pode constatar o desaparecimento em uma escala maciça das sociedades monossexuais a não ser no século XVIII europeu. Em Roma, tinha-se uma sociedade em que a mulher de grande família tinha um papel importante no plano familiar, social e político. Mas não foi de tal maneira a majoração do papel da mulher que provocou o deslocamento das sociedades monossexuais; seria, antes, o estabelecimento de novas estruturas políticas que impediram a amizade de continuar a ter as funções sociais e políticas que eram as suas até então; se você permite, o desenvolvimento de instituições da vida política fez com que as relações de amiza-

144 Michel Foucault – Ditos e Escritos

de, possíveis em uma sociedade aristocrática, não o fossem mais. Mas isso é somente uma hipótese...

– O que você diz me leva a apresentar um problema em relação à origem da homossexualidade, em que devo separar a dos homens da das mulheres. O que quer dizer que a homossexualidade masculina, na Grécia, só pode existir em uma sociedade muito hierarquizada, na qual as mulheres ocupam o nível mais baixo. Parece-me que, retomando o ideal grego a seu favor, a sociedade gay masculina do século XX legitima, assim, uma misoginia que, de novo, rejeita as mulheres.

– Eu penso, com efeito, que esse mito grego funciona um pouco, mas ele só exerce o papel que lhe pedem que exerça: não é porque se referem a ele que se tem tal comportamento, mas é porque se tem tal comportamento que se vão referir a ele, remodelando-o. Surpreende-me efetivamente muito que, na América, a sociedade dos homossexuais seja uma sociedade monossexual com modos de vida, uma organização no nível das profissões, certo número de prazeres que não sejam de ordem sexual. Que você tenha, assim, homossexuais que vivem em grupo, em comunidade, em uma relação perpétua de trocas trai completamente o retorno da monossexualidade. As mulheres, assim mesmo, também viveram em grupos monossexuais, mas, evidentemente, em muitos casos, de um modo forçado; era uma resposta, muitas vezes inovadora e criadora, a um *status* que lhes era imposto. Eu penso aqui no livro de uma americana, Lilian Faderman, *Ultrapassando o amor dos homens*,[2] muito interessante, que estuda as amizades femininas do século XVIII até a primeira metade do século XIX com as bases seguintes: "Eu não me perguntarei jamais se entre essas mulheres havia ou não relações sexuais. Vou tomar simplesmente, por um lado, a rede dessas amizades ou a própria história de uma amizade, ver como ela se desenvolve, como o casal a vive, que tipos de conduta ela provoca, como as mulheres estavam ligadas umas às outras; e, por outro lado, qual é a experiência vivida, o tipo de afeto, de apego ligados a isso."

Então aparece toda uma cultura da monossexualidade feminina, da vida entre mulheres, que é apaixonante.

---

2 Faderman (L.), *Surpassing the love of men. Romantic friendship and love between women from the Renaissance to the present*, Nova Iorque, William Morrow, 1981.

1982 – Entrevista com M. Foucault   145

– Entretanto, o que você dizia a esse respeito em Gai Pied *e aquilo de que você fala agora me parecem problemáticos no seguinte: estudar os agrupamentos monossexuais femininos sem apresentar a questão da sexualidade me parece continuar a atitude que é de confinar as mulheres no domínio do sentimento com os estereótipos eternos: sua liberdade de contatos, sua afetividade livre, suas amizades etc.*

– Eu vou lhe parecer, talvez, laxista, mas penso que os fenômenos que se queria estudar são de tal modo complexos e pré-codificados pelas grades de análises já prontas que se devem aceitar métodos, certamente parciais, mas geradores de novas reflexões, e que permitem fazer aparecer fenômenos novos. Tais métodos permitem ir além dos termos completamente gastos que ocorriam nos anos 1970: interditos, leis, repressões. Esses termos foram muito úteis em seus efeitos políticos e de conhecimento, mas pode-se tentar renovar os instrumentos de análise. Sob esse ponto de vista, a liberdade de procedimento me parece muito maior na América que na França. O que não significa que seja necessário sacralizar.

– Poderíamos, talvez, falar do livro de John Boswell, Christianity, social tolerance and homosexuality.[3]

– É um livro interessante, porque retoma coisas conhecidas e evidencia coisas novas. Coisas conhecidas e que ele desenvolve: o que se chama a moral sexual cristã, na verdade judaicocristã, é um mito. Basta consultar os documentos; essa famosa moralidade que localiza as relações sexuais no casamento, que condena o adultério e toda conduta não procriadora e não matrimonial foi edificada bem antes do cristianismo. Você encontra todas essas formulações nos textos estoicos, pitagóricos, e essas formulações são já de tal maneira "cristãs" que os cristãos as retomam sem mudança. O que é bastante surpreendente é que essa moral filosófica vinha, de alguma maneira, tarde, depois de um movimento real na sociedade de matrimonialização, de valorização do casamento e das relações afetivas entre esposos... Encontraram-se contratos de casamento, no Egito, que datam do período helenístico, nos quais as mulhe-

---

3 Boswell (J.), *Christinity, social tolerance and homosexuality. Gay people in Western Europe from the beginning of the cristian era to the fourteenth century*, Chicago, The University of Chicago Press, 1980 (*Christianisme, tolérance sociale et homosexualité. Les homosexuels en Europe occidentale des débuts de l'ère chrétienne au XIVᵉ siècle*, trad. A. Tachet, Paris, Gallimard, 1985).

146 Michel Foucault – Ditos e Escritos

res exigiam a fidelidade sexual do marido, com o que o marido se comprometia. Esses contratos não emanavam das grandes famílias, mas dos meios urbanos, um pouco populares.

Como os documentos são raros, pode-se emitir a hipótese de que os textos estoicos sobre essa nova moralidade matrimonial destilavam nos meios cultos o que já ocorria nos meios populares. Isso faz, então, oscilar completamente toda a paisagem que nos é familiar de um mundo greco-romano de licença sexual maravilhosa que o cristianismo destruiria de uma só vez.

Eis de onde partiu Boswell; ele ficou surpreso em ver a que ponto o cristianismo continua em conformidade com o que existia antes dele, em particular sobre o problema da homossexualidade. Até o século IV, o cristianismo retoma o mesmo tipo de moralidade, apertando simplesmente as cavilhas. Onde novos problemas vão, a meu ver, apresentar-se é com o desenvolvimento do monasticismo, justamente a partir do século IV. Emerge, então, a exigência da virgindade. Tinha-se, primeiro, nos textos ascéticos cristãos, a insistência sobre o problema do jejum, não comer demais, não pensar muito em comer; pouco a pouco se desenvolve a obstinação de imagens de concupiscência, de imagens libidinosas. Tem-se, então, certo tipo de experiência, de relação com os desejos e com o sexo, que é bastante novo. Quanto à homossexualidade, mesmo se você encontra, por exemplo, em Basílio de Cesareia, uma condenação da amizade entre rapazes, como tal, isso não compreende o conjunto da sociedade. Parece-me certo que a grande condenação da homossexualidade propriamente dita data da Idade Média, entre os séculos VIII e XII; Boswell diz com clareza o século XII, mas isso se desenha já em certo número de textos de penitenciais dos séculos VIII e IX. Deve-se, em todo caso, deslocar completamente a imagem de uma moral judaico-cristã e se dar conta de que esses elementos se estabeleceram em diferentes épocas em torno de certas práticas e de certas instituições, passando de certos meios a outros.

– *Para voltar a Boswell, o que me parece surpreendente é que ele tenha falado de uma subcultura* gay *no século XII, da qual um dos partidários seria o monge A. de Rievaulx.*

– Com efeito, já na Antiguidade, há uma cultura pederástica que se vê diminuir com o estreitamento da relação homemrapaz, a partir do Império Romano. Um diálogo de Plutarco dá conta dessa transformação, todos os valores modernos são colocados do lado da mulher mais velha que o rapaz, é sua relação

1982 – Entrevista com M. Foucault 147

que é valorizada; quando amantes de rapazes se apresentam, eles são um pouco ridicularizados, são manifestamente os rejeitados dessa história, eles desaparecem, aliás, do fim do diálogo. Foi assim que a cultura pederástica se estreitou. Mas, por outro lado, não se deve esquecer que o monasticismo cristão se apresentou como a continuação da filosofia; tratava-se, então, de uma sociedade monossexual. Como as exigências ascéticas muito elevadas do primeiro monasticismo se acalmaram muito rapidamente, e se se admite, a partir da Idade Média, os mosteiros sendo os únicos titulares da cultura, têm-se todos os elementos que explicariam por que se pode falar de subcultura *gay*. Deve-se acrescentar a esses elementos o da condução espiritual, então, da amizade, da relação afetiva intensa entre antigos e jovens monges considerada como possibilidade de salvação; eles tinham aí uma forma predeterminada, na Antiguidade, que era do tipo platônico. Se se admite que até o século XII é o platonismo que constitui a base da cultura para essa elite eclesiástica e monacal, acredito que o fenômeno está explicado.

– *Eu havia compreendido que Boswell postulava a existência de uma homossexualidade consciente.*

– Boswell começa por um longo capítulo no qual ele justifica seu procedimento, por que ele toma os *gays* e a cultura *gay* como linha diretriz de sua história. E, ao mesmo tempo, ele está absolutamente convencido de que a homossexualidade não é uma constante trans-histórica. Sua ideia é a seguinte: se homens têm entre si relações sexuais, seja entre adulto e jovem, no ambiente da cidade ou do mosteiro, não é somente por tolerância dos outros em relação a tal ou tal forma de ato sexual; isso implica obrigatoriamente uma cultura; isto é, modos de expressão, valorizações etc., então, o reconhecimento pelos próprios sujeitos do que essas relações têm de específico. Pode-se, então, admitir essa ideia, desde que não se trate de uma categoria sexual ou antropológica constante, mas de um fenômeno cultural que se transforma no tempo, mantendo-se em sua formulação geral: relação entre indivíduos do mesmo sexo que provoca um modo de vida em que a consciência de ser singular entre os outros está presente. No limite, é também um aspecto da monossexualidade. Seria necessário ver se, por parte das mulheres, não se poderia imaginar uma hipótese equivalente que implicaria categorias de mulheres muito variadas, uma subcultura feminina na qual o fato de ser mulher suporia que se têm possibilidades de relação com as outras

148 Michel Foucault – Ditos e Escritos

mulheres que não são dadas nem aos homens, é claro, nem mesmo às outras mulheres. Parece-me que a respeito de Safo e do mito de Safo houve essa forma de subcultura.

– *Efetivamente, certas pesquisas feministas recentes parecem ir nesse sentido, por parte das mulheres trovadoras, em particular, cujos textos se dirigiam a mulheres, mas a interpretação é difícil, visto que não se sabe se elas não eram somente porta-vozes de alguns senhores como os trovadores homens. Mas alguns textos existem, seja como for, que falam, como Christine de Pisan, do "feminino sexo" e que provam que haveria certa consciência de uma cultura feminina autônoma, colocada em risco, aliás, pela sociedade dos homens. Deve-se, por essa razão, falar de cultura gay feminina, o termo gay para as mulheres não me parece, aliás, muito operante?*

– Efetivamente, esse termo tem uma significação muito mais estreita na França que entre os americanos. Em todo caso, parece-me que, postulando uma cultura *gay*, pelo menos masculina, Boswell não se contradiz em relação à tese que quer que a homossexualidade não seja uma constante antropológica que seria ora reprimida, ora aceita.

– *Em A vontade de saber, você analisa o discorrimento sobre o sexo, proliferante na época moderna; nesse discurso sobre o sexo, parece que a homossexualidade está ausente, pelo menos até os anos 1850.*

– Gostaria de chegar a compreender como alguns comportamentos sexuais se tornam, em dado momento, problemas, dão lugar a análises, constituindo objetos de saber. Tenta-se decifrar esses comportamentos, compreendê-los e classificá-los. O interessante não é tanto uma história social dos comportamentos sexuais, uma psicologia histórica das atitudes em relação à sexualidade, mas uma história da problematização desses comportamentos. Há duas idades de ouro da problematização da homossexualidade como monossexualidade, isto é, relações entre homens e homens, homens e rapazes. A primeira é a do período grego, helenístico, que termina, por alto, durante o Império Romano. Seus últimos grandes testemunhos são: o diálogo de Plutarco, as dissertações de Máximo de Tiro e o diálogo de Luciano...[4]

---

4 Plutarco, *Dialogue sur l'amour. Histoire d'amour* (trad. Flacelière et Cuvigny), Paris, Les Belles Lettres, 1980; Máximo de Tiro, *Dissertations* (41 disser-

1982 – Entrevista com M. Foucault   149

Minha hipótese é – embora seja uma prática corrente – de que eles falaram muito porque isso era problema.

Nas sociedades europeias, a problematização foi muito mais institucional que verbal: um conjunto de medidas, de perseguições, de condenações... houve em relação àqueles que não eram ainda chamados de homossexuais, mas de sodomitas, desde o século XVII. É uma história muito complicada, e eu direi que é uma história em três tempos.

Desde a Idade Média, existia uma lei contra a sodomia que implicava a pena de morte e cuja aplicação, lastimável, é verdade, foi muito limitada. Seria necessário estudar a economia desse problema, a existência da lei, o ambiente no qual ela foi aplicada e as razões pelas quais ela só é aplicada naquele caso. O segundo patamar é a prática policial em relação à homossexualidade, muito clara na França, na metade do século XVII, em uma época em que as cidades existem realmente, em que certo tipo de esquadrinhamento policial está estabelecido e em que, por exemplo, observa-se a prisão, relativamente maciça, de homossexuais – em lugares como no Jardim de Luxemburgo, em Saint-Germain-des-Prés ou no Palais-Royal. Notam-se, assim, dezenas de prisões, listam-se os nomes, prendem-se as pessoas por alguns dias ou as soltam simplesmente. Alguns podem ficar na prisão sem processo. Todo um sistema de armadilhas, de ameaças se instala com espiões, policiais, todo um pequeno mundo se estabelece muito cedo, desde os séculos XVII e XVIII. Os dossiês da biblioteca do Arsenal são muito loquazes; prendem-se operários, padres, militares, assim como membros da pequena nobreza. Isso se inscreve no ambiente de uma vigilância e de uma organização de um mundo prostituidor das moças – amantes, dançarinas, comediantes sem talento... –, em pleno desenvolvimento no século XVIII. Mas parece-me que a vigilância da homossexualidade começou um pouco antes.

Enfim, o terceiro estágio é, evidentemente, a entrada barulhenta, no meio do século XIX, da homossexualidade no campo da reflexão médica. Uma entrada que se fez discretamente no decorrer do século XVII e no início do século XIX.

---

tações, cf. *L'Amour socratique*, XVIII-XXI), Paris, Bossange, Masson et Besson, 1802, 2 v.; Luciano de Samósata, *Dialogues des courtisanes* (trad. E. Talbot), Paris, Les Phares, 1946.

150 Michel Foucault – Ditos e Escritos

Um fenômeno social de grande escala, de outra maneira mais complicado do que uma simples invenção de médicos.

– *Você pensa, por exemplo, que os trabalhos médicos de Hirschfeld,[5] no início do século XX, e suas classificações tenham encerrado os homossexuais?*

– Essas categorias serviram, com efeito, para tornar patológica a homossexualidade, mas eram, igualmente, categorias de defesa, em nome das quais se podiam reivindicar direitos. O problema é ainda muito atual: entre a afirmação "Eu sou homossexual" e a recusa em dizê-lo, há aí toda uma dialética muito ambígua. É uma afirmação necessária, visto que é a afirmação de um direito, mas é, ao mesmo tempo, a gaiola, a armadilha. Um dia, a questão: "Você é homossexual?" será tão natural quanto a questão: "Você é solteiro?" Mas, afinal de contas, por que se subscreveria a essa obrigação de dizer essa escolha? Não se pode jamais estabilizar-se em uma posição, é preciso definir, conforme os momentos, o uso que se faz disso.

– *Em uma entrevista ao jornal* Gai Pied,[6] *você diz que é preciso "obstinar-se em se tornar homossexual" e, no fim, fala de "relações variadas, polimórficas". Não há uma contradição?*

– Eu queria dizer "é preciso obstinar-se em ser *gay*", colocar-se em uma dimensão em que as escolhas sexuais que se fazem estão presentes e têm seus efeitos no conjunto de nossa vida. Eu queria dizer, também, que essas escolhas sexuais devem ser, ao mesmo tempo, criadoras de modos de vida. Ser *gay* significa que essas escolhas se difundem através de toda a vida, é também certa maneira de rejeitar os modos de vida propostos, é fazer da escolha sexual o operador de uma mudança de existência. Não ser *gay* é dizer: "Como vou poder limitar os

---

5 Referência a Magnus Hirschfeld (1868-1935), que edita, de 1899 a 1925, o *Jahrbuch für sexuelle Zwischenstufen unter besonderer Berücksichtigung der Homosexualität* (Leipzig, Max Spohr), anuário consagrado aos "estados sexuais intermediários", no qual ele publica artigos originais e resumos de obras. Hirschfeld publica, em especial: *Von Wesen der Liebe: Zugleich ein Beitrag zur Lösung der Frage der Bisexualität*, Leipzig, Max Spohr, 1909; *Die Transvestiten, eine Untersuchung über den erotischen Verkleidungstrieb, mit umfangreichem casuistischen und historischen Material*, Berlim, Pulvermacher, 1910-1912, 2 v.; *Die Homosexualität des Mannes und des Weibes*, Berlim, Louis Marcus, 1914. Ver Nicolas (C.), "Les pionniers du mouvement homosexuel", *Masques, Revue des Homosexualités*, n. 8, primavera 1981, p. 83-89.
6 Ver *Da Amizade como Modo de Vida*, v. VI da edição brasileira desta obra.

1982 – Entrevista com M. Foucault   151

efeitos de minha escolha sexual de tal maneira que minha vida não mude em nada?"[7] Eu direi, é preciso usar sua sexualidade para descobrir, inventar novas relações. Ser *gay* é estar em devir e, para responder à sua pergunta, eu acrescentaria que não se deve ser homossexual, mas obstinar-se em ser *gay*.

– *É por isso que você afirma que "a homossexualidade não é uma forma de desejo, mas algo de desejável"?*

– Sim, e eu penso que é o ponto central da pergunta. Interrogar-se sobre nossa relação com a homossexualidade é mais desejar um mundo onde essas relações sejam possíveis do que simplesmente ter o desejo de uma relação sexual com uma pessoa do mesmo sexo, mesmo se foi importante.

---

7 Ver "Sur l'histoire de l'homosexualité", *Le Débat*, n. 10, mar. 1981, p. 106-160.

1982

Carícias de Homens Consideradas como uma Arte

"Des caresses d'hommes considérées comme un art", *Libération*, n. 323, 1º de junho de 1982, p. 27. (Sobre J. Dover, *Homosexualité grecque*, Grenoble, La Pensée Sauvage, 1982.)

Quem se interessasse pelas noites em claro dos editores os ouviria – e não os menores – chorar: traduzir é impossível, é demorado, é caro, não é rentável. Conheço alguns que, há 10 anos, se arrastam em projetos de tradução que eles não ousaram recusar e que não têm a coragem de acabar. Eis aqui, em todo caso, um editor – um "bem pequeno" – que acaba de publicar em francês, e muito bem, o Dover, já clássico, ainda recente. La Pensée Sauvage, em Grenoble, com Alain Geoffroy e Suzanne Saïd (excelente tradutora), agarrou-se à tarefa. E conseguiu perfeitamente. Para meditarem, todos aqueles que quiserem refletir sobre os destinos futuros da edição "erudita".

A obra de Dover terá aqui o mesmo sucesso que encontrou na Inglaterra e nos Estados Unidos. Melhor assim! A mancheias, ela oferece os prazeres da erudição; eles são, mais de uma vez, imprevistos. Ela é de uma enorme alegria intelectual e, frequentemente, de um imperturbável pitoresco: amoralismo ácido, erudito e oxfordiano do pensamento, meticulosidade indefinida para recuperar, por meio de textos duvidosos e alguns cacos de museu, a vivacidade de uma mão entre duas coxas ou a doçura de um beijo antigo de dois milênios e meio. A obra, sobretudo, é nova, graças à documentação trabalhada e ao uso que faz dela. Ela entrecruza com um extremo rigor os textos e os dados iconográficos. É que os gregos, na idade clássica, mais mostraram do que disseram deles: as pinturas de vaso são infinitamente mais explícitas do que os textos que nos sobram – mesmo sendo de comédia. Mas, em retorno, muitas cenas pintadas seriam mudas (e ficaram mudas até aqui) sem

1982 – Carícias de Homens Consideradas como uma Arte   153

o recurso ao texto que fala do seu valor amoroso. Um homem jovem dá uma lebre a um rapaz? Presente de amor. Ele lhe acaricia o queixo? Proposição. O cerne da análise de Dover está aí: descobrir o que diziam esses gestos do sexo e do prazer, gestos que acreditamos universais (o que de mais comum, finalmente, que o gestual do amor) e que, analisados em sua especificidade histórica, mantêm um discurso bem singular.

Dover, com efeito, limpa toda uma paisagem conceitual que nos estorvava. É claro, encontrar-se-ão ainda espíritos amáveis para pensar que, em suma, a homossexualidade sempre existiu: como prova, Cambacérès, o duque de Crequi, Miguel Ângelo ou Timarque. Para tais ingênuos, Dover dá uma boa lição de nominalismo histórico. A relação entre dois indivíduos do mesmo sexo é uma coisa. Mas gostar do mesmo sexo que o seu, ter um prazer com ele é outra coisa, é outra experiência, com seus objetos e seus valores, com a maneira de ser do sujeito e a consciência que ele tem de si mesmo.

Essa experiência é complexa, é diversa, muda de formas. Deveria fazer-se toda uma história do "outro do mesmo sexo" como objeto de prazer. É o que faz Dover para a Grécia clássica. Rapaz livre em Atenas, ele devia, em Roma, ser mais o escravo; na alvorada da idade clássica, seu valor estava em seu vigor jovem, sua forma já marcada; mais tarde, foi sua graça, sua juvenilidade, o frescor de seu corpo. Ele devia, para fazer certo, resistir, não passar de mão em mão, não ceder ao primeiro que aparecesse, mas jamais "por nada" (sendo entendido, entretanto, que o dinheiro desqualificava a relação ou que muita avidez o tornava suspeito). Em face, o amante de rapazes tem também seus diferentes perfis: companheiros de juventude e de armas, o exemplo de virtude cívica, elegante cavaleiro, mestre em prudência. Em todo caso, jamais, na Grécia, nem um nem outro faziam desse amor ou desse prazer uma experiência parecida com aquela que nós fazemos, nós e nossos contemporâneos, da homossexualidade.

Dover, provavelmente, faz rir também daqueles para quem a homossexualidade, na Grécia, teria sido livre. Esse tipo de história não pode escrever-se nos termos simples da proibição e da tolerância, como se houvesse, por um lado, a obstinação do desejo e, por outro, o interdito que o reprime. De fato, as relações de amor e de prazer entre indivíduos de sexo masculino

154 Michel Foucault – Ditos e Escritos

se organizavam conforme regras precisas e exigentes. Havia, é claro, as obrigações da sedução e da corte. Havia toda uma hierarquia desde o amor "bom", que honrava os dois parceiros, até o amor venal, passando pelos múltiplos escalões das fraquezas, da complacência e da honra danificada. Havia a luz viva dirigida sobre a relação adulto-rapaz e a imensa superfície de sombra em que eram mergulhadas as relações sexuais entre sólidos portadores de barba. Havia, principalmente – e está aí, sem dúvida, um dos pontos essenciais da ética grega –, uma divisão radical entre *atividade* e *passividade*. Só a atividade é valorizada; a passividade – que é de natureza e de estatuto da mulher e do escravo – só pode ser vergonhosa para o homem. Pode-se, por meio do estudo de Dover, ver afirmar-se o que é a maior diferença entre a experiência grega da sexualidade e a nossa. Para nós, é a preferência de objeto (hétero ou homossexual) que marca a diferença essencial; para os gregos, é a posição do sujeito (ativo ou passivo) que fixa a grande fronteira moral: em relação a esse elemento constitutivo de uma ética essencialmente masculina, as opções de parceiros (rapazes, mulheres, escravos) são pouco importantes.

Nas últimas páginas de seu livro, Dover coloca em evidência um ponto capital e que esclarece retrospectivamente toda a sua análise. Entre os gregos, e isso não vale simplesmente para a época clássica, o que regia o comportamento sexual não tinha a forma de um código. Nem a lei civil, nem a lei religiosa, nem uma lei "natural" prescreviam o que se devia – ou não se devia – fazer. E, no entanto, a ética sexual era exigente, complexa, múltipla. Mas como, talvez, uma *technê*, uma arte – uma arte de viver entendida como cuidado de si mesmo e de sua existência.

É isto que, ao longo da obra, mostra Dover: o prazer com os rapazes era um modo de experiência. Na maior parte do tempo, ele não excluía a relação com as mulheres, e, nesse sentido, não era nem a expressão de uma estrutura afetiva particular nem uma forma de existência distinta das outras. Mas era muito mais que uma possibilidade de prazer entre outros: ele implicava comportamentos, maneiras de ser, algumas relações com as outras, o reconhecimento de todo um conjunto de valores. Era uma opção que não era nem exclusiva nem irreversível, mas cujos princípios, regras e efeitos se estendiam longe nas formas de vida.

1982 – Carícias de Homens Consideradas como uma Arte   155

É preciso se habituar a isto: o livro de Dover não conta uma idade de ouro em que o desejo teria tido a franqueza de ser bissexual; ele conta a história singular de uma escolha sexual que, no interior de certa sociedade, foi modo de vida, cultura e arte de si mesma.

1982

Escolha Sexual, Ato Sexual

"Sexual choice, sexual act" ("Choix sexuel, acte sexuel"; entrevista com J. O'Higgins; trad. F. Durand-Bogaert), *Salmagundi*, n. 58-59: *Homosexuality: sacrilege, vision, politics*, outono-inverno 1982, p. 10-24.

– *Eu gostaria, para começar, de perguntar-lhe o que você pensa da obra de John Boswell sobre a história da homossexualidade a partir do início da era cristã até o fim da Idade Média.*[1] *Como historiador, você acha sua metodologia válida? Em que medida, segundo você, as conclusões às quais Boswell chega contribuem para melhor fazer compreender o que é a homossexualidade hoje?*

– Temos aí, com certeza, um estudo muito importante, cuja originalidade já é evidente na maneira como ela apresenta o problema. De um ponto de vista metodológico, a rejeição por Boswell da oposição decidida entre homossexual e heterossexual, que exerce um papel tão importante na maneira como nossa cultura considera a homossexualidade, constitui um progresso, não somente para a ciência, mas também para a crítica cultural. A introdução do conceito de *gay* (na definição que dele dá Boswell), ao mesmo tempo que nos fornece um precioso instrumento de pesquisa, nos ajuda a melhor compreender a imagem que têm as pessoas delas mesmas e de seu comportamento sexual. No que concerne aos resultados da investigação, essa metodologia permitiu descobrir que o que se chamou a repressão da homossexualidade não remontava

---

1 Boswell (J.), *Christianity, social tolerance and homosexuality: gay people in Western Europe from the beginning of the christian era to the fourteenth century*, Chicago, The University of Chicago Press, 1980 (*Christianisme, tolérance sociale et homosexualité. Les homosexuels en Europe occidentale des débuts de l'ère chrétienne au XIV⁰ siècle* (trad. A. Tachet), Paris, Gallimard, 1985).

ao cristianismo propriamente falando, mas a um período mais tardio da era cristã. É importante, nesse tipo de análise, compreender bem a ideia que se fazem as pessoas sobre sua sexualidade. O comportamento sexual não é, como se supõe muito frequentemente, a superposição, por um lado, de desejos originários de instintos naturais, e, por outro, de leis permissivas e restritivas que ditam o que se deve e não se deve fazer. O comportamento sexual é mais do que isso. Ele é também a consciência do que se faz, da maneira como se vive a experiência, do valor que se lhe atribui. É nesse sentido, eu penso, que o conceito de *gay* contribui para uma apreciação positiva – mais do que puramente negativa – de uma consciência na qual a afeição, o amor, o desejo, as relações sexuais são valorizados.

– *Seu trabalho recente, se não me engano, o levou a estudar a sexualidade na Grécia antiga.*

– Está certo, e precisamente o livro de Boswell me serviu de guia, na medida em que me indicou onde procurar o que faz o valor que as pessoas atribuem ao seu comportamento sexual.

– *Essa valorização do contexto cultural e do discurso que as pessoas mantêm sobre suas condutas sexuais é o reflexo de uma decisão metodológica de contornar a distinção entre predisposição inata para a homossexualidade e condicionamento social? Você tem uma convicção, qualquer que seja ela, nesse domínio?*

– Não tenho estritamente nada a dizer sobre esse ponto. *No comment.*

– *Você quer dizer que não há resposta para essa questão? Ou, então, que minha questão é uma falsa questão? Ou, simplesmente, que ela não nos interessa?*

– Não, nada disso. Eu não acho útil, simplesmente, falar de coisas que estão além do meu domínio de competência. A questão que você me propõe não é de minha alçada, e eu não gosto de falar do que não constitui verdadeiramente o objeto de meu trabalho. Sobre essa questão, tenho somente uma opinião; e, já que é somente uma opinião, não tem interesse.

– *Mas as opiniões podem ser interessantes, você não acha?*

– É verdade, eu poderia dar minha opinião, mas isso só teria sentido se todo mundo, quem quer que seja, fosse consultado. Não quero, sob pretexto de que sou entrevistado, aproveitar de uma posição de autoridade para fazer o comércio de opiniões.

158 Michel Foucault – Ditos e Escritos

– *Que seja. Vamos, então, mudar de orientação. Você pensa que se pode legitimamente falar de uma consciência de classe, no que concerne aos homossexuais? Devem-se estimular os homossexuais a considerar que eles fazem parte de uma classe, pela mesma razão que os operários não qualificados ou que os negros, em certos países? Quais devem ser, segundo você, os objetivos políticos dos homossexuais na condição de grupo?*

– Como resposta à sua primeira pergunta, eu direi que a consciência da homossexualidade vai certamente além da experiência individual e compreende o sentimento de pertencer a um grupo social particular. Isso é um fato incontestável, que remonta a tempos muito antigos. É claro, essa manifestação da consciência coletiva dos homossexuais é algo que muda com o tempo e varia de um lugar a outro. Ela assumiu, por exemplo, em diversas ocasiões, a forma da pertença a uma espécie de sociedade secreta, ou da pertença a uma raça maldita, ou, ainda, da pertença a uma fração da humanidade, ao mesmo tempo, privilegiada e perseguida – a consciência coletiva dos homossexuais sofreu inúmeras transformações, assim como, diga-se de passagem, a consciência coletiva dos operários não qualificados. É verdade que, mais recentemente, alguns homossexuais, segundo o modelo político, tentaram modelar certa consciência de classe. Meu sentimento é de que isso não foi realmente um sucesso, quaisquer que sejam as consequências políticas dessa atitude, porque os homossexuais não constituem uma classe social. Isso não quer dizer que não se possa imaginar uma sociedade na qual os homossexuais constituiriam uma classe social. Mas, dado nosso modo atual de organização econômica e social, não vejo a coisa se configurar.

Quanto a objetivos políticos do movimento homossexual, dois pontos podem ser destacados. É preciso, em primeiro lugar, considerar a questão da liberdade de escolha sexual. Eu digo liberdade de escolha sexual, e não liberdade de ato sexual, porque alguns atos, como o estupro, não deveriam ser permitidos, coloquem em causa um homem e uma mulher ou dois homens. Não acredito que devêssemos fazer de uma espécie de liberdade absoluta, de liberdade total de ação, no domínio sexual, nosso objetivo. Em compensação, quando se trata da liberdade de escolha sexual, nossa intransigência deve ser total. A liberdade de escolha sexual implica a liberdade de expressão

1982 – Escolha Sexual, Ato Sexual **159**

dessa escolha. Por isso, entendo a liberdade de manifestar ou de não manifestar essa escolha. É verdade que, no que concerne à legislação, progressos consideráveis foram atingidos nesse domínio, e que um movimento se iniciou para uma maior tolerância, mas há ainda muito a fazer.

Segundo, um movimento homossexual poderia ter como objetivo colocar a questão do lugar que ocupam para o indivíduo, em certa sociedade, a escolha sexual, o comportamento sexual e os efeitos das relações sexuais entre as pessoas. Essas questões são fundamentalmente obscuras. Veja, por exemplo, a confusão e o equívoco que envolvem a pornografia, ou a falta de clareza que caracteriza a questão do *status* legal suscetível de definir a ligação entre duas pessoas do mesmo sexo. Não quero dizer que a legislação do casamento entre homossexuais deva constituir um objetivo; mas que temos aí toda uma série de questões referentes à inserção e ao reconhecimento, no interior do quadro legal e social, de certo número de relações entre os indivíduos que devem encontrar uma resposta.

– Você considera, então, se estou entendendo, que o movimento homossexual não deve somente se proporcionar como objetivo aumentar a liberalidade das leis, mas deve também colocar questões mais vastas e mais profundas sobre o papel estratégico que desempenham as preferências sexuais e sobre a maneira como essas preferências são vistas. Você pensa que o movimento homossexual não deveria limitar-se somente à liberalização das leis relativas à escolha sexual do indivíduo, mas deveria também incitar o conjunto da sociedade a repensar seus pressupostos em matéria de sexualidade? O que quereria dizer, em outros termos, não que os homossexuais são desviantes que se deve deixar viver em paz, mas que se deve destruir todo o sistema conceitual que classifica os homossexuais entre os desviantes. Eis o que lança uma luz interessante sobre a questão dos educadores homossexuais. No debate que se instaurou na Califórnia, por exemplo, concernente ao direito dos homossexuais de ensinar nas escolas primárias e secundárias, os que eram contra esse direito se fundamentavam não somente na ideia de que os homossexuais podiam constituir um risco para a inocência, na medida em que eles eram suscetíveis de tentar seduzir seus alunos, mas também no fato de que os homossexuais podiam pregar a homossexualidade.

160 Michel Foucault – Ditos e Escritos

– Toda a pergunta, você entende, foi mal formulada. Em nenhum caso, a escolha sexual de um indivíduo deveria determinar a profissão que lhe é permitida, ou que lhe é proibida de exercer. As práticas sexuais não são simplesmente critérios pertinentes para decidir sobre a aptidão de um indivíduo a exercer alguma profissão. "Concordo, você me dirá, mas essa profissão é utilizada pelos homossexuais para incentivar outras pessoas a se tornarem homossexuais?"

Eu lhe responderei assim: você acredita que os professores que, durante anos, dezenas de anos, séculos, explicaram às crianças que a homossexualidade era inadmissível, você acredita que os manuais escolares que purgaram a literatura e falsificaram a história a fim de excluir certo número de condutas sexuais não causaram danos pelo menos tão sérios quanto os que se podem imputar a um professor homossexual que fala da homossexualidade e cujo único erro é explicar uma dada realidade, uma experiência vivida?

O fato de que um professor seja homossexual só pode ter efeito eletrizante e extremo sobre os alunos se o resto da sociedade se recusa a admitir a existência da homossexualidade. *A priori*, um professor homossexual não deveria causar mais problemas do que um professor calvo, um professor homem em uma escola de meninas, uma professora mulher em uma escola de meninos ou um professor árabe em uma escola da 16ª circunscrição de Paris.

Quanto ao problema do professor homossexual que procura ativamente seduzir seus alunos, tudo o que posso dizer é que a possibilidade desse problema está presente em todas as situações pedagógicas; encontram-se bem mais exemplos desse tipo de conduta entre os professores heterossexuais – simplesmente porque eles constituem a maioria dos professores.

– Observa-se uma tendência cada vez mais marcada, nos círculos intelectuais americanos, em particular entre as feministas mais convencidas, em distinguir entre a homossexualidade masculina e a homossexualidade feminina. Essa distinção se assenta sobre duas coisas. Primeiro, se o termo homossexualidade é usado para designar não somente uma inclinação para as relações afetivas com pessoas do mesmo sexo, mas também uma tendência a encontrar, entre os membros do mesmo sexo, uma sedução e uma gratificação eróticas, então é importante destacar coisas muito diferentes

1982 – Escolha Sexual, Ato Sexual 161

que acontecem, no plano físico, em um e outro encontros. A outra ideia sobre a qual se funda a distinção é que as lésbicas, no conjunto, parecem procurar em outra mulher o que oferece uma relação heterossexual estável: o apoio, a afeição, o compromisso a longo termo. Se esse não é o caso dos homossexuais homens, então se pode dizer que a diferença é surpreendente, senão fundamental. A distinção lhe parece útil e viável? Que razões podem-se discernir que justificam essas diferenças que muitas feministas radicais influentes destacam com tanta insistência?

– Só posso morrer de rir...

– *Minha pergunta é engraçada de uma maneira que me foge, ou estúpida, ou as duas coisas?*

– Ela não é, certamente, estúpida, mas eu a acho muito engraçada, sem dúvida por razões que não poderia explicar, mesmo se quisesse. Eu direi que a distinção proposta não me parece muito convincente, a julgar pelo que observo na atitude das lésbicas. Mas, além disso, seria necessário falar das pressões diferentes que se exercem sobre os homens e as mulheres que se declaram homossexuais ou tentam viver assim. Não creio que as feministas radicais dos outros países tenham, nessas questões, o ponto de vista que você descreve como sendo o das intelectuais americanas.

– *Freud declara em sua "Psicogênese de um caso de homossexualidade feminina" que todos os homossexuais são mentirosos.[2] Não é necessário levar essa afirmação a sério para se perguntar se a homossexualidade não comporta uma tendência à dissimulação que poderia ter incitado Freud a tais propósitos. Se substituímos a palavra "mentira" por palavras como "metáfora" ou "expressão indireta", não cercamos mais de perto o que é o estilo homossexual? Existe, aliás, algum interesse em falar de um estilo ou de uma sensibilidade homossexuais? Richard Sennett, por sua vez, considera que não há mais um estilo homossexual que um estilo heterossexual. É também o seu ponto de vista?*

---

2 Alusão à frase de Freud: "Eu lhe expliquei um dia que não tinha confiança nesses sonhos, que eles eram mentirosos", *in* "Sur la psychogenèse d'un cas d'homosexualité féminine", 1920, *Névrose, Psychose et Perversion*, Paris, PUF, 1973, p. 264.

162 Michel Foucault – Ditos e Escritos

– Sim, eu não penso que haja muito sentido em falar de um estilo homossexual. No próprio plano da natureza, o termo homossexualidade não significa grande coisa. Estou precisamente lendo um livro interessante, publicado há pouco nos Estados Unidos, e que se intitula *Proust and the art of loving* (*Proust e a arte de amar*).[3] O autor mostra a que ponto é difícil dar um sentido à proposição "Proust era homossexual". Parece-me que temos aí, definitivamente, uma categoria inadequada. Inadequada no sentido de que, por um lado, não se podem classificar os comportamentos, e, por outro, o termo não dá conta do tipo de experiência de que se trata. Poder-se-ia, a rigor, dizer que há um estilo *gay*, ou, pelo menos, uma tentativa progressiva de recriar certo estilo de existência, uma forma de existência ou uma arte de viver que se poderia chamar de "*gay*".

Para responder, agora, à sua pergunta concernente à dissimulação, é verdade que no século XIX, por exemplo, era necessário, em certa medida, esconder sua homossexualidade. Mas tratar os homossexuais de mentirosos equivale a tratar de mentirosos os resistentes a uma ocupação militar. Ou tratar os judeus de "agiotas", em uma época em que a profissão de agiota era a única que lhes permitiam exercer.

– *Parece evidente, no entanto, pelo menos no plano sociológico, que se possa atribuir ao estilo* gay *algumas características, algumas generalizações também que – apesar de sua risada de há pouco – lembram fórmulas estereotipadas, como a promiscuidade, o anonimato entre parceiros sexuais, a existência de relações puramente físicas etc.*

– Sim, mas as coisas não são totalmente tão simples. Em uma sociedade como a nossa, em que a homossexualidade é reprimida – e severamente –, os homens gozam de uma liberdade bem maior que as mulheres. Os homens têm a possibilidade de fazer amor muito mais frequentemente, e em condições claramente menos restritivas. Foram criadas casas de prostituição para satisfazer suas necessidades sexuais. De maneira irônica, isso teve como efeito certa permissividade em relação a práticas sexuais entre homens. Considera-se que o desejo sexual é mais intenso nos homens, e, então, que ele precisa mais

---

3 Rivers (J. C.), *Proust and the art of loving: the aesthetics of sexuality in the life, times and art of Marcel Proust*, Nova Iorque, Columbia University Press, 1980.

1982 – Escolha Sexual, Ato Sexual   163

de um exutório; assim, ao lado das casas de passagem, viu-se aparecerem banhos, onde os homens podiam se encontrar e ter entre si relações sexuais. Os banhos romanos tinham mais precisamente essa função, a de ser um lugar onde os heterossexuais se encontravam para o sexo. Foi somente no século XVI, eu penso, que se fecharam esses banhos, sob pretexto de que eram os lugares de uma devassidão sexual inaceitável. Dessa maneira, até a homossexualidade se beneficiou de certa tolerância em relação a práticas sexuais, enquanto ela se limitava a um simples encontro físico. E não somente a homossexualidade se beneficiou dessa situação, mas, de uma maneira singular – corrente nesse gênero de estratégias –, ela derrubou os critérios de tal maneira que os homossexuais puderam, em suas relações físicas, gozar de uma liberdade maior que os heterossexuais. Resulta daí que os homossexuais têm, hoje, a satisfação de saber que, em certo número de países – Holanda, Dinamarca, Estados Unidos, e até um país tão provincial como a França –, as possibilidades de encontros sexuais são imensas. Desse ponto de vista, o consumo, poder-se-ia dizer, aumentou muito. Mas isso não é necessariamente uma condição natural da homossexualidade, um dado biológico.

– *O sociólogo americano Philip Rieff, em um ensaio sobre Oscar Wilde intitulado* The impossible culture *(A cultura impossível),*[4] *vê em Wilde um precursor da cultura moderna. O ensaio começa por uma longa citação dos atos do processo de Oscar Wilde e continua com uma série de questões que o autor levanta quanto à viabilidade de uma cultura isenta de qualquer interdição – de uma cultura, então, que não conhece a necessidade da transgressão. Examinemos, se você permitir, o que diz Philip Rieff:*

"Uma cultura não resiste à ameaça da possibilidade pura contra ela senão na medida em que seus membros aprendem, por meio de sua pertença a ela, a restringir o leque das escolhas oferecidas.

À medida que a cultura é interiorizada e se torna caráter, é a individualidade que é obrigada, ou seja, aquilo a que Wilde atribuía mais preço. Uma cultura em crise favorece a expansão da individualidade; uma vez interiorizadas, as

---

4 Rieff (P.), "The impossible culture", *Salmagundi,* n. 58-59: *Homosexuality: sacrilege, vision, politics,* outono 1982-inverno 1983, p. 406-426.

164   Michel Foucault – Ditos e Escritos

coisas não pesam tanto para frear o jogo na superfície da experiência. Pode-se encarar a hipótese segundo a qual, em uma cultura que atingiria a crise máxima, tudo poderia ser expresso e nada seria verdadeiro. Sociologicamente, uma verdade é tudo o que milita contra a capacidade dos homens de tudo expressar. A repressão é a verdade."
Parece-lhe plausível o que diz Rieff de Wilde e da ideia de uma cultura encarnada por Wilde?

– Eu não estou certo de compreender as observações do professor Rieff. Que entende ele, por exemplo, por "a repressão é a verdade"?

– *De fato, eu penso que essa ideia é bastante próxima do que você explica em seus livros quando diz que a verdade é o produto de um sistema de exclusões, que ela é uma rede, uma* episteme *que define o que pode e o que não pode ser dito.*

– A questão importante, parece-me, não é saber se uma cultura isenta de restrições é possível ou até desejável, mas se o sistema de obrigações no interior do qual uma sociedade funciona deixa os indivíduos livres para transformar esse sistema. Vai haver sempre obrigações que serão intoleráveis para alguns membros da sociedade. O necrófilo acha intolerável que o acesso aos túmulos lhe seja proibido. Mas um sistema de obrigações só se torna realmente intolerável quando os indivíduos que são submetidos a esse sistema não têm os meios para modificá-los. Isso pode acontecer quando o sistema se torna intangível, seja porque é considerado como um imperativo moral ou religioso, seja porque se faz dele a consequência necessária da ciência médica. Se o que Rieff quer dizer é que as restrições devem ser claras e bem-definidas, então eu concordo.

– *De fato, Rieff diria que uma verdadeira cultura é uma cultura na qual as verdades essenciais foram tão bem interiorizadas por cada um que não é necessário exprimi-las verbalmente. É claro que, em uma sociedade de direito, seria necessário que o leque das coisas não permitidas fosse explícito, mas as grandes convicções de princípios ficariam, na maior parte, inacessíveis a uma formulação simples. Uma parte da reflexão de Rieff é dirigida contra a ideia de que é desejável se livrar das convicções de princípio em nome de uma liberdade perfeita, e também contra a ideia de que as restrições são, por definição, o que nós devemos todos trabalhar para fazer desaparecer.*

1982 – Escolha Sexual, Ato Sexual **165**

– Não há dúvida de que uma sociedade sem restrições é inconcebível; mas eu só posso corroborar, e dizer que essas restrições devem estar ao alcance daqueles que as sofrem a fim de que, pelo menos, lhes seja dada a possibilidade de modificá-las. Quanto às convicções de princípio, não penso que Rieff e eu estaríamos de acordo nem sobre seu valor, nem sobre o sentido que lhes daríamos, nem sobre as técnicas que permitem ensiná-las.

– *Você tem, sem nenhuma dúvida, razão nesse ponto. O que quer que seja, podemos deixar, agora, as esferas do direito e da sociologia para nos voltarmos ao domínio das letras. Eu gostaria de lhe pedir que comentasse a diferença entre o erótico, tal como se apresenta na literatura heterossexual, e o sexo, tal como o evidencia a literatura homossexual. O discurso sexual, nos grandes romances heterossexuais de nossa cultura – percebo a que ponto a designação "romances heterossexuais" é, em si mesma, duvidosa –, se caracteriza por certo pudor e certa discrição que parecem aumentar o charme das obras. Quando os escritores heterossexuais falam do sexo em termos muito explícitos, parece que se perde um pouco desse poder misteriosamente evocador, dessa força que se encontra em um romance como* Anna Karenina. *Está aí, de fato, um ponto que George Steiner desenvolve com muita pertinência em muitos dos seus ensaios. Contrastando com a prática dos grandes romancistas heterossexuais, temos o exemplo de diversos escritores homossexuais. Penso em Cocteau, por exemplo, que, em seu* Livro branco,[5] *consegue preservar o encantamento poético ao qual os escritores heterossexuais chegam por alusões veladas, descrevendo os atos sexuais nos termos mais realistas. Você pensa que existe mesmo tal diferença entre esses dois tipos de literatura, e, se sim, como você a justifica?*

– É uma questão muito interessante. Como eu disse anteriormente, li, nesses últimos anos, um grande número de textos latinos e gregos que descrevem as práticas sexuais tanto dos homens entre si quanto dos homens com as mulheres, e fiquei impressionado pela extrema pudicícia desses textos (há, é claro, algumas exceções). Tome um autor como Luciano. Temos aí um escritor antigo que, com certeza, fala da homossexualidade,

---

5 Cocteau (J.), *Le Livre blanc*, Paris, Sachs et Bonjean, 1928.

166 Michel Foucault – Ditos e Escritos

mas fala de uma maneira quase pudica. No fim de um de seus diálogos, por exemplo, ele evoca uma cena na qual um homem se aproxima de um garoto, põe a mão em seu joelho, depois a desliza sob sua túnica e acaricia seu peito; a mão desce, em seguida, para o ventre do jovem e, nesse ponto, o texto dá uma reviravolta.[6] Tenho tendência em atribuir esse pudor excessivo, que, em geral, caracteriza a literatura homossexual da Antiguidade, ao fato de que os homens gozavam, na época, em suas práticas homossexuais, de uma liberdade muito maior.

– *Compreendo. Em suma, quanto mais livres e francas são as práticas sexuais, mais se pode permitir falar delas de maneira reticente e enviesada. Isso explicaria por que a literatura homossexual é mais explícita em nossa cultura do que a literatura heterossexual. Mas eu me pergunto ainda se há, nessa explicação, alguma coisa que poderia justificar o fato de que a literatura homossexual consegue criar, na imaginação do leitor, os efeitos que cria a literatura heterossexual, utilizando muito precisamente os meios opostos.*

– Eu vou, se você me permite, tentar responder à sua pergunta de outra maneira. A heterossexualidade, pelo menos desde a Idade Média, foi sempre aprendida segundo dois eixos: o eixo da corte, em que o homem seduz a mulher, e o eixo do ato sexual em si. A grande literatura heterossexual do Ocidente se preocupou essencialmente com o eixo da corte amorosa, isto é, antes de mais nada, com o que precede o ato sexual. Toda a obra de refinamento intelectual e cultural, toda a elaboração estética no Ocidente sempre se voltou para a corte. É o que explica que o ato sexual em si seja relativamente pouco apreciado, tanto do ponto de vista literário quanto cultural e esteticamente.

Inversamente, não há nada que ligue a experiência homossexual moderna à corte. As coisas, aliás, não aconteciam assim na Grécia antiga. Para os gregos, a corte entre homens era mais importante que a corte entre homens e mulheres (pensemos somente em Sócrates e Alcibíades). Mas a cultura cristã ocidental baniu a homossexualidade, forçando-a a concentrar toda sua energia no ato em si. Os homossexuais não puderam elaborar um sistema de corte porque lhes recusaram a expressão cul-

---

6 Lucien, *Dialogues des courtisanes* (trad. E. Talbot), Paris, Jean-Claude Lattès, 1979.

1982 – Escolha Sexual, Ato Sexual 167

tural necessária a essa elaboração. O piscar de olhos na rua, a decisão, em uma fração de segundo, de agarrar a aventura, a rapidez com a qual as relações homossexuais são consumadas, tudo isso é produto de uma interdição. A partir do momento em que uma cultura e uma literatura homossexuais se esboçavam, era natural que elas se concentrassem no aspecto mais quente e mais apaixonado das relações homossexuais.

– *Ouvindo-o, torno a pensar na célebre fórmula de Casanova: "O melhor momento, no amor, é quando se sobe a escada." Seria difícil, hoje, imaginar essas palavras na boca de um homossexual.*

– Exatamente. Um homossexual diria antes: "O melhor momento, no amor, é quando o amante vai embora em um táxi."

– *Não posso impedir-me de pensar que aí está uma descrição mais ou menos precisa das relações entre Swann e Odette no primeiro volume de* Em busca do tempo perdido.[7]

– Sim, é verdade, em um sentido. Mas, ainda que se trate aqui de uma relação entre um homem e uma mulher, seria necessário, descrevendo-a, levar em conta a natureza da imaginação que a concebeu.

– *E seria necessário, também, levar em conta a natureza patológica da relação tal como o próprio Proust a concebeu.*

– Eu gostaria, da mesma forma, de deixar de lado, nesse contexto, a questão da patologia. Prefiro simplesmente me ater à observação pela qual abri esta parte de nossa conversa, a saber, que, para um homossexual, é provável que o melhor momento do amor seja aquele em que o amante vai embora em um táxi. É quando o ato é consumado e que o rapaz foi embora que se começa a pensar no calor de seu corpo, na qualidade de seu sorriso, no tom de sua voz. É a lembrança mais do que a antecipação do ato que importa, antes de tudo, nas relações homossexuais. É a razão pela qual os grandes escritores homossexuais de nossa cultura (Cocteau, Genet, Burroughs) puderam descrever com tanta elegância o ato sexual em si: a imaginação homossexual se liga, essencialmente, à lembrança mais do que à antecipação desse ato. E, como eu disse antes, tudo isso é o produto de considerações práticas, de coisas

---

7 Proust (M.), *À la recherche du temps perdu*, t. I: *Du côté de chez Swann*, 2ᵉ partie: *Un amour de Swann*, Paris, Éd. de la Nouvelle Revue Française, 1929.

168 Michel Foucault – Ditos e Escritos

muito concretas que nada dizem da natureza intrínseca da homossexualidade.

– Você pensa que isso tem alguma influência sobre a pretensa proliferação das perversões na hora atual? Faço alusão a fenômenos como a cena sadomasoquista, os golden showers, *os divertimentos escatológicos e outras coisas do mesmo gênero. Sabemos que essas práticas existem há bastante tempo, mas parece que hoje se se entrega a elas de maneira muito mais aberta.*

– Eu direi também que muito mais pessoas se entregam a elas.

– Você pensa que esse fenômeno e o fato de que a homossexualidade hoje se mostre, tornando pública sua forma de expressão, estão, de alguma maneira, ligados?

– Arriscarei a seguinte hipótese: em uma civilização que, durante séculos, considerou que a essência da relação entre duas pessoas residia no fato de saber se sim ou não uma das duas partes ia ceder à outra, todo o interesse e toda a curiosidade, toda a audácia e manipulação que comprovam as partes em questão sempre visaram à submissão do parceiro a fim de se deitar com ele. No momento em que os encontros sexuais se tornaram extremamente fáceis e numerosos, como é o caso dos encontros homossexuais, as complicações só intervêm mais tarde. Nesses encontros casuais, é somente depois de ter feito amor que se começa a se indagar sobre o outro. Uma vez consumado o ato sexual, pergunta-se ao seu parceiro: "Na verdade, como é mesmo o seu nome?"

Estamos, então, em presença de uma situação na qual toda a energia e a imaginação, se bem canalizadas pela corte em uma relação heterossexual, se aplicam aqui a intensificar o ato sexual em si. Desenvolve-se hoje toda uma nova arte da prática sexual, que tenta explorar as diversas possibilidades internas do comportamento sexual. Vê-se constituir, em cidades como São Francisco e Nova Iorque, o que se poderia chamar de laboratórios de experimentação sexual. Pode-se ver neles a contrapartida das cortes medievais, que definiam regras muito estritas de propriedade no ritual de corte.

É porque o ato sexual se tornou tão fácil e tão acessível aos homossexuais que ele corre o risco de se tornar rapidamente maçante; assim, faz-se tudo o que é possível para inovar e introduzir variações que intensificam o prazer do ato.

1982 – Escolha Sexual, Ato Sexual **169**

– *Sim, mas por que essas inovações tomaram essa forma, e não outra? De onde vem a fascinação pelas funções excretórias, por exemplo?*

– Eu acho mais surpreendente, de uma maneira geral, o fenômeno do sadomasoquismo. Mais surpreendente na medida em que as relações sexuais se elaboram e se exploram pelo viés de relações míticas. O sadomasoquismo não é uma relação entre aquele (ou aquela) que sofre e aquele (ou aquela) que inflige seu sofrimento, mas entre um mestre e a pessoa sobre a qual se exerce sua autoridade. O que interessa aos adeptos do sadomasoquismo é o fato de que a relação é, ao mesmo tempo, submetida a regras e aberta. Ela se parece com um jogo de xadrez, porque um pode ganhar, e o outro, perder. O mestre pode perder, no jogo sadomasoquista, se ele se revela incapaz de satisfazer as necessidades e as exigências de sofrimento de sua vítima. Assim também, o escravo pode perder, se ele não consegue tolerar, ou se ele não suporta tolerar, o desafio que lhe lança seu mestre. Essa mistura de regras e de abertura tem como efeito intensificar as relações sexuais, introduzindo uma novidade, uma tensão e uma incerteza perpétuas, de que está isenta a simples consumação do ato. O objetivo é, também, utilizar cada parte do corpo como um instrumento sexual.

De fato, a prática do sadomasoquismo está ligada à expressão célebre "animal triste *post coitum*". Como o coito é imediato nas relações homossexuais, o problema se torna: "O que se pode fazer para se proteger do acesso de tristeza?"

– *Você veria uma explicação no fato de que os homens parecem hoje mais bem dispostos a aceitar a bissexualidade das mulheres do que a dos homens?*

– Isso tem, sem dúvida, a ver com o papel que exercem as mulheres na imaginação dos homens heterossexuais. Eles as consideram, desde sempre, como sua propriedade exclusiva. A fim de preservar essa imagem, um homem devia impedir sua mulher de estar muito em contato com outros homens; as mulheres se viram, assim, restritas ao único contato social com outras mulheres, o que explica que uma tolerância maior tenha se exercido em relação às relações físicas entre mulheres. Por outro lado, os homens heterossexuais tinham a impressão de que, se praticassem a homossexualidade, isso destruiria o que eles imaginam ser sua imagem junto às mulheres. Eles pensam que, no espírito das mulheres, eles são os mestres. Eles acre-

170 Michel Foucault – Ditos e Escritos

ditam que a ideia de que possam submeter-se a outro homem, ser dominados por ele no ato de amor, destruirá sua imagem junto às mulheres. Os homens pensam que as mulheres só podem ter prazer com a condição de que os reconheçam como mestres. Mesmo para os gregos, o fato de ser o parceiro passivo em uma relação amorosa constituía um problema. Para um membro da nobreza grega, fazer amor com um escravo macho passivo era natural, já que o escravo era, por natureza, inferior. Mas, quando dois gregos da mesma classe social queriam fazer amor, isso apresentava um verdadeiro problema, porque nenhum dos dois consentia em rebaixar-se ao outro.

Os homossexuais de hoje conhecem ainda esse problema. A maior parte deles considera que a passividade é, de alguma maneira, degradante. A prática sadomasoquista contribuiu, de fato, para tornar o problema menos agudo.

– Você tem o sentimento de que as formas culturais que se desenvolvem na comunidade gay são, em uma muito grande medida, destinadas aos jovens membros dessa comunidade?

– Sim, é muito o caso, eu penso, mas não estou certo de que seja preciso tirar daí conclusões importantes. É certo que, na condição de homem de 50 anos, tenho a impressão, quando leio certas publicações feitas por e para os *gays*, de que elas não se dirigem a mim, que não tenho aí, de alguma maneira, meu lugar. Não me fundamentarei nesse fato para criticar essas publicações, que, afinal de contas, estão aí para satisfazer o interesse de seus autores e de seus leitores. Mas não posso deixar de observar que há uma tendência, entre os *gays* cultos, em considerar que os grandes problemas, as grandes questões de estilo de vida interessam, em primeiro lugar, às pessoas que têm entre 20 e 30 anos.

– Não vejo por que isso não poderia constituir a base não somente de uma crítica de algumas publicações específicas, mas também da vida gay em geral.

– Não digo que não se poderia encontrar aí matéria para criticar, mas somente que essa crítica não me parece útil.

– Por que não considerar, nesse contexto, o culto devotado ao jovem corpo macho como o próprio núcleo dos fantasmas homossexuais clássicos, e falar da maneira como esse culto provoca a negação dos processos de vida ordinários, em particular o envelhecimento e o declínio do desejo?

1982 – Escolha Sexual, Ato Sexual   171

– Olhe, essas questões que você levanta não são novas, e você o sabe. No que concerne ao culto devotado ao jovem corpo macho, não estou totalmente convencido de que ele seja específico dos homossexuais, ou que seja preciso considerá-lo como patológico. Se é isso que exprime sua questão, então eu a rejeito. Mas eu o lembrarei de que, além do fato de que os *gays* são necessariamente tributários dos processos de vida, eles são também, na maior parte dos casos, muito conscientes. As publicações *gay* não consagram, talvez, tanto lugar quanto eu o desejaria às questões de amizade entre homossexuais ou à significação das relações na ausência de códigos ou de linhas de conduta estabelecidos; mas cada vez mais *gays* resolveram essas questões por si mesmos. E, você sabe, eu penso que o que incomoda mais os que não são homossexuais, na homossexualidade, é o estilo de vida *gay*, e não os atos sexuais em si.

– *Você faz alusão a coisas como as marcas de ternura e as carícias que os homossexuais se fazem em público, ou, então, à maneira ostensiva como eles se vestem, ou, ainda, ao fato de que eles exibem vestimenta uniforme?*

– Todas essas coisas só podem ter um efeito perturbador sobre algumas pessoas. Mas eu fazia alusão, principalmente, ao medo comum de que os *gays* não estabeleçam relações que, ainda que não se conformem em nada ao modelo de relações defendido pelos outros, apareçam, apesar de tudo, como intensas e satisfatórias. É a ideia de que os homossexuais possam criar relações sobre as quais não podemos ainda prever o que elas serão que muitas pessoas não suportam.

– *Você faz alusão, então, a relações que não implicam nem a possessividade nem a fidelidade – para só mencionar dois dos fatores comuns que poderiam ser negados?*

– Se não podemos ainda prever o que serão essas relações, então, não podemos realmente dizer que tal ou tal traço será negado. Mas podemos ver como, no exército, por exemplo, o amor entre os homens pode nascer e afirmar-se em circunstâncias em que somente o puro costume e o regulamento vigoram. E é possível que mudanças afetem, em uma proporção mais ampla, as rotinas estabelecidas, à medida que os homossexuais aprenderem a exprimir seus sentimentos em relação uns aos outros sobre modos mais variados, e criarem estilos de vida que não se parecem com os modelos institucionalizados.

172   Michel Foucault – Ditos e Escritos

– *Você considera que o seu papel seja de dirigir-se à comunidade gay, em particular sobre questões de importância geral como as que você levanta?*

– Eu tenho, naturalmente, conversações regulares com outros membros da comunidade *gay*. Nós discutimos, nós tentamos maneiras de nos abrirmos uns aos outros. Mas preocupo-me em não impor minhas próprias visões, em não ser contraplano ou programa. Não quero desincentivar a invenção, não quero que os homossexuais deixem de acreditar que são eles que devem regular suas próprias relações, descobrindo o que cabe à sua situação individual.

– *Você não pensa que há conselhos particulares, ou uma perspectiva específica, que um historiador ou um arqueólogo da cultura como você possa oferecer?*

– É sempre útil compreender o caráter historicamente contingente das coisas, ver como e por que as coisas se tornaram o que são. Mas não sou o único que está preparado para mostrar essas coisas, e quero me reservar de deixar supor que alguns desenvolvimentos foram necessários ou inevitáveis. Minha contribuição pode, naturalmente, ser útil em certos domínios, mas, uma vez ainda, quero evitar impor meu sistema ou meu plano.

– *Você pensa que, de uma maneira geral, os intelectuais são, a respeito dos diferentes modos de comportamento sexual, mais tolerantes ou mais receptivos que outras pessoas? Se sim, será porque eles compreendem mais a sexualidade humana? Se não, como você pensa que você mesmo e outros intelectuais podem fazer progredir a situação? Qual é o melhor meio de reorientar o discurso racional sobre o sexo?*

– Penso que, em matéria de tolerância, cultivamos inúmeras ilusões. Tome o incesto, por exemplo. O incesto foi, durante muito tempo, uma prática popular – entendo por isso uma prática muito difundida no povo. Foi por volta do fim do século XIX que diversas pressões sociais começaram a exercer-se contra o incesto. E é claro que a grande interdição do incesto é uma invenção dos intelectuais.

– *Você quer dizer de figuras como Freud e Lévi-Strauss, ou você está pensando na classe intelectual em seu conjunto?*

– Não, eu não viso a ninguém em particular. Chamo somente sua atenção para o fato de que, se você procurar, na literatura do século XIX, estudos sociológicos ou antropológicos sobre o incesto, você não vai encontrar. Existem, aqui e acolá, alguns relatórios médicos e outros, mas parece que a prática do incesto não era realmente problema na época.

É verdade, sem dúvida, que esses assuntos são abordados mais abertamente nos meios intelectuais, mas isso não é necessariamente o sinal de uma maior tolerância. É, até, algumas vezes, o índice do contrário. Há 10 ou 15 anos, na época em que eu frequentava o meio burguês, eu me lembro que era raro que uma noite se passasse sem que se abordasse a questão da homossexualidade e da pederastia – em geral, não se esperava nem mesmo a sobremesa. Mas aqueles que abordavam francamente essas questões não teriam, provavelmente, jamais admitido a pederastia de seus filhos.

Quanto a prescrever a orientação que deve seguir um discurso racional sobre o sexo, prefiro não legiferar nesse domínio. Por uma razão: a expressão "discurso intelectual sobre o sexo" é muito vaga. Ouvem-se certos sociólogos, sexólogos, psiquiatras, médicos e moralistas manter propósitos muito estúpidos – assim como outros membros dessas mesmas profissões têm propósitos muito inteligentes. A questão, em minha opinião, não é, então, a de um discurso intelectual sobre o sexo, mas de um discurso estúpido e de um discurso inteligente.

– *E eu pensei que você tivesse, há pouco, descoberto certo número de obras que progridem na boa direção?*

– Mais, é verdade, do que eu não tinha razão de imaginá-lo há alguns anos. Mas, no conjunto, a situação é sempre menos do que reconfortante.

1982

Foucault: Não aos Compromissos

"Foucault: non aux compromis" (entrevista com R. Surzur), *Gai Pied*, n. 43, outubro de 1982, p. 9.

– Os homossexuais têm razão de ter medo da polícia? Existe entre eles um sentimento de paranoia?

– Há quatro séculos, a homossexualidade foi muito mais o objeto de repressão, de vigilância e de intervenção de tipo policial do que de tipo judiciário. Há certo número de homossexuais que foram vítimas da intervenção da justiça, das leis. Mas isso fica muito limitado em número em relação à repressão policial. Por exemplo, não é verdade que se queimavam os homossexuais no século XVII, mesmo se aconteceu algumas vezes. Em compensação, é por centenas que se prendiam no Luxembourg ou no Palais-Royal. Conheço pouco a situação atual, não saberia dizer se os homossexuais são paranoicos ou não, mas, até por volta de 1970, sabia-se muito bem que os donos de bar, de sauna eram agredidos pela polícia e que há aí um encadeamento complexo, eficaz e pesado de repressão policial.

– Mais que perigosos, a polícia parece considerar os homossexuais como estando em perigo. O que você pensa disso?

– Não existe diferença de fundo entre dizer que alguém está em perigo e que alguém é perigoso. A mudança se faz logo: isso aconteceu para os loucos que foram colocados nos hospitais, porque eles estavam em perigo na vida corrente. O deslocamento de "em perigo" para "perigosos" é um deslocamento que não pode produzir-se, dados todos os mecanismos de que se dispõe para nos observar.

– A dissolução do serviço especialmente encarregado dos homossexuais lhe parece positiva?

– Era inadmissível que certo número de lugares fosse o objeto de uma intervenção particular da polícia a partir desse

1982 – Foucault: Não aos Compromissos **175**

elemento discriminatório que era que a prática sexual das pessoas era a homossexualidade.

– *O que você pensa da circular Defferre visando a suprimir toda discriminação dos homossexuais, e da atitude do Partido Socialista?*

– Que um ministro tenha mandado divulgar uma circular como essa é muito importante, mesmo se ela não é aplicada, porque é um ato político: pode-se-lhe objetar o fato de servir-se disso como ponto de partida para uma campanha. Prefiro um político como esse a outro que deixaria as coisas correrem em uma meia-tolerância, mantendo discursos reacionários contra os homossexuais. Chegaria um momento em que seria necessário sofrer suas consequências. Quanto ao P. S., ele tomou, muito rapidamente, uma vez no governo, certo número de medidas. O aparelho legislativo foi modificado, e o Código Penal o será. É claro, é preciso continuar lutando.

– *Parece que estão caminhando para uma repressão suave, localizada somente em alguns pontos: o vídeo pornô, por exemplo...*

– Vou chegar ao ponto em que é preciso lutar: a lei e a polícia não têm nada a ver com a vida sexual dos indivíduos. A sexualidade, o prazer sexual não são critérios determinantes na ordem da polícia e da justiça. Mas a sexualidade não deve ser protegida como uma espécie de tesouro pessoal sobre o qual a força pública não tem de intervir, ela deve ser o objeto de uma cultura, e o prazer sexual, como foco de criação de cultura, é algo muito importante. É sobre isso que é preciso esforçar-se. Quanto ao vídeo pornô, o que a polícia tem a ver com o fato de se mostrar pessoas fazendo amor em tal ou tal posição? A perseguição contra imagens, o limite de intolerância é uma coisa contra a qual é preciso lutar.

– *Um dos argumentos da polícia contra uma liberalização total é de que ela deve, ao mesmo tempo, contentar os que querem liberdades e os que não querem.*

– Em Toronto, aconteceu algo assim. Depois de um período de maior tolerância, chegou um momento em que as autoridades municipais fecharam certo número de lugares, ações judiciárias foram promovidas. E a justificação foi: "Estamos de acordo com uma liberalização, mas a comunidade à qual vocês pertencem não tolera mais os excessos aos quais vocês se entregam: boates S. M., saunas etc. Somos levados a nos

176 Michel Foucault – Ditos e Escritos

colocarmos no meio desse conflito, e está bem claro que é a maioria que terá a última palavra." Aí, é preciso ser intransigente, não se pode estabelecer um compromisso entre a tolerância e a intolerância, só se pode estar do lado da tolerância. Não se deve procurar um equilíbrio entre os que perseguem e os que são perseguidos. Não se pode estabelecer como objetivo ganhar milímetro por milímetro. Sobre esse ponto da relação entre a polícia e o prazer sexual, é preciso ir longe e assumir posições de princípio.

1982

A Hermenêutica do Sujeito

"L'herméneutique du sujet", *Annuaire du Collège de France, 82ᵉ année, Histoire des systèmes de pensée, année 1981-1982*, 1982, p. 395-406.

O curso deste ano foi consagrado à formação do tema da hermenêutica de si. Tratava-se de estudá-la não somente em suas formulações teóricas; mas de analisá-la em relação com um conjunto de práticas que tiveram, na Antiguidade clássica ou tardia, uma importância muito grande. Essas práticas dependiam do que se chamava frequentemente em grego *epimeleia heautou*, em latim *cura sui*. Esse princípio que se tem em "ocupar-se de si", em "preocupar-se consigo mesmo", é sem dúvida, aos nossos olhos, obscurecido pelo brilho do *gnothi seauton*. Mas é preciso lembrar que a regra de ter de se conhecer a si mesmo foi regularmente associada ao tema da preocupação consigo. Do começo ao fim da cultura antiga, é fácil encontrar testemunhos da importância atribuída ao "cuidado de si" e de sua conexão com o tema do conhecimento de si.

Em primeiro lugar, com o próprio Sócrates. Na *Apologia*, vê-se Sócrates se apresentar aos seus juízes como o mestre da preocupação de si.[1] Ele é aquele que interpela os passantes e lhes diz: você se ocupa de suas riquezas, de sua reputação e das honras; mas com sua virtude, e com sua alma, você não se preocupa. Sócrates é aquele que zela para que seus concidadãos "se preocupem com eles mesmos". Ora, a propósito dessa função, Sócrates diz um pouco adiante, na mesma *Apologia*, três coisas importantes: é uma missão que lhe foi confiada pelo deus, e ele não a abandonará antes de seu último suspiro; é uma tarefa desinteressada, para a qual ele não exige nenhuma retribuição, ele a cumpre por pura benevolência; enfim, é

---

1 Platão, *Apologie de Socrate*, 29ᵉ (trad. M. Croiset), Paris, Les Belles Lettres, "Collection des universités de France", 1925, p. 157-166.

178 Michel Foucault – Ditos e Escritos

uma função útil para a cidade, mais útil até que a vitória de um atleta em Olímpia, porque, ensinando aos cidadãos a ocupar-se deles mesmos (mais do que de seus bens), ensina-se-lhes também a ocupar-se da própria cidade (mais do que de seus negócios materiais). Em vez de condená-lo, seus juízes fariam melhor recompensando Sócrates por ter ensinado aos outros a se preocupar consigo mesmos.

Oito séculos mais tarde, a mesma noção de *epimeleia heautou* aparece com uma função igualmente importante em Gregório de Nissa. Ele invoca desse termo o movimento pelo qual se renuncia ao casamento, desapega-se da carne, e pelo qual, através da virgindade do coração e do corpo, reencontra-se a imortalidade de que se tinha declinado. Em outra passagem do *Tratado da virgindade*,[2] ele faz da parábola da dracma perdida o modelo de cuidado de si: para uma dracma perdida, é preciso acender a lâmpada, revirar a casa, explorar seus recantos, até que se veja brilhar na sombra o metal da moeda; da mesma maneira, para encontrar a efígie que Deus imprimiu em nossa alma e que o corpo recobriu com sujeira, é preciso "tomar cuidado de si mesmo", acender a luz da razão e explorar todos os recônditos da alma. Vê-se: o ascetismo cristão, como a filosofia antiga, coloca-se sob o signo da preocupação consigo e com o fato da obrigação de ter de se conhecer um dos elementos dessa preocupação essencial.

Entre essas duas referências extremas – Sócrates e Gregório de Nissa –, pode-se constatar que o cuidado de si constituiu não somente um princípio, mas uma prática constante. Podem-se tomar dois outros exemplos, muito distantes, desta vez, pelo modo de pensamento e o tipo de moral. Um texto epicurista, a *Carta a Meneceu*,[3] começa assim: "Não é jamais nem muito tarde para tomar cuidado de sua alma. Deve-se, então, filosofar quando se é jovem e quando se é velho": a filosofia é assimilada ao cuidado da alma (o termo é precisamente médico: *hugiainein*), e esse cuidado é uma tarefa que deve ser perseguida durante toda a vida. No *Tratado da vida contempla-*

---

2 Grégoire de Nyssse, *Traité de la virginité* (trad. Michel Aubineau), Paris, Éd. du Cerf, col. "Sources chrétiennes", n. 119, 1966, p. 411-417 e 422-431.
3 Epicuro, Lettre à Ménécée (trad. M. Conche), *in Lettres et Maximes*, Villers-sur-Mer, Éd. de Mégare, 1977, § 122, p. 217.

1982 – A Hermenêutica do Sujeito **179**

tiva, Fílon designa, assim, certa prática dos terapeutas como uma *epimeleia* da alma.[4]

Não poderíamos, no entanto, ater-nos a isso. Seria um erro acreditar que o cuidado de si foi uma invenção do pensamento filosófico e que ele constituiu um preceito próprio à vida filosófica. Era, de fato, um preceito de vida que, de um modo geral, era altamente valorizado na Grécia. Plutarco cita um aforismo lacedemoniano que, desse ponto de vista, é muito significativo.[5] Perguntava-se, um dia, a Alexandrido por que seus compatriotas, os espartíacos, confiavam a cultura de suas terras a escravos em vez de se reservar para eles essa atividade. A resposta foi esta: "Porque nós preferimos nos ocupar de nós mesmos." Ocupar-se de si é um privilégio; é a marca de uma superioridade social, em oposição aos que devem ocupar-se dos outros para servi-los, ou, ainda, ocupar-se de um ofício para poder viver. A vantagem que dão a riqueza, o *status*, o nascimento se traduz pelo fato de que se tem a possibilidade de se ocupar de si mesmo. Pode-se observar que a concepção romana do *otium* não deixa de ter relação com esse tema: o "lazer" aqui designado é por excelência o tempo que se passa a ocupar-se di si mesmo. Nesse sentido, a filosofia, na Grécia como em Roma, só transpôs ao interior de suas exigências próprias um ideal social muito mais difundido.

Em todo caso, mesmo tendo-se tornado um princípio filosófico, o cuidado de si permaneceu uma forma de atividade. O próprio termo *epimeleia* não designa simplesmente uma atitude de consciência ou uma forma de atenção que se teria consigo mesmo; ele designa uma ocupação regrada, um trabalho com seus procedimentos e seus objetivos. Xenofonte, por exemplo, emprega o termo *epimeleia* para designar o trabalho do dono de casa que dirige sua exploração agrícola. É uma palavra que se utiliza também para designar os deveres rituais que se prestam aos deuses e aos mortos. A atividade do soberano que zela sobre seu povo e dirige a cidade é chamada *epimeleia* por Dion de Prusa. Será necessário, então, compre-

---

4 Fílon de Alexandria, *De la vie contemplative* (trad. F. Daumas e P. Miquel), *in Œuvres*, n. 29, Paris, Éd. du Cerf, 1963, p. 105.

5 Plutarco, *Apophthegmata laconica*, 217a. *Apophtegmes laconiens* (trad. F. Fuhrmann), *in Œuvres morales*, Paris, Les Belles Lettres, "Collection des universités de France", 1988, t. III, p. 171-172.

180 Michel Foucault – Ditos e Escritos

ender, quando os filósofos e moralistas recomendarem para se preocupar consigo (*epimeleisthai heautô*), que eles não aconselham simplesmente prestar atenção a si mesmo, evitar os erros ou os perigos ou manter-se ao abrigo. É a todo um domínio de atividades complexas e regradas que eles se referem. Pode-se dizer que, em toda a filosofia antiga, o cuidado de si foi considerado, ao mesmo tempo, como um dever e como uma técnica, uma obrigação fundamental e um conjunto de procedimentos cuidadosamente elaborados.

*

O ponto de partida de um estudo consagrado ao cuidado de si é naturalmente o *Alcibíades*.[6] Três questões aparecem aí, concernentes à relação do cuidado de si com a política, com a pedagogia e com o conhecimento de si. A confrontação do *Alcibíades* com os textos dos séculos I e II mostra várias transformações importantes.

1. Sócrates recomenda a Alcibíades que aproveite sua juventude para ocupar-se dele mesmo: "Com 50 anos, seria muito tarde." Mas Epicuro dizia: "Quando se é jovem, não se deve hesitar em filosofar, e, quando se é velho, não se deve hesitar em filosofar. Não é jamais nem muito cedo nem muito tarde para tomar cuidado de sua alma." É esse princípio do cuidado perpétuo, durante toda a vida, que vence, muito nitidamente. Musonius Rufus, por exemplo: "É preciso cuidar-se incessantemente, se se quer viver de maneira salutar." Ou Galeno: "Para se tornar um homem completo, cada um precisa exercer-se, por assim dizer, toda sua vida", mesmo se é verdade que vale mais "ter, desde sua mais tenra infância, zelado sobre a alma".

É um fato que os amigos aos quais Sêneca ou Plutarco dão seus conselhos não são absolutamente adolescentes ambiciosos aos quais Sócrates se dirigia: são homens, às vezes jovens (como Serenus), às vezes em plena maturidade (como Lucilius, que exercia o cargo de procurador da Sicília quando Sêneca e ele trocam uma longa correspondência espiritual). Epícteto, que mantém escola, tem alunos ainda bem jovens, mas acontece-lhe de interpelar adultos – e até "personagens consulares" – para chamá-los ao cuidado de si.

---

6 Platão, *Alcibiade* (trad. M. Croiset), Paris, Les Belles Lettres, "Collection des universités de France", 1985, p. 99.

1982 – A Hermenêutica do Sujeito   181

Ocupar-se de si não é, então, uma simples preparação momentânea para a vida; é uma forma de vida. Alcibíades se dava conta de que ele devia preocupar-se consigo, na medida em que quisesse, em seguida, ocupar-se dos outros. Trata-se, agora, de ocupar-se de si, por si mesmo. Deve-se ser para si mesmo, e durante toda a sua existência, seu próprio objeto.

Daí a ideia da conversão a si (*ad se convertere*), a ideia de todo um movimento da existência pelo qual se faz um retorno sobre si mesmo (*eis heauton epistrephein*). Sem dúvida, o tema da *epistrophê* é um tema tipicamente platônico. Mas (já se pôde ver no *Alcibíades*), o movimento pelo qual a alma se volta para si mesma é um movimento pelo qual seu olhar é atraído para "o alto" – para o elemento divino, para as essências e para o mundo supraceleste no qual essas são visíveis. A volta para a qual convidam Sêneca, Plutarco e Epícteto é, de alguma maneira, um volta no mesmo lugar: ela não tem outro fim nem outro termo senão o de estabelecer-se junto a si mesma, de "residir em si mesma" e de ficar aí. O objetivo final da conversão em si é estabelecer certo número de relações consigo mesmo. Essas relações são, às vezes, concebidas no modelo jurídico-político: ser soberano sobre si mesmo, exercer sobre si mesmo um domínio perfeito, ser plenamente independente, ser completamente "seu" (*fieri suum*, diz frequentemente Sêneca). Elas são representadas frequentemente sobre o modelo do gozo possessivo: gozar de si, ter seu prazer consigo mesmo, encontrar em si toda sua voluptuosidade.

2. Uma segunda grande diferença concerne à pedagogia. No *Alcibíades*, o cuidado de si se impunha em razão das falhas da pedagogia; tratava-se ou de completá-la ou de se substituir a ela; tratava-se, em todo caso, de dar uma "formação".

A partir do momento em que o devotamento a si se tornou uma prática adulta que se deve exercer durante toda a vida, seu papel pedagógico tende a apagar-se e outras funções se afirmam.

a) Primeiro, uma função crítica. A prática de si deve permitir desfazer-se de todos os maus hábitos, de todas as opiniões falsas que se podem receber da multidão, ou dos maus mestres, mas também dos parentes e da vizinhança. "Desaprender" (*dediscere*) é uma das tarefas importantes da cultura de si.

b) Mas ela tem também uma função de luta. A prática de si é concebida como um combate permanente. Não se trata

182 Michel Foucault – Ditos e Escritos

simplesmente de formar, para o futuro, um homem de valor. É preciso dar ao indivíduo as armas e a coragem que lhe permitirão bater-se toda sua vida. Sabe-se quanto eram frequentes duas metáforas: a da disputa atlética (é-se na vida como um lutador que tem de se desfazer de seus adversários sucessivos e que deve treinar mesmo quando não combate) e a da guerra (é preciso que a alma esteja disposta como um exército que um inimigo está sempre suscetível de atacar).

c) Mas, sobretudo, essa cultura de si tem uma função curativa e terapêutica. Ela está muito mais próxima do modelo médico que do modelo pedagógico. É preciso, é claro, lembrar-se dos fatos que são muito antigos na cultura grega: a existência de uma noção como a de *pathos*, que significa tanto a paixão da alma quanto a doença do corpo; a amplitude de um campo metafórico que permite aplicar ao corpo e à alma expressões como cuidar, curar, amputar, escarificar, purgar. É preciso também lembrar o princípio familiar aos epicuristas, aos cínicos e aos estoicos de que o papel da filosofia é curar as doenças da alma. Plutarco poderá dizer, um dia, que a filosofia e a medicina constituem *mia khôra*, uma só região, um só domínio. Epícteto não queria que sua escola fosse considerada como um simples lugar de formação, mas, sim, como um "consultório médico", um *iatreion*; ele queria que ela fosse um "dispensário da alma"; ele queria que seus alunos chegassem com a consciência de estar doentes: "Um, dizia ele, com um ombro deslocado, o outro com um abscesso, o terceiro com uma fístula, aquele com dores de cabeça."

3. Nos séculos I e II, a relação consigo é sempre considerada como devendo apoiar-se na relação com um mestre, com um diretor, ou, em todo caso, com um outro. Mas isso em uma independência cada vez mais marcada quanto à relação amorosa.

Que não se possa ocupar-se de si sem a ajuda de um outro é um princípio muito geralmente admitido. Sêneca dizia que ninguém é jamais bastante forte para se separar por ele mesmo do estado de *stultitia* no qual ele está: "Ele precisa que lhe estendam a mão e que o tirem dele." Galeno, da mesma maneira, dizia que o homem gosta muito de si próprio para poder curar-se sozinho de suas paixões: ele tinha visto frequentemente "tropeçarem" homens que não tinham consentido em se entregar à autoridade de outro. Esse princípio é verdadeiro para os iniciantes; mas ele o é também, em seguida, e até o fim da vida.

1982 – A Hermenêutica do Sujeito   183

A atitude de Sêneca, em sua correspondência com Lucilius, é característica: não importa ele ser idoso, ter renunciado a todas as suas atividades, ele dá conselhos a Lucilius, mas pede-lhe e se felicita da ajuda que encontra nessa troca de cartas. O que é notável nessa prática da alma é a multiplicidade das relações sociais que podem servir-lhe de apoio.

– Há organizações escolares muito estritas: a escola de Epícteto pode servir de exemplo: acolhem-se aí ouvintes de passagem, ao lado dos alunos que ficavam para um estágio mais longo; mas aí se dava também um ensino aos que quisessem tornar-se eles próprios filósofos e diretores de almas; algumas das *Conversações* reunidas por Arriano são lições técnicas para esses futuros práticos da cultura de si.[7]

– Encontram-se, também – e principalmente em Roma –, conselheiros privados: instalados no círculo de um grande personagem, fazendo parte de seu grupo ou de sua clientela, eles davam opiniões políticas, dirigiam a educação dos jovens, ajudavam nas circunstâncias importantes da vida. Assim, Demetrius no círculo de Thrasea Pactus; quando este é levado a se matar, Demetrius lhe serve, de alguma maneira, de conselheiro de suicídio e sustenta seus últimos instantes com uma conversa sobre a imortalidade.

– Mas há muitas outras formas nas quais se exerce a direção de alma. Esta vem acompanhar e animar todo um conjunto de outras relações: relações de família (Sêneca escreve uma consolação à sua mãe, por ocasião de seu próprio exílio); relações de proteção (o mesmo Sêneca se ocupa, ao mesmo tempo, da carreira e da alma do jovem Serenus, um primo da província que acaba de chegar a Roma); relações de amizade entre duas pessoas bastante próximas em idade, em cultura e em situação (Sêneca com Lucilius); relações com um personagem de posição elevada ao qual se prestam seus deveres lhe apresentando conselhos úteis (assim Plutarco com Fundanus, ao qual ele envia com urgência as observações que ele próprio fez a propósito da tranquilidade da alma).

Constitui-se, assim, o que se poderia chamar um "serviço de alma", que se cumpre por meio das relações sociais múltiplas. O eros tradicional desempenha aí um papel, quando

---

7 Epícteto, *Entretiens*, livro III, cap. XXIII, § 30 (trad. J. Souilhé), Paris, Les Belles Lettres, "Collection des universités de France", 1963, t. III, p. 92.

184   Michel Foucault – Ditos e Escritos

muito, ocasional. O que não quer dizer que as relações afetivas não fossem aí frequentemente intensas. Sem dúvida, nossas categorias modernas de amizade e de amor são bem inadequadas para decifrá-las. A correspondência de Marco Aurélio com seu mestre Fronton pode servir de exemplo dessa intensidade e dessa complexidade.

*

Essa cultura de si comportava um conjunto de práticas designado geralmente pelo termo *áskesis*. Convém, primeiro, analisar seus objetivos. Em uma passagem, citada por Sêneca, Demetrius recorre à metáfora muito corrente do atleta: devemos nos exercitar como o faz um atleta; este não aprende todos os movimentos possíveis, ele não tenta fazer proezas inúteis; ele se prepara para alguns movimentos que lhe são necessários na luta para triunfar contra seus adversários. Da mesma maneira, nós não temos de fazer em nós mesmos explorações (a ascese filosófica é muito desconfiada em relação a esses personagens que faziam valer as maravilhas de suas abstinências, seus jejuns, sua presciência do futuro). Como um bom lutador, devemos aprender exclusivamente o que nos permitirá resistir aos acontecimentos que podem produzir-se; devemos aprender a não nos deixarmos perturbar por eles, a não nos deixarmos levar pelas emoções que eles poderiam suscitar em nós.

Ora, de que precisamos para poder conservar nosso domínio diante dos acontecimentos que podem realizar-se? Temos necessidade de "discursos": de *logoi*, entendidos como discursos verdadeiros e discursos razoáveis. Lucrécio fala dos *veridica dicta*, que nos permitem conjurar nossos temores e não nos deixar abater pelo que acreditamos ser desgraças. O equipamento de que temos necessidade para enfrentar o futuro é um equipamento de discursos verdadeiros. São eles que nos permitem enfrentar o real.

Três questões se apresentam a seu respeito.

1. A questão de sua natureza. Sobre esse ponto, as discussões entre as escolas filosóficas e no interior das mesmas correntes foram inúmeras. O ponto principal do debate dizia respeito à necessidade dos conhecimentos teóricos. Sobre esse ponto, os epicuristas estavam todos de acordo: conhecer os princípios que regem o mundo, a natureza dos deuses, as cau-

1982 – A Hermenêutica do Sujeito   185

sas dos prodígios, as leis da vida e da morte é, do seu ponto de vista, indispensável para se preparar para os acontecimentos possíveis da existência. Os estoicos se dividiam segundo sua proximidade em relação a doutrinas cínicas: uns atribuíam a maior importância aos *dogmata*, aos princípios teóricos que completam as prescrições práticas; outros atribuíam, ao contrário, o lugar principal a essas regras concretas de conduta. As cartas 90-91 de Sêneca expõem muito claramente as teses presentes.[8] O que convém destacar aqui é que esses discursos verdadeiros de que temos necessidade não concernem ao que somos senão em nossa relação com o mundo, em nosso lugar na ordem da natureza, em nossa dependência ou independência em relação a acontecimentos que se apresentam. Eles não são para nós de maneira nenhuma uma decifração de nossos pensamentos, de nossas representações, de nossos desejos.

2. A segunda questão que se apresenta concerne ao modo de existência em nós desses discursos verdadeiros. Dizer que eles são necessários para nosso futuro é dizer que devemos estar em medida de recorrer a eles quando for preciso. É necessário, quando um acontecimento imprevisto ou uma desgraça se apresenta, que possamos apelar, para nos protegermos, aos discursos verdadeiros que têm relação com eles. É necessário que eles estejam, em nós, à nossa disposição. Os gregos têm para isso uma expressão corrente: *prokheiron ekhein*, que os latinos traduzem: *habere in manu, in promptu habere* – ter à mão.

Deve-se compreender que se trata aí de uma coisa diferente de uma simples recordação, de que nos lembraríamos quando fosse o caso. Plutarco, por exemplo, para caracterizar a presença em nós desses discursos verdadeiros, recorre a várias metáforas. Ele os compara a um medicamento (*pharmakon*) de que devemos estar munidos para enfrentar todas as vicissitudes da existência (Marco Aurélio os compara à bolsa que um cirurgião deve sempre ter à mão); Plutarco também fala disso como desses amigos dos quais "os mais certos e os melhores são aqueles cuja útil presença na adversidade nos traz um socorro"; em outra parte, ele os evoca como uma voz interior que se faz ouvir por ela mesma quando as paixões começam a agitar-se; é preciso que eles estejam em nós como "um mestre cuja voz é sufi-

---

8 Sêneca, *Lettres à Lucilius* (trad. H. Noblot), Paris, Les Belles Lettres, "Collection des universités de France", 1945-1964, t. IV, p. 27-50.

186   Michel Foucault – Ditos e Escritos

ciente para acalmar o rosnado dos cães". Encontra-se, em uma passagem do *De beneficiis*,[9] uma gradação desse gênero, indo do instrumento de que se dispõe ao automatismo do discurso que em nós falaria dele mesmo; a propósito dos conselhos dados por Demetrius, Sêneca diz que é preciso "segurá-los com as duas mãos" (*utraque manu*) sem jamais os largar; mas é preciso também fixá-los, prendê-los (*adfigere*) ao seu espírito, até fazer deles uma parte de si mesmo (*partem sui facere*), e, finalmente, obter por uma meditação quotidiana que "os pensamentos salutares se apresentem por si mesmos".

Tem-se aí um movimento muito diferente do que prescreve Platão quando ele pede à alma que se volte sobre si mesma para encontrar sua verdadeira natureza. O que Plutarco ou Sêneca sugerem é, ao contrário, a absorção de uma verdade dada por um ensinamento, uma leitura ou um conselho; e nós a assimilamos até fazermos dela uma parte de nós mesmos, até fazermos dela um princípio interior, permanente e sempre ativo de ação. Em uma prática como essa, não se encontra uma verdade oculta no fundo de si mesmo pelo movimento da reminiscência; interiorizam-se verdades recebidas por uma apropriação cada vez mais avançada.

3. Apresenta-se, então, uma série de questões técnicas sobre os métodos dessa apropriação. A memória desempenha, evidentemente, aí um grande papel; não, no entanto, sob a forma platônica da alma que redescobre sua natureza originária e sua pátria, mas sob a forma de exercícios progressivos de memorização. Eu gostaria simplesmente de indicar alguns pontos fortes nessa "ascese" da verdade:

– importância da escuta. Enquanto Sócrates interrogava e procurava a fazer dizer o que se sabia (sem saber que se sabia isso), o discípulo para os estoicos, ou os epicuristas (como nas seitas pitagóricas), deve primeiro calar-se e ouvir. Encontra-se em Plutarco, ou em Fílon de Alexandria, toda uma regulamentação da boa escuta (a atitude física a tomar, a maneira de dirigir sua atenção, a maneira de reter o que acaba de ser dito);

– importância também da escrita. Houve nessa época toda uma cultura do que se poderia chamar a escrita pessoal: tomar notas sobre as leituras, as conversações, as reflexões que se

---

9 Sêneca, *De beneficiis*, livro VII, § 2 (*Des bienfaits* (trad. F. Préchac), Paris, Les Belles Lettres, "Collection des universités de France", 1927, t. II, p. 77).

1982 – A Hermenêutica do Sujeito   187

ouvem ou que se fazem a si mesmo; manter tipos de carnês sobre os assuntos importantes (o que os gregos chamam os *hupomnêmata*) e que devem ser relidos de vez em quando para reatualizar o que eles contêm;

– importância igualmente dos retornos sobre si, mas no sentido de exercícios do que se aprendeu. É o sentido preciso e técnico da expressão *anakhoresis eis heauton*, tal como Marco Aurélio a emprega: voltar a si mesmo e fazer o exame das "riquezas" que aí foram depositadas; deve-se ter em si mesmo uma espécie de livro que se relê de tempo em tempo. Recorta-se aí a prática das artes de memória que F. Yates estudou. Tem-se, então, aí todo um conjunto de técnicas que têm por fim ligar a verdade e o sujeito. Trata-se, muito ao contrário, de armar o sujeito com uma verdade que ele não conhecia e que não residia nele; trata-se de fazer dessa verdade aprendida, memorizada, progressivamente colocada em aplicação, um quase sujeito que reina soberanamente em nós.

*

Pode-se distinguir entre os exercícios que se efetuam em situação real e que constituem, essencialmente, um treino de resistência e de abstinência e os que constituem treinos em pensamento e pelo pensamento.

1. O mais célebre desses exercícios de pensamento era a *praemeditatio malorum*, meditação dos males futuros. Era também um dos mais discutidos. Os epicuristas o rejeitavam, dizendo que era inútil sofrer por antecipação de males que ainda não tinham acontecido e que era melhor exercer-se em fazer voltar no pensamento à lembrança dos prazeres passados para melhor se proteger contra males atuais. Os estoicos estritos – como Sêneca e Epícteto –, mas também homens como Plutarco, cuja atitude em relação ao estoicismo é muito ambivalente, praticam com muita aplicação a *praemeditatio malorum*. É preciso compreender em que ela consiste: aparentemente, é uma previsão sombria e pessimista do futuro. De fato, é completamente diferente.

– Primeiro, não se trata de imaginar o futuro tal qual ele possa se apresentar. Mas, de maneira muito sistemática, de imaginar o pior que pode acontecer, mesmo se há muito pouca chance de acontecer. Sêneca diz isso a respeito do incêndio

188   Michel Foucault – Ditos e Escritos

que tinha destruído toda a cidade de Lyon: esse exemplo deve nos ensinar a considerar o pior como sempre certo.

– Em seguida, não se devem encarar as coisas como podendo acontecer em um futuro mais ou menos distante, mas imaginá-las como já atuais, realizando-se. Imaginemos, por exemplo, que estamos já exilados, já submetidos ao suplício.

– Enfim, se imaginamos essas coisas em sua atualidade, não é para viver por antecipação os sofrimentos ou as dores que elas nos causariam, mas para nos convencermos de que não são, de maneira nenhuma, males reais e que só a opinião que temos delas em nós as faz assumir como verdadeiras desgraças.

Vê-se: esse exercício não consiste em encarar, para se acostumar, um futuro possível de males reais, mas em anular, ao mesmo tempo, o futuro e o mal. O futuro: visto que o imaginamos como já acontecido em uma atualidade extrema. O mal: visto que nos exercitamos em não considerá-lo mais como tal.

2. Na outra extremidade dos exercícios, encontram-se os que se efetuam na realidade. Esses exercícios tinham uma longa tradição por trás deles: eram as práticas de abstinência, de privação ou de resistência física. Eles podiam ter valor de purificação ou atestar a força "demoníaca" de quem os praticava. Mas, na cultura de si, esses exercícios têm outro sentido: trata-se de estabelecer e de testar a independência do indivíduo em relação ao mundo exterior.

Dois exemplos. Um em Plutarco, o *Demônio de Sócrates*.[10] Um dos interlocutores evoca uma prática, cuja origem, aliás, ele atribui aos pitagóricos. Primeiro, entregamo-nos a atividades esportivas que abrem o apetite; depois, colocamo-nos diante das mesas cheias dos pratos mais saborosos; e, depois de tê-los contemplado, damo-los aos servos, enquanto nós mesmos tomamos o alimento simples e frugal de um pobre.

Sêneca, na carta 18, conta que toda a cidade está preparando as Saturnais. Ele objetiva, por razões de conveniência, participar, pelo menos de certa maneira, das festas. Mas sua preparação consistirá, durante dias, em vestir uma roupa de burel, dormir em um catre e alimentar-se somente de pão rús-

---

10 Plutarco, *Le Démon de Socrate*, 585a (trad. J. Hani), *in Œuvres morales*, Paris, Les Belles Lettres, "Collection des universités de France", 1980, t. VIII, p. 95.

1982 – A Hermenêutica do Sujeito **189**

tico. Não é para melhorar seu apetite em vista das festas, é para constatar, ao mesmo tempo, que a pobreza não é um mal e que ele está totalmente apto a suportá-la. Outras passagens, no próprio Sêneca ou em Epicuro, evocam a utilidade desses curtos períodos de provações voluntárias. Musonius Rufus, também ele, recomenda estágios no campo: vive-se como os camponeses e, como eles, se se dedica aos trabalhos agrícolas.

3. Entre o polo da *meditatio*, em que se exercita em pensamento, e o da *exercitatio*, em que se treina na realidade, há toda uma série de outras práticas possíveis destinas a fazer a provação de si mesmo.

É Epícteto quem dá exemplos disso nas *Conversações*. Elas são interessantes porque se encontrarão outras bem próximas na espiritualidade cristã. Trata-se, em particular, do que se poderia chamar o "controle das representações".

Epícteto quer que se fique em uma atitude de vigilância permanente em relação a representações que podem vir ao pensamento. Essa atitude, ele a exprime em duas metáforas: a do guarda-noturno, que não deixa entrar qualquer um na cidade ou na casa; e a do cambista ou do controlador de dinheiro – o *arguronomos* –, que, quando lhe apresentam uma moeda, a olha, a pesa, verifica o metal e a efígie. O princípio de que se deve estar em relação aos seus próprios pensamentos como um trocador vigilante se encontra pouco a pouco nos mesmos termos em Evagro, o Pôntico, e em Cassiano. Mas, nestes, trata-se de prescrever uma atitude hermenêutica em relação a si mesmo: decifrar o que pode haver de concupiscência em pensamentos aparentemente inocentes, reconhecer os que vêm de Deus e os que vêm do Sedutor. Em Epícteto, trata-se de outra coisa: é preciso saber se se está ou não atingido ou emocionado pela coisa que é representada e que razão se tem de estar ou de não estar.

Nesse sentido, Epícteto recomenda aos seus alunos um exercício de controle inspirado nos desafios sofísticos que eram tão apreciados nas escolas; mas, em vez de se lançar um ao outro questões difíceis de resolver, propor-se-ão tipos de situações a respeito das quais será necessário reagir: "O filho de fulano morreu. – Responda: isso não depende de nós, não é um mal. – O pai de fulano o deserdou. O que lhe parece? – Isso não depende de nós, não é um mal... – Ele está aflito com isso. – Isso depende de nós, é um mal. – Ele suportou isso corajosamente. – Isso depende de nós, é um bem."

190 Michel Foucault – Ditos e Escritos

Vê-se: esse controle das representações não tem por objetivo decifrar sob as aparências uma verdade oculta e que seria a do próprio sujeito; ele acha, ao contrário, nessas representações tais como se apresentam, a ocasião de lembrar certo número de princípios verdadeiros – concernentes à morte, à doença, ao sofrimento, à vida política etc.; e, por essa lembrança, pode-se ver se se é capaz de reagir conforme a tais princípios – se eles se tornaram mesmo, segundo a metáfora de Plutarco, essa voz do mestre que se ergue assim que murmurem as paixões e que sabe fazê-las calar-se.

4. No cume de todos esses exercícios, encontra-se a famosa *meletê thanatou* – meditação, ou, antes, exercício da morte. Ela não consiste, com efeito, em uma simples lembrança, mesmo insistente, de que se está destinado a morrer. Ela é uma maneira de tornar a morte atual na vida. Entre todos os outros estoicos, Sêneca se exercitou muito nessa prática. Ela tende a fazer de tal maneira que se viva cada dia como se fosse o último.

Para bem compreender o exercício que propõe Sêneca, é preciso lembrar-se das correspondências tradicionalmente estabelecidas entre os diferentes ciclos do tempo: os momentos do dia desde a alvorada ao crepúsculo são colocados em relação simbólica com as estações do ano – da primavera ao inverno; e essas estações são, por sua vez, colocadas em relação com as idades da vida, da infância à velhice. O exercício da morte tal como ele é evocado em algumas cartas de Sêneca consiste em viver a longa duração da vida como se ela fosse tão curta quanto um dia e em viver cada dia como se a vida inteira dependesse dele; todas as manhãs, deve-se estar na infância de sua vida, mas viver toda a duração do dia como se a noite fosse ser o momento da morte. "No momento de ir dormir, diz ele, na carta 12, digamos, com alegria, com o rosto sorridente: Eu venci." É esse mesmo tipo de exercício em que pensava Marco Aurélio quando ele escrevia que "a perfeição moral comporta que se passe cada dia como se fosse o último" (VII, 69). Ele queria até que cada ação fosse feita "como se fosse a última" (II, 5).

O que faz o valor particular da meditação da morte não é somente que ela antecipa o que a opinião representa em geral como a desgraça maior, não é somente que ela permite convencer-se de que a morte não é um mal; ela oferece a possibilidade de lançar, por assim dizer, por antecipação, um olhar retrospectivo sobre sua vida. Considerando-se a si mesmo como estando a ponto de morrer, pode-se julgar cada uma das ações que se está cometendo em seu valor próprio. A morte, dizia Epícteto, apreende o lavrador em seu labor, o marinheiro em sua navegação: "E você, em que ocupação você quer ser agarrado?" E Sêneca encarava o momento da morte como aquele no qual se poderia, de algum modo, se fazer juiz de si mesmo e medir o progresso moral que se terá atingido até seu último dia. Na carta 26, ele escrevia: "Sobre o progresso moral que eu poderei ter feito, acreditarei em sua morte... Espero o dia em que eu me farei juiz de mim mesmo e saberei se tenho a virtude nos lábios ou no coração."

1983

Uma Entrevista de Michel Foucault por Stephen Riggins

"Michel Foucault. An interview with Stephen Riggins" ("Une interview de Michel Foucault par Stephen Riggins"; realizada em inglês, em Toronto, em 22 de junho de 1982; trad. F. Durand-Bogaert), *Ethos*, v. I, n. 2, outono 1983, p. 4-9.

– *A apreciação do silêncio é uma das inúmeras coisas que um leitor, sem que ele espere, pode aprender com sua obra. Você escreveu sobre a liberdade que o silêncio permite, sobre suas múltiplas causas e significações. Em seu último livro,[1] por exemplo, você diz que não há somente um, mas inúmeros silêncios. Haveria fundamento em pensar que existe aí um poderoso elemento autobiográfico?*

– Penso que qualquer criança que foi educada em um meio católico logo antes ou durante a Segunda Guerra Mundial pôde comprovar que existem inúmeras maneiras diferentes de falar, e também inúmeras formas de silêncio. Alguns silêncios podiam implicar uma hostilidade virulenta; outros, em compensação, eram o índice de uma amizade profunda, de uma admiração emocionada, até mesmo de um amor. Lembro-me muito bem que, quando eu encontrei o cineasta Daniel Schmid, que veio visitar-me não sei mais por que razão, ele e eu descobrimos, no espaço de alguns minutos, que não tínhamos realmente nada a nos dizer. Ficamos, assim, juntos entre três horas da tarde e meia-noite. Bebemos, fumamos haxixe, jantamos. E não penso que falamos mais do que 20 minutos durante essas 10 horas. Isso foi o ponto de partida de uma amizade bastante longa. Era, para mim, a primeira vez que uma amizade começava a nascer em uma relação estritamente silenciosa.

---

1 *A vontade de saber*, publicado em inglês em 1978.

É possível que outro elemento dessa apreciação do silêncio tenha a ver com a obrigação de falar. Passei minha infância em um meio pequeno-burguês, o da França provincial, e a obrigação de falar, de conversar com os visitantes era, para mim, algo, ao mesmo tempo, muito estranho e muito maçante. Eu me perguntei, muitas vezes, por que as pessoas sentiam a obrigação de falar. O silêncio pode ser um modo de relação tão mais interessante!

– *Há, na cultura dos índios da América do Norte,[2] uma apreciação do silêncio bem maior do que nas sociedades anglófonas ou, suponho, francófonas.*

– Sim, veja, eu penso que o silêncio é uma das coisas às quais, infelizmente, nossa sociedade renunciou. Não temos a cultura do silêncio, também não temos a cultura do suicídio. Os japoneses, sim. Ensinava-se aos jovens romanos e aos jovens gregos a adotar diversos modos de silêncio, em função das pessoas com as quais eles se encontravam. O silêncio, à época, figurava um modo bem particular de relação com os outros. O silêncio é, eu penso, algo que merece ser cultivado. Sou favorável a que se desenvolva esse *êthos* do silêncio.

– *Você parece fascinado pelas outras culturas, e não somente pelas culturas antigas; durante os 10 primeiros anos de sua carreira, você viveu na Suécia, na Alemanha Ocidental e na Polônia. Está aí, parece, um itinerário atípico para um universitário francês. Você pode explicar as razões que o levaram a deixar a França, e por que, quando retornou, por volta de 1961, você teria, permite-me dizer, preferido viver no Japão?*

– Há, hoje, na França, um esnobismo do antichauvinismo. Espero que, através do que digo, não me associem aos representantes dessa atitude. Se eu fosse americano ou canadense, sofreria com certos aspectos da cultura norte-americana. Como quer que seja, sofri e sofro ainda com muitos aspectos da vida social e cultural francesa. É a razão pela qual deixei a França em 1955. Aliás, vivi também dois anos na Tunísia, de 1966 a 1968, mas por razões puramente pessoais.

– *Você poderia evocar alguns dos aspectos da sociedade francesa com os quais você sofreu?*

---

2 Stephen Riggins é de origem indígena.

194 Michel Foucault – Ditos e Escritos

– Quando deixei a França, a liberdade em matéria de vida pessoal aí era terrivelmente restrita. Na época, a Suécia era tida como um país muito mais liberal. Mas, aí, eu descobri que certo tipo de liberdade podia ter, se não os mesmos efeitos, pelo menos tantos efeitos restritivos que uma sociedade diretamente restritiva. Foi, para mim, uma experiência muito importante. Em seguida, tive a oportunidade de passar um ano na Polônia, onde, é claro, as restrições e o poder de opressão do Partido Comunista são algo realmente diferente. Em um tempo relativamente breve, pude ter a experiência, ao mesmo tempo, do que era uma velha sociedade tradicional – como era a França do fim dos anos 1940 e do início dos anos 1950 – e da sociedade nova liberada que era a Suécia. Não direi que fiz a experiência da totalidade das possibilidades políticas, mas tive uma amostra do que eram, nessa época, as diferentes possibilidades das sociedades ocidentais. Foi uma boa experiência.

– *Centenas de americanos vieram a Paris, nos anos 1920 e 1930, atraídos pelo que o levou, você, a deixar a França nos anos 1950.*

– Sim. Mas, se eles vêm hoje a Paris, não é mais, acredito, a fim de encontrar aí a liberdade. Eles vêm para apreciar o sabor de uma velha cultura tradicional. Eles vêm à França como os pintores iam à Itália no século XVII: a fim de assistir ao declínio de uma civilização. O que quer que seja, entenda, o sentimento que temos da liberdade é, frequentemente, maior no estrangeiro do que no nosso próprio país. Como estrangeiros, podemos não fazer caso de todas essas obrigações implícitas que não estão inscritas na lei, mas no modo geral de comportamento. Por outro lado, só o fato de mudar de obrigações é ressentido ou experimentado como uma espécie de liberdade.

– *Voltemos um pouco, se isso não o aborrece, aos seus primeiros anos em Paris. Acho que você trabalhou como psicólogo no hospital Sainte-Anne.*

– Sim, trabalhei aí durante um pouco mais de dois anos, acho.

– *E você disse, em algum lugar, que se identificava mais com os pacientes que com o pessoal que cuidava dos pacientes. Isso é, com certeza, uma experiência muito pouco habitual para um psicólogo ou um psiquiatra. De onde vem que você tenha – a partir, em especial, dessa experiência – sentido a necessidade de um questionamento radical da*

1983 – Uma Entrevista de Michel Foucault por Stephen Riggins

psiquiatria, quando tantas outras pessoas se contentavam em tentar refinar conceitos estabelecidos?

– De fato, eu não tinha emprego oficial. Eu estudava a psicologia no hospital Sainte-Anne. Era no início dos anos 1950. Na época, o estatuto profissional dos psicólogos, nos hospitais psiquiátricos, não era claramente definido. Na minha qualidade de estudante de psicologia (primeiro eu estudei a filosofia, depois a psicologia), eu tinha, no Sainte-Anne, um *status* muito estranho. O chefe do serviço era muito gentil comigo e me deixava uma total liberdade de ação. Ninguém, entretanto, se preocupava com o que eu devia fazer: eu podia fazer qualquer coisa. Eu ocupava, de fato, uma posição intermediária entre o pessoal e os pacientes; mas não tinha nenhum mérito nisso, não era o resultado de uma conduta particular de minha parte, era a consequência dessa ambiguidade do meu *status*, que fazia com que eu não fosse integrado ao pessoal. Eu sei, é claro, que meu mérito nada tinha a ver no caso, porque, na época, eu sentia tudo isso como uma espécie de mal-estar. Somente alguns anos mais tarde, quando comecei a escrever um livro sobre a história da psiquiatria, é que esse incômodo, essa experiência pessoal puderam tomar a forma de uma crítica histórica ou de uma análise estrutural.

– *O hospital Sainte-Anne tinha alguma coisa de particular? Poderia ter dado a um dos seus empregados uma imagem particularmente negativa da psiquiatria?*

– Oh, não. Era um dos grandes hospitais, como você pode imaginar, e devo dizer que era melhor que a maioria dos grandes hospitais de província que visitei em seguida. Era um dos melhores hospitais de Paris. Não, ele não tinha nada de espantoso. E é precisamente isso a coisa importante. Se eu tivesse feito o mesmo trabalho em um pequeno hospital de província, eu poderia ter sido tentado a imputar seus insucessos à sua situação geográfica ou às suas insuficiências próprias.

– *Você acaba de evocar, com um tom de leve desprezo, o interior da França, que foi o lugar onde você nasceu; você tem, no entanto, boas recordações de sua infância em Poitiers, nos anos 1930 e 1940?*

– Oh, sim. Minhas recordações são mais... eu não usarei exatamente a palavra "estranhas", mas o que me surpreende hoje, quando tento reviver essas impressões, é que a maioria das minhas grandes emoções está ligada à situação política. Eu

196 Michel Foucault – Ditos e Escritos

me lembro muito bem de ter sentido um dos meus primeiros grandes terrores quando o chanceler Dollfuss foi assassinado pelos nazistas. Era em 1934, eu acho. Tudo isso está muito longe de nós agora. Raras são as pessoas que se lembram do assassinato de Dollfuss. Mas tenho a lembrança de ter sido aterrorizado por isso. Penso que senti aí meu primeiro grande medo da morte. Lembro-me, também, da chegada dos refugiados espanhóis em Poitiers; e de ter brigado em sala de aula, com meus colegas, a respeito da guerra na Etiópia. Penso que os meninos e as meninas da minha geração tiveram sua infância estruturada por esses grandes acontecimentos históricos. A ameaça de guerra era nossa tela de fundo, no quadro de nossa existência. Depois, veio a guerra. Muito mais do que as cenas da vida familiar, são esses acontecimentos concernentes ao mundo que são a substância de nossa memória. Eu digo "nossa" memória, porque estou quase certo de que a maioria dos jovens franceses e das jovens francesas da época viveu a mesma experiência. Pesava sobre nossa vida privada uma verdadeira ameaça. É, talvez, a razão pela qual sou fascinado pela história e pela relação entre a experiência pessoal e os acontecimentos nos quais nos inscrevemos. Está aí, penso, o núcleo de meus desejos teóricos.

– *Você fica fascinado por esse período, mesmo não escrevendo sobre ele.*

– É verdade.

– *O que está na origem de sua decisão de se tornar filósofo?*

– Veja, eu não penso jamais ter tido o projeto de me tornar filósofo. Eu não tinha nenhuma ideia do que ia fazer da minha vida. Isso também, acho, é bastante característico das pessoas da minha geração. Não sabíamos, quando tínhamos 10 ou 11 anos, se nos tornaríamos alemães ou se continuaríamos franceses. Não sabíamos se íamos morrer ou sobreviver aos bombardeios. Quando eu tinha 16 ou 17 anos, eu só sabia uma coisa: a vida na escola era um ambiente protegido das ameaças exteriores, protegido da política. E a ideia de viver protegido em um ambiente de estudo, em um meio intelectual sempre me fascinou. O saber, para mim, é o que deve funcionar como o que protege a existência individual e o que permite compreender o mundo exterior. Eu penso que é isso. O saber como um meio de sobreviver, graças à compreensão.

1983 – Uma Entrevista de Michel Foucault por Stephen Riggins **197**

– Você poderia dizer algumas palavras dos seus estudos em Paris? Alguém teve uma influência particular sobre o trabalho que você faz hoje? Ou, então, há professores aos quais você sente reconhecimento, por razões pessoais?

– Não, eu fui aluno de Althusser, e, na época, as principais correntes filosóficas na França eram o marxismo, o hegelianismo e a fenomenologia. Eu os estudei, é claro, mas o que me deu, pela primeira vez, o desejo de cumprir um trabalho pessoal foi a leitura de Nietzsche.

– Um público não francês é, sem dúvida, pouco apto a compreender as repercussões dos acontecimentos de maio de 1968: você disse, às vezes, que eles tornaram as pessoas mais sensíveis ao seu trabalho. Você pode explicar por quê?

– Eu penso que, antes de maio de 1968, na França, pelo menos, um filósofo devia ser marxista, seja fenomenologista, seja estruturalista, e eu não aderi a nenhum desses dogmas. O segundo ponto é que, à época, na França, o estudo da psiquiatria ou da história da medicina não tinha, politicamente, nenhum *status* verdadeiro. Ninguém se interessava por isso. A primeira consequência de maio de 1968 foi o declínio do marxismo como quadro dogmático, e o aparecimento de novos interesses políticos, culturais, concernentes à vida pessoal. É a razão pela qual eu penso que meu trabalho não encontrou nenhum eco, exceto em um círculo muito restrito, antes de 1968.

– Algumas das obras às quais você faz referência no primeiro volume de sua História da sexualidade *– eu penso, por exemplo, nesse relato da época vitoriana,* My secret life[3] *– dão um grande espaço aos fantasmas sexuais. É frequentemente impossível distinguir a realidade do fantasma. Haveria algum valor, segundo você, em se apegar explicitamente ao estudo dos fantasmas sexuais e em elaborar uma arqueologia desses fantasmas, mais do que uma arqueologia da sexualidade?*

– Não. Eu não tento fazer uma arqueologia dos fantasmas sexuais. Eu tento fazer uma arqueologia do discurso sobre a

---

3 Autor anônimo, *My secret life*, Amsterdã, 1890, 11 v., reed. Grove Press em 1964 (*My secret life. Récit de la vie sexuelle d'un Anglais de l'époque victorienne*, trad. C. Charnaux, N. Gobbi, N. Heinich, M. Lessana), prefácio de Michel Foucault, Paris, Les Formes du Secret, 1977. Ver nº 188, v. III da edição francesa desta obra.

198 Michel Foucault – Ditos e Escritos

sexualidade, isto é, no fundo, da relação entre o que nós fazemos, o que nos é imposto, permitido e proibido de fazer em matéria de sexualidade e o que nós é permitido, imposto ou proibido de dizer a respeito de nossas condutas sexuais. É esse o problema. Não é uma questão de fantasmas: é um problema de verbalização.

– *Você pode explicar como você chegou à ideia de que a repressão sexual que caracterizou os séculos XVIII e XIX na Europa e na América do Norte – uma repressão a respeito da qual parecemos tão bem documentados historicamente – era, de fato, ambígua, e que havia, por trás dela, forças que obrariam na direção oposta?*

– Não se trata, é claro, de negar a existência dessa repressão. O problema é mostrar que a repressão se inscreve sempre em uma estratégia política muito mais complexa, que visa à sexualidade. Não é simplesmente que haja repressão. Há, na sexualidade, um grande número de prescrições imperfeitas, no interior das quais os efeitos negativos da inibição são contrabalançados pelos efeitos positivos da estimulação. A maneira como, no século XIX, a sexualidade foi certamente reprimida, mas também esclarecida, destacada, analisada por meio de técnicas como a psicologia e a psiquiatria, mostra claramente que não se tratava de uma simples questão de repressão. Tratava-se, muito mais, de uma mudança na economia das condutas sexuais de nossa sociedade.

– *Quais são, para você, os exemplos mais surpreendentes que poderia citar para apoiar sua hipótese?*

– Um exemplo é a masturbação das crianças. Outro, a histeria, e todo o barulho que foi feito em torno da histeria feminina. Esses dois exemplos indicam, é claro, a repressão, a proibição, a interdição. Mas o fato de que a sexualidade das crianças tenha se tornado um verdadeiro problema para os pais, uma fonte de questionamento e de inquietude, teve múltiplos efeitos, ao mesmo tempo, sobre as crianças e sobre os pais. Ocupar-se da sexualidade de seus filhos não era somente, para os pais, um caso de moral, mas também um caso de prazer.

– *De prazer? Em que sentido?*

– No sentido de uma estimulação e de uma gratificação de natureza sexual.

– *Para os próprios pais?*

1983 – Uma Entrevista de Michel Foucault por Stephen Riggins 199

– Sim. Chame isso de um estupro, se você preferir. Alguns textos são quase uma sistematização do estupro – do estupro, pelos pais, da atividade sexual de seus filhos. Intervir nessa atividade íntima, secreta, que é a masturbação, não é algo de neutro para os pais. É não somente uma questão de poder, de autoridade, um caso de ética, é também um prazer. Você não concorda? Há, é evidente, um prazer da intervenção. A interdição severa que pesa sobre a masturbação das crianças era, naturalmente, a causa da preocupação. Mas era também o que favorecia a intensificação dessa prática, a masturbação recíproca e, sobre esse tema, o prazer de uma comunicação secreta entre as crianças. Tudo isso deu uma forma particular à vida familiar, às relações entre pais e crianças, e às relações entre as próprias crianças. Tudo isso teve como consequência não somente a repressão, mas também uma intensificação da preocupação e dos prazeres. Meu propósito não é de dizer que o prazer dos pais era o mesmo que o das crianças, ou de mostrar que não houve repressão. Eu tentei encontrar as raízes dessa interdição absurda.

Uma das razões pelas quais essa interdição estúpida da masturbação persistiu durante tanto tempo liga-se ao prazer e à preocupação, a toda a rede de emoções que essa interdição suscita. Cada um sabe bem que é impossível impedir uma criança de se masturbar. Não há nenhuma prova científica que indica que a masturbação seja prejudicial. Pode-se estar certo de que, pelo menos, é o único prazer que não prejudica ninguém. Então, por que se proibiu a masturbação durante tanto tempo? Pelo que conheço, não se encontra, em toda a literatura greco-latina, mais de duas ou três referências à masturbação. A masturbação não era considerada como um problema. Ela passava, na civilização grega e latina, por uma prática à qual se dedicavam os escravos ou os sátiros. Não havia nenhum sentido em falar de masturbação para cidadãos livres.

– *Estamos em um ponto de nossa história em que o futuro é algo muito incerto. A cultura popular nos fornece em abundância visões apocalípticas do futuro. Eu penso, por exemplo, no filme de Louis Malle,* My dinner with André.[4] *Não é sintomático que, em tal clima, a sexualidade e a reprodução se tornem hoje problemáticas, e não se pode ver, no projeto de uma história da sexualidade, um sinal dos tempos?*

---

4 1981.

200 Michel Foucault – Ditos e Escritos

– Não, eu não penso que possa concordar com isso. Primeiro, parece que a preocupação do elo entre sexualidade e reprodução foi maior, por exemplo, nas sociedades grega e romana e na sociedade burguesa dos séculos XVIII e XIX. O que me surpreende é o fato de que hoje a sexualidade tenha se tornado, parece, uma questão que não tem mais elo direto com a reprodução. É a sexualidade como conduta pessoal que apresenta problema em nossos dias.

Tome a homossexualidade, por exemplo. Eu acredito que uma das razões pelas quais a homossexualidade não constituía um problema importante no século XVIII tem a ver com a ideia de que, se um homem tinha filhos, o que ele podia fazer, por outro lado, não importava. No decorrer do século XIX, começa-se a ver emergir a importância do comportamento sexual na definição da individualidade. E é algo completamente novo. É interessante constatar que, antes do século XIX, os comportamentos interditos, mesmo se eram severamente julgados, eram sempre considerados como um excesso, uma *libertinagem*,[5] algo exagerado. A conduta homossexual passava sempre como uma espécie de excesso do comportamento natural, um instinto que era difícil confinar ao interior dos limites particulares. A partir do século XIX, constata-se que um comportamento tal como a homossexualidade passa por um comportamento anormal. Mas, quando falo, a esse respeito, de libertinagem, não quero dizer por isso que ela fosse tolerada.

Penso que, antes do século XIX, não se encontra, ou muito raramente, a ideia de que os indivíduos se definissem por suas condutas ou seus desejos sexuais. "Dize-me teus desejos e eu te direi quem és": esse pedido é característico do século XIX.

– *A sexualidade não parece mais, hoje, retratar o grande segredo da vida. Há alguma coisa que a tenha substituído, quanto a isso?*

– É evidente que o sexo não é mais hoje o grande segredo da vida, visto que um indivíduo pode, em nossos dias, deixar transparecer pelo menos algumas formas gerais de suas preferências sexuais sem arriscar a maldição ou a condenação. Mas penso que as pessoas consideram ainda, e são chamadas a considerar, que o desejo sexual seja um índice de sua identidade profunda. A sexualidade não é mais o grande segredo, mas

---

5 Em francês, no texto. (Nota do tradutor francês.)

1983 – Uma Entrevista de Michel Foucault por Stephen Riggins 201

ela é ainda um sintoma, uma manifestação do que há de mais secreto em nossa individualidade.

– *A pergunta que vou lhe fazer, agora, pode, à primeira vista, parecer estranha, mas, se for o caso, eu explicarei por que, em minha opinião, ela merece ser feita. A beleza tem uma significação particular para você?*

– Eu penso que ela tem uma significação para todo mundo! Eu sou míope, com certeza, mas não cego a ponto de que ela não tenha significação para mim. Mas por que você me faz essa pergunta? Eu estou com muito medo de lhe ter dado provas de que não sou insensível à beleza.

– *Uma das coisas que impressionam em você é essa espécie de austeridade monástica na qual você vive. Seu apartamento, em Paris, é quase inteiramente branco; seria difícil encontrar nele objetos de arte que decoram a maior parte dos apartamentos franceses. Em Toronto, nessas últimas semanas, viram-no várias vezes ostentar roupas tão simples como uma calça branca, um tee-shirt branco e um paletó de couro preto. Você disse que, se gosta tanto de branco, é, talvez, porque, em Poitiers, nos anos 1930 e 1940, as fachadas das casas não eram realmente brancas. Você ocupa aqui uma casa cujos muros brancos estão ornados com esculturas recortadas em preto, e disse a que ponto gostava da clareza e da força do preto e do branco puros. Há, também, na* História da sexualidade, *esta expressão memorável: "a austera monarquia do sexo". Você não corresponde à imagem do francês refinado que pratica a arte do bem viver. Você é também o único francês que eu conheço que disse que preferia a cozinha americana.*

– Sim, é verdade! Um bom *club sandwich* com uma Coca-Cola. Não há nada como isso! É verdade. Com *crème glacée*, é claro.

De fato, tenho dificuldade em fazer a experiência do prazer. O prazer me parece ser uma conduta muito difícil. Não é tão simples assim desfrutar das coisas. E devo confessar que é meu sonho. Eu gostaria e espero morrer de uma overdose de prazer, qualquer que seja ele. Porque penso que é muito difícil, e que tenho sempre a impressão de não experimentar o verdadeiro prazer, o prazer completo e total; e esse prazer, para mim, está ligado à morte.

– *Por que você diz isso?*

202 Michel Foucault – Ditos e Escritos

– Porque penso que o gênero de prazer que eu consideraria como o verdadeiro prazer seria tão profundo, tão intenso, me submergiria tão totalmente que eu não sobreviveria a ele. Eu morreria dele. Um exemplo, que será, ao mesmo tempo, mais claro e mais simples: uma vez, fui atropelado por um carro na rua. Eu andava. E, durante segundos, talvez, tive a impressão de que estava morrendo, e realmente senti um prazer muito, muito intenso. Fazia um tempo lindo. Era por volta de sete horas, uma noite de verão. O sol começava a declinar. O céu estava magnífico, azul. Até hoje, isso continua uma das minhas melhores recordações.

Há também o fato de algumas drogas serem realmente importantes para mim, porque me permitem ter acesso a essas alegrias terrivelmente intensas que eu procuro, e que não sou capaz de atingir sozinho. É verdade que um copo de vinho, de bom vinho velho, pode ser agradável, mas isso não é para mim. Um prazer deve ser algo incrivelmente intenso. Mas não penso ser o único nesse caso.

Não sei me conceder, nem conceder aos outros, esses prazeres intermediários que fazem a vida de todos os dias. Esses prazeres não significam nada para mim, e não sou capaz de organizar minha vida de maneira a deixar-lhes um lugar. É a razão pela qual não sou nem um ser social nem, sem dúvida, no fundo, um ser cultural; é o que faz de mim alguém tão maçante na vida quotidiana. Viver comigo, que aborrecimento!

– *Cita-se frequentemente a observação de Romain Rolland, segundo a qual os românticos franceses eram visuais, para os quais a música era apenas um barulho. Mesmo se essa observação é, com evidência, exagerada, certos estudos muito recentes são abundantes nesse sentido. Encontram-se, em vários de seus livros, inúmeras referências à pintura, poucas à música. Você também é um representante desse traço da cultura francesa que Rolland destacou?*

– Sim, com certeza. É claro, a cultura francesa não deixa nenhum lugar à música, ou, se lhe dá um, é um lugar desprezável. Mas é fato que a música exerceu um papel importante na minha vida pessoal. O primeiro "amigo" que tive, quando tinha 20 anos, era músico. Mais tarde, tive outro "amigo" que era compositor, e que está morto agora. Graças a ele, eu conheço toda a geração de Boulez. Isso foi uma experiência muito importante para mim. Primeiro, porque me colocou em contato

1983 – Uma Entrevista de Michel Foucault por Stephen Riggins   203

com um tipo de arte que, para mim, era realmente enigmática. Eu não tinha, e não tenho ainda, nenhuma competência nesse domínio. Mas eu era capaz de sentir a beleza em alguma coisa que me era muito enigmática. Há certas obras de Bach e de Webern que me alegram, mas a verdadeira beleza é, para mim, *uma frase musical, um trecho de música*[6] que não compreendo, algo sobre o que não posso dizer nada. Tenho essa ideia – talvez ela seja arrogante ou presunçosa – de que poderia dizer alguma coisa de qualquer um dos maiores quadros do mundo. E é a razão pela qual eles não são absolutamente belos. O que quer que seja, eu escrevi algo sobre Boulez.[7] Sobre a influência que teve, sobre mim, o fato de viver com um músico durante vários meses. Sobre a importância que isso teve, até na minha vida intelectual.

– *Se estou compreendendo, os artistas e os escritores tiveram, na origem, uma reação mais positiva quanto ao seu trabalho do que os filósofos, os sociólogos e outros universitários.*

– É verdade.

– *Existem afinidades particulares entre o seu tipo de filosofia e as artes em geral?*

– Não creio que seja eu quem tenha de responder a essa pergunta. Entenda, mesmo se não gosto de dizer, é verdade que não sou o que se chama um bom universitário. Para mim, o trabalho intelectual está ligado ao que você definiria como uma forma de estetismo – por isso entendo a transformação de si. Acredito que meu problema é essa estranha relação entre o saber, a erudição, a teoria e a história verdadeira. Sei muito bem – e acredito que o soube desde minha infância – que o saber é impotente para transformar o mundo. Estou, talvez, errado. E estou certo de que estou errado de um ponto de vista teórico, porque sei muito bem que o saber transformou o mundo.

Mas, se me refiro à minha própria experiência, tenho o sentimento de que o saber não pode nada para nós, e que o poder político é suscetível de nos destruir. Todo o saber do mundo não pode nada contra isso. Tudo o que eu digo se prende não ao que penso teoricamente (sei que é mentira), mas ao que deduzo de minha experiência própria. Sei que o saber tem poder

---

6 Em francês, no texto. (Nota do tradutor francês).

7 Ver *Pierre Boulez, a Tela Atravessada*, v. III da edição brasileira desta obra.

204 Michel Foucault – Ditos e Escritos

de nos transformar, que a verdade não é somente uma maneira de decifrar o mundo (talvez até que o que chamamos verdade não decifre nada), mas que, se conheço a verdade, então serei transformado. E, talvez, salvo. Ou então, morrerei, mas acredito, de toda maneira, que é a mesma coisa para mim.

É por isso, você entende, que trabalho como um doente, e que trabalhei como um doente toda a minha vida. Não me preocupo de maneira nenhuma com o *status* universitário do que faço, porque meu problema é minha própria transformação. É a razão pela qual, quando as pessoas me dizem: "Você pensava isso, há alguns anos, e agora você diz outra coisa", eu respondo: "Você acredita que trabalhei tanto, durante todos esses anos, para dizer a mesma coisa e não ser transformado?" Essa transformação de si por seu próprio saber é, penso, algo bastante próximo da experiência estética. Por que um pintor trabalharia, se ele não é transformado por sua pintura?

– *Para além da dimensão histórica, a* História da sexualidade *contém uma preocupação ética? Você não estaria, de certa maneira, nos dizendo como devemos agir?*

– Não. Se você entende por "ética" um código que nos diria de que maneira devemos agir, então, é claro, a *História da sexualidade* não é uma ética. Mas, se por "ética" você entende a relação que tem o indivíduo com ele mesmo quando age, então eu diria que ela tende a ser uma ética, ou, pelo menos, a mostrar o que poderia ser uma ética do comportamento sexual. Seria uma ética que não seria dominada pelo problema da verdade profunda que rege a realidade de nossa vida sexual. Conforme penso, a relação que devemos ter quanto a nós mesmos, quando fazemos amor, é uma ética do prazer, da intensificação do prazer.

– *Inúmeros são os que veem em você o homem capaz de lhes dizer a verdade profunda sobre o mundo e sobre eles mesmos. Como você sente essa responsabilidade? Como intelectual, você se sente responsável por essa função de profeta, de modelador das mentalidades?*

– Estou bem seguro de que não posso dar a essas pessoas o que elas esperam. Não me conduzo jamais como profeta. Meus livros não dizem às pessoas o que elas devem fazer. Censuram-me sempre por isso (e, talvez, com razão), e, ao mesmo tempo, censuram-me por brincar de profeta. Escrevi um livro sobre a história da psiquiatria do século XVII ao início do século XIX.

1983 – Uma Entrevista de Michel Foucault por Stephen Riggins 205

Nesse livro, não disse quase nada da situação contemporânea da psiquiatria, o que não impediu as pessoas de lê-lo como um manifesto da antipsiquiatria. Um dia, fui convidado para um congresso sobre a psiquiatria, que ocorria em Montreal. Não sendo psiquiatra, mesmo se tenho, nesse domínio, uma pequena experiência, uma experiência muito breve, como eu lhe disse há pouco, primeiro recusei o convite. Mas os organizadores do congresso me garantiram que me convidavam unicamente como historiador da psiquiatria, para pronunciar um discurso de introdução. Como gosto de Quebec, fui para lá. E, aí, eu realmente fui pego em uma armadilha, porque o presidente me apresentou como o grande representante francês da antipsiquiatria. Naturalmente, havia aí pessoas muito gentis, que jamais tinham lido uma linha do que eu tinha escrito e que estavam persuadidas de que eu era um antipsiquiatra.

Tudo o que fiz foi escrever sobre a história da psiquiatria até o início do século XIX. Por que diabo tantas pessoas, inclusive psiquiatras, veem em mim um antipsiquiatra? Pela simples razão de que elas não são capazes de aceitar a verdadeira história de suas instituições, o que, evidentemente, é o sinal de que a psiquiatria é uma pseudociência. Uma verdadeira ciência é capaz de aceitar até as pequenas histórias difamantes de seus inícios.

Você entende, então, a que ponto o apelo ao profeta é forte. É algo de que devemos, penso, nos livrar. As pessoas devem elaborar sua própria ética, tomando como ponto de partida a análise histórica, a análise sociológica ou toda outra análise que podemos lhes fornecer. Não penso que as pessoas que tentam decifrar a verdade devessem fornecer, ao mesmo tempo, no mesmo livro e com a mesma análise, princípios éticos ou conselhos práticos. Toda essa rede prescritiva deve ser elaborada e transformada pelas próprias pessoas.

– *Para um filósofo, ter sido o objeto de uma reportagem do* Time, *como você foi em novembro de 1981, é a indicação de certo tipo de popularidade.*[8] *Qual o seu sentimento a esse respeito?*

– Quando os jornalistas me pedem informações sobre meu trabalho, considero que lhes devo dá-las. Entenda, nós somos

---

8 Referência a um artigo de Otto Friedrich: "France's philosopher of power", comportando o resumo de uma entrevista com Michel Foucault, *Time*, ano 118, n. 20, 16 de novembro de 1981, p. 147-148.

206 Michel Foucault – Ditos e Escritos

pagos pela sociedade, pelos contribuintes, para trabalhar. E eu penso realmente que a maior parte de nós tenta fazer seu trabalho o melhor possível. Considero que é normal, na medida do possível, apresentar e tornar acessível esse trabalho a todo mundo. Naturalmente, uma parte do nosso trabalho não pode ser acessível a todo mundo, porque é muito difícil. A instituição a que pertenço, na França (não pertenço à Universidade, mas ao Collège de France), obriga seus membros a dar conferências públicas, abertas a todos os que querem assistir a elas, e nas quais devemos explicar nosso trabalho. Somos, ao mesmo tempo, pesquisadores e pessoas que devem expor publicamente suas pesquisas. Penso que há, nessa velha instituição – ela data do século XVI –, algo muito interessante. O sentido profundo é, penso, muito importante. Quando um jornalista vem me pedir informações sobre meu trabalho, eu tento fornecê-las a ele da maneira mais clara possível.

Como quer que seja, minha vida pessoal não apresenta nenhum interesse. Se alguém pensa que meu trabalho não pode ser compreendido sem referência a tal ou tal aspecto de minha vida, aceito considerar a questão. Estou pronto a responder, se a estimo justificada. Na medida em que minha vida pessoal é sem interesse, não vale a pena fazer dela um segredo. E, pela mesma razão, não vale a pena torná-la pública.

1984

Prefácio à *História da sexualidade*

"Preface to the *History of sexuality*" ("Préface à l'*Histoire de la sexualité*"), in Rabinow (P.), ed., *The Foucault reader*, Nova Iorque, Pantheon Books, 1984, p. 333-339.

Trata-se da primeira redação da introdução geral à *História da sexualidade* que deveria abrir o segundo volume e à qual M. Foucault renunciou em lugar de uma nova redação: ver *O Uso dos Prazeres e as Técnicas de Si*, v. V da edição brasileira desta obra.

Este volume aparece mais tarde do que eu havia previsto e sob uma forma bem diferente.

Nesta série de pesquisas sobre a sexualidade, meu propósito não era de reconstituir a história dos comportamentos sexuais, estudando suas formas sucessivas, seus diferentes modelos, a maneira como estes se difundem, o que eles podem revelar de conformidade ou de divergência quanto a leis, regras, costumes ou conveniências. Não era também minha intenção analisar as ideias religiosas, morais, médicas ou biológicas concernentes à sexualidade. Não que tais estudos sejam ilegítimos, impossíveis ou estéreis: numerosos trabalhos forneceram a prova contrária. Mas eu queria me fixar diante desta noção, tão quotidiana, de sexualidade, ganhar recuo em relação a ela, provar sua evidência familiar, analisar o contexto teórico e prático no qual ela apareceu e ao qual está ainda associada.

Eu queria empreender uma história da sexualidade em que esta não fosse concebida como um tipo geral de comportamento do qual tais ou tais elementos poderiam variar segundo condições demográficas, econômicas, sociais, ideológicas; nem também como um conjunto de representações (científicas, religiosas, morais) que, com sua diversidade e suas mudanças, se referem a uma realidade invariante. Meu propósito era de analisá-la como uma forma de experiência historicamente singular. Levar em conta essa singularidade histórica não é su-

208 Michel Foucault – Ditos e Escritos

perinterpretar o aparecimento recente do termo sexualidade, nem deixar crer que a palavra levou consigo o real ao qual se refere. É querer tratá-la como a correlação de um domínio de saber, de um tipo de normatividade, de um modo de relação consigo; é tentar decifrar como se constituiu nas sociedades ocidentais modernas, a partir e a propósito de certos comportamentos, uma experiência complexa em que se liga um campo de conhecimento (com conceitos, teorias, disciplinas diversas), um conjunto de regras (que distinguem o permitido e o proibido, o natural e o monstruoso, o normal e o patológico, o decente e o que não o é etc.), um modo de relação do indivíduo consigo mesmo (pelo qual ele pode reconhecer-se como sujeito sexual no meio dos outros).

Estudar assim, em sua história, formas de experiência é um tema que me veio de um projeto mais antigo: o de fazer uso de métodos da análise existencial no campo da psiquiatria e no domínio da doença mental. Por duas razões que não eram independentes uma da outra, esse projeto me deixava insatisfeito: sua insuficiência teórica na elaboração da noção de experiência e a ambiguidade de seu elo com uma prática psiquiátrica que, ao mesmo tempo, ele ignorava e supunha. Podia-se procurar resolver a primeira dificuldade referindo-se a uma teoria geral do ser humano; e tratar diferentemente o segundo problema pelo recurso tão frequentemente repetido no "contexto econômico e social"; podia-se aceitar, assim, o dilema então dominante de uma antropologia filosófica e de uma história social. Mas eu me perguntei se não era possível, mais do que trabalhar sobre essa alternativa, pensar a própria historicidade das formas da experiência. O que implicava duas tarefas negativas: uma redução "nominalista" da antropologia filosófica assim como noções que podiam se apoiar nela, e um deslocamento em relação ao domínio, aos conceitos e aos métodos da história das sociedades. Positivamente, a tarefa era trazer à luz o domínio em que a formação, o desenvolvimento, a transformação das formas de experiência podem ter seu lugar: isto é, uma história do pensamento. Por "pensamento" eu entendo o que instaura, em diversas formas possíveis, o jogo do verdadeiro e do falso e que, por conseguinte, constitui o ser humano como sujeito de conhecimento; o que fundamenta a aceitação ou a recusa da regra e constitui o ser humano como sujeito social e jurídico; o que instaura a relação consigo mesmo e com os outros e constitui o ser humano como sujeito ético.

1984 – *Prefácio à História da sexualidade* 209

O "pensamento" assim entendido não tem, pois, de ser procurado somente em formulações teóricas, como as da filosofia ou da ciência; ele pode e deve ser analisado em todas as maneiras de dizer, de fazer, de se conduzir, em que o indivíduo se manifesta e age como sujeito de conhecimento, como sujeito ético ou jurídico, como sujeito consciente de si e dos outros. Nesse sentido, o pensamento é considerado como a própria forma da ação, como a ação enquanto ela implica o jogo do verdadeiro e do falso, a aceitação ou a recusa da regra, a relação consigo mesmo e com os outros. O estudo das formas de experiência poderá, então, fazer-se a partir de uma análise das "práticas" discursivas ou não, se se designam por isso os diferentes sistemas de ação enquanto são habitados pelo pensamento assim entendido.

Apresentar a questão dessa maneira levava a fazer operarem alguns princípios completamente gerais. As formas singulares da experiência podem carregar em si estruturas universais; elas podem não ser independentes das determinações concretas da existência social; entretanto, nem essas determinações nem essas estruturas podem ceder espaço a experiências (isto é, a conhecimentos de certo tipo, a regras de certa forma e a certos modos de consciência de si e dos outros), a não ser através do pensamento. Não há experiência que não seja uma maneira de pensar e não possa ser analisada do ponto de vista de uma história do pensamento; é o que se poderia chamar de princípio de irredutibilidade do pensamento. Conforme um segundo princípio, esse pensamento tem uma historicidade que lhe é própria; que ele tenha uma historicidade não quer dizer que seja desprovido de toda forma universal, mas que a colocação em jogo dessas formas universais é ela mesma histórica; e que essa historicidade lhe seja própria não quer dizer que ela seja independente de todas as outras determinações históricas (de ordem econômica, social, política), mas que ela tem com estas relações complexas que deixam sempre sua especificidade nas formas, nas transformações, nos acontecimentos do pensamento: é aí o que se poderia chamar de princípio de singularidade da história do pensamento; há acontecimentos de pensamento. Essa tarefa, enfim, implicava um terceiro princípio: a saber que a crítica, entendida como análise das condições históricas segundo as quais se constituíam as relações com a verdade, com a regra e consigo, não fixa frontei-

210   Michel Foucault – Ditos e Escritos

ras intransponíveis e não descreve sistemas fechados; ela faz aparecer singularidades transformáveis, essas transformações não podendo efetuar-se senão por um trabalho do pensamento sobre ele mesmo: seria isso o princípio da história do pensamento como atividade crítica. Tal é o sentido que dei a um trabalho e a um ensino que estão colocados sob o signo da "história dos sistemas de pensamento" e que mantêm sempre uma dupla referência: com a filosofia, à qual é preciso perguntar como é possível que o pensamento tenha uma história, e com a história, à qual é preciso pedir que produza sob os aspectos concretos que elas podem assumir (sistema de representações, instituições, práticas) as diversas formas do pensamento. Qual é o preço, para a filosofia, de uma história do pensamento? Qual é o efeito, na história, do pensamento e dos acontecimentos que lhe são próprios? Como as experiências individuais ou coletivas dependem das formas singulares do pensamento, isto é, do que constitui o sujeito em suas relações com o verdadeiro, com a regra, consigo mesmo? Imagina-se como a leitura de Nietzsche, no início dos anos 1950, pôde dar acesso a esse tipo de questões, rompendo com a dupla tradição da fenomenologia e do marxismo.

Eu sei que estou esquematizando para essa releitura; as coisas, na realidade, se descobriam aos poucos, e, no caminho, obscuridades e hesitações eram inúmeras. Assim é que, na *História da loucura*, era mesmo um foco de experiência que eu tentava descrever do ponto de vista da história do pensamento – mesmo se o uso que eu fazia da palavra "experiência" era aí muito vago; por meio das práticas de internação, por um lado, e dos procedimentos médicos, por outro, tentei analisar, no decorrer dos séculos XVII e XVIII, a gênese de um sistema de pensamento como matéria de experiências possíveis: formação de um domínio de conhecimentos que se constitui como saber específico da doença mental; organização de um sistema normativo, apoiado em todo um aparelho técnico, administrativo, jurídico e médico, destinado a isolar e a encarregar-se dos alienados; definição, enfim, de uma relação consigo e com os outros como sujeitos possíveis de loucura. São também esses três mesmos eixos e o jogo entre tipos de saber, formas de normalidade e modos de relação consigo e com os outros que me pareceram dar seu valor de experiências significativas a casos individuais como os de Pierre Rivière ou de Alexina B., ou ain-

1984 – *Prefácio à História da sexualidade* 211

da a essa dramatização permanente dos casos de família que se encontram nas cartas régias, no século XVIII. Mas a importância relativa desses três eixos não é sempre a mesma em todas as formas de experiência. E, por outro lado, era preciso elaborar um pouco mais precisamente a análise de cada um deles. E primeiro o problema da formação dos domínios de saber. O trabalho foi conduzido de duas maneiras: na dimensão "vertical", primeiro, tomando o exemplo da doença e estudando as relações entre uma organização institucional de terapêutica, de ensino e de pesquisa, e a constituição de uma medicina clínica articulada sobre o desenvolvimento da anatomia patológica; tratava-se aí de evidenciar as causalidades complexas e as determinações recíprocas entre o desenvolvimento de certo tipo de saber médico e as transformações de um campo institucional ligadas diretamente a mudanças sociais e políticas. Depois, desde que o saber científico tem suas regras das quais não podem dar conta as determinações externas, mas, sim, sua estrutura própria como prática discursiva, tentei mostrar a que critérios comuns, mas transformáveis – a que *espistemes* –, obedeciam os saberes que, do século XVII ao início do século XIX, tinham levado em conta certos aspectos da atividade ou da existência humana: as riquezas que o homem produz, troca e faz circular, os signos linguísticos que ele utiliza para comunicar e o conjunto dos vivos de que ele faz parte.

Foi o segundo eixo, o de uma relação com a regra, que eu quis explorar, tomando o exemplo das práticas punitivas. Não se tratava de estudar nela mesma a teoria do direito penal, nem a evolução de tal ou tal instituição penitenciária; mas de analisar a formação de certa "racionalidade punitiva" cujo aparecimento podia parecer tão mais surpreendente que se dava como principal meio de ação uma prática do aprisionamento que tinha sido por muito tempo criticada e o era ainda nessa mesma época. Mais do que procurar em uma concepção geral da lei, ou no desenvolvimento do modo de produção industrial (como o tinham feito Rusche e Kirchheimer), a explicação do fenômeno, pareceu-se que era preciso antes se voltar para o lado dos procedimentos do poder; o que se referia não a algum poder onipresente, todo-poderoso e clarividente em toda parte, que difundiria através de todo o corpo social para controlar até seus menores elementos, mas à busca, à elaboração e ao estabelecimento desde o século XVII de técnicas para "gover-

212 Michel Foucault – Ditos e Escritos

nar" os indivíduos, isto é, para "conduzir a conduta", e isso em domínios tão diferentes quanto a escola, o exército, a oficina. É no contexto dessa tecnologia – ela mesma ligada às mudanças demográficas, econômicas, políticas, próprias do desenvolvimento dos Estados industriais – que era preciso recolocar essa nova racionalidade punitiva. O que implicava que se colocasse no centro da análise não o princípio geral da lei, nem o mito do poder, mas as práticas complexas e múltiplas de uma "governamentalidade", que supusesse, de um lado, formas racionais, procedimentos técnicos, instrumentações através das quais ela se exercesse e, por outro lado, jogos estratégicos que tornassem instáveis e reversíveis as relações de poder que elas deviam garantir. E, a partir da análise dessas formas de "governo", pode-se compreender como a criminalidade foi constituída como objeto de saber, como também se pôde formar certa "consciência" da delinquência (a entender tanto como a imagem de si que podem se dar os delinquentes, ou como a representação que podemos fazer dos delinquentes).

*

O projeto de uma história da sexualidade estava ligado ao desejo de analisar mais de perto o terceiro eixo constitutivo de toda matriz de experiência: a modalidade da relação consigo. Não que a sexualidade não possa e não deva – à maneira da loucura, da doença ou da delinquência – ser encarada como foco de experiência comportando um domínio de saber, um sistema de regras e um modo de relação consigo. Entretanto, a importância que aí toma esta última permite escolher como fio diretor para a própria história dessa experiência e de sua formação: o estudo projetado das crianças, das mulheres, dos "pervertidos" como sujeitos sexuais correspondia a esse projeto.

Ora, eu me encontrei diante de uma escolha sobre a qual levei tempo para decidir. Escolha entre a fidelidade ao quadro cronológico inicialmente fixado e a busca de um encaminhamento que me levava a estudar de maneira privilegiada os modos de relação consigo. O período em que se desenha essa forma de experiência singular que é a sexualidade é particularmente complexo: o lugar muito importante tomado no fim do século XVIII e no século XIX pela formação dos domínios de saber concernentes à sexualidade do ponto de vista biológico,

1984 – *Prefácio à História da sexualidade* 213

médico, psicopatológico, sociológico, etnológico, o papel determinante desempenhado também pelos sistemas normativos impostos ao comportamento sexual, por intermédio da educação, da medicina, da justiça, tornavam difícil separar, no que eles têm de particular, a forma e os efeitos da relação consigo na constituição dessa experiência. O risco era de reproduzir, a propósito da sexualidade, formas de análise centradas na organização de um domínio de conhecimento, ou sobre o desenvolvimento das técnicas de controle e de coerção – como as que foram feitas anteriormente a respeito da doença ou da delinquência. Para melhor analisar em si mesmas as formas da relação consigo, fui levado a remontar através do tempo cada vez mais distante do quadro cronológico que eu me havia primitivamente fixado: ao mesmo tempo, para me dirigir a períodos nos quais o efeito dos saberes e a complexidade dos sistemas normativos eram menores e também para poder, eventualmente, separar formas da relação consigo diferentes das que caracterizam a experiência da sexualidade. E foi assim que, aos poucos, cheguei a fazer tratar o essencial do trabalho sobre o que só deveria ser seu ponto de partida ou o pano de fundo histórico: mais do que me colocar no limiar de formação da experiência da sexualidade, tentei analisar a formação de certo modo de relação consigo, na experiência da carne; isso exigia um deslocamento cronológico considerável, porque era preciso estudar esse período da Antiguidade tardia quando se pode ver se formarem os elementos principais da ética cristã da carne. Daí um remanejamento do plano primitivo; daí um atraso importante na publicação; daí também o risco assumido de estudar um material que, há ainda seis ou sete anos, não me era muito familiar. Mas eu me disse que, afinal de contas, valia mais sacrificar um programa definido na linha de conjunto de uma operação; eu me disse também que não haveria, talvez, sentido em se dar a pena de fazer livros se eles não devessem ensinar a quem os escreve o que ele não sabe, se eles não devessem conduzi-lo para onde ele não havia previsto e se eles não devessem lhe permitir estabelecer para ele próprio uma estranha e nova relação. O sofrimento e o prazer do livro são de ser uma experiência.

1984

Sobre a Genealogia da Ética: um Resumo do Trabalho em Curso

"On the genealogy of ethics: an overview of work in progress" ("À propos de la généalogie de l'éthique: un aperçou du travail en cours"; entrevista com H. Dreyfus e P. Rabinow; trad. G. Berbedette), *in* Dreyfus (H.) e Rabinow (P.), *Michel Foucault: un parcours philosophique*, Paris, Gallimard, 1984, p. 322-346.

Para a edição francesa desta entrevista (publicada primeiro em inglês, em 1983, nos Estados Unidos; ver n° 326, v. IV da edição francesa desta obra, e cf. *O Sujeito e o Poder*, neste volume), M. Foucault fez certo número de modificações.

O que segue é o produto de uma série de sessões de trabalho que nos foram reunidas com Michel Foucault, em Berkeley, em abril de 1983. Embora tenhamos conservado a forma da entrevista, o texto foi revisto e remanejado em colaboração com Foucault. Este nos autorizou, generosamente, a publicar suas observações preliminares, que são o produto de entrevistas orais e de conversações livres em língua inglesa, o que explica que não se encontram aí a precisão e o apoio acadêmico aos quais nos habituaram os escritos de Foucault.

H. L. D., P. R.

HISTÓRIA DO PROJETO

– *O primeiro volume da* História da sexualidade *foi publicado em 1976 e, a partir de então, nenhum outro volume foi publicado. Você continua a pensar que a compreensão da sexualidade é central para compreender quem somos nós?*

– Devo confessar que me interesso muito mais pelos problemas apresentados pelas técnicas de si, ou pelas coisas dessa ordem, do que pela sexualidade... A sexualidade é bastante monótona!

– *Os gregos, parece, também não se interessavam por ela.*

– Não, a sexualidade não lhes interessava, sem dúvida, da mesma forma que a alimentação ou o regime alimentar. Penso

1984 – Sobre a Genealogia da Ética: um Resumo do Trabalho em Curso **215**

que seria muito interessante estudar como se passou lentamente, progressivamente, de uma maneira de privilegiar a alimentação, que, na Grécia, era geral, a uma curiosidade pela sexualidade. A alimentação tinha ainda muito mais importância no início da era cristã. Nos regulamentos da vida monástica, por exemplo, a preocupação era a alimentação, ainda e sempre a alimentação. Depois, observa-se uma mutação muito lenta na Idade Média, quando esses problemas estavam um pouco em uma situação de equilíbrio... Mas, depois do século XVII, é a sexualidade que domina. Para São Francisco de Sales, a alimentação serve como metáfora para a concupiscência.

– *No entanto, O uso dos prazeres, o segundo volume da* História da sexualidade, *só trata quase exclusivamente – para dizer as coisas como elas são – de sexualidade.*

– Sim. Uma das inúmeras razões pelas quais eu tive tantos problemas com esse livro é que escrevi primeiramente um livro sobre a sexualidade, que, em seguida, deixei de lado. Depois, escrevi um livro sobre a noção de si e sobre as técnicas de si, em que a sexualidade tinha desaparecido, e fui obrigado a reescrever pela terceira vez um livro no qual eu tinha tentado manter um equilíbrio entre um e outro. Entenda, o que me surpreendeu percorrendo essa história da sexualidade é a relativa estabilidade dos códigos de restrições e de proibições através do tempo: os homens não foram mais inventivos para seus interditos do que para seus prazeres. Mas penso que a maneira como eles integravam essas proibições em uma relação consigo é inteiramente diferente. Eu não acredito que se possa encontrar nenhum traço do que se poderia chamar de "normalização", por exemplo, na moral filosófica dos Antigos. A razão disso é que o objetivo principal, o alvo essencial procurado por essa moral era de ordem estética. Primeiro, esse gênero de moral era somente um problema de escolha pessoal. Em seguida, ela era reservada a um pequeno número de pessoas; não se tratava, então, de fornecer um modelo de comportamento a todo mundo. Era uma escolha pessoal que dizia respeito a uma pequena elite. A razão que se tinha de fazer essa escolha era a vontade de ter uma bela vida e de deixar aos outros a lembrança de uma bela existência. Sob a continuidade dos temas e dos preceitos, houve modificações que eu tentei evidenciar e que tangem aos modos de constituição do sujeito moral.

216 Michel Foucault – Ditos e Escritos

– *Então, você chegou a equilibrar seu trabalho passando do estudo da sexualidade ao das técnicas de si?*

– Eu tentei reequilibrar todo o meu projeto em torno de uma questão simples: por que se faz do comportamento sexual uma questão moral, e uma questão moral importante? Entre todos os comportamentos humanos, muitos são, em uma sociedade, objetos de preocupação moral, muitos são constituídos como "conduta moral". Mas não todos, e não todos da mesma maneira. Acabo de citar a alimentação: domínio moral importante outrora, ele é agora principalmente objeto de higiene (ou, pelo menos, dessa flexão moral que é a higiene). Poder-se-ia tomar também o exemplo da economia, da generosidade, do gasto etc. Ou da cólera (que foi um domínio de conduta moral tão importante na Antiguidade). Eu quis, então, estudar como a atividade sexual foi constituída como "problema moral", e isso através das técnicas de si, permitindo garantir o domínio sobre os prazeres e os desejos.

– *Como você distribuiu o seu trabalho?*

– Um volume sobre a problematização da atividade sexual no pensamento grego clássico a respeito da dietética, do econômico e do erótico, *O uso dos prazeres*; depois, a reelaboração desses mesmos temas nos dois primeiros séculos do Império, *O cuidado de si*; depois, a problematização da atividade sexual no cristianismo, nos séculos IV e V, *As confissões da carne*.

– *E o que virá em seguida? Haverá outros livros sobre os cristãos quando você acabar esses três livros?*

– Oh! Primeiro vou me ocupar de mim!... Eu escrevi um esquema, uma primeira versão de um livro sobre a moral sexual no século XVI, quando o problema das técnicas de si, o exame de si mesmo, o encargo de almas são muito importantes, ao mesmo tempo, nas Igrejas protestante e católica. O que me surpreende é que, na moral dos gregos, as pessoas se preocupavam com sua conduta moral, com sua ética, com as relações consigo e com os outros muito mais do que com os problemas religiosos. Tomemos estes exemplos: Que acontece depois da morte? Que são os deuses? Eles intervêm ou não? São esses problemas para eles muito, muito insignificantes e que não estão ligados imediatamente à moral ou à conduta moral. Em seguida, essa moral não estava ligada a nenhum sistema institucional e social – ou, pelo menos, a nenhum sistema legal. Por exemplo, as leis contra as más condutas sexuais são muito ra-

1984 – Sobre a Genealogia da Ética: um Resumo do Trabalho em Curso   217

ras e pouco constrangentes. Enfim, o que os preocupava mais, seu grande tema era constituir uma espécie de moral que fosse uma estética da existência. Pois bem, eu me pergunto se nosso problema hoje não é, de certa maneira, o mesmo, visto que, para a maior parte, nós não acreditamos que uma moral possa ser fundada sobre a religião e não queremos um sistema legal que intervenha em nossa vida moral, pessoal e íntima. Os movimentos de liberação recentes sofrem por não encontrar princípio sobre o qual fundar a elaboração de uma nova moral. Eles precisam de uma moral, mas não conseguem achar outra senão aquela que se funda sobre um pretenso conhecimento científico do que seja o eu, o desejo, o inconsciente etc.

– *Você pensa que os gregos oferecem outra escolha, sedutora e plausível?*

– Não! Eu não procuro uma solução de reserva; não se encontra a solução de um problema na solução de outro problema apresentado em outra época por pessoas diferentes. O que quero fazer não é uma história das soluções.

Penso que o trabalho que se deve fazer é um trabalho de problematização e de perpétua reproblematização. O que bloqueia o pensamento é admitir implícita ou explicitamente uma forma de problematização e buscar uma solução que possa substituir-se àquela que se aceita. Ora, se o trabalho do pensamento tem um sentido – diferente daquele que consiste em reformar as instituições e os códigos – é retomar na raiz a maneira como os homens problematizam seu comportamento (sua atividade sexual, sua prática punitiva, sua atitude quanto à loucura etc.). Acontece que as pessoas se esforçam por essa reproblematização como um "antirreformismo" repousando em um pessimismo do gênero "nada mudará". É completamente o contrário. É o apego ao princípio de que o homem é um ser pensante, até em suas práticas mais mudas, e que o pensamento não é o que nos faz crer no que pensamos nem admitir o que nós fazemos; mas o que nos faz problematizar até o que nós somos nós mesmos. O trabalho do pensamento não é denunciar o mal que habitaria secretamente em tudo o que existe, mas pressentir o perigo que ameaça em tudo o que é habitual e tornar problemático tudo o que é sólido. O "otimismo" do pensamento, se quisermos empregar essa palavra, é saber que não há idade de ouro.

218 Michel Foucault – Ditos e Escritos

– *Então, a vida dos gregos não foi absolutamente perfeita; entretanto, ela parece ainda ser uma contraproposição sedutora em face da incessante análise de si dos cristãos.*

– A moral dos gregos era a de uma sociedade essencialmente viril na qual as mulheres eram "oprimidas", na qual o prazer das mulheres não tinha importância, sua vida sexual sendo apenas determinada pelo seu *status* de dependência em relação ao pai, ao tutor, ao esposo.

– *Então, as mulheres eram dominadas, mas o amor homossexual era mais integrado do que agora?*

– Com efeito, poderíamos pensar assim. Já que existe uma literatura importante e considerável sobre o amor dos meninos da cultura grega, alguns historiadores dizem: "Eis a prova de que eles amavam os garotos." Eu digo que essa literatura prova justamente que o amor dos garotos lhes causava um problema. Porque, se isso não tivesse sido um problema, eles falariam desses amores nos mesmos termos que para evocar o amor entre os homens e as mulheres. E o problema consistia em que eles não podiam aceitar que um rapaz jovem, que, em princípio, ia tornar-se um cidadão livre, pudesse ser dominado e ser utilizado como objeto de prazer. Uma mulher, um escravo podiam ser passivos: era sua natureza e seu *status*. Toda essa reflexão, essa filosofia sobre o amor dos garotos, todas essas práticas de "corte" que eles desenvolviam a seu respeito vêm provar que eles não podiam, com efeito, integrar essa prática em seu papel social. O *Erotikos* de Plutarco mostra que os gregos não podiam nem conceber a reciprocidade do prazer entre um homem e um garoto. Se Plutarco pensa que o amor dos garotos apresenta um problema, ele não entende por isso que o amor dos garotos pudesse ser contra a natureza, nem nada desse gênero. Ele diz: "Não é possível que haja nenhuma reciprocidade nas relações físicas entre um homem e um garoto."

– *Sobre esse ponto, a amizade é muito pertinente. Parece que é um aspecto da cultura grega do qual Aristóteles nos fala, mas do qual você não fala e que tem uma importância muito grande. Na literatura clássica, a amizade é o ponto de encontro, o lugar do reconhecimento mútuo. A tradição não vê na amizade a maior virtude, mas, lendo Aristóteles e Cícero, poder-se-ia concluir que é a maior virtude, porque ela é estável e persistente, porque é desinteressada, porque não se pode comprá-la como se quer, porque ela não nega a utilidade nem os prazeres do mundo, mesmo se busca outra coisa.*

1984 – Sobre a Genealogia da Ética: um Resumo do Trabalho em Curso **219**

– É muito significativo que, quando os gregos tentaram integrar o amor dos garotos e a amizade, eles tenham sido obrigados a deixar de lado as relações sexuais. A amizade é algo recíproco, contrariamente às relações sexuais: as relações sexuais eram compreendidas no jogo ativo ou passivo da penetração. Estou completamente de acordo com o que você acaba de dizer sobre a amizade, mas vejo aí a confirmação do que eu digo da moral sexual dos gregos: se você tem uma amizade, é difícil ter relações sexuais. Para Platão, em *Fedro*, há reciprocidade do desejo físico, mas essa reciprocidade deve conduzir a uma dupla renúncia. Em *Xenofonte*, Sócrates diz que é evidente que, em uma relação entre um garoto e um homem, o garoto é apenas o espectador do prazer do homem. O que os gregos dizem desse amor dos garotos implica que não se deva levar em conta o prazer do menino. Melhor, é desonroso para um menino sentir qualquer prazer físico em uma relação com um homem.

– *Muito bem; admitamos, com efeito, que a não reciprocidade tenha apresentado um problema para os gregos; é, no entanto, ao que parece, o gênero de problema que se poderia resolver. Por que é preciso que seja um problema dos rapazes? Por que não se podia referir ao prazer das mulheres e dos rapazes, sem perturbar completamente o quadro geral da sociedade? O problema, finalmente, não viria do fato de que, introduzindo a noção de prazer do outro, todo o sistema moral e hierárquico ameaçava desmoronar?*

– Absolutamente. A moral grega do prazer está ligada à existência de uma sociedade viril, à ideia de dissimetria, à exclusão do outro, à obsessão da penetração, a essa ameaça de ser privado de sua energia... Tudo isso não é muito atraente!

– *Certo, mas se as relações sexuais eram, ao mesmo tempo, não recíprocas e causas de tormento para os gregos, pelo menos o prazer em si não parece que lhes tenha apresentado problema.*

– Tentei mostrar que há uma tensão crescente entre o prazer e a saúde. A ideia de que o sexo comporta perigos é muito mais forte no século II de nossa era do que no século IV antes de Cristo. Pode-se mostrar, por exemplo, que o ato sexual já era considerado por Hipócrates como comportando certo perigo, que pensava ser necessário prestar muita atenção, não ter relações sexuais todo o tempo e somente em certas estações etc. Mas, nos séculos I e II, parece que, para um médico, o

220 Michel Foucault – Ditos e Escritos

ato sexual constitui um perigo mais ou menos grande. E aí eu acredito que a grande mutação seja esta: é que, no século IV antes de Cristo, o ato sexual é uma *atividade*, enquanto, para os cristãos, é uma *passividade*. Há uma análise de Santo Agostinho muito interessante e muito característica a respeito da ereção. Para o grego do século IV, a ereção era um sinal de atividade, o sinal da verdadeira atividade. Mas, depois, para Santo Agostinho e para os cristãos, a ereção não é algo voluntário, é um sinal de passividade – uma punição do pecado original.

– *O que quer que digam disso os helenistas alemães, a Grécia clássica não era, então, a idade de ouro. E, no entanto, podemos com certeza tirar lições desse período, não?*

– Eu penso que não há valor exemplar em um período que não é o nosso... Não se trata de voltar a um estado anterior. Mas estamos diante de uma experiência ética que implicava uma acentuação muito forte sobre o prazer e seu uso. Se comparamos essa experiência com a nossa, em que todo mundo – tanto o filósofo como o psicanalista – explica que o que é importante é o desejo, e que o prazer não é nada, então, pode-se perguntar se essa separação não foi um acontecimento histórico sem necessidade nenhuma, e que nenhum elo ligava nem à natureza humana nem a uma necessidade antropológica qualquer.

– *Mas você já explicou isso em* A vontade de saber, *opondo nossa ciência sexual à* ars erotica *do Oriente.*

– Um dos inúmeros pontos que estavam insuficientemente precisos é o que eu disse dessa *ars erotica*. Eu a opus a uma *scientia sexualis*. Mas é preciso ser mais exato. Os gregos e os romanos não tinham nenhuma *ars erotica* comparável à *ars erotica* dos chineses (ou, digamos, que não era uma coisa muito importante em sua cultura). Eles tinham uma *tekhne tou biou*, em que a economia do prazer desempenhava uma função muito grande. Nessa "arte de viver", a noção segundo a qual era preciso exercer um domínio perfeito de si mesmo tornou-se rapidamente o problema central. E a hermenêutica cristã de si constituiu uma nova elaboração dessa *tekhne*.

– *Mas, depois de tudo o que você nos disse sobre essa não reciprocidade e sobre essa obsessão da saúde, o que podemos aprender com essa terceira ideia?*

– Nessa ideia de uma *tekhne tou biou*, várias coisas me interessam. Por um lado, essa ideia de que estamos agora um pouco distantes, de que a obra que devemos fazer não é so-

1984 – Sobre a Genealogia da Ética: um Resumo do Trabalho em Curso 221

mente, não é principalmente uma coisa (um objeto, um texto, uma fortuna, uma invenção, uma instituição) que deixaríamos para trás de nós, mas simplesmente nossa vida e nós mesmos. Para nós, não há obra e arte senão aí onde algo escapa à mortalidade de seu criador. Para os Antigos, a *tekhne tou biou* se aplicava, ao contrário, a essa coisa passageira que é a vida daquele que a fazia funcionar, prestes, no melhor dos casos, a deixar para trás de si as pistas de uma reputação ou a marca de uma reputação. Que a vida, porque ela é mortal, tenha de ser uma obra de arte é um tema notável.

Por outro lado, nesse tema de uma *tekhne tou biou*, parece-me que houve uma evolução no decorrer da Antiguidade. Já Sócrates observava que essa arte devia antes de tudo ser dominada pelo *cuidado de si*. Mas, em *Alcibíades*, era para poder ser um bom cidadão, e para ser capaz de governar os outros, que era preciso "tomar cuidado consigo mesmo". Eu penso que essa preocupação consigo se autonomiza e acaba tornando-se um fim em si mesmo. Sêneca queria apressar-se em envelhecer para poder, finalmente, ocupar-se de si.

– *Como os gregos tratavam a questão do desvio?*

– Na moral sexual dos gregos, a grande diferença não estava entre as pessoas que preferem as mulheres e as que preferem os rapazes, ou, então, entre os que fazem amor de uma maneira e os que fazem amor de outra maneira, mas era uma questão de quantidade, de atividade e de passividade. Você é escravo ou mestre dos seus desejos?

– *E o que diziam de alguém que fizesse amor que pusesse sua saúde em risco?*

– Que é orgulho e que é excessivo. O problema não é o do desvio e do normal, mas o do excesso e da moderação.

– *O que faziam eles com essas pessoas?*

– Pensava-se que elas eram feias, sem graça e que tinham má reputação.

– *Eles não tentavam cuidar delas ou reeducá-las?*

– Havia exercícios cujo objetivo era adquirir o domínio de si. Para Epícteto, era preciso tornar-se capaz de olhar uma menina bonita ou um menino bonito sem ter desejo por ela ou por ele.

A austeridade sexual na sociedade grega era um luxo, um refinamento filosófico, e era frequentemente o fato de pessoas muito cultas; elas procuravam, assim, dar à sua vida uma

222 Michel Foucault – Ditos e Escritos

maior intensidade e uma maior beleza. De certa maneira, viu-se a mesma coisa no século XX, quando as pessoas, a fim de ter uma vida mais rica e mais bela, tentaram livrar-se das obrigações sexuais que lhes eram impostas pela sociedade. Na Grécia, Gide teria sido um filósofo austero.

– *Os gregos eram austeros porque procuravam ter uma bela vida; e nós, hoje, procuramos nos realizar através do apoio da psicologia.*

– Exatamente. Eu penso que não seja absolutamente necessário ligar os problemas morais e o saber científico. Entre as invenções culturais da humanidade, há todo um tesouro de procedimentos, de técnicas, de ideias, de mecanismos que não podem realmente ser reativados, mas que ajudam a constituir uma espécie de ponto de vista, que pode ser útil para analisar e para transformar o que acontece à nossa volta, hoje.

Não temos de escolher entre nosso mundo e o mundo grego. Mas, já que podemos observar que alguns dos grandes princípios de nossa moral foram ligados, em dado momento, a uma estética da existência, penso que esse gênero de análise histórica pode ser útil. Durante séculos, tivemos a convicção de que havia entre nossa moral – nossa moral individual –, nossa vida de todos os dias e as grandes estruturas políticas, sociais e econômicas elos analíticos; e que não podíamos mudar nada, por exemplo, em nossa vida sexual ou em nossa vida familiar, sem colocar em risco nossa economia ou nossa democracia. Penso que devemos nos livrar da ideia de um elo analítico e necessário entre a moral e as outras estruturas sociais, econômicas ou políticas.

– *Mas que gênero de moral podemos elaborar hoje, quando se sabe que entre a moral e as outras estruturas há somente conjunções históricas, e não um elo de necessidade?*

– O que me surpreende é que, em nossa sociedade, a arte não tenha mais relação com os objetos, e não com os indivíduos ou com a vida; e também que a arte seja um domínio especializado, o domínio dos peritos que são os artistas. Mas a vida de todo indivíduo não poderia ser uma obra de arte? Por que um quadro ou uma casa são objetos de arte, mas não nossa vida?

– *É claro, esse gênero de projeto é muito comum em lugares como Berkeley, onde pessoas pensam que tudo o que elas fazem – do que elas tomam no café da manhã ao amor feito*

1984 – Sobre a Genealogia da Ética: um Resumo do Trabalho em Curso **223**

desta ou daquela maneira, ou ao próprio dia e à maneira como o passam – deveria encontrar uma forma acabada.

– Mas temo que, na maior parte desses exemplos, as pessoas só pensam que, se fazem o que fazem, se vivem como vivem, é porque conhecem a verdade sobre o desejo, a vida, a natureza, o corpo etc.

– Mas, se devemos criar-nos para nós mesmos sem o recurso ao conhecimento e às leis universais, em que sua concepção é diferente do existencialismo sartriano?

– Há em Sartre uma tensão entre certa concepção do sujeito e uma moral da autenticidade. E eu me pergunto sempre se essa moral da autenticidade não contesta, de fato, o que é dito na transcendência do ego. O tema da autenticidade remete explicitamente ou não a um modo de ser do sujeito definido por sua adequação a si mesmo. Ora, parece-me que a relação consigo deve poder ser descrita segundo as multiplicidades de formas das quais a "autenticidade" é apenas uma das modalidades possíveis; é preciso conceber que a relação consigo é estruturada como uma prática que pode ter seus modelos, suas conformidades, suas variantes, mas também suas criações. A prática de si é um domínio complexo e múltiplo.

– Isso faz pensar nessa observação de Nietzsche em A gaia ciência *(§ 290) que diz que é preciso dar estilo à sua vida "ao preço de um paciente exercício e de um trabalho quotidiano".*

– Sim. Meu ponto de vista é mais próximo de Nietzsche do que de Sartre.

A ESTRUTURA DA INTERPRETAÇÃO GENEALÓGICA

– Como os dois outros livros, O uso dos prazeres *e* As confissões da carne, *se apresentam, depois do primeiro volume da* História da sexualidade, *no plano de seu projeto sobre as genealogias?*

– Há três domínios de genealogias possíveis. Primeiro, uma ontologia histórica de nós mesmos em nossas relações com a verdade, que nos permite constituir-nos como sujeito de conhecimento; em seguida, uma ontologia histórica de nós mesmos em nossas relações com um campo de poder, em que nós nos constituímos como sujeitos agindo sobre os outros; enfim, uma ontologia histórica de nossas relações com a moral, que nos permite constituir-nos como agentes éticos.

224 Michel Foucault – Ditos e Escritos

Então, esses três eixos são possíveis para uma genealogia. Os três estavam presentes, mesmo de uma maneira um pouco confusa, na *História da loucura*. Eu estudei o eixo da verdade em *O nascimento da clínica* e em *A arqueologia do saber*. Desenvolvi o eixo do poder em *Vigiar e punir* e o eixo moral na *História da sexualidade*.

A organização geral do livro sobre a sexualidade está centrada em torno da história da moral. Eu penso que, em uma história da moral, é preciso fazer uma distinção entre o código moral e os atos. Os atos ou as condutas são a atitude real das pessoas em face das prescrições morais que lhes são impostas. Desses atos é preciso distinguir o código que determina quais atos são autorizados ou proibidos e o valor positivo e negativo das diferentes atitudes possíveis. Mas há outro aspecto das prescrições morais que, geralmente, não é isolado como tal, mas que, aparentemente, é muito importante: é a relação consigo mesmo que seria necessário instaurar, essa *relação consigo* que determina como o indivíduo deve constituir-se como sujeito moral de suas próprias ações. Há nessa relação quatro principais aspectos. O primeiro aspecto concerne à parte de si mesmo ou ao comportamento que está em relação com uma conduta moral. Por exemplo, dir-se-á que, em geral, em nossa sociedade, o principal campo de moralidade são nossos sentimentos. É claro, em compensação, que, do ponto de vista kantiano, a intenção é mais importante que os sentimentos. Mas, do ponto de vista cristão, a matéria moral é essencialmente a concupiscência (o que não quer dizer que o ato fosse sem importância).

– *Mas, por alto, para os cristãos, é o desejo; para Kant, era a intenção; e, para nós, hoje, são os sentimentos?*

– Sim, pode-se, com efeito, apresentar as coisas assim. Não é sempre a mesma parte de nós mesmos ou de nosso comportamento que depende da moral. É esse aspecto que eu chamo de substância ética.

– *A substância ética é um pouco o material que vai ser retrabalhado pela moral?*

– Sim, é isso. Para os gregos, a substância ética eram atos ligados em sua unidade ao prazer e ao desejo; eram o que eles chamavam os *aphrodisia*; os quais eram tão diferentes da "carne" cristã quanto da sexualidade.

– *Qual é a diferença ética entre a "carne" e os aphrodisia?*

1984 – Sobre a Genealogia da Ética: um Resumo do Trabalho em Curso **225**

– Vou tomar um exemplo simples. Quando um filósofo estava apaixonado por um rapaz, mas não o tocava, sua atitude tinha um alto valor moral. A substância ética de sua conduta era o ato ligado ao prazer e ao desejo. Para Santo Agostinho, é muito claro que, quando ele se lembra de suas afeições de jovem, o que o inquieta é saber exatamente o tipo de desejo que ele sentia. É uma substância ética muito diferente.

O segundo aspecto da relação consigo é o que eu chamo de modo de sujeição, isto é, o modo segundo o qual os indivíduos têm de reconhecer as obrigações morais que se impõem a eles. É, por exemplo, a lei divina que é revelada em um texto? É uma lei natural, que é, em cada caso, a mesma para todo ser vivo? É uma lei racional? É um princípio estético de existência?

– *Quando você diz "racional", você quer dizer científico?*

– Não necessariamente. Eis um exemplo. Encontra-se em Isócrates um discurso muito interessante. Era Nicocles que era soberano de Chipre. Ele explica por que ele foi sempre fiel à sua mulher: "Porque sou rei e porque sou alguém que comanda os outros, que governa os outros, devo mostrar que sou capaz de governar a mim mesmo." É claro que essa lei da fidelidade nada tem a ver aqui com a fórmula universal dos estoicos: eu devo ser fiel à minha mulher porque sou um ser humano e racional. E vê-se, então, que a maneira como a mesma lei é aceita por Nicocles e por um estoico é muito diferente. E é o que eu chamo o modo de sujeição, esse segundo aspecto da moral.

– *Quando o rei diz "porque eu sou rei", é o sinal e o índice de uma bela vida?*

– É o sinal de uma vida que é, ao mesmo tempo, estética e política, os dois estando ligados diretamente. Com efeito, se eu quero que as pessoas me aceitem como rei, devo possuir uma espécie de glória que sobreviverá a mim, e essa glória não pode estar dissociada de seu valor estético. Então, o poder político, a glória, a imortalidade e a beleza são coisas que estão todas ligadas umas às outras, em dado momento. É um modo de sujeição e o segundo aspecto da moral. O terceiro aspecto é este: quais são os meios pelos quais nós podemos nos transformar a fim de nos tornarmos sujeitos normais?

– *Como nós trabalhamos sobre a substância ética?*

– Sim. Que vamos fazer, seja para atenuar nossos desejos e moderá-los, seja para compreender quem somos nós, seja para suprimir nossos desejos, seja para nos servirmos de nos-

226 Michel Foucault – Ditos e Escritos

so desejo sexual a fim de realizar alguns objetivos, como ter filhos, toda essa elaboração de nós mesmos que tem por objetivo um comportamento moral. É o terceiro aspecto que eu chamo de prática de si ou de ascetismo – mas o ascetismo em uma acepção muito ampla.

O quarto aspecto é este: que espécie de ser queremos nos tornar quando temos um comportamento moral? Por exemplo, devemos nos tornar puros, imortais, livres mestres de nós mesmos etc.? É o que se poderia chamar a teleologia moral. Naquilo que chamamos moral, não há simplesmente o comportamento efetivo das pessoas, não há senão códigos e regras de conduta, há também essa relação consigo que compreende os quatro aspectos que acabo de enumerar.

– *E que são todos independentes uns dos outros?*

– Há, ao mesmo tempo, relações entre eles e certa independência para cada um dentre eles. Você pode compreender muito bem que, se a teleologia moral é definida pela pureza absoluta, o tipo de técnicas da prática de si e as técnicas de ascetismo que deverão ser utilizadas não são exatamente os mesmos que se o objetivo é de ser mestre de seu comportamento.

Agora, se você aplica esse tipo de análise à moral pagã e à moral do início da era cristã, parece-me que se vê aparecerem diferenças significativas. Em primeiro lugar, se se considera somente o código – isto é, o que é introduzido e o que não o é –, percebe-se que os moralistas ou os filósofos recomendavam três grandes tipos de prescrições: algumas concernentes ao corpo – a saber, economizar o comportamento sexual, que constitui uma despesa importante, e zelar por só ter relações tão pouco frequentes quanto possível. A segunda prescrição concerne ao casamento: só ter relações com a esposa legítima. E, no que concerne aos rapazes: abster-se tanto quanto possível de ter atos sexuais com eles. Esses princípios são encontrados, com algumas variantes, em Platão, nos pitagóricos, nos estoicos etc. –, mas são reencontrados no cristianismo e, em suma, igualmente em nossa sociedade. Pode-se dizer que os códigos em si mesmos não mudaram na essência. Sem dúvida, algumas proibições mudaram e são muito mais estritas e mais severas. Os temas são, no entanto, os mesmos. Ora, eu penso que as grandes mudanças que aconteceram entre a moral grega e a moral cristã não são produzidas no código, mas no que eu chamo ética, que é a relação consigo. Em *O uso dos*

1984 – Sobre a Genealogia da Ética: um Resumo do Trabalho em Curso **227**

prazeres, eu analiso esses quatro aspectos da relação consigo por meio dos três temas de austeridade do código: a saúde, a esposa e os rapazes.

– *Você pode resumir tudo isso?*

– Digamos que a substância ética dos gregos eram os *aphrodisia*; o modo de sujeição era uma escolha político-estética. A forma de ascese era a *tekhne* utilizada e em que se encontrava, por exemplo, a *tekhne* do corpo, ou essa economia das leis pelas quais se definia seu papel de marido, ou, ainda, esse erotismo como forma de ascetismo voltado para si no amor dos rapazes etc.; depois, a teleologia era o domínio de si. Eis a situação que descrevo nas duas primeiras partes de *O uso dos prazeres*. Em seguida, há uma mutação no interior dessa moral. A razão dessa mutação é a mudança ocorrida no papel dos homens em relação à sociedade, ao mesmo tempo, neles, em suas relações com suas mulheres, mas também no terreno político, visto que a cidade desaparece. E, por todas essas razões, a maneira como eles se consideram como sujeitos de comportamento político e econômico sofre mudanças. Daí mudanças na forma e nos objetivos da elaboração da relação consigo. Resumindo, pode-se dizer que o domínio de si tinha ficado por muito tempo ligado à vontade de exercer uma ascendência sobre os outros. Cada vez mais, no pensamento moral dos dois primeiros séculos, a soberania sobre si tem por objetivo garantir sua independência em relação a acontecimentos exteriores e ao poder dos outros.

O que tentei mostrar nessa série de estudos foram as transformações que se produziram "abaixo" dos códigos e das regras, nas formas da relação consigo e nas práticas de si que lhe estão ligadas. Uma história não da lei moral, mas do sujeito moral. Da época clássica ao pensamento greco-romano da época imperial, podem-se observar modificações concernentes principalmente ao modo de sujeição (com o aparecimento desse tema sobretudo "estoico" de uma lei universal se impondo da mesma maneira a todo homem razoável), concernentes também à definição de uma teleologia moral (colocada na independência e na *agatheia*). Depois, dessa filosofia greco-romana ao cristianismo, vê-se uma nova vaga de transformações concernentes, dessa vez, à substância ética, que é definida doravante pela concupiscência, e concernentes, também, aos modos de ação sobre si mesmo – a purificação, a extirpação dos desejos, o deciframento e a hermenêutica de si.

228   Michel Foucault – Ditos e Escritos

Falando muito esquematicamente, poder-se-ia dizer que os
três polos do ato, do prazer e do desejo não foram valorizados
da mesma maneira nas diferentes culturas. Entre os gregos,
e, de maneira geral, na Antiguidade, era o ato que constituía
o elemento importante: era sobre ele que era preciso exercer
o controle, ele, de que se deviam definir a quantidade, o ritmo, a oportunidade, as circunstâncias. Na erótica chinesa – de
acordo com Van Gulik[1] –, o elemento importante era o prazer
que era preciso majorar, intensificar, prolongar tanto quanto
possível, retardando o ato em si, e, no limite, abstendo-se. Na
ética, é o desejo que é o momento essencial: seu deciframento,
a luta contra ele, a extirpação de suas menores raízes; quanto
ao ato, é preciso poder cometê-lo sem mesmo sentir prazer –
em todo caso, anulando-o tanto quanto possível.

DO SI CLÁSSICO AO SUJEITO MODERNO

*– Qual é essa preocupação consigo que você decidiu tratar
separadamente em* O cuidado de si?

– O que me interessa na cultura helênica, na cultura greco-
romana a partir do século IV antes de Cristo e até os séculos
II e III depois de Cristo é esse preceito para o qual os gregos
tinham um termo específico, a *epimeleia heautou*: o cuidado
de si. Isso não quer simplesmente dizer interessar-se por si
mesmo, e isso não implica também uma tendência a excluir
toda forma de interesse ou de atenção que não fosse dirigida para si. *Epimeleia* é uma palavra muito forte em grego,
que designa o trabalho, a aplicação, o zelo por alguma coisa.
Xenofonte, por exemplo, utiliza essa palavra para descrever o
cuidado que convém trazer ao seu patrimônio. A responsabilidade de um monarca em relação aos seus concidadãos era
da ordem da *epimeleia*. O que um médico faz quando cuida
de um doente é também designado como *epimeleia*. É, então,
uma palavra que se refere a uma atividade, a uma atenção, a
um conhecimento.

*– Mas o conhecimento aplicado e a técnica de si não são
invenções modernas?*

---

1 Autor de *Sexual life in ancien China* (trad. franc. Louis Évrard, *La Vie sexuelle dans la Chine ancienne*, Paris, Gallimard, 1971).

1984 – Sobre a Genealogia da Ética: um Resumo do Trabalho em Curso **229**

– Não, a questão do saber era capital no cuidado de si, mas sob uma forma diferente de uma investigação interior.

– *Mas a compreensão teórica, a compreensão científica eram secundárias e motivadas por um cuidado ético e estético?*

– O problema era determinar quais eram as categorias de saber necessárias para a *epimeleia heuatou*. Por exemplo, para os epicuristas, o conhecimento geral do que era o mundo – sua necessidade, a relação entre o mundo e os deuses –, tudo isso era muito importante para poder ocupar-se de si, como era preciso. Era matéria para meditação: é compreendendo exatamente a necessidade do mundo que se era capaz de dominar as paixões de uma maneira muito mais satisfatória. A razão que se tinha para familiarizar-se com a física ou a cosmologia era poder chegar à autossuficiência.

– *Em que medida os cristãos desenvolveram novas técnicas de governo de si?*

– O que me interessa nesse conceito clássico de cuidado de si é que podemos ver aí o nascimento e o desenvolvimento de certo número de técnicas ascéticas que, habitualmente, são atribuídas ao cristianismo. Incrimina-se, geralmente, o cristianismo por ter substituído um modo de vida greco-romano, bastante tolerante, por um modo de vida austero, caracterizado por toda uma série de renúncias, de interdições e de proibições. Mas pode-se observar que, nessa atividade do si sobre si, os povos antigos tinham desenvolvido muitas práticas de austeridade que os cristãos tomaram emprestado diretamente deles. Vê-se que essa atividade esteve ligada progressivamente a certa austeridade sexual que a moral cristã retomou imediatamente, modificando-a. Não se trata de ruptura moral entre uma Antiguidade tolerante e um cristianismo austero.

– *Em nome de que se escolhe a imposição desse modo de vida?*

– Não penso que se trate de atingir uma vida eterna depois da morte, porque essas coisas não os preocupavam particularmente. Eles agiam, ao contrário, com o desígnio de dar à sua vida certos valores (de reproduzir certos exemplos, de deixar atrás de si uma reputação excepcional ou de dar o máximo de brilho à sua vida). Tratava-se de fazer de sua vida um objeto de conhecimento ou de *tekhne*, um objeto de arte.

230   Michel Foucault – Ditos e Escritos

Mal temos a lembrança dessa ideia em nossa sociedade, ideia segundo a qual a principal obra de arte com que é necessário preocupar-se, a zona maior em que se devem aplicar valores estéticos é o si mesmo, sua própria vida, sua existência. Encontra-se isso na Renascença, mas sob uma forma diferente, e, ainda, no dandismo do século XIX, mas foram apenas breves episódios.

– *Mas o cuidado de si dos gregos não é uma primeira versão de nossa autoconcentração, que muitos consideram como um problema central de nossa sociedade?*

– Naquilo que se poderia chamar de culto contemporâneo de si, a aposta é descobrir seu verdadeiro eu, separando-o do que poderia torná-lo obscuro, ou aliená-lo, decifrando sua verdade por meio de um saber psicológico ou de um trabalho psicanalítico. Assim, não somente eu não identifico a cultura antiga de si no que se poderia chamar de culto contemporâneo de si, mas penso que eles são diametralmente opostos.

O que aconteceu foi precisamente uma reviravolta da cultura clássica de si. Ela se deu no cristianismo, quando a ideia de um si ao qual era preciso renunciar – porque, apegando-se a si mesmo, opunha-se à vontade de Deus – se substituiu a uma ideia de um si a construir e a criar como uma obra de arte.

– *Um dos estudos do* Cuidado de si *se refere ao papel da escrita na formação de si. Como Platão apresenta a questão da relação entre si e a escrita?*

– Inicialmente, é preciso lembrar certo número de fatos históricos que são, frequentemente, subestimados, quando se apresenta o problema da escrita; é preciso lembrar, por exemplo, a famosa questão dos *hypomnêmata*.

– *Você pode precisar o que são os* hypomnêmata?

– No sentido técnico, os *hypomnêmata* podiam ser livros de conta, registros públicos, mas também carnês individuais que serviam para tomar notas. Sua utilização como livros de vida, ou guias de conduta, parece ter sido uma coisa mais corrente, pelo menos em certo público culto. Nesses carnês, colocavam-se citações, extratos de obras, exemplos tirados da vida de personagens mais ou menos conhecidos, anedotas, aforismos, reflexões ou raciocínios. Eles constituíam uma memória material das coisas lidas, ouvidas ou pensadas; e eles faziam dessas coisas um tesouro acumulado para a releitura e a meditação ulterior. Eles formavam, também, um material bruto para a

1984 – Sobre a Genealogia da Ética: um Resumo do Trabalho em Curso **231**

escrita de tratados mais sistemáticos nos quais se davam argumentos e os meios de lutar contra tal ou tal defeito (como a cólera, a inveja, a fofoca, a adulação) ou, então, de transpor um obstáculo (um luto, um exílio, uma ruína, uma desgraça).

– *Mas como a escrita está ligada à moral e a si?*

– Nenhuma técnica, nenhum talento profissional pode ser adquirido sem prática; não se pode mais aprender a arte de viver, a *tekhne tou biou*, sem uma *askesis* que deve ser considerada como uma aprendizagem de si por si: era um dos princípios tradicionais ao qual todas as escolas filosóficas atribuíram durante muito tempo uma grande importância. Entre todas as formas que assumia essa aprendizagem (que incluía as abstinências, as memorizações, os exames de consciência, as meditações, o silêncio e a escuta dos outros), parece que a escrita – o fato de escrever para si e para os outros – chegou a exercer um papel importante muito tardiamente.

– *Que papel específico exerceram esses carnês quando terminaram por ter importância no fim da Antiguidade?*

– Não se devem tomar os *hypomnêmata*, por mais pessoais que possam ter sido, como diários ou como relatos de experiências espirituais (consignando as tentações, as lutas interiores, as quedas e as vitórias) que se podem encontrar ulteriormente na literatura cristã. Eles não constituem um "relato de si"; seu objetivo não é colocar à luz os arcanos da consciência cuja confissão – seja ela oral ou escrita – tem um valor purificador. O movimento que eles buscam efetuar é o inverso deste último: não se trata de acossar o indecifrável, de revelar o que está oculto, de dizer o não dito, mas, ao contrário, de reunir o já dito: de reunir o que se podia ouvir ou ler, e isso com uma intenção que não é outra coisa senão a constituição de si mesmo.

Os *hypomnêmata* devem ser ressituados no contexto de uma tensão muito sensível desse período; no interior dessa cultura muito afetada pela tradição, pelo valor reconhecido do já dito, pela recorrência do discurso, pela prática da "citação" sob a marca da idade e da autoridade, uma moral estava se desenvolvendo, sendo muito abertamente orientada pelo cuidado de si para objetivos precisos como: o recolhimento em si mesmo, a vida interior, a maneira de viver consigo mesmo, a independência, o gosto de si mesmo. Tal é o objetivo dos *hypomnêmata*: fazer da lembrança de um *logos* fragmentário, transmitido pelo ensino, pela escuta ou pela leitura, um meio

232 Michel Foucault – Ditos e Escritos

de estabelecer uma relação consigo tão adequada e perfeita quanto possível.

– Antes de ver qual foi o papel desses carnês no início da era cristã, você pode nos dizer em que a austeridade greco-romana e a austeridade cristã são diferentes?

– Pode-se marcar a diferença no ponto de vista seguinte: é que, em muitas morais antigas, a questão da "pureza" era relativamente pouco importante. Com certeza, ela o era para os pitagóricos e assim também para o neoplatonismo, e tornou-se cada vez mais importante no cristianismo. Em dado momento, o problema de uma estética da existência é recoberto pelo problema da pureza, que é algo diferente e necessita de outra técnica. No ascetismo cristão, a questão da pureza é central. O tema da virgindade, com o modelo da integridade feminina, tinha certa importância em alguns aspectos da religião antiga, mas quase nenhuma na moral, em que a questão não era a integridade de si em relação aos outros, mas o domínio de si sobre si. Era um modelo viril de domínio de si, e uma mulher que observasse certa temperança era tão viril em relação a si mesma quanto um homem. O paradigma da autorrestrição sexual torna-se um paradigma feminino por meio do tema da pureza e da virgindade, que é fundado sobre o modelo da integridade física. Esse novo "eu" cristão devia ser o objeto de um exame constante, porque era ontologicamente marcado pelas concupiscências e pelos desejos da carne. A partir desse momento, o problema não era instaurar uma relação acabada consigo mesmo, mas, ao contrário, era preciso se decifrar a si mesmo e renunciar a si.

Por conseguinte, entre o paganismo e o cristianismo, a oposição não é a da tolerância e da austeridade, mas a de uma forma de austeridade que está ligada a uma estética da existência e outras formas de austeridade que estão ligadas à necessidade de renunciar a si, decifrando sua própria verdade.

– Então, Nietzsche estaria errado, na Genealogia da moral, *quando atribui ao ascetismo cristão o mérito de fazer de nós "criaturas que podem fazer promessas"?*

– Sim, eu creio que ele cometeu um erro, atribuindo isso ao cristianismo, considerando o que sabemos da evolução da moral pagã entre o século IV antes de Cristo e o século IV depois de Cristo.

1984 – Sobre a Genealogia da Ética: um Resumo do Trabalho em Curso **233**

– *Como o papel dos carnês mudou quando a técnica que os mandava utilizar em uma relação de si a si foi tomada pelos cristãos?*

– Uma mudança importante é que a observação dos movimentos interiores parece, segundo um texto de Atanásio sobre a vida de Santo Antônio, ser como a arma do combate espiritual: enquanto o demônio é uma força que engana e faz com se se seja enganado sobre si (uma grande parte da *Vita Antonii* é consagrada a esses estratagemas), a escrita constitui um teste e uma espécie de pedra angular: para colocar às claras os movimentos do pensamento, ela dissipa a sombra interior em que os complôs do inimigo são tramados.

– *Como uma transformação tão radical pôde ter acontecido?*

– Há realmente uma mudança dramática entre os *hypomnêmata* evocados por Xenofonte, em que se tratava somente de se lembrar dos elementos de um regime elementar, e a descrição das tentações noturnas de Santo Antônio. Pode-se pensar que houve um estágio intermediário na evolução das técnicas de si: o hábito de anotar seus sonhos. Sinésio explica que era preciso ter um carnê perto de sua cama para aí anotar seus próprios sonhos, a fim de interpretá-los ele mesmo: ser adivinho de si mesmo.

– *Mas, em todo caso, a ideia de que a contemplação de si mesmo permite que se dissipe a obscuridade em si mesmo e chegue à verdade já está presente em Platão?*

– Penso que a contemplação platônica da alma por si mesma – que lhe dá acesso, ao mesmo tempo, ao ser e às verdades eternas – é muito diferente do exercício pelo qual, em uma prática de tipo estoico, por exemplo, se tenta lembrar-se do que se fez durante o dia, das regras de conduta de que se deveria ter-se lembrado, dos acontecimentos dos quais se deve sentir-se independente etc. É claro, seria necessário precisar tudo isso; houve interferências, entrecruzamentos. A "tecnologia de si" é um imenso domínio, muito complexo, de que seria necessário fazer a história.

– *É um lugar-comum dos estudos literários dizer que Montaigne foi o primeiro escritor a inventar a autobiografia, e, no entanto, parece que você faz remontar a escrita sobre si a origens muito mais distantes.*

234　Michel Foucault – Ditos e Escritos

– Parece-me que, na crise religiosa do século XVI – e com a recolocação em questão das práticas da pastoral católica –, novos modos de relação consigo se desenvolveram. Pode-se observar a reativação de certo número de práticas dos estoicos da Antiguidade. Por exemplo, a noção de prova de si mesmo me parece próxima tematicamente do que se pode encontrar entre os estoicos, para quem a experiência de si não é essa descoberta de uma verdade escondida em si mesmo, mas uma tentativa de determinar o que se pode fazer e o que não se pode fazer da liberdade de que se dispõe. Ao mesmo tempo entre os católicos e os protestantes, pode-se constatar a reativação dessas antigas técnicas que tomam a forma de práticas espirituais cristãs.

Seria interessante estabelecer uma comparação sistemática entre os exercícios espirituais praticados no meio católico ou reformado e os que puderam estar em uso na Antiguidade. Penso assim em um exemplo preciso. Em uma de suas *Conversações*, Epícteto recomenda praticar uma espécie de "meditação-passeio". Quando se deambula na rua, convém, a propósito dos objetos ou das pessoas que se encontram, examinar-se a si mesmo para saber se se fica impressionado, se se deixa emocionar, se se tem a alma abalada pelo poder de um cônsul, pela beleza de uma mulher. Ora, na espiritualidade católica do século XVII, você encontra também exercícios desse gênero: passear, abrir os olhos em torno de si; mas não se trata de fazer a prova da soberania que se exerce sobre si; pode-se, antes, reconhecer aí o poder de Deus, a soberania que Ele exerce sobre todas as coisas e sobre toda alma.

– *Então, o discurso exerce um papel importante, mas ele está sempre a serviço de outras práticas, mesmo na constituição de si.*

– Parece-me que não se poderia compreender nada em toda essa literatura dita "do eu" – diários, relatos de si etc. – se não se a recoloca no quadro geral e muito rico das práticas de si. As pessoas escrevem sobre si mesmas há dois mil anos, mas não é evidentemente da mesma maneira. Tenho a impressão – talvez eu esteja errado – de que há certa tendência a apresentar a relação entre a escrita e o relato de si como um fenômeno específico da modernidade europeia. Então, não é satisfatório dizer que o sujeito é constituído em um sistema simbólico. Ele é constituído em práticas reais – práticas analisáveis historicamente. Há uma tecnologia da constituição de si que atravessa

1984 – Sobre a Genealogia da Ética: um Resumo do Trabalho em Curso **235**

os sistemas simbólicos, ao mesmo tempo utilizando-os. Não é somente no jogo dos símbolos que o sujeito é constituído. – *Se a autoanálise é uma invenção cultural, por que nos parece tão natural e tão agradável?*

– Primeiro, não vejo por que uma "invenção cultural" não seria "agradável". O prazer de si pode perfeitamente tomar uma forma cultural, como o prazer da música. E deve-se compreender que se trata aí de algo bem diferente do que se chama de interesse ou egoísmo. Seria interessante ver como, nos séculos XVIII e XIX, toda uma moral do "interesse" foi proposta e inculcada na classe burguesa – por oposição, sem dúvida, a essas outras artes de si mesmo que se podiam encontrar nos meios artístico-críticos; e a vida "artista", o "dandismo" constituíram outras estéticas da existência opostas às técnicas de si que eram características da cultura burguesa.

– *Passemos à história do sujeito moderno. Inicialmente, a cultura de si clássica foi completamente perdida, ou, então, ao contrário, incorporada e transformada pelas técnicas cristãs?*

– Não penso que a cultura de si tenha sido engolida ou que tenha sido sufocada. Encontram-se inúmeros elementos que foram simplesmente integrados, deslocados, reutilizados pelo cristianismo. A partir do momento em que a cultura de si foi retomada pelo cristianismo, ela foi colocada a serviço do exercício de um poder pastoral, na medida em que a *epimeleia heautou* se tornou essencialmente a *epimeleia ton allon* – o cuidado dos outros –, o que era o trabalho do pastor. Mas, uma vez que a salvação do indivíduo está canalizada – pelo menos até certo ponto – pela instituição pastoral que toma por objeto o cuidado das almas, o cuidado clássico de si não desapareceu; ele foi integrado e perdeu grande parte de sua autonomia.

Dever-se-ia fazer uma história das técnicas de si e das estéticas da existência no mundo moderno. Eu evocava há pouco a vida "artista", que teve uma tão grande importância no século XIX. Mas poder-se-ia também encarar a Revolução não simplesmente como um projeto político, mas como um estilo, um modo de existência, com sua estética, seu ascetismo, as formas particulares de relação consigo e com os outros.

Em uma palavra: tem-se costume de fazer a história da existência humana a partir de suas condições; ou, ainda, procurar o que poderia, nessa existência, permitir detectar a evolução

236 Michel Foucault – Ditos e Escritos

de uma psicologia histórica. Mas parece-me também possível fazer a história da existência como arte e como estilo. A existência é a matéria-prima mais frágil da arte humana, mas é também seu dado mais imediato. Durante a Renascença, vê-se também – e aí faço alusão ao texto célebre de Burckhardt sobre a estética da existência – que o herói é sua própria obra de arte. A ideia de que se pode fazer de sua vida uma obra de arte é uma ideia que, incontestavelmente, é estranha à Idade Média e que reaparece somente na época da Renascença.

– *Até o presente, você falou dos graus diversos de apropriação das técnicas antigas de governo de si mesmo. Em seus escritos, você sempre insistiu na ruptura importante que se produziu entre a Renascença e a idade clássica. Não teria havido uma mutação tão significativa na maneira como o governo de si mesmo esteve ligado a outras práticas sociais?*

– Se é verdade que a filosofia grega fundou uma racionalidade na qual nós nos reconhecemos, ela sustentava sempre que um sujeito não podia ter acesso à verdade a menos que realizasse primeiro sobre si certo trabalho que o tornasse suscetível de conhecer a verdade. O elo entre o acesso à verdade e o trabalho de elaboração de si por si é essencial no pensamento antigo e no pensamento estético.

Penso que Descartes rompeu com isso, dizendo: "Para chegar à verdade, basta que eu seja qualquer sujeito capaz de ver o que é evidente." A evidência substitui a ascese no ponto de junção entre a relação consigo e a relação com os outros, a relação com o mundo. A relação consigo não precisa ser ascética para ser uma relação com a verdade. Basta que a relação consigo me revele a verdade evidente do que eu vejo para apreender definitivamente essa verdade. Mas é preciso observar que isso somente foi possível para o próprio Descartes ao custo de um comportamento que foi o das *Meditações*, durante o qual ele constituiu uma relação de si consigo, qualificando-o como podendo ser sujeito de conhecimento verdadeiro sob a forma da evidência (sob reserva de que ele excluía a possibilidade de ser louco). Um acesso à verdade sem condição "ascética", sem certo trabalho de si sobre si, é uma ideia que estava mais ou menos excluída das culturas precedentes. Com Descartes, a evidência imediata é suficiente. Depois de Descartes, tem-se um sujeito de conhecimento que apresenta para Kant o proble-

1984 – Sobre a Genealogia da Ética: um Resumo do Trabalho em Curso   237

ma de saber o que é a relação entre o sujeito moral e o sujeito de conhecimento. Discutiu-se muito no século das Luzes para saber se esses dois sujeitos eram diferentes ou não. A solução de Kant foi encontrar um sujeito universal que, na medida em que era universal, podia ser um sujeito de conhecimento, mas que exigia, todavia, uma atitude ética – precisamente essa relação consigo que Kant propõe na *Crítica da razão prática*.

– *Você quer dizer que Descartes liberou a racionalidade científica da moral e que Kant reintroduziu a moral como forma aplicada dos procedimentos de racionalidade?*

– Exatamente. Kant diz: "Eu devo reconhecer-me como sujeito universal, isto é, constituir-me em alguma de minhas ações como sujeito universal, conformando-me às regras universais." As velhas questões eram, então, reintroduzidas: "Como posso constituir-me a mim mesmo como sujeito ético? Reconhecer-me a mim mesmo como tal? Preciso de exercícios de ascetismo? Ou, então, dessa relação kantiana à universal que me torna moral, conformando-me à razão prática?" É assim que Kant introduz uma nova via a mais em nossa tradição e através da qual o Si não é simplesmente dado, mas constituído em uma relação consigo como sujeito.

1984

Entrevista de Michel Foucault

"Interview met Michel Foucault" ("Interview de Michel Foucalt"; entrevista com J. François e J. de Wit, 22 de maio de 1981; trad. H. Merlin de Caluwé), *Krisis, Tijdschrift voor filosofie*, ano 14, março de 1984, p. 47-58.

– *Neste momento,*[1] *você está fazendo na Bélgica, na universidade católica de Louvain, uma série de conferências sobre a confissão. Onde se situa o interesse dessa problemática e qual é sua importância no conjunto de sua obra?*

– Eu sempre me esforcei em compreender como a verdade atinge as coisas e como certo número de domínios se integraram pouco a pouco com a problemática e com a pesquisa da verdade. Tentei, primeiro, apresentar esse problema em relação à loucura.

Com a *História da loucura*, eu não quis escrever a história da nosografia psiquiátrica e também não quis estabelecer listas reunindo todas as espécies de etiquetas psiquiátricas. Meu objetivo não era saber como a categoria da "esquizofrenia" foi progressivamente depurada, nem interrogar-me sobre o número de esquizofrênicos na Idade Média. Nesse caso, eu teria tomado como ponto de partida o pensamento psiquiátrico moderno em sua continuidade, enquanto me apresentei questões sobre o nascimento dessa prática e do pensamento psiquiátrico moderno: como se chegou a interrogar-se sobre a verdade do eu, fundamentando-se em sua loucura.

O fato de que o comportamento de alguém que é considerado como louco se torne o objeto da pesquisa da verdade e que

---

1 A faculdade de direito da universidade católica de Louvain convidou, em 1981, Michel Foucault, por iniciativa da Escola de Criminologia. Ele fez, no quadro da cadeira Francqui, uma série de seis conferências intituladas "Fazer errado, dizer a verdade. Funções da confissão na justiça" ("Mal faire, dire vrai. Fonctions de l'aveu en justice").

um domínio de conhecimentos se enxerte nele como disciplina médica é um fenômeno mais recente, cujo histórico é breve. Devemos examinar como os loucos abordaram o terreno da procura da verdade; eis o problema que me preocupou na *História da loucura*. Também fiz-me essa pergunta em *As palavras e as coisas* em relação à linguagem, ao trabalho e à história natural. Assim, também, em relação ao crime em *Vigiar e punir*. Sempre se respondeu ao crime por reações institucionais, mas, a partir dos séculos XVII e XVIII, ampliou-se essa prática com um interrogatório, que não era mais simplesmente um interrogatório jurídico sobre o caso que podia justificar a punição, mas uma procura da verdade dirigida para o eu do criminoso. Qual era sua personalidade com todos os seus desejos e fantasmas?

O mesmo acontece com a sexualidade; é preciso não somente se perguntar quais foram as formas sucessivas impostas pela regulamentação ao comportamento sexual, mas como esse comportamento sexual se tornou, em um dado momento, o objeto de uma intervenção não somente prática, mas também teórica. Como explicar que o homem moderno procure sua verdade em seu desejo sexual?

O problema da verdade em relação ao da loucura se manifesta entre o século XVII e o século XIX pelo viés da prática institucional do encarceramento que se vê nascer. A *História da loucura* procura o elo entre a exclusão e a verdade.

A instituição *prisão* não implica simplesmente a exclusão, mas, igualmente, desde o século XIX, procedimentos correcionais; e é mesmo por meio desse projeto de correção do detento que se apresenta a questão da verdade do criminoso. No que concerne à questão da verdade sexual, esta nos leva aos primeiros séculos do cristianismo. Ela se manifesta pela prática do credo e da confissão; é uma prática muito importante em nossa cultura, cujo interesse é preponderante para a história da sexualidade no Ocidente. A partir dos séculos XVI e XVII, estamos, pois, em contato com três séries: exclusão-loucura-verdade, correção-prisão-verdade, comportamento sexual-confissão-verdade.

– *Em* Vigiar e punir, *você se pergunta apenas sobre o eu do criminoso, enquanto a busca da verdade do louco constitui o tema principal na* História da loucura. Vigiar e punir *termina em 1850. A criminologia como conhecimento do criminoso só aparece em seguida...*

240   Michel Foucault – Ditos e Escritos

– Eu deveria ter enfatizado mais a segunda metade do século XIX, mas meu interesse pessoal se situava em outra parte. Eu tinha observado que se confundia, frequentemente, a instituição prisão com a prática do encarceramento como punição. A prisão existia na Idade Média e na Antiguidade. É incontestável, mas meu problema consistia em colocar a nu a verdade da prisão e em projetar no interior de que sistema de racionalidade, em que programa de domínio dos indivíduos e dos delinquentes em particular a prisão era considerada como um meio essencial. Eu mantenho, por outro lado, meu projeto de fazer um estudo sobre a psiquiatria penal que se situaria na encruzilhada da história da loucura e da história do encarceramento como punição, o que deveria demonstrar como a questão da verdade do criminoso aparece.

– *Qual é o lugar ocupado pela confissão nesse conjunto?*

– Em certo sentido, o estudo da confissão é puramente instrumental. A questão da confissão faz sua aparição em psiquiatria. De fato, Leuret começa a escutar a exposição do louco, quando lhe pergunta: "O que você está dizendo, o que você quer dizer e quem é você, aqui, que significa o que você diz?" A questão da confissão, que foi também muito importante para o funcionamento do direito penal, ocupa o primeiro plano nos anos 1830-1850, no momento em que, da confissão, que era a confissão do erro, se passa à questão complementar: "Diga-me o que você fez, mas diga-me, principalmente, quem você é."

A história de Pierre Rivière é significativa a esse respeito. Dado esse crime, que ninguém compreendia, o juiz de instrução diz a Pierre Rivière, em 1836: "Certo, está claro que você matou sua mãe, sua irmã e seu irmão, mas não consigo compreender por que motivo você os matou. Queira escrever isso no papel."

Trata-se, no caso, de um pedido de confissão ao qual Pierre Rivière respondeu, mas de uma maneira tão enigmática que o juiz não sabia mais o que ele podia fazer.

Eu me choco sem parar com a confissão e hesito seja em escrever a história da confissão como uma espécie de técnica, seja em tratar dessa questão no quadro de estudos dos diferentes domínios em que ela parece desempenhar um papel, isto é, o domínio da sexualidade e da psiquiatria penal.

– *O pedido da confissão não é também fundamental em relação à procura da verdade do eu?*

1984 – Entrevista de Michel Foucault   241

– Absolutamente. Encontramos efetivamente na confissão uma noção fundamental sobre nossa maneira de estar ligado ao que eu chamo de obrigações em relação à verdade. Essa noção compreende dois elementos: o reconhecimento da ação cometida (por exemplo, o crime de Pierre Rivière), seja no quadro da religião, seja no dos conhecimentos científicos aceitos; por outro lado, a obrigação de conhecermos nós mesmos a verdade, mas também contá-la, mostrá-la e reconhecê-la como verídica. O problema consiste em saber se esse elo com a verdade sobre o que nós somos conhece uma forma específica própria ao Ocidente cristão. Essa questão diz respeito à história da verdade e da subjetividade no Ocidente.

A confissão, por exemplo, já existia entre os clássicos na relação com o guia espiritual. Em Sêneca, encontra-se, igualmente, o exame de consciência, assim como a obrigação de confiar a um diretor de consciência os passos errados dados durante o dia. Mas, nesse contexto, o exame de consciência era antes de tudo um exercício mnemotécnico orientado para os princípios da vida justa. Esse exame de consciência não explicava, então, a verdade fundada no eu. A verdade se encontrava em outra parte, nos princípios da vida justa, ou na saúde total. A verdade não era procurada no interior da pessoa humana.

Foi o monasticismo que modificou essa situação. Entre os monges, a técnica da confissão se torna uma técnica de trabalho de si sobre si. O monasticismo, por conseguinte, mudou a função da confissão por causa de sua interpretação específica da direção espiritual.

Para os autores clássicos, o guia os levava para um objetivo específico: a vida justa ou a saúde total. Esse objetivo, uma vez atingida a direção, parava, e supunha-se que o guia já estava mais adiantado no caminho que levava ao objetivo. O monasticismo muda essa situação radicalmente. É preciso confessar não somente os passos mal dados, mas *absolutamente tudo, até os pensamentos mais íntimos.* É preciso formulá-los.

Assim como os clássicos, o monasticismo não desconfiava unicamente da carne, mas também do eu. Além disso, o acompanhamento não para mais, o monge deve sempre ficar recolhido em relação com um chefe religioso qualquer. O acompanhamento se transforma em conduta autoritária, não tendo mais nada a ver com a evolução pessoal do guia para um fim específico: tornou-se uma técnica de trabalho de si sobre si.

242 Michel Foucault – Ditos e Escritos

Desde então, apresentou-se o problema de saber por que a confissão fora do monasticismo se tornou, desde os séculos XVII e XVIII, a técnica de trabalho de si sobre si por excelência. E, igualmente, por que, desde o dispositivo da sexualidade, se tornou o núcleo central em torno do qual gravitam as técnicas de trabalho de si sobre si. Eis o que constitui meu problema.

– *O que é feito dos seus projetos sobre a história da sexualidade? Você anunciou que essa obra comportará seis volumes...*

– Eu compreendi de repente – como muitas outras pessoas – que eu havia aprovado o postulado segundo o qual a história do saber e da repressão moderna da sexualidade iniciou-se pelo grande movimento contra a sexualidade das crianças nos séculos XVII e XVIII. Alguns textos médicos dessa época que tratam da masturbação das crianças, que são propostos atualmente como muito típicos da moral burguesa, são, de fato, traduções de textos médicos gregos. Já se encontra aí uma descrição dos fenômenos de esgotamento provocados por uma prática excessiva da sexualidade e um aviso contra os perigos sociais desse esgotamento para toda a espécie humana. Eis um argumento a mais para não continuar a analisar os textos célebres do século XVIII em termos de repressão moderna da sexualidade, de mentalidade burguesa ou de necessidade industrial.

No esquema de repressão, a interdição mais frequentemente citada é a da *masturbação*. No fim do século XVIII, quis-se, em certo sentido, banir a masturbação. Mas o que aconteceu, na realidade? Não se suprimiu a masturbação pela interdição. Tem-se até o direito de supor que esta jamais foi uma aposta mais importante e mais invejável senão no momento em que as crianças, do ponto de vista cultural, viviam nessa espécie de interdição, de curiosidade, de excitação.

Então, é impossível compreender essa relação profunda com a masturbação como o principal problema da sexualidade, dizendo que ela é proibida. Penso que, no caso, trata-se de uma *tecnologia do eu*. O mesmo vale para a *homossexualidade*. Há sempre historiadores que dizem que, no século XVIII, queimavam-se os homossexuais. É o que se pode ler nos códigos, mas quantos realmente foram queimados no século XVIII em toda a Europa? Em minha opinião, nem 10.

Constata-se, por outro lado, que a cada ano prendem-se em Paris centenas de homossexuais no Jardim de Luxemburgo

1984 – Entrevista de Michel Foucault **243**

e nos arredores do Palais-Royal. Deve-se falar de repressão? Esse sistema de detenção não se explica pela lei ou pela vontade de reprimir a homossexualidade (de qualquer maneira que seja). Em geral, eles são presos por 24 horas. Como explicar esse gesto? Eu tenho a hipótese de que se introduz uma nova forma relacional entre a homossexualidade e o poder político, administrativo e policial. Então, as práticas que apareceram no século XVII são de outra natureza, diferente da repressão existente já desde a Antiguidade. Constata-se uma reestruturação das *tecnologias do eu* em torno da sexualidade. Em todos os domínios da sociedade, a sexualidade se torna o dispositivo geral que explica o conjunto da personalidade humana.

– *Se a repressão já existia durante a Antiguidade, qual foi a forma e que mudanças puderam ser observadas?*

– Essa repressão se manifestou em um contexto totalmente diferente. O problema de moral que é tratado nos textos clássicos diz respeito à *libido*, e não ao comportamento sexual. Pergunta-se como se dominar a si mesmo e como evitar as reações violentas para com outros. Para o comportamento sexual, existe certo número de regras, mas elas não são manifestamente muito importantes. Sente-se muito bem que o problema geral de ética não concerne à sexualidade. O problema desliza para a libido, eis uma contribuição do cristianismo e mais particularmente do monasticismo. Vemos aparecerem dois problemas em estreita relação: o problema da gulodice e o da sexualidade. Como evitar comer demais e como controlar as pulsões que para um monge não são o contato sexual com outro, mas o próprio desejo sexual, a alucinação sexual, a sexualidade como relação de si consigo, acompanhada de manifestações tais como a imaginação, os devaneios...

Com as técnicas do si ligadas ao monasticismo, a sexualidade dominou o problema da libido, que era um problema social, um problema típico de uma sociedade em que o combate com os outros, a concorrência com os outros no domínio social tinham grande importância. A contribuição específica do monasticismo não se traduzia, então, por uma aversão à carne. Importava, antes de mais nada, ligar essa aversão a um desejo sexual como manifestação pessoal. Que a sexualidade como dispositivo não existisse nem entre os clássicos nem entre os cristãos (uma vez que ela se restringia ao monasticismo) não implica que os cristãos ou os clássicos não tenham tido experiên-

244 Michel Foucault – Ditos e Escritos

cias sexuais. Os gregos e os romanos tinham um termo para designar os atos sexuais, os *aphrodisia*. Os *aphrodisia* são os atos sexuais de que é, aliás, difícil saber se eles implicavam obrigatoriamente a relação entre dois indivíduos, isto é, a intromissão. Trata-se, em todo caso, de atividades sexuais, mas não absolutamente de uma sexualidade perceptível de forma durável no indivíduo com suas relações e suas exigências.

Para os cristãos, trata-se de outra coisa. Há a carne e o desejo sensual que, juntos, designam, com certeza, a presença de uma força contínua no indivíduo. Mas a carne não é absolutamente sinônimo de sexualidade. Mais do que examinar o aspecto que no meu primeiro livro eu tinha imprudentemente chamado de programa, eu preferiria dar uma boa definição do que implicam essas diferentes experiências, os *aphrodisia* para os gregos, a carne para os cristãos e a sexualidade para o homem moderno.

– *Na origem, você ligou entre eles o nascimento do dispositivo da sexualidade, as tecnologias de disciplina e o nascimento de várias entidades como o "delinquente", o "homossexual" etc. Atualmente, você parece mais ligar a existência do dispositivo da sexualidade e a existência dessas entidades, dessas etiquetas às técnicas do si?*

– Eu atribuí certo interesse à noção de disciplina, porque, durante o estudo sobre as prisões, fiz a descoberta de que se tratava de técnicas de controle dos indivíduos, de uma maneira de ter domínio sobre seu comportamento. Essa forma de controle, ainda que levemente adaptada, se encontra também na prisão, na escola, no lugar de trabalho... É evidente que a disciplina não é a única técnica de controle dos indivíduos, mas que a maneira, por exemplo, como se cria atualmente a perspectiva da segurança da existência facilita a direção dos indivíduos, ainda que seja segundo um método totalmente diferente do das disciplinas. As tecnologias do si diferem igualmente, pelo menos em parte, das disciplinas. O controle do comportamento sexual tem uma forma completamente diferente da forma disciplinar que se encontra, por exemplo, nas escolas. Não se trata absolutamente do mesmo assunto.

– *Pode-se dizer que o nascimento da pessoa sexual coincide com o do dispositivo da sexualidade?*

– É exatamente isso. Na cultura grega, que conhecia os *aphrodisia*, era simplesmente impensável que alguém fosse essencialmente homossexual em sua identidade. Havia pessoas que praticavam os *aphrodisia* convenientemente segundo os costumes, e outras que não praticavam bem os *aphrodisia*, mas o pensamento de identificar alguém segundo sua sexualidade não poderia ter-lhes vindo à ideia. Foi somente a partir do momento em que o dispositivo de sexualidade foi efetivamente estabelecido, isto é, em que um conjunto de práticas, instituições e conhecimentos tinha feito da sexualidade um domínio coerente e uma dimensão absolutamente fundamental do indivíduo, foi nesse momento preciso, sim, que a questão "Que ser sexual é você?" tornou-se inevitável.

Nesse domínio preciso, eu não fui sempre bem compreendido por alguns movimentos que visavam à liberação sexual na França. Embora do ponto de vista tático importe, em dado momento, poder dizer "Eu sou homossexual", não é mais preciso, em minha opinião, em mais longo tempo, e no quadro de uma estratégia mais ampla, colocar questões sobre a identidade sexual. Não se trata, pois, no caso, de confirmar sua identidade sexual, mas de recusar a injunção de identificação à sexualidade, às diferentes formas de sexualidade. É preciso recusar satisfazer à obrigação de identificação por intermédio e com a ajuda de certa forma de sexualidade.

– *Em que medida você foi engajado nos movimentos pela emancipação da homossexualidade na França?*

– Eu jamais pertenci a nenhum movimento de liberação sexual que fosse. Primeiramente, porque não pertenço a nenhum movimento qualquer que seja, e, além disso, porque me recuso a aceitar o fato de que o indivíduo pudesse ser identificado com e através de sua sexualidade. Por outro lado, ocupei-me com certo número de causas, de maneira descontínua e sobre pontos específicos (por exemplo, o aborto, o caso de um homossexual ou a homossexualidade em geral), mas jamais no centro de uma luta contínua. Encontro-me, contudo, confrontado com um problema muito importante, a saber, o do *modo de vida*. Assim como eu me oponho ao pensamento de que se poderia ser identificado por suas atividades políticas, ou seu engajamento em um grupo, configura-se para mim, no horizonte, o problema de saber como definir para si mesmo em relação a pessoas que o cercam um modo de vida concreto e real que pode integrar o comportamento sexual e todos os desejos que daí decorrem, segundo uma maneira, ao mesmo tempo,

246   Michel Foucault – Ditos e Escritos

tão transparente e tão satisfatória quanto possível. Para mim, a sexualidade é um caso de modo de vida, ela remete à técnica do si. Jamais esconder um aspecto de sua sexualidade, nem se apresentar a questão do segredo, parece-me uma linha de conduta necessária que não implica, no entanto, que se deva proclamar tudo. Não é, aliás, indispensável proclamar tudo. Eu diria até que acho isso frequentemente perigoso e contraditório. Quero poder fazer as coisas que me dão vontade, e é o que faço, aliás. Mas não me peça que o proclame.

– *Nos Países Baixos, associam-no frequentemente a Hocquenghem, em especial, depois de sua obra sobre O desejo homossexual.*[2] *Hocquenghem pretende aí que não possa haver solidariedade entre o proletariado e o subproletariado, que um homossexual conheceria desejos ligados a certo modo de vida. O que você pensa dessa tese? Essa divisão, que apresentou um grande problema no século XIX, não parece querer se repetir no interior dos movimentos de esquerda, quando se trata de movimentos pela liberação sexual?*

– Em Hocquenghem, encontram-se muitas questões interessantes, e sobre certos pontos eu tenho a impressão de que estamos de acordo. Essa divisão é efetivamente um grande problema histórico. A tensão entre o que se chama um proletariado e um subproletariado provocou manifestamente, no fim do século XIX, toda uma série de medidas, assim como deu nascimento a toda uma ideologia. Não estou totalmente certo de que o proletariado ou o subproletariado existam. Mas é verdade que na sociedade houve fronteiras na consciência dos homens. E é verdade que, na França, e em inúmeros países europeus, certo pensamento de esquerda se colocou do lado do subproletariado, enquanto outro pensamento de esquerda adotou o ponto de vista do proletariado. É verdade que houve duas grandes famílias ideológicas que jamais puderam se entender bem; por um lado, os anarquistas e, por outro, os marxistas. Pôde-se observar uma fronteira um pouco comparável entre os socialistas. Mesmo hoje, constata-se muito claramente que a atitude dos socialistas em relação aos entorpecentes e à homossexualidade se distingue daquela que os comunistas adotam. Mas eu acredito que essa oposição está, atualmente, desmoronando. O

---

2 *Le Désir homosexuel*, Paris, Éditions Universitaires, col. "Psychothèque", 1972.

1984 – Entrevista de Michel Foucault   247

que separou o proletariado do subproletariado é que a primeira categoria trabalhava e a segunda, não. Essa fronteira ameaça estancar o crescimento do desemprego. Eis, sem dúvida, uma das razões pelas quais esses temas mais marginais, quase folclóricos, concernentes ao terreno da sexualidade, estão em condições de se tornar problemas muito mais gerais.

– *No quadro da reforma do sistema do direito penal na França, você evocou o tema do estupro. Você quis, então, retirar o caráter criminoso do estupro. Qual é exatamente sua posição nessa questão?*

– Eu jamais fiz parte de comissão qualquer de reforma do direito penal. Mas uma comissão assim existiu e alguns de seus membros me perguntaram se eu estava disposto a intervir nela como conselheiro para problemas concernentes à legislação da sexualidade. Fiquei surpreso a que ponto essa discussão era interessante; durante a discussão, tentei levantar, como segue, o problema do estupro.

Por um lado: a sexualidade pode ser submetida, na realidade, à legislação? De fato, tudo o que tange à sexualidade não deve ser colocado à margem da legislação? Mas o que fazer, por outro lado, do estupro, se nenhum elemento concernente à sexualidade deve figurar na lei? Eis a questão que eu apresentei. Durante a discussão com Cooper,[3] eu disse simplesmente que nesse domínio havia um problema que se devia discutir e para o qual eu não tinha solução. Eu não sabia o que fazer com isso, é só isso. Mas uma revista britânica, talvez por causa de um erro de tradução, ou de um real erro de compreensão, afirmou que eu queria tirar o estupro do sistema criminal, em outros termos, que eu era um falocrata odioso.[4] Não, lamento dizer que essas pessoas não compreenderam nada, absolutamente nada. Somente evoquei o dilema no qual poderíamos nos encontrar. Banindo com vigor as pessoas que evocam os problemas, não se encontra solução real.

---

3 Trata-se de uma discussão sobre o estupro, com D. Cooper, M.-O. Faye, J.-P. Faye, M. Zecca, *in* "Enfermement, psychiatrie, prison". Ver n° 102, v. II da edição francesa desta obra.

4 Alusão a um artigo de Monique Plaza, "Sexualité et violence, le non-vouloir de Michel Foucault" ("Sexualidade e violência, o não querer de Michel Foucault"), do qual uma tradução em holandês tinha sido publicada em *Krisis*, ano 13, junho de 1983, p. 8-21.

248 Michel Foucault – Ditos e Escritos

– Sua tomada de posição em relação à psicanálise modificou-se frequentemente. Em Doença mental e personalidade, *você defende a escola Palo Alto e a cura do sono, mostrando-se aí mais como behaviorista.* Na História da loucura, *você diz que o psicanalista opera com mistificação e que ele começou a substituir a estrutura do asilo de alienados.* Em As palavras e as coisas, *por outro lado, você fala muito positivamente da psicanálise, principalmente em sua versão lacaniana; você fala dela como de uma anticiência desfazendo a "ruga" humanista na história que o tornou o "homem" possível. Qual é agora sua opinião a esse respeito?*

– Doença mental e personalidade é uma obra totalmente separada de tudo o que eu escrevi em seguida. Eu a escrevi em um período em que as diferentes significações da palavra alienação, seu sentido sociológico, histórico e psiquiátrico, se confundiam em uma perspectiva fenomenológica, marxista e psiquiátrica. Atualmente, não há mais nenhum elo entre essas noções. Eu tentei participar dessa discussão e, nessa medida, você pode considerar Doença mental e personalidade como a sinalização de um problema que eu não tinha resolvido naquele momento, e que eu, aliás, ainda não resolvi.

Eu abordei o problema diferentemente, em seguida: mais do que fazer grandes zigue-zagues entre Hegel e a psiquiatria, passando pelo neomarxismo, tentei compreender a questão do ponto de vista histórico e examinar o tratamento real do louco. Ainda que meu primeiro texto sobre a doença mental seja coerente em si, ele não o é em relação aos outros textos.

Em As palavras e as coisas, tratava-se de fazer uma investigação sobre vários tipos de exposições científicas ou com pretensão científica, e, em especial, sobre a questão concernente à sua transformação e suas relações recíprocas. Tentei examinar o papel mais curioso que a psicanálise pôde desempenhar em relação a esses domínios de conhecimento. A psicanálise não é, pois, uma ciência antes de tudo, é uma técnica de trabalho de si sobre si fundada sobre a confissão. Nesse sentido, é, igualmente, uma técnica de controle, tendo em vista que ela cria um personagem que se estrutura em torno dos seus desejos sexuais. O que não implica que a psicanálise não possa ajudar ninguém. O psicanalista tem pontos comuns com o xamã nas sociedades primitivas. Se o cliente atribui crédito à teoria praticada pelo xamã, ele pode ser ajudado. O mesmo acontece com a psicaná-

1984 – Entrevista de Michel Foucault **249**

lise. O que implica que a psicanálise opera sempre com mistificação, porque ela não pode ajudar ninguém que não acredite nela, o que subentende relações mais ou menos hierárquicas. Os psicanalistas rejeitam, no entanto, a ideia de que a psicanálise poderia incluir-se entre as técnicas de trabalho de si sobre si, é preciso reconhecê-lo. Por quê? Quanto a mim, observei que os psiquiatras não gostam nada quando se tenta aprofundar a história das formas de conhecimento que lhes são próprias a partir da prática dos asilos de alienados. Constato, por outro lado, que Einstein pôde pretender que a física se enraíza na demonologia, sem por isso, ofender os físicos. Como explicar esse fenômeno? Pois bem, os últimos são verdadeiros cientistas que não têm nada a temer por sua ciência, enquanto os primeiros têm mais medo de ver comprometer pela história a fragilidade científica de seus conhecimentos. Então, com a condição de que os psicanalistas não façam muito caso da história de suas práticas, eu teria mais confiança na verdade de suas afirmações.

– *A teoria de Lacan provocou uma mudança fundamental na psicanálise?*

– Sem comentário, como dizem os funcionários do Estado, quando lhes é apresentada uma questão embaraçosa. Não sou bastante versado na literatura psicanalítica moderna e compreendo os textos de Lacan muito mal para ter o menor comentário a esse respeito. Tenho, contudo, a impressão de que se pode constatar um progresso significativo, mas é tudo o que posso dizer sobre isso.

– *Em* As palavras e as coisas, *você fala da morte do homem. Você quer dizer que o humanismo não pode ser o ponto de referência de suas atividades políticas?*

– É preciso lembrar-se do contexto no qual eu escrevi essa frase. Você não pode imaginar em que charco moralizador de sermões humanistas estávamos mergulhados no pós-guerra. Todo mundo era humanista. Camus, Sartre, Garaudy eram humanistas. Stalin também era humanista. Não terei a grosseria de lembrar que os discípulos de Hitler se chamavam humanistas. Isso não compromete o humanismo, mas permite simplesmente compreender que, à época, eu não podia mais pensar nos termos dessa categoria. Estávamos em plena confusão intelectual. Na época, o eu se compreendia como categoria de fundamento. As determinações inconscientes não poderiam ser aceitas. Tome como exemplo o caso da psicanálise.

250 Michel Foucault – Ditos e Escritos

Em nome do humanismo, em nome do eu humano em sua soberania, inúmeros fenomenologistas, em todo caso na França, tais como Sartre e Merleau-Ponty, não podiam aceitar a categoria do inconsciente. Ele só era admitido como uma espécie de sombra, algo marginal, um excesso; a consciência não devia perder seus direitos soberanos.

A mesma coisa para a *linguística*. Ela permite afirmar que é muito simples, até mesmo inadequado, explicar os dizeres do homem remetendo simplesmente às intenções do sujeito. A ideia do inconsciente e a da estrutura da língua permitem responder, por assim dizer, de fora ao problema do eu. Tentei aplicar essa mesma prática à história.

Não seria o caso de uma historicidade do eu? Pode-se compreender o eu como uma espécie de invariante meta ou trans-histórica?

– *Que coerência existe entre as diferentes formas de luta política nas quais você se engajou?*

– Eu diria que, em última instância, não fiz nenhum esforço para desenvolver a menor forma de coerência. A coerência é a da minha vida. Eu lutei em diferentes domínios, é correto.

São fragmentos autobiográficos. Conheci algumas experiências com os hospitais psiquiátricos, com a polícia e no terreno da sexualidade. Tentei lutar em todas essas situações, mas não me coloco adiante como o combatente universal contra os sofrimentos da humanidade em todos os seus pontos de vista. Desejo manter minha liberdade em relação a formas de luta nas quais eu me engajei. Gostaria de afirmar que a coerência é de natureza estratégica. Se luto para tal fim ou para outro, eu o faço porque, de fato, essa luta é importante pra mim na minha subjetividade.

Mas, fora dessas escolhas delimitadas a partir de uma experiência subjetiva, pode-se chegar a outros aspectos de maneira a desenvolver uma verdadeira coerência, isto é, um esquema racional ou um ponto de partida que não está fundamentado em uma teoria geral do homem.

– *Foucault como anarquista libertário?*

– É o que você desejaria. Não, eu não me identifico com os anarquistas libertários, porque existe certa filosofia libertária que cresce nas necessidades fundamentais do homem. Eu não quero, recuso-me, sobretudo, a ser identificado, a ser localizado pelo poder...

1984

Michel Foucault, uma Entrevista: Sexo, Poder e a Política da Identidade

"Michel Foucault, an interview: sex, power and the politics of identity" ("Michel Foucault, une interview: sexe, pouvoir et la politique de l'identité"; entrevista com B. Gallagher e A. Wilson, Toronto, junho de 1982; trad. F. Durand-Bogaert), *The Advocate*, n. 400, 7 de agosto de 1984, p. 26-30 e 58. Esta entrevista era destinada à revista canadense *Body Politic*.

– *Você sugere em seus livros que a liberação sexual não é tanto o esclarecimento das verdades secretas concernentes a si mesmo ou ao seu desejo quanto um elemento do processo de definição e de construção do desejo. Quais são as implicações práticas dessa distinção?*

– O que eu quis dizer é que, em minha opinião, o movimento homossexual precisa mais, hoje, de uma arte de viver do que de uma ciência ou de um conhecimento científico (ou pseudocientífico) do que é a sexualidade. A sexualidade faz parte de nossas condutas. Ela faz parte da liberdade de que gozamos neste mundo. A sexualidade é algo que nós criamos nós mesmos – ela é nossa própria criação, muito mais do que a descoberta de um aspecto secreto de nosso desejo. Devemos compreender que, com nossos desejos, através deles, se instauram novas formas de relações, novas formas de amor e novas formas de criação. O sexo não é uma fatalidade; ele é uma possibilidade de chegar a uma vida criadora.

– *É, no fundo, a conclusão à qual você chega quando diz que deveríamos tentar nos tornarmos gays, e não nos contentarmos em reafirmar nossa identidade de gays.*

– Sim, é isso. Não temos de descobrir que somos homossexuais.

– *Nem descobrir o que isso quer dizer?*

– Exatamente. Devemos antes criar um modo de vida *gay*. Um *tornar-se gay*.

252 Michel Foucault – Ditos e Escritos

– E é algo que é sem limites?
– Sim, é claro. Quando se examinam as diferentes maneiras como as pessoas experimentaram sua liberdade sexual – a maneira como elas criaram suas obras de arte –, é forçoso constatar que a sexualidade, tal como a conhecemos hoje, tornou-se uma das fontes mais produtivas de nossa sociedade e de nossa era. Eu penso, quanto a mim, que deveríamos compreender a sexualidade no outro sentido: o mundo considera que a sexualidade constitui o segredo da vida cultural criadora; ela é mais um processo que se inscreve na necessidade, para nós, hoje, de criar uma nova vida cultural sob pretexto de nossas escolhas sexuais.

– Na prática, uma das consequências dessa tentativa de elucidação do segredo é que o movimento homossexual não foi mais longe do que a reivindicação dos direitos cívicos ou humanos que se referem à sexualidade. O que quer dizer que a liberação sexual continuou no nível de uma exigência de tolerância sexual.

– Sim, mas é um aspecto que é preciso sustentar. É importante, primeiramente, para um indivíduo, ter a possibilidade – e o direito – de escolher sua sexualidade. Os direitos do indivíduo concernentes à sexualidade são importantes, e existem muitos lugares ainda onde eles não são respeitados. Não se devem considerar esses problemas como resolvidos, na hora atual. É perfeitamente correto que houve um verdadeiro processo de liberação no início dos anos 1970. Esse processo foi muito benéfico, tanto no que concerne à situação quanto no que concerne às mentalidades, mas a situação não se estabilizou definitivamente. Devemos, ainda, eu penso, dar um passo à frente. E creio que um dos fatores dessa estabilização será a criação de novas formas de vida, de relações, de amizades, na sociedade, na arte, na cultura, novas formas que se instaurarão através de nossas escolhas sexuais, éticas e políticas. Devemos não somente nos defender, mas também nos afirmar, e nos afirmar não somente como identidade, mas como força criadora.

– Muitas coisas, no que você diz, lembram, por exemplo, as tentativas do movimento feminista, que queria criar sua própria linguagem e sua própria cultura.

– Sim, mas não estou certo de que deveríamos criar nossa *própria* cultura. Devemos *criar* uma cultura. Devemos realizar criações culturais. Mas, aí, esbarramos no problema da identi-

1984 – Michel Foucault, uma Entrevista: Sexo, Poder e a Política... **253**

dade. Eu não sei o que faríamos para produzir essas criações, e não sei que formas essas criações tomariam. Por exemplo, não estou nada certo de que a melhor forma de criação literária que se possa esperar dos homossexuais sejam os romances homossexuais.

– *De fato, nós nem aceitaríamos dizer isso. Seria fundar-se sobre um essencialismo que devemos, precisamente, evitar.*

– É verdade. O que se entende, por exemplo, por "pintura *gay*"? E, no entanto, estou certo de que, a partir de nossas escolhas sexuais, a partir de nossas escolhas éticas, nós podemos criar algo que terá certa relação com a homossexualidade. Mas esse algo não deve ser uma tradução da homossexualidade no domínio da música, da pintura – que mais sei? –, porque não penso que isso seja possível.

– *Como você vê a extraordinária proliferação, nesses 10 ou 15 últimos anos, das práticas homossexuais masculinas, a sensualização, se você prefere, de algumas partes até então negligenciadas do corpo e a expressão de novos desejos? Estou pensando, é claro, nas características mais surpreendentes do que chamamos os filmes guetto-pornôs, os clubes de S/M ou de fistfucking. Seria uma simples extensão, em outra esfera, da proliferação geral dos discursos sexuais desde o século XIX, ou, então, trata-se de desenvolvimentos de outro tipo, próprios ao contexto histórico atual?*

– De fato, aquilo de que queremos falar aqui é, precisamente, das *inovações* que implicam essas práticas. Consideremos, por exemplo, a "subcultura S/M", para retomar uma expressão cara à nossa amiga Gayle Rubin.[1] Não penso que esse movimento de práticas sexuais tenha o que quer que seja a ver com a evidenciação ou a descoberta de tendências sadomasoquistas profundamente imersas em nosso inconsciente. Penso que o S/M é muito mais do que isso; é a criação real de novas possibilidades de prazer, que não se tinha imaginado antes. A ideia de que o S/M está ligado a uma violência profunda, que sua prática é um meio de liberar essa violência, de dar livre curso à agressão é uma ideia estúpida. Sabemos muito bem que o que essas pessoas fazem não é agressivo; que elas inventam novas pos-

---

1 Rubin (G.), "The leather menace: comments on politics and S/M", *in* Samois (ed.), *Coming to power. Writings and graphics on lesbian S/M.*, Berkeley, 1981, p. 195.

254 Michel Foucault – Ditos e Escritos

sibilidades de prazer, utilizando certas partes bizarras de seu corpo – erotizando esse corpo. Penso que temos aí uma espécie de criação, de empreendimento criativo, de que uma das principais características é o que eu chamo de dessexualização do prazer. A ideia de que o prazer físico provém sempre do prazer sexual e a ideia de que o prazer sexual está na base de *todos* os prazeres possíveis, isso, eu penso, é realmente algo errado. O que as práticas S/M nos mostram é que podemos produzir prazer a partir de objetos muito estranhos, utilizando certas partes bizarras de nosso corpo, em situações muito inabituais etc.

– *A assimilação do prazer ao sexo está, então, ultrapassada.*

– É exatamente isso. A possibilidade de utilizar nosso corpo como a fonte possível de uma multidão de prazeres é algo muito importante. Se se considera, por exemplo, a construção tradicional do prazer, constata-se que os prazeres físicos, ou prazeres da carne, são sempre a bebida, a comida e o sexo. E é aí, parece, que se limita nossa compreensão do corpo, dos prazeres. O que me frustra, por exemplo, é que se encara sempre o problema das drogas exclusivamente em termos de liberdade e de interdito. Penso que as drogas devem tornar-se um elemento de nossa cultura.

– *Como fonte de prazer?*

– Como fonte de prazer. Devemos estudar as drogas. Devemos experimentar as drogas. Devemos fabricar *boas* drogas – suscetíveis de produzir um prazer muito intenso. Penso que o puritanismo que é próprio em relação à droga – um puritanismo que implica que se seja ou a favor, ou contra – é uma atitude errônea. As drogas fazem, agora, parte de nossa cultura. Assim como há a boa e a má música, há boas e más drogas. E, então, da mesma forma que não podemos dizer que somos "contra" a música, não podemos dizer que somos "contra" as drogas.

– *O objetivo é testar o prazer e suas possibilidades.*

– Sim. O prazer também deve fazer parte de nossa cultura. É muito interessante observar, por exemplo, que, há séculos, as pessoas em geral – mas também os médicos, os psiquiatras e até os movimentos de liberação – sempre falaram de desejo, e jamais de prazer. "Devemos liberar nosso desejo", dizem elas. Não! Devemos criar prazeres novos. Então, talvez, o desejo siga.

– É significativo que algumas identidades se constituem em torno das novas práticas sexuais tais como o S/M? Essas identidades favorecem a exploração dessas práticas; elas contribuem, também, para defender o direito do indivíduo de se dedicar a elas. Mas elas não restringem, também, as possibilidades do indivíduo?

– Pois bem, se a identidade é somente um jogo, se ela é somente um procedimento para favorecer relações, relações sociais e relações de prazer sexual que criarão novas amizades, então, ela é útil. Mas, se a identidade se torna o problema maior da existência sexual, se as pessoas pensam que devem "desvendar" sua "identidade própria" e que essa identidade deve tornar-se a lei, o princípio, o código de sua existência; se a questão que elas apresentam perpetuamente é: "Essa coisa é conforme à minha identidade?", então penso que elas voltarão a uma espécie de ética muito próxima da virilidade heterossexual tradicional. Se devemos nos situar em relação à questão da identidade, deve ser enquanto somos seres únicos. Mas as relações que devemos manter com nós mesmos não são relações de identidade; elas devem ser, antes, relações de diferenciação, de criação, de inovação. É muito fastidioso ser sempre o mesmo. Não devemos excluir a identidade, se é pelo viés dessa identidade que as pessoas encontram seu prazer, mas não devemos considerar essa identidade como uma regra ética universal.

– Mas, até o momento, a identidade sexual foi muito útil politicamente.

– Sim, ela foi muito útil, mas é uma identidade que nos limita, e penso que temos (e podemos ter) o direito de ser livres.

– Queremos que algumas de nossas práticas sexuais sejam práticas de resistência, no sentido político e social. Como a coisa é possível, no entanto, já que a estimulação do prazer pode servir para exercer um controle? Podemos estar seguros de que não haverá exploração desses novos prazeres – penso na maneira como a publicidade utiliza a estimulação do prazer como instrumento de controle social?

– Não se pode jamais estar seguro de que não haverá exploração. De fato, pode-se estar seguro de *que haverá uma*, e de que tudo o que foi criado ou adquirido, todo o terreno que foi ganho será, em um momento ou em outro, utilizado dessa maneira. O mesmo acontece com a vida, com a luta, com

256 Michel Foucault – Ditos e Escritos

a história dos homens. E não penso que seja uma objeção a todos esses movimentos ou a todas essas situações. Mas você tem toda razão de destacar que precisamos ser prudentes e conscientes do fato de que devemos passar a outra coisa, ter também outras necessidades. O gueto S/M de São Francisco é um bom exemplo de uma comunidade que fez a experiência do prazer e que se constituiu uma identidade em torno do prazer. Essa guetização, essa identificação, esse procedimento de exclusão etc., todas essas coisas produziram também efeitos em compensação. Não ouso utilizar a palavra "dialética", mas não se está muito longe disso.

– *Você escreve que o poder não é somente uma força negativa, mas também uma força produtiva; que o poder está sempre aí; que, onde há poder, há resistência, e que a resistência não está jamais em uma posição de exterioridade em relação ao poder. Se é assim, como podemos chegar a outra conclusão diferente daquela que consiste em dizer que estamos sempre presos como em uma armadilha no interior dessa relação, uma relação da qual não podemos, de certa maneira, escapar?*

– De fato, não penso que a expressão "presos como em uma armadilha" seja a expressão justa. Trata-se de uma luta, mas o que quero dizer, quando falo de relações de poder, é que nós estamos, uns em relação aos outros, em uma situação estratégica. Porque nós somos homossexuais, por exemplo, estamos em luta com o governo, e o governo está em luta contra nós. Quando tratamos com o governo, a luta, é claro, não é simétrica, a situação de poder não é a mesma, mas nós participamos juntos dessa luta. Um de nós leva vantagem sobre o outro, e o prolongamento dessa situação pode determinar a conduta a seguir, influenciar a conduta, ou a não conduta, do outro. Não somos, então, presos como em uma armadilha. Ora, estamos sempre nesse gênero de situação. O que quer dizer que temos sempre a possibilidade de mudar a situação, que essa possibilidade existe sempre. Não podemos nos colocar *de fora* da situação, e em nenhum lugar estamos livres de toda relação de poder. Mas podemos sempre transformar a situação. Eu não quis, então, dizer que estamos sempre presos como em uma armadilha, mas, ao contrário, que estamos sempre livres. Enfim, em resumo, que há sempre a possibilidade de transformar as coisas.

1984 – Michel Foucault, uma Entrevista: Sexo, Poder e a Política... 257

– *É, então, no interior dessa dinâmica que se pode buscar a resistência?*
– Sim. Veja, se não houvesse resistência, não haveria relações de poder. Porque tudo seria simplesmente uma questão de obediência. Do instante em que o indivíduo está em situação de não fazer o que ele quer, ele deve utilizar relações de poder. A resistência vem, então, em primeiro lugar, e ela fica superior a todas as forças do processo; ela obriga, sob seu efeito, as relações de poder a mudar. Eu considero, então, que o termo "resistência" é a palavra mais importante, a *palavra-chave* dessa dinâmica.

– *Politicamente falando, o elemento mais importante, talvez, quando se examina o poder, é o fato de que, segundo algumas concepções anteriores, "resistir" queria dizer simplesmente dizer não. É somente em termos de negação que se conceitualizou a resistência. Tal como você a compreende, entretanto, a resistência não é unicamente uma negação: ela é um processo de criação; criar e recriar, transformar a situação, participar ativamente do processo, é isso resistir.*
– Sim, é assim que eu definiria as coisas. Dizer não constitui a forma mínima de resistência. Mas, naturalmente, em alguns momentos, é muito importante. É preciso dizer não e fazer desse não uma forma de resistência decisiva.

– *Isso levanta a questão de saber de que maneira, e em que medida, um sujeito – ou uma subjetividade – dominado pode criar seu próprio discurso. Na análise tradicional do poder, o elemento onipresente sobre o qual se fundamenta a análise é o discurso dominante, as reações a esse discurso, ou no interior desse discurso, sendo apenas os elementos subsidiários. Entretanto, se por "resistência" no seio das relações de poder nós entendemos mais que uma simples negação, não se pode dizer que algumas práticas – o S/M lésbico, por exemplo – são, de fato, a maneira como sujeitos dominados formulam sua própria linguagem?*
– De fato, veja, penso que a resistência é um elemento dessa relação estratégica em que consiste o poder. A resistência toma sempre apoio, na realidade, na situação que ela combate. No movimento homossexual, por exemplo, a definição médica da homossexualidade constituiu uma ferramenta muito importante para combater a opressão de que era vítima a homossexualidade no fim do século XIX e no início do século XX.

258 Michel Foucault – Ditos e Escritos

Essa medicalização, que era um meio de opressão, sempre foi, também, um instrumento de resistência, visto que as pessoas podiam dizer: "Se nós somos doentes, então por que vocês nos condenam, por que nos desprezam?" etc. É claro, esse discurso nos parece hoje bastante ingênuo, mas, à época, era muito importante.

Eu diria, também, que, no que concerne ao movimento lésbico, o fato, em minha opinião, de que as mulheres foram, durante séculos e séculos, isoladas na sociedade, frustradas, desprezadas de muitas maneiras lhes deu uma verdadeira possibilidade de constituir uma sociedade, de criar certo tipo de relação social entre si, fora de um mundo dominado pelos homens. O livro de Lillian Faderman, *Surpassing the love of men*, é, a esse respeito, muito interessante.[2] Ele levanta uma questão: a de saber que tipo de experiência emocional, que tipo de relações eram possíveis em um mundo no qual as mulheres não tinham nenhum poder social, legal ou político. E Faderman afirma que as mulheres utilizaram esse isolamento e essa ausência de poder.

– Se a resistência é o processo que consiste em se liberar das práticas discursivas, pareceria que o S/M lésbico seria uma das práticas que, à primeira vista, podiam da maneira mais legítima se declarar práticas de resistência. Em que medida essas práticas e essas identidades podem ser percebidas como uma contestação do discurso dominante?

– O que me parece interessante, no que concerne ao S/M lésbico, é que ele permite desembaraçar-se de certo número de estereótipos da feminidade que foram utilizados no movimento lésbico – uma estratégia que o movimento lésbico tinha elaborado no passado. Essa estratégia se fundava sobre a opressão de que eram vítimas as lésbicas, e o movimento a utilizava para lutar contra essa opressão. Mas é possível que, hoje, essas ferramentas, essas armas estejam ultrapassadas. É claro que o S/M lésbico tenta se desembaraçar de todos os velhos estereótipos da feminidade, das atitudes de rejeição dos homens etc.

– Segundo você, o que podemos aprender concernente ao poder – e, aliás, também, ao prazer – da prática do S/M que é, no fundo, a erotização explícita do poder?

---

2 Faderman (L.), *Surpassing the love of men*, Nova Iorque, William Morrow, 1981.

1984 – Michel Foucault, uma Entrevista: Sexo, Poder e a Política... **259**

– Pode-se dizer que o S/M é a erotização do poder, a erotização de relações estratégicas. O que me surpreende no S/M é a maneira como difere do poder social. O poder se caracteriza pelo fato de que constitui uma relação estratégica que se estabilizou em instituições. No seio das relações de poder, a mobilidade é, então, limitada, e algumas fortalezas são muito difíceis de derrubar, porque foram institucionalizadas, porque sua influência é sensível nas cortes de justiça, nos códigos. Isso significa que as relações estratégicas entre os indivíduos se caracterizam pela rigidez.

Em relação a isso, o jogo S/M é muito interessante, porque, embora sendo uma relação estratégica, ele é sempre fluido. Há papéis, é claro, mas cada um sabe muito bem que esses papéis podem ser invertidos. Às vezes, quando o jogo começa, um é o mestre, o outro, o escravo, e, no fim, o que era o escravo se tornou o mestre. Ou, até quando os papéis são estáveis, os protagonistas sabem muito bem que se trata sempre de um jogo: ou as regras são transgredidas, ou há um acordo, explícito ou tácito, que define certas fronteiras. Esse jogo estratégico é muito interessante como fonte de prazer físico. Mas eu não diria que ele constitui uma reprodução, no interior da relação erótica, da estrutura do poder. É uma encenação das estruturas do poder por um jogo estratégico capaz de fornecer um prazer sexual ou físico.

– *Em que esse jogo estratégico é diferente na sexualidade e nas relações de poder?*

– A prática do S/M chega à criação do prazer, e há uma identidade que vai com essa criação. É a razão pela qual o S/M é realmente uma subcultura. É um processo de invenção. O S/M é a *utilização* de uma relação estratégica como fonte de prazer (de prazer físico). Não é a primeira vez que pessoas utilizam relações estratégicas como fonte de prazer. Havia, na Idade Média, por exemplo, a tradição do amor cortês, com o trovador, a maneira como se instauravam as relações amorosas entre a dama e seu amante etc. Tratava-se, aí também, de um jogo estratégico. Esse jogo é encontrado ainda hoje, entre os rapazes e as moças que vão dançar sábado à noite. Eles encenam relações estratégicas. O que é interessante é que, na vida heterossexual, essas relações estratégicas precedem o sexo. Elas existem com o único fim de obter o sexo. No S/M, em compensação, as relações estratégicas fazem parte do sexo, como uma convenção de prazer no interior de uma situação particular.

260 Michel Foucault – Ditos e Escritos

Em um caso, as relações estratégicas são relações puramente sociais, e é o ser social que é implicado; enquanto, no outro caso, é o corpo que é implicado. E é essa transferência de relações estratégicas que passam do ritual de corte ao plano sexual que é particularmente interessante.

– *Em uma entrevista que você concedeu, há um ano ou dois, para a revista* Gai Pied, *você disse que o que incomoda mais as pessoas nas relações homossexuais não é tanto o próprio ato sexual quanto a perspectiva de ver relações afetivas se desenvolverem fora dos quadros normativos.[3] Os elos e as amizades que se ligam são imprevisíveis. Você pensa que o que assusta as pessoas é o potencial desconhecido de que são portadoras as relações homossexuais, ou você diria que essas relações são percebidas como uma ameaça direta contra instituições sociais?*

– Se existe uma coisa que me interessa, hoje, é o problema da amizade. No decorrer dos séculos que vieram após a Antiguidade, a amizade constituiu uma relação social muito importante: uma relação social no interior da qual os indivíduos dispunham de certa liberdade, de certo tipo de escolha (limitada, é claro), e que lhes permitia também viver relações afetivas muito intensas. A amizade tinha, também, implicações econômicas e sociais – competia ao indivíduo ajudar seus amigos etc. Penso que, no século XVI e no século XVII, encontram-se textos que criticam explicitamente a amizade, que eles consideram como algo perigoso.

O exército, a burocracia, a administração, as universidades, as escolas etc. – no sentido que têm essas palavras hoje – não podem funcionar com amizades tão intensas. Penso que se pode ver em todas essas instituições um esforço considerável para diminuir ou minimizar as relações afetivas. É o caso, em particular, nas escolas. Quando se inauguraram os estabelecimentos secundários, que acolhiam centenas de jovens rapazes, um dos problemas foi saber como se podiam impedi-los não somente de ter relações sexuais, é claro, mas também de contrair amizades. Sobre esse tema da amizade, pode-se estudar, por exemplo, a estratégia das instituições jesuíticas – os jesuítas tendo muito bem compreendido que lhes era impossível suprimir a amizade. Eles tentaram, então, ao mesmo tempo,

---

3 Ver *Da Amizade como Modo de Vida*, v. VI da edição brasileira desta obra.

1984 – Michel Foucault, uma Entrevista: Sexo, Poder e a Política... 261

utilizar o papel que exerciam o sexo, o amor, a amizade, e limitá-lo. Deveríamos, penso, depois de ter estudado a história da sexualidade, tentar compreender a história da amizade, ou das amizades. É uma história extremamente interessante. E uma de minhas hipóteses – estou certo de que ela se verificaria se empreendêssemos essa tarefa – é que a homossexualidade (pelo que entendo a existência de relações sexuais entre os homens) se tornou um problema a partir do século XVIII. Nós a vemos tornar-se um problema com a polícia, com o sistema jurídico. E penso que, se ela se torna um problema, um problema social, naquela época, é porque a amizade desapareceu. Enquanto a amizade representou algo de importante, enquanto foi socialmente aceita, ninguém se deu conta de que os homens tinham, entre si, relações sexuais. Não se podia dizer, também, que eles não tivessem, mas, simplesmente, isso não tinha importância. Isso não tinha nenhuma implicação social, a coisa era culturalmente aceita. Que eles fizessem amor ou que se beijassem não tinha nenhuma importância. Absolutamente nenhuma. Uma vez desaparecida a amizade como relação culturalmente aceita, a questão se apresentou: "Mas o que fazem, então, os homens juntos?" E foi nesse momento que o problema apareceu. E, em nossos dias, quando os homens fazem amor ou têm relações sexuais, isso é percebido como um problema. Estou certo, de fato, de ter razão: o desaparecimento da amizade como relação social e o fato de que a homossexualidade tenha sido declarada problema social, político e médico fazem farte do mesmo processo.

– Se a coisa importante, hoje, é explorar de novo as possibilidades da amizade, deve-se observar que, em uma ampla medida, todas as instituições sociais são feitas para favorecer as amizades e as estruturas heterossexuais, em detrimento das amizades e das estruturas homossexuais. A verdadeira tarefa não é de instaurar novas relações sociais, novos modelos de valores, novas estruturas familiares etc.? Todas as estruturas e as instituições que vão junto com a monogamia e a família tradicional são uma das coisas às quais os homossexuais não têm facilmente acesso. Que tipos de instituições devemos começar a instaurar, a fim não somente de nos defendermos, mas também de criar novas formas sociais que constituirão uma verdadeira solução de substituição?

262 Michel Foucault – Ditos e Escritos

– Que instituições? Não tenho uma ideia precisa. Penso, é claro, que seria inteiramente contraditório aplicar para esse fim e para esse tipo de amizade o modelo da vida familiar, ou as instituições que andam junto com a família. Mas é verdade que, já que algumas das relações que existem na sociedade são formas protegidas da vida familiar, constata-se que algumas variantes que não são protegidas são, ao mesmo tempo, frequentemente mais ricas, mais interessantes e mais criativas que essas relações. Mas, naturalmente, são também muito mais frágeis e vulneráveis. A questão de saber que tipos de instituições nós devemos criar é uma questão capital, mas não posso dar uma resposta a isso. Nossa tarefa, acredito, é tentar elaborar uma solução.

– *Em que medida nós queremos, ou nós precisamos, que o projeto de liberação dos homossexuais seja um projeto que, longe de se contentar em propor um percurso, pretenda abrir novas avenidas? Em outros termos, sua concepção da política sexual recusa a necessidade de um programa para preconizar a experimentação de novos tipos de relações?*

– Penso que uma das grandes constatações que fizemos, desde a última guerra, é a do insucesso de todos os programas sociais e políticos. Nós nos demos conta de que as coisas não se produziam jamais da forma como os programas políticos no-las descrevem; e que os programas políticos conduziram sempre, ou quase sempre, seja a abusos, seja a uma dominação política por parte de um bloco, que se trate dos técnicos, dos burocratas ou de outros. Mas uma das realizações dos anos 1960 e 1970, que considero como uma realização benéfica, é que alguns modelos institucionais foram experimentados sem programa. Sem programa não quer dizer cegamente – sendo cego ao pensamento. Na França, por exemplo, criticou-se muito, nesses últimos tempos, o fato de que os diferentes movimentos políticos em favor da liberdade sexual, das prisões, da ecologia etc. não tinham programa. Mas, em minha opinião, não ter programa pode ser, ao mesmo tempo, muito útil, muito original e muito criativo, se isso não quer dizer não ter reflexão verdadeira sobre o que acontece ou não se preocupar com o que é impossível.

Desde o século XIX, as grandes instituições políticas e os grandes partidos políticos confiscaram o processo da criação política; quero dizer por isso que eles tentaram dar à criação política a forma de um programa político a fim de se apoderar do poder. Penso que se deve preservar o que aconteceu nos anos 1960 e no início dos anos 1970. Uma das coisas que se devem preservar, em minha opinião, é a existência, fora dos grandes partidos políticos e fora do programa normal ou ordinário, de certa forma de inovação política, de criação política e de experimentação política. É um fato que a vida quotidiana das pessoas mudou entre o início dos anos 1960 e agora, e minha própria vida comprova certamente isso. Essa mudança, evidentemente, nós não a devemos aos partidos políticos, mas a inúmeros movimentos. Esses movimentos sociais transformaram realmente nossas vidas, nossa mentalidade e nossas atitudes, *assim como* as atitudes e a mentalidade de outras pessoas – pessoas que não pertencem a esses movimentos. E isso é algo de muito importante e de muito positivo. Eu o repito, não são as velhas organizações políticas tradicionais e normais que permitiram este exame.

1988

As Técnicas de Si

"Technologies of the self" ("Les technique de soi"; université du Vermont, outubro de 1982; trad. F. Durant-Bogaert), *in* Hutton (P. H.), Gutman (H.), ed., *Technologies of the self. A seminar with Michel Foucault*, Anherst, The University of Massachusetts Press, 1988, p. 16-49.

I

Quando comecei a estudar as regras, os deveres e as proibições da sexualidade, os interditos e as restrições que lhe são associadas, meu interesse se voltou não somente para os atos que eram permitidos e proibidos, mas também para os sentimentos que eram representados, os pensamentos e os desejos que podiam ser suscitados, a inclinação para perscrutar em si todo sentimento oculto, todo movimento da alma, todo desejo travestido sob formas ilusórias. Há uma diferença sensível entre os interditos concernentes à sexualidade e as outras formas de interdito. Contrariamente aos outros interditos, os interditos sexuais estão sempre ligados à obrigação de dizer a verdade sobre si.

Poderão objetar-me dois fatos: primeiro, que a confissão exerceu um papel importante nas instituições penais e religiosas, e isso no que concerne a todos os pecados, não somente aos da carne. Mas a tarefa principal que incumbe ao indivíduo analisar seu desejo sexual é sempre mais importante que a de analisar qualquer outro tipo de pecado.

Estou consciente, também, de uma segunda objeção: que o comportamento sexual é, mais do que qualquer outro, submetido a regras muito estritas de segredo, de decência e de modéstia, de forma que a sexualidade está ligada, de maneira singular e complexa, ao mesmo tempo, à proibição verbal e à obrigação de dizer a verdade, de esconder o que se fez e de decifrar quem somos nós.

A associação da proibição e de uma injunção muito forte de falar é um traço constante de nossa cultura. O tema da renúncia à carne está ligado à confissão do monge ao abade, pelo fato de o monge confiar ao abade todos os pensamentos que ocupam seu espírito.

Concebi um projeto bastante singular: não o estudo da evolução do comportamento sexual, mas aquele, histórico, do elo que se firmou entre a obrigação de dizer a verdade e os interditos que pesam sobre a sexualidade. Perguntei-me a que deciframento dele mesmo o sujeito tinha sido obrigado, no que concerne ao que era proibido. É uma pergunta que interroga a relação entre o ascetismo e a verdade.

Max Weber fez esta pergunta: se se quer adotar um comportamento racional e regular sua ação em função de princípios verdadeiros, a que parte de si se deve renunciar? A que tipo de ascetismo devemos submeter-nos? De minha parte, coloquei a pergunta inversa: como certos tipos de saber sobre si se tornaram o preço a pagar para certas formas de interditos? O que se deve conhecer de si para aceitar a renúncia?

Minha reflexão me conduziu, assim, à hermenêutica das técnicas de si na prática pagã, depois na prática cristã dos primeiros tempos. Encontrei algumas dificuldades nesse estudo, pelo fato de que essas práticas não são muito conhecidas. Primeiramente, o cristianismo sempre se interessou mais pela história de suas crenças do que pela de suas práticas efetivas. Segundo, esse tipo de hermenêutica, contrariamente à hermenêutica textual, jamais foi organizado em um corpo de doutrinas. Terceiro, uma confusão se operou entre a hermenêutica de si e as teologias da alma – a concupiscência, o pecado, a perda da graça. Quarto, uma hermenêutica de si se difundiu em toda a cultura ocidental, infiltrando-se por inúmeros canais e integrando-se em diversos tipos de atitudes e de experiências, de forma que é difícil isolá-la e distingui-la de nossas experiências espontâneas.

CONTEXTO DO ESTUDO

Meu objetivo, há mais de 25 anos, é esquematizar uma história das diferentes maneiras de como os homens, em nossa cultura, elaboram um saber sobre si mesmos: a economia, a biologia, a psiquiatria, a medicina e a criminologia. O essencial

266   Michel Foucault – Ditos e Escritos

não é tomar esse saber como dinheiro líquido, mas analisar essas pretensas ciências como tantos "jogos de verdade" que estão ligados a técnicas específicas que os homens utilizam a fim de compreender quem eles são.

No contexto dessa reflexão, trata-se de ver que essas técnicas se repartem em quatro grandes grupos, dos quais cada um representa uma matriz da razão prática: 1. as técnicas de produção por meio das quais nós podemos produzir, transformar e manipular objetos; 2. as técnicas de sistemas de signos, que permitem a utilização dos signos, dos sentidos, dos símbolos ou da significação; 3. as técnicas de poder, que determinam a conduta dos indivíduos, os submetem a alguns fins ou à dominação, objetivam o sujeito; 4. as técnicas de si, que permitem aos indivíduos efetuar, sozinhos ou com a ajuda de outros, certo número de operações sobre seu corpo e sua alma, seus pensamentos, suas condutas, seu modo de ser; transformar-se a fim de atingir certo estado de felicidade, de pureza, de sabedoria, de perfeição ou de imortalidade.

É raro que esses quatro tipos de técnicas funcionem separadamente, ainda que cada tipo esteja associado a certa forma de dominação. Cada tipo implica alguns modos de educação e de transformação dos indivíduos, na medida em que se trata não somente, evidentemente, de adquirir algumas aptidões, mas também de adquirir algumas atitudes. Eu quis descrever ao mesmo tempo a especificidade dessas técnicas e sua interação constante. Por exemplo, a relação entre a manipulação dos objetos e a dominação aparece claramente em *O capital*, de Karl Marx, em que cada técnica de produção exige uma modificação da conduta individual, exige não somente aptidões, mas também atitudes.

Os dois primeiros tipos de técnicas se aplicam, em geral, ao estudo das ciências e da linguística. São os dois outros tipos de técnicas – as técnicas de dominação e as técnicas de si – que retiveram principalmente minha atenção. Eu quis fazer uma história da organização do saber tanto no que concerne à dominação quanto no que concerne ao si. Por exemplo, estudei a loucura não em função dos critérios das ciências formais, mas a fim de mostrar que tipo de gestão dos indivíduos, no interior e no exterior dos asilos, esse estranho discurso tinha tornado possível. Eu chamo "governamentalidade" o encontro entre as técnicas de dominação exercidas sobre os outros e as técnicas de si.

Talvez eu tenha insistido demais sobre as técnicas de dominação e de poder. Interesso-me cada vez mais pela interação que se opera entre si e os outros, e pelas técnicas de dominação individual, pelo modo de ação que um indivíduo exerce sobre si mesmo através das técnicas de si.

A EVOLUÇÃO DAS TÉCNICAS DE SI

Gostaria de esboçar, aqui, a evolução da hermenêutica de si no interior de dois contextos diferentes, mas historicamente contíguos: 1. a filosofia greco-romana dos dois primeiros séculos do início do Império Romano; 2. a espiritualidade cristã e os princípios monásticos tais como se desenvolveram nos séculos IV e V, sob o Baixo Império.

Por outro lado, desejo abordar o assunto não somente de um ponto de vista teórico, mas também em relação com um conjunto de práticas da Antiguidade tardia. Entre os gregos, essas práticas tomaram a forma de um preceito: *epimelesthai seautou*, isto é, "cuidar de si", ter "cuidado de si", "preocupar-se consigo".

Para os gregos, esse preceito do "cuidado de si" representava um dos grandes princípios das cidades, uma das grandes regras de conduta da vida social e pessoal, um dos fundamentos da arte de viver. É uma noção que, para nós, hoje, perdeu sua força e se tornou obscura. Quando se pergunta: "Qual é o princípio moral que domina toda a filosofia da Antiguidade?", a resposta imediata não é "cuidar de si mesmo", mas o princípio délfico, *gnothi seauton*, "conhece-te a ti mesmo".

Sem dúvida, nossa tradição filosófica insistiu muito sobre este último princípio e esqueceu o primeiro. O princípio délfico não era uma máxima abstrata em relação à vida; era um conselho técnico, uma regra a observar para a consulta do oráculo. "Conhece-te a ti mesmo" significava: "Não imagines que és um deus". Outros comentadores oferecem a interpretação seguinte: "Sabe bem qual é a natureza de tua pergunta quando vens consultar o oráculo."

Nos textos gregos e romanos, a injunção para se conhecer a si mesmo está sempre associada a esse outro princípio que é o cuidado de si, e é essa necessidade de cuidar de si que torna possível a aplicação da máxima délfica. Essa ideia, implícita em toda a cultura grega e romana, torna-se explícita a partir do

268 Michel Foucault – Ditos e Escritos

Alcibíades I, de Platão.[1] Nos diálogos socráticos, em Xenofonte, Hipócrates e em toda a tradição neoplatônica, que começa com Albino, o indivíduo deve cuidar de si mesmo. É preciso ocupar-se de si antes de colocar em aplicação o princípio délfico. O segundo princípio se subordina ao primeiro. Disso, eu tenho três ou quatro exemplos.

Na *Apologia*, 29e, de Platão, Sócrates se apresenta aos seus juízes como um mestre da *epimeleia heautou*.[2] Vocês se "preocupam sem vergonha de adquirir riquezas, reputação e honras", lhes diz, mas vocês não se preocupam consigo mesmos, não têm nenhuma preocupação com "a sabedoria, a verdade e a perfeição da alma". Em compensação, ele, Sócrates, vela sobre os cidadãos, certificando-se de que eles se preocupam consigo mesmos.

Sócrates diz três coisas importantes concernentes à maneira como ele convida os outros a ocupar-se de si mesmos: 1. sua missão lhe foi confiada pelos deuses, e ele só a abandonará em seu último suspiro; 2. ele não exige nenhuma recompensa por essa tarefa; é desinteressado; ele a cumpre por bondade; 3. sua missão é útil para a cidade – mais útil que a vitória militar dos atenienses em Olímpia –, porque, ensinando aos homens a ocupar-se de si mesmos, ele lhes ensina a ocupar-se da cidade.

Oito séculos mais tarde, encontram-se a mesma ideia e a mesma formulação no *De virginitate*, de Gregório de Nissa, mas o sentido é aqui inteiramente diferente.[3] Não é no movimento que conduz o indivíduo a cuidar de si mesmo e da cidade que pensa Gregório de Nissa; ele pensa no movimento pelo qual o indivíduo renuncia ao mundo e ao casamento, desprende-se da carne e, com a virgindade do coração e do corpo, recupera a imortalidade de que era privado. Comentando a parábola da dracma (Lucas, XV, 8-10), Gregório exorta o homem a acender sua lâmpada e a revistar a casa, até que encontre a dracma brilhando na sombra. A fim de reencontrar a eficácia

---

1 Platão, *Alcibiade* (trad. M. Croiset), Paris, Les Belles Lettres, "Collection des universités de France", 1985. Chamado *Primeiro Alcibíades* para distingui-lo do diálogo *Sobre a prece*, ou *Segundo Alcibíades*.
2 *Ibid.*, p. 157.
3 Gregório de Nissa, *Traité de la virginité* (371), (trad. M. Aubineau), Paris, Éd. du Cerf, col. "Sources chrétiennes", n. 119, 1966, cap. XII, 3, p. 411-417.

que Deus imprimiu na alma humana e que o corpo ofuscou, o homem deve cuidar de si mesmo e revistar cada recanto de sua alma (*De virg.*, XII).

A filosofia antiga e o ascetismo cristão se colocam, estamos vendo, sob o mesmo signo: o do cuidado de si. A obrigação de se conhecer é um dos elementos centrais do ascetismo cristão. Entre esses dois extremos – Sócrates e Gregório de Nissa –, cuidar de si mesmo constitui não somente um princípio, mas também uma prática constante.

Dois outros exemplos: o primeiro texto epicurista a ter servido como manual de moral foi a *Carta a Meneceu* (Diógenes Laércio, 10, 122-38).[4] Epicuro escreve que não é jamais nem muito cedo nem muito tarde para se preocupar com sua alma. Deve-se filosofar quando se é jovem, mas também quando se é velho. É uma tarefa que se deve continuar durante sua vida. Os preceitos que regulam a vida quotidiana se organizam em torno do cuidado de si, a fim de ajudar cada membro do grupo na tarefa comum de salvação.

Outro exemplo, que nos vem de um texto alexandrino, *De vita contemplativa*, de Fílon de Alexandria.[5] O autor descreve um grupo obscuro, enigmático, na periferia da cultura helenística e da cultura hebraica: os *therapeutae*, que mostram grande religiosidade. É uma comunidade austera, que se consagra à leitura, à meditação terapêutica, à oração coletiva e individual, e gosta de se encontrar para um banquete espiritual (*agape* = "festim"). Essas práticas encontram sua origem nessa tarefa principal que é o cuidado de si (*De vita cont.*, XXXVI).

Tal é o ponto de partida de uma possível análise do cuidado de si na cultura antiga. Eu gostaria de analisar a relação entre o cuidado de si e o conhecimento de si, a relação que existe, na tradição greco-romana e na tradição cristã, entre a preocupação que tem o indivíduo consigo mesmo e o celebérrimo preceito "conhece-te a ti mesmo". Assim como existem diferentes formas de cuidado, existem diferentes formas de si.

---

4 Epicuro, Lettre à Ménécée, *in Lettres et maximes* (trad. M. Conche), Villers-sur-Mer, Éd. de Mégare, 1977, p. 215-227 (ver também Diógeno Laércio, *Vie, doctrines et sentences des philosophes illustres* (trad. R. Genaille), Paris, Garnier-Flammarion, t. II, 1965, p. 258-269).

5 Fílon de Alexandria, *La Vie contemplative* (trad. P. Miquel), Paris, Éd. du Cerf, 1963, p. 105.

270 Michel Foucault – Ditos e Escritos

RESUMO

Há várias razões que explicam que o "conhece-te a ti mesmo" eclipsou o "cuida de ti mesmo". A primeira é que os princípios morais da sociedade ocidental sofreram uma transformação profunda. Experimentamos a dificuldade em fundamentar uma moral rigorosa e princípios austeros em um preceito que diz que devemos nos preocupar com nós mesmos mais do que com qualquer outra coisa. Estamos mais inclinados a considerar o cuidado de si como algo imoral, como um meio de escapar de todas as regras possíveis. Herdamos a moral cristã, que faz da renúncia de si a condição da salvação. Paradoxalmente, conhecer-se a si mesmo constituiu um meio de renunciar a si.

Herdamos, também, uma tradição secular que vê na lei externa o fundamento da moral. Assim, como o respeito que se tem consigo mesmo pode constituir a base da moral? Somos os herdeiros de uma moral social que fundamenta as regras de um comportamento aceitável sobre as relações com os outros. Se a moral estabelecida faz, desde o século XVI, o objeto de uma crítica, é em nome da importância do reconhecimento e do conhecimento de si. É, então, difícil imaginar que o cuidado de si possa ser compatível com a moral. "Conhece-te a ti mesmo" eclipsou "cuida de ti mesmo", porque nossa moral, uma moral do ascetismo, não deixou de dizer que o si era a instância que se podia rejeitar.

A segunda razão é que, na filosofia teórica que vai de Descartes a Husserl, o conhecimento de si (o sujeito pensante) ganhou uma importância cada vez maior como primeira marca da teoria do saber.

Para resumir: houve uma inversão na hierarquia dos dois princípios da Antiguidade, "cuida de ti mesmo" e "conhece-te a ti mesmo". Na cultura greco-romana, o conhecimento de si apareceu como a consequência do cuidado de si. No mundo moderno, o conhecimento de si constitui o princípio fundamental.

II

É no *Alcibíades I*, de Platão, que se encontra a primeira elaboração filosófica do cuidado de si que desejo examinar aqui. A data de redação desse texto é incerta, e é possível que tenhamos aí um diálogo platônico apócrifo. Minha intenção não é

1988 – As Técnicas de Si   271

estudar as datas, mas indicar as principais características do cuidado de si que está no centro do diálogo.

Os neoplatônicos dos séculos III e IV mostraram que significação convinha atribuir a esse diálogo e que importância ele tinha na tradição clássica. Eles queriam transformar os diálogos de Platão em uma ferramenta pedagógica, fazer deles a matriz do saber enciclopédico. O *Alcibíades* representava, para eles, o primeiro diálogo de Platão – o primeiro que se devia ler, o primeiro que se devia estudar. A *arkhe*, em suma. No século II, Albino declarou que todo homem jovem devotado que quisesse se manter fora da política e praticar a virtude devia estudar o *Alcibíades*.[6] Esse diálogo constitui, então, um ponto de partida que nos fornece o programa de toda a filosofia platônica. "Cuidar de si" é seu primeiro princípio. Eu gostaria de analisar o cuidado de si no *Alcibíades* em função de três grandes interrogações.

1. Como essa questão foi introduzida no diálogo? Quais são as razões que levam Alcibíades e Sócrates a essa noção do cuidado de si?

Alcibíades está prestes a começar sua vida pública e política. Ele quer dirigir-se ao povo e ser todo-poderoso na cidade. Ele não está satisfeito com seu *status* tradicional, com privilégios que lhe conferem seu nascimento e sua herança. Ele quer adquirir um poder pessoal e exercê-lo sobre os outros, tanto no interior quanto no exterior da cidade. Nesse ponto de interseção e de transformação, Sócrates intervém e declara seu amor por Alcibíades. Alcibíades não pode mais ser o amado: ele deve tornar-se o amante. Ele deve assumir uma participação ativa no jogo da política e no jogo do amor. Assim se elabora uma dialética entre o discurso político e o discurso erótico. A transição, para Alcibíades, se opera de maneira específica, tanto no que concerne à política quanto no que concerne ao amor.

O vocabulário político e erótico de Alcibíades evidencia uma ambivalência. Quando ele era adolescente, Alcibíades era desejável, e uma multidão de admiradores se formava à sua volta; mas, agora que sua barba cresce, ele vê seus suspirantes desaparecerem. No tempo de seu esplendor, ele os tinha rejeitado a todos, porque queria ser dominante, e não dominado. Ele re-

---

6 Albinus, *Prologos*, 5 (citado in Festugière, A. J., *Études de philosophie grecque*, Paris, Vrin, 1971, p. 536).

272 Michel Foucault – Ditos e Escritos

cusava deixar-se dominar quando era jovem, mas, agora, quer dominar os outros. É nesse momento que Sócrates aparece, que consegue aquilo em que os outros fracassaram: ele vai forçar Alcibíades a se submeter, mas de uma maneira diferente. Alcibíades e Sócrates fazem um pacto: Alcibíades se submeterá ao seu apaixonado, Sócrates, no sentido não de uma submissão física, mas de uma submissão espiritual. A ambição política e o amor filosófico encontram seu ponto de junção no "cuidado de si".

2. Em uma relação tal, por que Alcibíades deve preocupar-se consigo mesmo, e por que Sócrates se preocupa com esse cuidado de Alcibíades? Sócrates interroga Alcibíades sobre suas capacidades pessoais e sobre a natureza de sua ambição. Conhece ele o sentido da regra jurídica, da justiça e da concórdia? Evidentemente, Alcibíades ignora tudo. Sócrates o exorta a comparar sua educação à dos reis da Pérsia e de Lacedemônia, seus rivais. Os príncipes da Pérsia e de Lacedemônia têm como professores a Sabedoria, a Justiça, a Temperança e a Coragem. Ao lado da sua, a educação de Alcibíades se parece com aquela de um velho escravo ignorante. Não conhecendo todas essas coisas, Alcibíades não pode aplicar-se ao saber. Mas, diz Sócrates, não é tarde demais. A fim de triunfar – de adquirir a *tekhne* –, Alcibíades deve aplicar-se, cuidar de si mesmo. Mas Alcibíades ignora a que ele deve aplicar-se. Qual é esse saber que ele quer adquirir? O embaraço e a confusão se apoderam dele. Sócrates o exorta a não perder coragem.

É em 127d que encontramos a primeira ocorrência da expressão *epimeleisthai seautou*. O cuidado de si remete sempre a um estado político e erótico ativo. *Epimeleisthai* exprime algo muito mais sério que o simples fato de prestar atenção. Essa noção implica diferentes coisas – preocupar-se com suas posses e com sua saúde, por exemplo. É sempre uma atividade real, e não simplesmente uma atitude. A expressão se aplica à atividade do fazendeiro, que se ocupa de seus campos, vigia seu rebanho e cuida de sua fazenda; ao trabalho do rei, que zela pela cidade e pelos seus súditos; ao culto dos ancestrais e dos deuses; na medicina, a expressão remete aos cuidados que se levam aos doentes. Coisa significativa, o cuidado de si, em *Alcibíades*, está diretamente ligado à ideia de uma pedagogia defeituosa – uma pedagogia que concerne à ambição política e a um momento particular da vida.

3. O resto do texto é consagrado a uma análise dessa noção de *epimeleisthai*, do cuidado que se deve ter consigo mesmo. Duas questões orientam a análise: qual é esse si de que é preciso cuidar e em que consiste esse cuidado? Inicialmente, o que é o si (129b)? "Si" é um pronome reflexivo, cuja significação é dupla. *Auto* quer dizer "o mesmo", mas ele remete, também, à noção de identidade. Este segundo sentido permite passar da questão "qual é esse si" à questão "a partir de que fundamento eu encontrarei minha identidade?". Alcibíades tenta encontrar o si através de um movimento dialético. Quando se cuida do corpo, não se toma cuidado do si. O si não é redutível às roupas, às ferramentas ou às posses. Ele deve ser buscado no princípio que permite fazer uso dessas ferramentas, um princípio que não pertence ao corpo, mas à alma. É preciso preocupar-se com a alma – esta é a principal atividade do cuidado de si. O cuidado de si é o cuidado da atividade, e não o cuidado da alma como substância.

A segunda questão é esta: como convém cuidar desse princípio de atividade, cuidar da alma? Esse cuidado consiste em quê? É preciso saber em que consiste a alma. A alma não pode se conhecer, a menos que se observe em um elemento que lhe é semelhante, um espelho. A alma deve contemplar o elemento divino. É nessa contemplação do elemento divino que a alma vai descobrir as regras suscetíveis de fundamentar um comportamento e uma ação política justos. O esforço que a alma permite para se conhecer é o princípio sobre o qual se pode fundamentar o ato político justo, e Alcibíades será um bom político na medida em que ele contemplar sua alma no elemento divino.

Frequentemente, a discussão gravita em torno do princípio délfico "conhece-te a ti mesmo" e se exprime em seus termos. Cuidar de si consiste em conhecer-se a si mesmo. O conhecimento de si se torna o objeto da busca do cuidado de si. Um elo se fixa entre o cuidado de si e a atividade política. O diálogo termina quando Alcibíades compreende que ele deve cuidar de si mesmo examinando sua alma.

Esse texto, um dos primeiros de Platão, esclarece o pano de fundo histórico sobre o qual se enxerta a injunção a cuidar de si mesmo; ele inaugura, também, quatro grandes problemas que não vão cessar de estar presentes na Antiguidade, mesmo se as soluções propostas diferem muitas vezes das que oferece *Alcibíades*.

274   Michel Foucault – Ditos e Escritos

Há, primeiramente, o problema da relação entre o cuidado de si e a atividade política. Perto do fim do período helenístico e do Império, a questão é: quando é melhor desviar-se da atividade política para ocupar-se de si? Segundo, há o problema da relação entre o cuidado de si e a pedagogia. Para Sócrates, ocupar-se de si é o dever de um homem jovem, mas, mais tarde, no decorrer do período helenístico, ter o cuidado de si se tornará o dever permanente de toda uma vida. Terceiro, há o problema da relação entre o cuidado de si e o conhecimento de si. Platão dá a prioridade ao preceito délfico "conhece-te a ti mesmo". Esse privilégio concedido ao "conhece-te a ti mesmo" caracteriza todos os platônicos. Mais tarde, no decorrer dos períodos helenístico e greco-romano, o privilégio se inverterá. A ênfase será colocada não no conhecimento de si, mas no cuidado de si – este último se tornando autônomo e se impondo até como primeiro problema filosófico.

Quarto, há o problema da relação entre o cuidado de si e o amor filosófico, ou a relação com um mestre.

Durante o período helenístico e sob o Império, a noção socrática de "cuidado de si" se torna um tema filosófico comum e universal. Epicuro e seus adeptos, os cínicos, alguns estoicos, como Sêneca, Rufus e Galeno, todos reconhecem o "cuidado de si". Os pitagóricos colocam a ênfase na ideia de uma vida comunitária ordenada. Esse tema do cuidado de si não constitui um conselho abstrato, mas uma atividade difundida, uma rede de obrigações e de serviços que o indivíduo deve cumprir em relação à alma. Segundo o próprio Epicuro, os epicuristas pensam que não é jamais muito tarde para ocupar-se de si. Os estoicos declaram que é preciso estar atento a si mesmo, "retirar-se em si mesmo e permanecer aí". Luciano parodia essa ideia.[7] O cuidado de si é uma atividade das mais correntes e está na origem da rivalidade que opõe os retóricos aos que se voltam para si mesmos, em particular sobre a questão do papel do mestre.

Houve charlatães, é claro. Mas alguns levaram a coisa a sério. Reconhecia-se, geralmente, que a reflexão, pelo menos por um breve período, era coisa benéfica. Plínio aconselha a um

---

7 Luciano, *Hermotime works* (trad. K. Kilburn), Cambridge, Loeb Classical Library, t. IV, 1959, p. 65.

1988 – As Técnicas de Si **275**

amigo reservar alguns minutos por dia, ou tirar algumas semanas ou alguns meses, para fazer um retiro sozinho. É um lazer ativo – estuda-se, lê-se, prepara-se para os reveses do acaso, ou para a morte. É, ao mesmo tempo, uma meditação e uma preparação. Nessa cultura do cuidado de si, a escrita é, também ela, importante. Entre as tarefas que o cuidado de si define, há aquela de tomar notas sobre si mesmo – que poderão ser lidas –, escrever tratados e cartas aos amigos, para ajudá-los, conservar seus carnês a fim de reativar por si mesmo as verdades de que se teve necessidade. As cartas de Sócrates são um exemplo desse exercício de si.

É à cultura oral que cabia o primeiro lugar, na vida política tradicional. Donde a importância da retórica. Mas o desenvolvimento das estruturas administrativas e da burocracia, sob o Império, aumentou o número dos escritos e a importância da escrita na esfera política. Nos escritos de Platão, o diálogo deu lugar a um pseudodiálogo literário. Entretanto, com o período helenístico, é a escrita que prevalece, e a verdadeira dialética encontra seu terreno de expressão na correspondência. Cuidar de si caminha, doravante, com uma atividade de escrita constante. O si é algo sobre o que há matéria a escrever, um tema ou um objeto (um sujeito) da atividade de escritura. Não é nem um traço moderno nascido da Reforma nem um produto do romantismo; é uma das tradições mais antigas do Ocidente – uma tradição já bem estabelecida, já profundamente enraizada, quando Agostinho começa a escrever suas *Confissões*.[8]

O novo cuidado de si implica uma nova experiência de si. Pode-se ver que forma assume essa nova experiência de si nos séculos I e II, quando a introspecção se torna cada vez mais rebuscada. Uma relação se fixa entre a escrita e a vigilância. Presta-se atenção às nuanças da vida, aos estados de alma e à leitura, e o ato de escrever intensifica e aprofunda a experiência de si. Todo um campo de experiências, que não existia antes, se abre.

Pode-se comparar Cícero a Sêneca, o filósofo, ou a Marco Aurélio. Encontra-se, por exemplo, em Sêneca e Marco Aurélio, uma atenção meticulosa aos detalhes da vida quotidiana, aos

---

8 Agostinho redige suas *Confissões* entre 397 e 401. *In Œuvres* (trad. G. Bouissou e E. Tréhorel), Paris, Desclée de Brouwer, t. XIII-XIV, 1962.

276   Michel Foucault – Ditos e Escritos

movimentos do espírito, à análise de si. Todos os elementos característicos do período imperial estão presentes na carta de Marco Aurélio a Fronton (144-145 d.C.).[9] Essa carta nos oferece uma descrição da vida quotidiana. Todos os detalhes do cuidado de si estão presentes, todas as coisas sem importância que Marco Aurélio fez. Cícero só relata os acontecimentos essenciais, mas, na carta de Marco Aurélio, os detalhes são importantes porque representam o sujeito – o que ele pensou, a maneira como sentiu as coisas. A relação entre o corpo e a alma é, ela também, interessante. Para os estoicos, o corpo não era tão importante, mas Marco Aurélio fala de si mesmo, de sua saúde, do que comeu, de sua dor de garganta. Essas indicações caracterizam bem a ambiguidade que se liga ao corpo nessa cultura de si. Teoricamente, a cultura de si é orientada para a alma, mas tudo o que se refere ao corpo toma uma importância considerável. Em Plínio e Sêneca, a hipocondria é uma característica essencial. Eles se retiram em uma casa no campo. Eles têm ocupações intelectuais, mas também rurais. Eles comem e participam das atividades dos camponeses. Se o retiro no campo é importante nessa carta, é porque a natureza ajuda o indivíduo a redescobrir o contato consigo mesmo.

Há, também, a relação amorosa entre Marco Aurélio e Fronton, uma relação que se estabelece entre um jovem de 24 anos e um homem de 40 anos. A *ars erotica* constitui um dos temas da discussão. Nessa época, o amor homossexual era importante; é um tema que se redescobrirá na vida monástica cristã.

Enfim, nas últimas linhas, encontra-se uma alusão ao exame de consciência que se pratica ao fim do dia. Marco Aurélio vai se deitar e examina seu carnê, a fim de ver se o que fez corresponde ao que tinha previsto fazer. A carta é a transcrição desse exame de consciência. Ela é a lembrança do que o indivíduo fez, e não do que ele pensou. É nisso que a prática dos períodos helenístico e imperial difere da prática monástica mais tardia. Em Sêneca, também, são exclusivamente atos, e não pensamentos, que são transcritos. Mas temos aí uma prefiguração da confissão cristã.

---

9 Marco Aurélio, *Lettres à Fronton in Pensées* (trad. A. Cassan), Paris, Charpentier et Fasquelle, [s.d.], carta XXIX, p. 391-393.

Esse gênero de cartas coloca em evidência um aspecto completamente particular da filosofia da época. O exame de consciência começa com a escrita de cartas como essa. A escrita de um diário vem mais tarde. Ela nasce na época cristã e destaca essencialmente a noção de combate da alma.

III

Em meu comentário de *Alcibíades*, de Platão, eu isolei três temas principais: primeiro, a relação entre o cuidado de si e o cuidado da vida política; em seguida, a relação entre o cuidado de si e a ideia de uma educação defeituosa; enfim, a relação entre o cuidado de si e o conhecimento de si. Enquanto vimos, em *Alcibíades*, o elo estreito que existe entre "cuidar de si" e "conhecer-se a si mesmo", o primeiro preceito acaba por se assimilar ao segundo.

Nós encontramos esses três temas em Platão, mas também durante todo o período helenístico e, quatro ou cinco séculos mais tarde, em Sêneca, Plutarco, Epícteto *et al.* Se os problemas permanecem os mesmos, as soluções propostas e os temas desenvolvidos diferem das significações platônicas, e, às vezes, até se opõem a elas.

Primeiramente, ocupar-se de si na época helenística e sob o Império não constitui somente uma preparação para a vida política. Ocupar-se de si se tornou um princípio universal. É preciso desviar-se da política para melhor ocupar-se de si mesmo.

Segundo, cuidar de si mesmo não é simplesmente uma obrigação que incumbe aos jovens preocupados com sua educação; é uma maneira de viver, que diz respeito a cada um durante toda a sua vida.

Terceiro, mesmo se o conhecimento de si exerce um papel importante no cuidado de si, outros tipos de relações são também implicadas.

Eu gostaria de comentar brevemente os dois primeiros pontos: a universalidade do cuidado de si enquanto ele é independente da vida política, e o cuidado de si como dever permanente de toda uma vida.

1. Ao modelo pedagógico de Platão se substitui um modelo médico. O cuidado de si não é outra forma de pedagogia; ele deve constituir uma preocupação médica permanente. A pre-

278 Michel Foucault – Ditos e Escritos

ocupação médica permanente é um dos traços essenciais do cuidado de si. Devemos nos tornar médicos de nós mesmos.

2. Uma vez que se preocupar consigo deve ser a tarefa de toda uma vida, o objetivo não é mais se preparar para a vida adulta ou para outra vida, mas se preparar para um cumprimento total: a vida. Esse cumprimento se torna total no instante que precede a morte. Essa ideia de uma proximidade feliz da morte – a velhice como completude – constitui uma inversão dos valores que se atribuem tradicionalmente à juventude entre os gregos.

3. Há, enfim, as diferentes práticas às quais a cultura de si deu origem, e a relação que se formou entre essas práticas e o conhecimento de si.

Em *Alcibíades*, a alma está em uma relação especular consigo mesma – uma relação que está ligada ao conceito de memória e justifica a existência do diálogo como método que permite descobrir a verdade alojada na alma. Mas, entre a época de Platão e a época helenística, a relação entre o cuidado de si e o conhecimento de si se modifica. Duas perspectivas se aclaram.

No seio dos movimentos que animam a filosofia estoica sob o Império, projeta-se uma nova concepção da verdade e da memória, assim como outro método de exame de si. É primeiramente o diálogo que desaparece, enquanto se instaura uma nova relação pedagógica cuja importância vai crescendo; é um novo jogo pedagógico, no qual o mestre/professor fala sem fazer perguntas, e o discípulo não responde: ele deve escutar e ficar em silêncio. Vê-se crescer a importância de uma cultura do silêncio. Na cultura pitagórica, os discípulos deviam ficar silenciosos durante cinco anos; tal era a regra pedagógica. Eles não perguntavam nada nem falavam durante a aula, mas exerciam-se na arte de escutar. Era a condição indispensável para adquirir a verdade. Essa tradição se instaura na época imperial, quando a cultura platônica do diálogo cede o espaço a uma cultura do silêncio e à arte de escutar.

Quem quiser aprender a arte de escutar deve ler o tratado de Plutarco sobre a arte de escutar as conferências (*Peri tou akouein*).[10] No início de seu tratado, Plutarco declara que, uma

---

10 Plutarco, Comment écouter, *in Œuvres morales* (trad. R. Klaerr, A. Philippon e J. Sirinelli), Paris, Les Belles Lettres, "Collection des universités de France", 1989, t. I, 2ª parte, cap. III, p. 39-40.

1988 – As Técnicas de Si   **279**

vez passados seus anos de escola, o homem deve aprender a escutar o *logos* durante toda a sua vida de adulto. A arte de escutar é capital para quem quer se dar conta da verdade e da dissimulação, da retórica e da mentira no discurso dos retóricos. A escuta está ligada ao fato de que o discípulo não está sob o controle dos seus mestres, mas na postura daquele que recolhe o *logos*. Fica-se em silêncio durante a conferência. Reflete-se sobre ela mais tarde. Assim se define a arte de escutar a voz do mestre e a voz da razão em si.

O conselho pode parecer banal, mas eu o acho importante. Em seu tratado sobre a *Vida contemplativa*, Fílon de Alexandria descreve os banquetes do silêncio, que não têm nada a ver com esses banquetes de devassidão, em que há vinho, rapazes, orgias e diálogo. Aqui, é um professor que oferece um monólogo sobre a interpretação da Bíblia e dá indicações muito precisas sobre a maneira como convém escutar (*De vita cont.*, 77). Por exemplo, é preciso assumir sempre a mesma postura quando se escuta. A vida monástica e mais tarde a pedagogia deram a essa noção uma morfologia interessante.

Em Platão, é por meio do diálogo que se tecia o elo dialético entre a contemplação de si e o cuidado de si. Na época imperial, dois temas aparecem: por um lado, o tema da obrigação de escutar a verdade e, por outro, o tema do exame e da escuta de si como meio de descobrir a verdade que se aloja no indivíduo. A diferença que se marca entre as duas épocas é um dos grandes sinais do desaparecimento da estrutura dialética.

Em que consiste o exame de consciência nessa cultura e que olhar o indivíduo tem sobre si mesmo? Para os pitagóricos, o exame de consciência está ligado à purificação. O sono tendo uma relação com a morte, na medida em que favorece um encontro com os deuses, é necessário purificar-se antes de ir dormir. Lembrar-se dos mortos é uma maneira de exercitar sua memória. Mas essa prática assume novos valores e muda de sentido com o período helenístico e o início do Império. A esse respeito, vários textos são significativos: o *De ira* e o *De tranquillitate*, de Sêneca,[11] assim como as primeiras páginas do livro IV dos *Pensamentos* de Marco Aurélio.[12]

---

11 Sêneca, De la tranquillité de l'âme, *in Dialogues* (trad. R. Waltz), Paris, Les Belles Lettres, "Collection des universités de France", 1927, t. IV, livro 6, § 1-8, p. 84-86.
12 Marco Aurélio, *Pensées* (trad. A. Trannoy), Les Belles Lettres, "Collection des universités de France", 1925, livro IV, § 3, p. 27-29.

280 Michel Foucault – Ditos e Escritos

O *De ira* (livro III), de Sêneca, contém traços da velha tradição.[13] O filósofo descreve o exame de consciência – um exame que recomendavam também os epicuristas, e cuja prática encontra sua origem na tradição pitagórica. O objetivo do exame de si é a purificação da consciência por meio de um processo mnemônico. Agir de acordo com o bem, praticar corretamente o exame de consciência são a garantia de um bom sono e de bons sonhos, que garantem o contato com os deuses.

Sêneca dá, às vezes, a impressão de que utiliza uma linguagem jurídica, em que o si é, ao mesmo tempo, o juiz e o réu. Sêneca é o juiz que persegue o si em justiça, de maneira que o exame de consciência toma a forma de um processo. Mas basta olhá-lo de mais perto para constatar que não se trata de uma corte de justiça. Sêneca utiliza termos que remetem não às práticas jurídicas, mas às práticas administrativas, como quando um contador examina as contas ou quando um inspetor da construção examina uma obra. O exame de si é uma maneira de estabelecer o inventário. Os erros são apenas boas intenções que permaneceram no estágio da intenção. A regra constitui o meio de agir corretamente, e não de julgar o que aconteceu no passado. Mais tarde, a confissão cristã vai procurar expulsar as más intenções.

Mais do que o modelo jurídico, é esse olhar administrativo que o filósofo dirige sobre sua vida que é importante. Sêneca não é um juiz que se dá como tarefa punir, mas um administrador que elabora um inventário. Ele é o administrador permanente de si mesmo, de acordo com a regra, e não com a lei. As censuras que ele se faz não dizem respeito aos seus erros reais, mas, antes, ao seu insucesso. Seus erros são erros de estratégia, e não faltas morais. Trata-se, para ele, não de explorar sua culpabilidade, mas de ver como o que ele fez se ajusta ao que ele queria fazer, e de reativar certas regras de conduta. Na confissão cristã, exige-se do penitente que ele memorize as leis, mas ele o faz a fim de descobrir seus pecados.

Primeiramente, o problema, para Sêneca, não é descobrir a verdade do sujeito, mas lembrar essa verdade à memória, ressuscitar uma verdade perdida. Em segundo lugar, não é nem ele mesmo, nem sua natureza, nem sua origem ou suas afinidades

---

13 Sêneca, De la colère, *in Dialogues* (trad. A. Bourgery), Paris, Les Belles Lettres, "Collection des universités de France", t. I, livro III, § 36, p. 102-103.

sobrenaturais que o sujeito esquece: ele esquece as regras de conduta, o que ele deveria ter feito. Em terceiro lugar, a rememoração dos erros cometidos no dia permite medir a distância entre o que foi feito e o que deveria ter sido feito. Em quarto lugar, o sujeito não é o terreno sobre o qual se opera o processo de deciframento, mas o ponto no qual as regras de conduta se encontram na memória. O sujeito constitui o ponto de interseção dos atos que necessitam ser submetidos a regras e regras que definem a maneira como se deve agir. Nós estamos bastante longe da concepção platônica e da concepção cristã da consciência.

Os estoicos espiritualizaram a noção de *anakhoresis*, que se trate da retirada de um exército, do refúgio do escravo que foge do seu mestre, ou do retiro no campo, longe das cidades, como para Marco Aurélio. O retiro no campo toma a forma de um retiro espiritual em si. Fazer retiro em si constitui não somente uma atitude geral, mas um ato preciso, que se cumpre cada dia: faz-se retiro em si para fins de descoberta – mas não a descoberta de seus erros ou de seus sentimentos profundos; faz-se retiro em si a fim de se lembrar as regras de ação, as principais leis que definem a conduta. É uma fórmula mnemotécnica.

IV

Eu falei de três técnicas de si definidas pela filosofia estoica: as cartas aos amigos e o que elas revelam de si; o exame de si mesmo e de sua consciência, que compreende a avaliação do que foi feito, do que deveria ter sido feito; e a comparação dos dois. Eu gostaria, agora, de considerar uma terceira técnica definida pelos estoicos: a *askesis*, que não é a revelação do si secreto, mas um ato de lembrança.

Para Platão, o indivíduo deve descobrir a verdade que se esconde nele. Para os estoicos, a verdade não tem de ser descoberta no indivíduo, mas nas *logoi*, os preceitos dos mestres. O discípulo memoriza o que ele ouviu, convertendo as palavras de seus mestres em regras de conduta. O objetivo dessas técnicas é a subjetivação da verdade. Sob o Império, os princípios éticos não assimiláveis sem um quadro teórico tal como a ciência, como comprova, por exemplo, o *De natura rerum*, de Lucrécio.[14] Algumas questões estruturais subentendem a prática do

---

14 Lucrécio, *De la nature des choses* (trad. A. Ernout), Paris, Les Belles Lettres, "Collection des universités de France", 5. ed., t. I, 1984, e t. II, 1985.

282 Michel Foucault – Ditos e Escritos

exame de si ao qual se está obrigado a cada dia. Devo destacar o fato de que não é nem o deciframento de si nem os meios realizados para revelar um segredo que são importantes no estoicismo; o que conta é a lembrança do que se fez e do que se deveria ter feito.

Na prática cristã, o ascetismo anda sempre ao lado de certa forma de renúncia de si mesmo e da realidade, o si fazendo parte dessa realidade à qual se deve renunciar para chegar a outro nível de realidade. É esse movimento para chegar a renunciar a si mesmo que distingue o ascetismo cristão.

Na tradição filosófica inaugurada pelo estoicismo, a *askesis*, longe de designar a renúncia a si mesmo, implica a consideração progressiva de si, o domínio de si – um domínio ao qual se chega não renunciando à realidade, mas adquirindo e assimilando sua verdade. O objetivo final da *askesis* não é de preparar o indivíduo para outra realidade, mas permitir-lhe chegar à realidade deste mundo. Em grego, a palavra que descreve essa atitude é *paraskeuazo* (preparar-se). A *askesis* é um conjunto de práticas pelas quais o indivíduo pode adquirir, assimilar a verdade e transformá-la em um princípio de ação permanente. A *aletheia* se torna o *ethos*. É um processo de intensificação da subjetividade.

Quais são os principais traços que caracterizam a *askesis*? A *askesis* compreende certo número de exercícios, nos quais o sujeito se coloca em situação de verificar se ele é capaz ou não de enfrentar os acontecimentos e de utilizar os discursos de que está armado. O objetivo é testar a preparação. O sujeito assimilou suficientemente essa verdade para transformá-la em uma ética e se comportar como deve em presença de um acontecimento?

Duas palavras, em grego, caracterizam os dois polos desses exercícios: *melete* e *gymnasia*. *Melete*, segundo a tradução latina (*meditatio*), significa "meditação". Essa palavra tem a mesma raiz que *epimeleisthai*. É um termo bastante vago, um termo técnico emprestado da retórica. *Melete* designa a reflexão sobre os termos e os argumentos adequados que acompanham a preparação de um discurso ou de uma improvisação. Trata-se de antecipar a situação real por meio do diálogo dos pensamentos. A meditação filosófica resulta da *melete*: ela consiste em memorizar as reações e em reativar sua lembrança, colocando-se em uma situação em que se pode imaginar de que maneira se reagiria. Por meio de um exercício de imaginação ("suponhamos que..."), julga-se o raciocínio que se deveria adotar a fim de testar uma ação ou um acontecimento (por exemplo: "Como eu reagiria?"). Imaginar como se articulam diversos acontecimentos possíveis a fim de perceber de que maneira se reagiria: é isso a meditação.

O exercício de meditação mais célebre é a *praemeditatio malorum*, tal como a praticavam os estoicos. A *praemeditatio* é uma experiência ética, um exercício de imaginação. Na aparência, corresponde a uma visão mais sombria e pessimista do futuro. Pode-se compará-la ao que Husserl diz da redução eidética. Os estoicos operaram três reduções eidéticas da desgraça futura. Primeiro, não se trata de imaginar o futuro tal como ele é suscetível de se apresentar, mas de imaginar o pior, mesmo se esse pior tem poucas chances de advir – o pior como certeza, como atualização do possível, e não como cálculo de probabilidades. Em seguida, não se devem encarar as coisas como suscetíveis de acontecer em um futuro distante, mas como já reais e em andamento. Imaginar, por exemplo, não que se poderia ser exilado, mas que já se está exilado, submetido à tortura e morrendo. Enfim, o objetivo dessa operação não é experimentar sofrimentos mudos, mas convencer-se de que esses sofrimentos não são males reais. A redução de todo o possível, de toda a duração e de todas as desgraças revela não um mal, mas a aceitação à qual somos obrigados. Ela constitui uma apropriação simultânea do acontecimento futuro e do acontecimento presente. Os epicuristas lhe eram hostis, porque eles a julgavam inútil. Eles consideravam que vale mais se lembrar dos prazeres passados a fim de gozar dos acontecimentos presentes.

No polo oposto, temos a *gymnasia* (o "treino", o "exercício"). Se a *meditatio* é uma experiência imaginária que exercita o pensamento, a *gymnasia* é o treino para uma situação real, mesmo se essa situação foi induzida artificialmente. Uma longa tradição se projeta atrás disso: a abstinência sexual, a privação física e outros rituais de purificação.

Essas práticas de abstinência visam a uma coisa diferente da purificação e da verificação do poder do demônio, que as justificam para Pitágoras e para Sócrates. Na cultura estoica, sua função é estabelecer e testar a independência do indivíduo em relação ao mundo exterior. No *De genio Socratis*, de Plu-

284 Michel Foucault – Ditos e Escritos

tarco, por exemplo, o indivíduo se entrega a atividades esportivas muito difíceis; ou, então, submete-se à tentação, colocando diante de si pratos muito apetitosos e a eles renunciando. Ele chama seu escravo e lhe dá as iguarias, enquanto ele próprio come a refeição destinada aos escravos.[15] Disso, encontramos outro exemplo na carta 18 de Sêneca a Lucílio. Sêneca se prepara para uma grande jornada de festividades por atos de mortificação da carne, a fim de se convencer de que a pobreza não é um mal e de que ele é capaz de suportá-la.[16]

Entre esses dois polos de exercício do pensamento e de treino para a realidade que são a *melete* e a *gymnasia*, existe toda uma série de possibilidades intermediárias. É em Epícteto que se encontra o melhor exemplo de meio-termo. Epícteto entende vigiar incessantemente as representações – uma técnica que encontrará seu apogeu com Freud. Duas metáforas são, para ele, importantes: a do guarda-noturno, que não deixa entrar ninguém na cidade se não pode provar sua identidade (nós devemos, em relação à onda de nossos pensamentos, adotar a atitude do guarda-noturno),[17] e a do trocador de dinheiro, que verifica a autenticade da moeda, examina-a, pesa-a, assegura-se do seu valor. Devemos ser os argirônomos de nossas representações, de nossos pensamentos, testando-os com vigilância, verificando seu metal, seu peso, sua efígie.[18]

Essa metáfora do trocador de dinheiro, nós a reencontramos nos estoicos e na literatura cristã primitiva, mas dotada de significações diferentes. Adotar a atitude do trocador de dinheiro, para Epícteto, significa que, desde que uma ideia se apresenta ao nosso espírito, nós devemos refletir nas regras que nos permitem avaliá-la. Para João Cassiano, no entanto, ser um trocador de dinheiro e examinar seus pensamentos significa outra coisa: trata-se de tentar determinar se, na origem do movimento que suscita as representações, não há a concupiscência ou o desejo – se nosso pensamento não tem origens

---

15 Plutarco, Le Démon de Socrate, in *Œuvres morales* (trad. J. Hani), Paris, Les Belles Lettres, "Collection des universités de France", 1980, t. VIII, § 585a, p. 95.

16 Sêneca, *Lettres à Lucilius* (trad. H. Noblot), Paris, Les Belles Lettres, "Collection des universités de France", 1945, carta 18, § 1-8, p. 71-76.

17 Epícteto, *Entretiens* (trad. J. Souilhé), Paris, Les Belles Lettres, "Collection des universités de France", 1963, livro III, cap. XII, § 15, p. 45.

18 Epícteto, *op. cit.*, p. 76-77.

1988 – As Técnicas de Si **285**

culpadas, se não há, em segredo, algo que é o grande sedutor, que é, talvez, invisível, o dinheiro de nosso pensamento.[19] Epícteto define dois tipos de exercícios: os exercícios sofísticos e os exercícios éticos. A primeira categoria se compõe de exercícios tomados da escola: é o jogo das questões e respostas. Deve ser um jogo ético, isto é, algo que termina com um ensinamento moral.[20] A segunda série é constituída por exercícios ambulatórios: vai-se passear, de manhã, e testam-se as reações sobre si que o passeio suscita.[21] O objetivo desses dois tipos de exercícios não é o deciframento da verdade, mas o controle das representações. Eles são lembranças das regras às quais se deve conformar-se em face da adversidade. Os testes que preconizam Epícteto e Cassien evocam, até nos termos utilizados, uma máquina de censura pré-freudiana. Para Epícteto, o controle das representações não consiste em um deciframento, mas em uma lembrança à memória dos princípios de ação, a fim de determinar, por meio do exame que o indivíduo pratica sobre si mesmo, se esses princípios governam sua vida. É uma espécie de exame de si permanente, no qual o indivíduo deve ser seu próprio censor. A meditação sobre a morte constitui o termo mais conclusivo desses diferentes exercícios.

Além das cartas, do exame e da *askesis*, existe uma quarta técnica de exame de si que devemos, agora, evocar: a interpretação dos sonhos. É uma técnica que, no século XIX, ia conhecer um destino importante; contudo, na Antiguidade, a posição que ela ocupa é bastante marginal. Os filósofos da Antiguidade têm, a respeito da interpretação dos sonhos, uma atitude ambivalente. A maior parte dos estoicos se mostra cética e crítica em relação a isso. Resta que a interpretação dos sonhos é uma prática geral e popular. Há, por um lado, os peritos capazes de interpretar os sonhos – entre os quais se podem citar Pitágoras e alguns filósofos estoicos – e, por outro, os especialistas que escrevem livros a fim de ensinar às pessoas a maneira de interpretar seus sonhos. Os escritos sobre esse assunto são uma legião, mas o único manual de onirocrítica que nos resta, em

---

19 Jean Cassien, "Première conférence de l'abbé Moïse", *in Conférences* (trad. Dom E. Pichery), Paris, Éd. du Cerf, col. "Sources chrétiennes", n. 42, 1955, t. I, cap. XX, p. 101-105.
20 Epícteto, *op. cit.*, p. 32-33.
21 Epícteto, *op. cit.*, p. 18.

286 Michel Foucault – Ditos e Escritos

sua integridade, é a *Clef des songes* (*Chave dos sonhos*), de Artemidoro (século II d.C.).[22] A interpretação dos sonhos é importante, na Antiguidade, porque é por meio da significação de um sonho que se pode ler o anúncio de um acontecimento futuro. Devo mencionar dois outros documentos que revelam a importância da interpretação dos sonhos na vida quotidiana. O primeiro é de Sinésio de Cirene e data do século IV de nossa era.[23] Sinésio era um homem conhecido e culto. Embora não fosse cristão, ele tinha pedido que se tornasse bispo. Suas observações sobre os sonhos são interessantes, visto que a adivinhação pública era proibida, a fim de poupar ao imperador más notícias. Era preciso, então, interpretar seus sonhos por si mesmo, fazer-se o intérprete de si mesmo. Para isso, era necessário lembrar-se não somente dos sonhos que se tinham feito, mas também dos acontecimentos que os tinham precedido e seguido. Era preciso registrar o que acontecia a cada dia, tanto na vida diurna quanto na vida noturna.

Em seus *Discursos sagrados*, escritos no século II, Aelius Aristides consigna seus sonhos e explica de que maneira convém interpretá-los.[24] Segundo ele, nós recebemos, por meio da interpretação dos sonhos, conselhos dos deuses quanto aos remédios suscetíveis de curar nossas doenças. A obra de Aristides nos coloca no cruzamento de dois tipos de discursos. Não é o relato detalhado das atividades quotidianas do sujeito que constitui a matriz dos *Discursos sagrados*, mas a notação ritual dos louvores que o sujeito dirige aos deuses que o curaram.

V

Eu gostaria, agora, de examinar o perfil geral de uma das principais técnicas de si inauguradas pelo cristianismo e ver em que essa técnica constituiu um jogo de verdade. Para isso, preciso considerar a passagem da cultura pagã à cultura cristã

---

22 Artemidoro, *La Clef des songes*. *Onirocriticon* (trad. A. J. Festugière), Paris, Vrin, 1975.
23 Sinésio de Cirene, *Sur les rêves* (404), *in Œuvres* (trad. H. Druon), Paris, Hachette, 1878, p. 346-376.
24 Aelius Aristide, *Discours sacrés* (trad. A. J. Festugière), Paris, Macula, 1986.

– passagem na qual se distinguem continuidades e descontinuidades muito claras.

O cristianismo se classifica entre as religiões de salvação. É uma dessas religiões que se dão por tarefa conduzir o indivíduo de uma realidade a outra, da morte à vida, do tempo à eternidade. Para esse fim, o cristianismo impõe um conjunto de condições e de regras de conduta que tem por objetivo certa transformação de si.

O cristianismo não é somente uma religião de salvação: é também uma religião confessional, que, bem mais que as religiões pagãs, impõe obrigações muito estritas de verdade, de dogma e de cânon. No cristianismo, as obrigações de verdade que impõem ao indivíduo crer nisso ou naquilo foram sempre e continuam muito numerosas. A obrigação feita ao indivíduo de aceitar certo número de deveres, de considerar alguns livros como uma fonte de verdade permanente, de consentir em decisões autoritárias em matéria de verdade, de crer em algumas coisas – e não somente crer, mas também mostrar que acredita nisso –, de reconhecer a autoridade da instituição: é tudo isso que caracteriza o cristianismo.

O cristianismo exige outra forma de obrigação de verdade, diferente da fé. Ele exige de cada um que saiba quem se é, isto é, que se dedique a descobrir o que acontece em si, que reconheça seus erros, admita suas tentações, localize seus desejos; cada um deve, em seguida, revelar essas coisas seja a Deus, seja a outros membros da comunidade, levando, assim, testemunho, publicamente ou de maneira privada, contra si mesmo. Um elo existe entre as obrigações de verdade que concernem à fé e as que dizem respeito ao indivíduo. Esse elo permite uma purificação da alma impossível sem o conhecimento de si.

As coisas não se apresentam da mesma maneira no catolicismo e na tradição protestante. Mas, em um e em outra, são as mesmas características que se encontram: um conjunto de obrigações de verdade concernentes à fé, aos livros, ao dogma, e outro conjunto concernente à verdade, ao coração e à alma. O acesso à verdade não pode conceber-se sem a pureza da alma. A pureza da alma vem em consequência do conhecimento de si e é a condição necessária à compreensão do texto; Agostinho fala de *"quis facit veritatem"* (fazer a verdade em si, ter acesso à luz).

Gostaria de analisar a maneira como a Igreja, em sua aspiração à luz, pôde conceber a iluminação como revelação de si. O

288   Michel Foucault – Ditos e Escritos

sacramento da penitência e a confissão dos pecados são invenções bastante recentes. Nos primeiros tempos do cristianismo, recorria-se a outras formas para descobrir e decifrar a verdade em si. É pelo termo *exomologese*, ou seja, o "reconhecimento de um fato", que se pode designar uma das principais formas dessa revelação de si. Até os padres latinos tinham conservado a palavra grega, sem lhe procurar tradução exata. Para os cristãos, a *exomologese* significava reconhecer publicamente a verdade de sua fé ou reconhecer publicamente que eles eram cristãos.

A palavra tinha, também, uma significação penitencial. Um pecador que solicita a penitência deve ir encontrar seu bispo e pedi-la. Nos primeiros tempos do cristianismo, a penitência não era nem um ato nem um ritual, mas um *status* que se impunha ao que tivesse cometido pecados muito graves.

A *exomologese* era o ritual pelo qual um indivíduo se reconhecia como pecador e como penitente. Ela compreendia várias características: primeiro, o pecador tinha *status* de penitente por um período que podia ir de quatro a 10 anos, e esse *status* afetava o conjunto de sua vida. Ele supunha o jejum, impunha algumas regras concernentes às vestes e a interditos em matéria de sexualidade. O indivíduo era designado como penitente, de maneira que sua vida não se parecia com a dos outros. Mesmo depois da reconciliação, algumas coisas lhe continuavam proibidas: por exemplo, ele não podia nem se casar nem tornar-se padre.

Nesse *status*, encontra-se a obrigação de *exomologese*. O pecador solicita a penitência. Ele vai ver o bispo e pede que lhe imponha o *status* de penitente. Ele deve justificar as razões que o levam a desejar esse *status* e explicar seus erros. Não é uma confissão: é uma condição da obtenção desse *status*. Mais tarde, na Idade Média, a *exomologese* se tornará um ritual que intervém no fim do período de penitência, logo antes da reconciliação. Será a cerimônia pela qual o penitente reencontrará seu lugar entre os outros cristãos. Descrevendo essa cerimônia de reconhecimento, Tertuliano diz que o pecador, usando a roupa de penitente (flagelo) sob seus andrajos e todo coberto de cinzas, se põe de pé diante da igreja, em uma atitude de humildade. Depois, ele se prosterna e beija os joelhos de seus irmãos (*A penitência*, 9-12).[25] A *exomologese* não é uma condu-

---

25 Tertuliano, *La Pénitence* (trad. C. Munier), Paris, Éd. du Cerf, col. "Sources chrétiennes", n. 316, 1984, cap. IX, p. 181.

ta verbal, mas a expressão teatralizada do reconhecimento do *status* de penitente. Muito mais tarde, São Jerônimo, em uma de suas Epístolas, descreverá a penitência de Fabíola, pecadora da nobreza romana.[26] Na época em que Fabíola aparecia entre os penitentes, pessoas se lamentavam com ela, tornando ainda mais patético ainda seu castigo público.

O reconhecimento designa, também, todo o processo ao qual o *status* de penitente obriga o indivíduo durante anos. O penitente é o ponto de convergência entre uma conduta penitencial claramente demonstrada, a autopunição e a revelação de si. Não se podem distinguir os atos pelos quais o penitente se pune dos pelos quais ele se revela. Existe um elo estreito entre a autopunição e a expressão voluntária de si. Esse elo aparece claramente em inúmeros escritos. Cipriano, por exemplo, fala de manifestações de vergonha e de modéstia. A penitência não é nominal: ela é teatral.[27]

Exibir o sofrimento, manifestar a vergonha, mostrar humildade e ostentar a modéstia, tais são as principais características da punição. A penitência, nesses inícios do cristianismo, é um modo de vida que se manifesta, a todo momento, pela aceitação da obrigação de se revelar. Ela necessita de uma representação visível e da presença de outros, que reconhecem o ritual. Essa concepção da penitência se manterá até os séculos XV e XVI.

Tertuliano utiliza a expressão *publicatio sui* para qualificar a *exomologese*. A *publicatio sui* remete ao exame de si de que fala Sêneca – mas um exame cuja prática quotidiana permanece inteiramente privada. Para Sêneca, a *exomologese* ou *publicatio sui* não implica a análise verbal dos atos ou dos pensamentos. Ela é somente uma expressão somática e simbólica. O que era privado para os estoicos se torna público para os cristãos.

Essa *publicatio sui*, quais eram suas funções? Primeiro, ela representava uma maneira de apagar o pecado e de devolver ao indivíduo a pureza que lhe tinha conferido seu batismo. Em seguida, é, também, um meio de revelar o pecador como tal. Aí está o paradoxo que está no cerne da *exomologese*: ela apaga o pecado, mas revela o pecador. O mais importante, no ato de

---

26 Jerônimo, *Correspondance* (trad. J. Labourt), Les Belles Lettres, "Collection des universités de France", 1954, t. IV, carta LXXVII, p. 42-44.
27 Cipriano de Cartago, De ceux qui ont failli, *in Textes* (trad. D. Gorce), Namur, Éd. du Soleil levant, 1958, p. 89-92.

290   Michel Foucault – Ditos e Escritos

penitência, não é revelar a verdade do pecado, mas mostrar a verdadeira natureza pecadora do pecador. Não é um meio para o pecador de explicar seus pecados, mas um meio de revelar seu ser de pecador. Em que a proclamação dos pecados tem o poder de apagálos? A exposição é o cerne da *exomologese*. Os autores cristãos dos primeiros séculos recorrem a três modelos para explicar a relação paradoxal entre o apagamento dos pecados e a revelação de si.

O primeiro é o modelo médico: é preciso mostrar seus ferimentos a fim de ser curado. Outro modelo, menos frequente, é o modelo do tribunal, do julgamento: acalma-se sempre o juiz, confessando seus erros. O pecador se faz de advogado do diabo, como o próprio diabo no dia do Julgamento Final.

O modelo mais importante ao qual se recorre para explicar a *exomologese* é o da morte, da tortura ou do martírio. Na teoria como na prática, a penitência se elabora em torno do problema do homem que prefere morrer a comprometer ou abandonar sua fé. A maneira como o mártir enfrenta a morte constitui o modelo do penitente. Para obter sua reintegração na Igreja, o relapso deve expor-se voluntariamente a um martírio ritual. A penitência é a busca ardente da mudança, da ruptura consigo mesmo, seu passado e o mundo. É uma maneira, para o indivíduo, de mostrar que ele é capaz de renunciar à vida e a si, de enfrentar e de aceitar a morte. A penitência não tem por finalidade estabelecer uma identidade, mas, ao contrário, marcar a recusa de si, a ruptura consigo mesmo: *Ego non sum, ego*. Essa fórmula está no cerne da *publicatio sui*. Ela representa a ruptura do indivíduo com sua identidade passada. Os gestos ostentatórios têm por função revelar a verdade do próprio ser do pecador. A revelação de si é, ao mesmo tempo, a destruição de si.

A diferença entre a tradição estoica e a tradição cristã é que, na tradição estoica, o exame de si, o julgamento e a disciplina abrem o acesso ao conhecimento de si, utilizando a memória, isto é, a memorização das regras, para fazer aparecer, em sobreimpressão, a verdade do indivíduo sobre ele mesmo. Na *exomologese*, é por uma ruptura e uma dissociação violentas que o penitente faz aparecer a verdade sobre si mesmo. Importa destacar que essa *exomologese* não é verbal. Ela é simbólica, ritual e teatral.

VI

No século IV, aparece uma técnica de revelação de si muito diferente: a *exagoreusis*, muito menos conhecida que a *exomologese*, mas mais importante. Essa técnica lembra os exercícios de verbalização que, para as escolas filosóficas pagãs, definiam a relação mestre/discípulo. Algumas técnicas de si elaboradas pelos estoicos se transmitem às técnicas espirituais cristãs.

Um exemplo, pelo menos, de exame de si – o que nos oferece São João Crisóstomo – apresenta a mesma forma e o mesmo caráter administrativo que aquele que descreve Sêneca no *De ira*. No exame de si tal como o concebe Crisóstomo, o sujeito deve inspecionar suas contas desde a manhã; à noite, deve interrogar-se a fim de dar conta de sua conduta, examinar o que está ao seu favor e o que lhe é prejudicial, tudo isso por orações mais do que por palavras indiscretas.[28] Redescobrimos aí, muito exatamente, o exame de si tal como o descreve Sêneca. É importante observar que essa forma de exame de si é rara na literatura cristã.

Se a prática generalizada e elaborada do exame de si na vida monástica cristã difere do exame de si segundo Sêneca, ela difere também radicalmente do que descreve Crisóstomo e da *exomologese*. É uma prática de um gênero novo, que devemos compreender em função de dois princípios da espiritualidade cristã: a obediência e a contemplação.

Para Sêneca, a relação do discípulo com seu mestre era, com certeza, importante, mas era uma relação utilitária e profissional. Ela se fundava sobre a capacidade do mestre em guiar seu aluno para uma vida feliz e autônoma por meio de conselhos judiciosos. A relação cessava assim que o discípulo tivesse encontrado a via de acesso a essa vida.

Por toda uma série de razões, a obediência que exige a vida monástica é de uma natureza bem diferente. Ela difere do modelo greco-romano da relação com o mestre no fato de que não

---

28 João Crisóstomo, *Homélie*: "*Qu'il est dangereux pour l'orateur et l'auditeur de parler pour plaire, qu'il est de la plus grande utilité comme de la plus rigoureuse justice d'accuser ses péchés*" ("Como é perigoso para o orador assim como para o ouvinte falar para agradar, como é da maior utilidade e da mais rigorosa justiça acusar seus pecados"), *in Œuvres complètes* (trad. M. Jeannin), Nancy, Thomas et Pierron, 1864, t. III, p. 401.

292 Michel Foucault – Ditos e Escritos

se funda unicamente sobre a necessidade, para o sujeito, de progredir em sua educação pessoal, mas afeta todos os aspectos da vida monástica. Não há nada, na vida do monge, que possa escapar da relação fundamental e permanente de obediência absoluta ao mestre. João Cassiano lembra um velho princípio da tradição oriental: "Tudo o que o mundo faz sem a permissão de seu mestre se assimila a um roubo."[29] A obediência, longe de ser um estado autônomo final, implica o controle integral da conduta pelo mestre. É um sacrifício de si, um sacrifício da vontade do sujeito. É a nova técnica de si.

Para qualquer de seus atos, mesmo o ato de morrer, o monge precisa da permissão de seu diretor. Tudo o que ele faz sem essa permissão é considerado como um roubo. Não há um único momento de sua vida em que o monge seja autônomo. Mesmo quando ele se torna diretor, por sua vez, deve conservar o espírito de obediência – conservá-lo como um sacrifício permanente do controle absoluto da conduta pelo mestre. O si deve constituir-se em si pela obediência.

O outro traço que caracteriza a vida monástica é que a contemplação representa o bem supremo. É a obrigação feita ao monge de voltar sem cessar seus pensamentos para esse ponto que é Deus e de certificar-se de que seu coração é bastante puro para ver Deus. O objetivo visado é a contemplação permanente de Deus.

Essa nova técnica de si que se elabora no interior do mosteiro, apoiando-se sobre a obediência e a contemplação, apresenta algumas características específicas. Cassien, que a assimila a um princípio de exame de si emprestado das tradições monásticas síria e egípcia, a expõe em termos bastante claros.

Essa técnica de exame de si de origem oriental, da qual a obediência e a contemplação representam os princípios dominantes, se preocupa bem mais com o pensamento do que com a ação. Sêneca tinha colocado ênfase na ação. Com Cassiano, não são as ações passadas do dia que constituem o objeto do exame de si, mas os pensamentos presentes. Que o monge deva voltar continuamente seu pensamento para Deus implica que ele sonde o curso atual desse pensamento. O exame ao

---

29 Jean Cassien, *Institutions cénobitiques* (trad. J. Cl. Guy), Paris, Éd. du Cerf, col. "Sources chrétiennes", n. 109, 1965, livro IV, cap. X-XII, p. 133-137, e cap. XXIII-XXXII, p. 153-171.

1988 – As Técnicas de Si **293**

qual ele se submete tem por objeto uma discriminação permanente entre os pensamentos que o dirigem para Deus e os que Dele o desviam. Essa preocupação contínua do presente difere da memorização dos atos e, portanto, da memorização das regras, que preconizava Sêneca. Os gregos têm, para designá-la, um termo bastante pejorativo: *logismoi*, isto é, as cogitações, o raciocínio, o pensamento calculista. Encontra-se, em Cassiano, uma etimologia de *logismoi – co-agitationes –*, mas não sei se ela é válida. O espírito é *polukinetos*, "em um estado de mobilidade constante" (*Primeira conferência do abade Serenus*, 4).[30] Para Cassiano, a mobilidade constante do espírito significa sua fraqueza. Ela é o que distrai o indivíduo da contemplação de Deus (*Primeira conferência do abade Nesterus*, 13).[31]

Sondar o que acontece em si consiste em tentar imobilizar a consciência, em tentar eliminar os movimentos do espírito que desviam de Deus. Isso implica que se examine cada pensamento que se apresenta à consciência a fim de perceber o elo que existe entre o ato e o pensamento, entre a verdade e a realidade; a fim de ver se não há, nesse pensamento, algo que seja suscetível de tornar nosso espírito móvel, de provocar nosso desejo, de desviar nosso espírito de Deus. O que fundamenta o exame é a ideia de uma concupiscência secreta.

Há três grandes tipos de exame de si: primeiramente, o exame pelo qual se avalia a correspondência entre os pensamentos e a realidade (Descartes); segundo, o exame pelo qual se estima a correspondência entre os pensamentos e as regras (Sêneca); em terceiro lugar, o exame pelo qual se aprecia a relação entre um pensamento oculto e uma impureza da alma. É com o terceiro tipo de exame que começa a hermenêutica de si cristã e seu deciframento dos pensamentos íntimos. A hermenêutica de si se fundamenta sobre a ideia de que há em nós algo de oculto, e que vivemos sempre na ilusão de nós mesmos, uma ilusão que mascara o segredo.

Cassiano diz que, a fim de praticar esse exame, nós devemos nos preocupar com nós mesmos e dar testemunho de nos-

---

30 Jean Cassien, *Première conférence de l'abbé Serenus*, "De la mobilité de l'âme et des esprits du mal", § 4, *in Conférences* (trad. E. Pichery), Paris, Éd. du Cerf, col. "Sources chrétiennes", n. 42, 1955, p. 248.
31 Jean Cassien, *Première conférence de abbé Nesterus*, *op. cit.*, 1958, t. II, § 13, p. 199-201.

294 Michel Foucault – Ditos e Escritos

sos pensamentos diretamente. Ele utiliza três analogias. A primeira é a analogia do moinho (*Primeira conferência do abade Moïse*, 18).[32] Os pensamentos são grãos, e a consciência é uma mó. Assim como o moleiro, nós devemos selecionar os grãos – separar os que são maus dos que, moídos pela mó, darão a boa farinha e o bom pão de nossa salvação.

A segunda analogia é militar (*Primeira conferência do abade Serenus*, 5).[33] Cassiano estabelece uma analogia com o oficial que ordena aos seus soldados que desfilem em duas fileiras: os bons à direita e os maus à esquerda. Nós devemos adotar a atitude do oficial que divide sua tropa em duas filas, a dos bons e a dos maus.

A terceira analogia é a do trocador de dinheiro (*Primeira conferência do abade Moisés*, 20-22).[34] A consciência é o argirônomo de si. Ela deve examinar as moedas, considerar sua efígie, perguntar-se de que metal são feitas, interrogar sua origem. A consciência deve pesar as moedas, a fim de ver se elas não foram falsificadas. Assim como as moedas levam a efígie do imperador, nossos pensamentos devem ser gravados com a imagem de Deus. Nós devemos verificar a qualidade de nosso pensamento: Essa efígie de Deus é bem real? Qual é seu grau de pureza? Não se mistura com o desejo ou a concupiscência? Redescobrimos, aqui, a mesma imagem que em Sêneca, mas com uma significação diferente.

Ficando estabelecido que devemos ser os argirônomos permanentes de nós mesmos, como essa discriminação é possível, como podemos determinar se um pensamento é de boa qualidade? Como essa discriminação pode ser efetiva? Não há senão um meio: devemos confiar todos os nossos pensamentos ao nosso diretor, obedecer em todas as coisas ao nosso mestre, praticar permanentemente a verbalização de todos os nossos pensamentos. Para Cassiano, o exame de si está subordinado à obediência e à verbalização permanente dos pensamentos. Acontece de maneira diferente na filosofia estoica. Confessando-se não somente seus pensamentos, mas também os movimentos mais ínfimos de sua consciência e suas intenções, o monge se coloca em uma relação hermenêutica tanto em relação a seu

---

32 *Op. cit.*, 1955, t. I, § 18, p. 99.
33 *Op. cit.*, p. 249-252.
34 *Op. cit.*, p. 101-107.

mestre quanto em relação a si mesmo. Essa verbalização é a pedra de toque ou moeda de nossos pensamentos.

Em que a confissão é capaz de assumir essa função hermenêutica? Como podemos nos tornar os hermeneutas de nós mesmos exprimindo, verbalmente ou por escrito, todos os nossos pensamentos? A confissão confere ao mestre, cuja experiência e sabedoria são maiores, um saber e, então, permite-lhe ser um melhor conselheiro. Mesmo se, na sua função de poder discriminante, o mestre não diz nada, o fato de que o pensamento foi expresso terá um efeito discriminante.

Cassiano dá o exemplo do monge que tinha roubado pão. Em um primeiro momento, ele não podia confessar. A diferença entre os bons e os maus pensamentos é que os maus pensamentos não podem se expressar facilmente, o mal sendo indizível e oculto. Que os maus pensamentos não possam exprimir-se sem dificuldade nem sem vergonha impede que apareça a diferença cosmológica entre a luz e a obscuridade, entre a verbalização e o pecado, entre o segredo e o silêncio, entre Deus e o diabo. Em um segundo momento, o monge se prosterna e confessa. É somente quando ele se confessa verbalmente que o diabo sai dele. A verbalização do pecado é o momento capital (*Segunda conferência do abade Moisés*, II).[35] A confissão é o selo da verdade. Mas essa ideia de uma verbalização permanente é apenas um ideal. Em nenhum momento, a verbalização pode ser total. O resgate da verbalização permanente é a transformação em pecado de tudo o que não pôde ser expresso.

Há, então – e concluirei neste ponto – duas grandes formas de revelação de si, de expressão da verdade do sujeito, no cristianismo dos primeiros séculos. A primeira é a *exomologese*, ou seja, a expressão teatralizada da situação do penitente que torna manifesto seu *status* de pecador. A segunda é o que a literatura espiritual chamou de *exagoreusis*. A *exagoreusis* é uma verbalização analítica e contínua dos pensamentos, que o sujeito pratica no quadro de uma relação de obediência absoluta a um mestre. Essa relação toma por modelo a renúncia do sujeito à sua vontade e a si mesmo.

Se existe uma diferença fundamental entre a *exomologese* e a *exagoreusis*, deve-se, no entanto, destacar que elas apresen-

---

35 *Op. cit.*, p. 121-123.

tam um elemento comum: a revelação não pode conceber-se sem a renúncia. Na *exomologese*, o pecador deve perpetrar o "assassinato" de si mesmo, praticando macerações ascéticas. Que ela se cumpra pelo martírio ou pela obediência a um mestre, a revelação de si implica a renúncia do sujeito a si mesmo. Na *exagoreusis*, por um lado, o indivíduo, pela verbalização constante de seus pensamentos e obediência que ele testemunha para com seu mestre, mostra que ele renuncia, ao mesmo tempo, à sua vontade e a si mesmo. Essa prática, que nasce com o cristianismo, persistirá até o século XVII. A introdução, no século XIII, da penitência, constitui uma etapa importante no desenvolvimento da *exagoreusis*.

Esse tema de renúncia do sujeito a si mesmo é muito importante. Através de toda a história do cristianismo, um elo se fixa entre a revelação, teatral ou verbal, de si e a renúncia do sujeito a si mesmo. A hipótese que me inspira o estudo dessas duas técnicas é que é a segunda – a verbalização – que se tornou a mais importante. A partir do século XVIII e até a época presente, as "ciências humanas" reinseriram as técnicas de verbalização em um contexto diferente, fazendo delas não o instrumento de renúncia do sujeito a si mesmo, mas o instrumento positivo da constituição de um novo sujeito. Que a utilização dessas técnicas tenha cessado de implicar a renúncia do sujeito a si mesmo constitui uma ruptura decisiva.

Índice de Obras

A Arqueologia do Saber, 46, 224
A gaia ciência, 223
A genealogia da moral, 232
A história da loucura (M.
  Foucault), 13, 17, 19, 35, 36,
  63, 239, 240
Alcibíades, 180, 181, 221, 268,
  270, 271, 272, 273, 277, 278
Apologie de Socrate, 177
Antropologia, 17, 83
A ordem do discurso, 35, 36
As confissões, 50, 222, 223
As palavras e as coisas (M.
  Foucault), 13, 17, 239
A vontade de saber (M. Fou-
  cault), 35

Cuidado de si, 228, 230

Dialogue sur l´amour, 148
Die Traumdeutung, 62, 67
Discours sacrés, 286

Entretiens, 183, 284
Escritos, 214, 275, 285

Herculine barbin dite Alexina,
  78, 86
História da loucura, 13, 17, 19,
  22, 35, 36, 42, 59, 62, 63,
  210, 224, 238, 239, 240, 248
História da sexualidade (M.
  Foucault), 6, 43, 62, 197, 204,
  207, 212, 214, 215, 239
Homosexualité Grecque, 141,
  152

Introduction à la vie dévote, 9
Instituições cenobíticas, 115

L'amour du censeur. Essai sur
  l'ordre dogmatique, 50
L'éthique, 214
L'interprétation des rêves, 62
La vie Contemplative,179, 269
Le Démon de Socrate, 188, 284
Lettres à Lucilius, 185, 284

Meditações, 236
My Secret Life, 1, 2, 197

O anti-Édipo, 8, 9, 10
O Capital, 266
O nascimento da clínica (M.
  Foucault), 14, 19, 224

Pensées, 276, 279
Psychopathia Sexualis, 2, 70

Traité de la virginité, 178, 268

Uso dos prazeres, 207, 215, 216,
  223, 226, 227

Vigiar e punir (M. Foucault), 13,
  21, 22, 36, 224, 239
Vita Antonii, 233
Vontade de saber, 3, 11, 35, 37,
  38, 43, 44, 148, 192, 220

Índice Onomástico

Albinus, 271
Alcibíades, 166, 180, 181, 271, 272, 273
Althusser (L.), 60, 197
Aristóteles, 218
Artemidoro, 286
Atanásio (Santo), 233

Bach (J.-S.), 203
Barbin (H.), 78, 86
Barthes (R.), 111
Basílio de Cesareia, 146
Blanchot (M.), 108
Boswell (J.), 145, 156
Boulainvilliers (H. de), 71
Boulez (P.), 202, 203
Burckhardt, 236

Camus (A.), 249
Cassiano (J.), 115, 116, 189, 284, 292, 293, 294, 295
Cassien (J.), 115, 116, 285, 292, 293
Charcot (P.), 62, 66, 67
Chomsky (N.), 29
Cícero, 218, 275, 276
Cipriano (Santo), 289
Clausewitz (C. von), 25
Clavel (M.), 107, 108, 109
Cocteau (J.), 165, 167
Colas (D.), 44, 58, 73
Comte (A.), 56, 87
Cooper (D.), 247
Copérnico (N.),
Coppinger (N.), 117

Cristo, 109, 143, 219, 220, 228, 232
Croissant (K.), 96

Danet (J.), 88, 89, 91, 93, 96, 101
Daniel (J.), 192
Darwin (C.), 30, 31
Deleule (D.), 117
Deleuze (G.), 7, 9, 10
Descartes (R.), 127, 236, 237, 270, 293
Diderot (D.), 3
Diógenes Laércio, 269
Donzelot (J.), 40
Dover (K. J.), 141, 142, 152, 153, 154, 155
Dreyfus (H.), 72, 118, 214
Duby (G.), 51, 52
Duhem (A.), 14
Dupin (A.), 54

Einstein (A.), 249
Engels (F.), 14
Epícteto, 180, 181, 182, 183, 187, 189, 191, 221, 234, 277, 284, 285
Epicuro, 178, 180, 189, 269, 274
Ewald (F.), 40, 117

Faderman (L.), 144, 258
Finas (L.), 35
Flandrin (J.-L.), 75
Francisco de Sales, 9, 215

Índice Onomástico 299

François (J.), 9, 238
Freud (S.), 3, 5, 7, 8, 21, 23, 60, 61, 62, 64, 65, 66, 67, 70, 107, 161, 172, 284

Gallagher (B.), 251
Garaudy (R.), 249
Genet (J.), 167
George (S.), 165
Gerson (G.), 3
Gide (A.), 222
Grosrichard (A.), 44, 46, 48, 49, 50, 51, 52, 54, 56, 58, 59, 63, 69, 70, 71, 72, 73, 74, 75, 76, 77
Guattari (F.), 7, 9, 10
Guicciardi (E.), 86
Guizot (F.), 54, 117

Habermas (J.), 130
Hahn (P.), 88, 99
Hegel (G. W. F.), 8, 248
Heidegger (M.), 80
Henry (P.), 56, 78
Hitler (A.), 9, 249
Hocquenghem (G.), 88, 89, 90, 95, 98, 100, 102, 103, 246
Horeau, 112
Husserl (E.), 14, 270, 283

Isócrates, 225

Jerônimo, 289

Kaan (H.), 70
Kant (I.), 109, 120, 127, 128, 224, 236, 237
Koyré (A.), 14

Lacan (J.), 62, 70, 249
Legendre (P.), 50

Lenin, 14, 73
Leuret (F.), 240
Léveillé (J.), 73
Lévi-Strauss, 172
Livi (J.), 44, 66, 76
Lombroso, 72, 99, 100
Lucas (C.), 268
Lyssenko (T.), 13

MarcoAurélio, 184, 185, 187, 190, 275, 276, 279, 281
Marcus, 1, 150
Marx (K.), 7, 14, 21, 53, 57, 266
Máximo de Tiro, 148
Merleau-Ponty (M.), 250
Miller (G.), 44, 50, 54, 56, 58, 60
Miller (J.), 44, 47
Miller (J.-A.), 44, 47, 48, 50, 51, 54, 56, 57, 58, 59, 60, 61, 62, 63, 64, 65, 67, 68, 70, 72, 74
Millot (C.), 44, 52, 53
Moisés, 294, 295
Montaigne (M. de), 233
Montesquieu (C. de), 74
Morel (B. A.), 71, 98
Musonius Rufus, 180, 189

Nicocles 225
Nietzsche (F.), 34, 128, 197, 210, 223, 232

O'Higgins (J.), 156
Oppenheimer, 29
Overd (M.), 141

Pasquino (P.), 13, 117
Petit (J. - Y.), 15
Platão, 70, 142, 177, 180, 186,

300 Michel Foucault – Ditos e Escritos

219, 226, 230, 233, 268, 270, 271, 273, 274, 275, 277, 278, 279, 281
Plínio, 274, 276
Plutarco, 78, 142, 146, 148, 179, 180, 181, 182, 183, 185, 186, 187, 188, 190, 218, 277, 278, 283, 284
Proust (M.), 162, 167

Rabinow (P.), 118, 207, 214
Regnault (F.), 59, 113
Reich (W.), 7
Rivière (P.), 210, 240, 241
Rosanvallon (P.), 117
Rousseau (J.-J.), 49
Rusche (G.), 211

Sade (D. A. F. de, Marquês de), 2
Saint-Simon, 117
Sanzio (A.), 141
Sartre (J.-P.), 223, 249, 250
Saussure (F. de), 29
Scherer, 88
Sêneca, 180, 181, 182, 183, 184, 185, 186, 187, 188, 189, 190, 191, 221, 241, 274, 275, 276, 277, 279, 280, 284, 289, 291, 292, 293, 294

Sennett (R.), 161
Sócrates, 166, 177, 178, 180, 186, 188, 219, 221, 225, 268, 269, 271, 272, 274, 275, 283
Stalin, 249
Steiner (G.), 165

Tertuliano, 60, 63, 288, 289
Trotski, 57, 73

Van Gulik, 228
Voltaire, 30

Weber (M.), 265
Webern, 203
Wilde (O.), 163, 164
Wilson (B.), 251

Xenofonte, 179, 219, 228, 233, 268

Yates (F.), 187

Zecca (M.), 247
Zola (E.), 31

Índice de Lugares

Alemanha, 7, 97
Alemanha Oriental, 100
Alemanha Ocidental, 193
América, 144, 145
América do Norte, 193, 198

Brasil, 84

China, 34, 81
Cuba, 84

Dinamarca, 163

Estados Unidos, 89, 91, 152, 162, 163, 214
Europa, 7, 36, 66, 74, 83, 84, 131, 198, 242

França, 7, 9, 12, 14, 30, 31, 51, 53, 68, 71, 73, 80, 84, 89, 93, 101, 145, 148, 149, 163, 193, 194, 195, 197, 206, 245, 246, 247, 250, 262

Grécia, 141, 142, 144, 153, 157, 166, 179, 215, 220, 222

Holanda, 163

Índia, 81
Inglaterra, 152
Itália, 194

Japão, 79, 80, 81, 84, 193

Londres, 54, 141

Nova Iorque, 144, 162, 168, 207, 258

Ocidente, 1, 2, 3, 5, 23, 30, 41, 42, 51, 59, 64, 70, 110, 166, 239, 241, 275
Oriente, 83, 108, 220

Países Baixos, 246
Paris, 2, 50, 51, 62, 69, 74, 75, 77, 78, 86, 95, 97, 98, 99, 113, 114, 115, 145, 148, 149, 156, 160, 161, 165, 166, 167, 177, 178, 179, 180, 183, 185, 186, 188, 194, 195, 197, 201, 214, 228, 242, 246, 268, 269, 271, 275, 276, 278, 279, 280, 281, 284, 285, 286, 288, 292, 293
Polônia, 193, 194
Roma, 142, 143, 153, 179, 183

Suécia, 193, 194

Tóquio, 106
Tunísia, 193

União Soviética, 30, 72, 84

Vietnã, 7

Índice de Períodos Históricos

1. Séculos

I, 143, 180, 182, 219, 275
II, 114, 180, 182, 219, 228, 271, 275, 286
III, 114, 228, 271
IV, 117, 146, 216, 219, 220, 228, 232, 267, 271, 286, 291
V, 114, 216, 267
VII, 81
VIII, 143, 146
IX, 81, 146
X, 66
XII, 115, 146, 147
XIII, 39, 81, 115, 296
XV, 124, 289
XVI, 24, 38, 50, 86, 124, 133, 163, 206, 216, 234, 239, 260, 270, 289
XVII, 22, 24, 27, 36, 37, 38, 59, 86, 149, 174, 194, 204, 210, 211, 215, 234, 239, 242, 243, 260, 296
XVIII, 2, 16, 22, 23, 24, 26, 27, 30, 46, 59, 60, 61, 64, 66, 72, 74, 75, 86, 126, 127, 131, 143, 144, 149, 198, 200, 210, 211, 212, 235, 239, 242, 261, 296
XIX, 1, 3, 5, 14, 23, 30, 32, 37, 38, 39, 42, 56, 57, 60, 62, 66, 68, 71, 72, 87, 88, 92, 93, 97, 117, 123, 144, 149, 162, 172, 198, 200, 204, 205, 211, 212, 230, 235, 239, 240, 246, 253, 257, 262, 285

XX, 5, 30, 37, 88, 97, 99, 119, 144, 150, 222, 257

2. Eras, períodos

Antiguidade, 146, 147, 166, 213, 216, 221, 228, 229, 231, 234, 240, 243, 260, 267, 270, 273, 285, 286
Antiguidade Clássica, 177
Época Clássica, 22, 154, 227
Época helenística, 277, 278
Guerra, 7, 18, 24, 25, 26, 27, 29, 52, 57, 58, 74, 138, 182, 192, 196, 249, 262
Idade Clássica, 13, 36, 152, 153, 236
Idade Média, 2, 24, 64, 124, 146, 147, 149, 156, 166, 215, 236, 238, 240, 259, 288
Império Romano, 42, 74, 146, 148, 267
Renascimento, 107
Revolução, 8, 25, 84, 109, 110, 122, 235
Sessenta e oito (maio 68), 197

Organização da Obra
Ditos e Escritos

Volume I – Problematização do Sujeito: Psicologia, Psiquiatria e
      Psicanálise

1954 – Introdução (*in* Binswanger)
1957 – A Psicologia de 1850 a 1950
1961 – Prefácio (*Folie et déraison*)
      A Loucura Só Existe em uma Sociedade
1962 – Introdução (*in* Rousseau)
      O "Não" do Pai
      O Ciclo das Rãs
1963 – A Água e a Loucura
1964 – A Loucura, a Ausência da Obra
1965 – Filosofia e Psicologia
1970 – Loucura, Literatura, Sociedade
      A Loucura e a Sociedade
1972 – Resposta a Derrida
      O Grande Internamento
1974 – Mesa-redonda sobre a *Expertise* Psiquiátrica
1975 – A Casa dos Loucos
      Bancar os Loucos
1976 – Bruxaria e Loucura
1977 – O Asilo Ilimitado
1981 – Lacan, o "Libertador" da Psicanálise
1984 – Entrevista com Michel Foucault

Volume II – Arqueologia das Ciências e História dos Sistemas de
      Pensamento

1961 – "Alexandre Koyré: a Revolução Astronômica, Copérnico,
      Kepler, Borelli"
1964 – Informe Histórico
1966 – A Prosa do Mundo
      Michel Foucault e Gilles Deleuze Querem Devolver a
      Nietzsche sua Verdadeira Cara
      O que É um Filósofo?
1967 – Introdução Geral (às Obras Filosóficas Completas de
      Nietzsche)
      Nietzsche, Freud, Marx

304 Michel Foucault – Ditos e Escritos

A Filosofia Estruturalista Permite Diagnosticar o que É
"a Atualidade"
Sobre as Maneiras de Escrever a História
As Palavras e as Imagens
1968 – Sobre a Arqueologia das Ciências. Resposta ao Círculo de
Epistemologia
1969 – Introdução (in Arnauld e Lancelot)
Ariadne Enforcou-se
Michel Foucault Explica seu Último Livro
Jean Hyppolite. 1907-1968
Linguística e Ciências Sociais
1970 – Prefácio à Edição Inglesa
(Discussão)
A Posição de Cuvier na História da Biologia
Theatrum Philosophicum
Crescer e Multiplicar
1971 – Nietzsche, a Genealogia, a História
1972 – Retornar à História
1975 – Com o que Sonham os Filósofos?
1980 – O Filósofo Mascarado
1983 – Estruturalismo e Pós-Estruturalismo
1984 – O que São as Luzes?
1985 – A Vida: a Experiência e a Ciência

Volume III – Estética: Literatura e Pintura, Música e Cinema

1962 – Dizer e Ver em Raymond Roussel
Um Saber Tão Cruel
1963 – Prefácio à Transgressão
A Linguagem ao Infinito
Distância, Aspecto, Origem
1964 – Posfácio a Flaubert (*A Tentação de Santo Antão*)
A Prosa de Acteão
Debate sobre o Romance
Por que se Reedita a Obra de Raymond Roussel?
Um Precursor de Nossa Literatura Moderna
O *Mallarmé* de J.-P. Richard
1965 – "As Damas de Companhia"
1966 – Por Trás da Fábula
O Pensamento do Exterior
Um Nadador entre Duas Palavras
1968 – Isto Não É um Cachimbo
1969 – O que É um Autor?

Organização da Obra Ditos e Escritos   305

1970 – Sete Proposições sobre o Sétimo Anjo
       Haverá Escândalo, Mas...
1971 – As Monstruosidades da Crítica
1974 – (Sobre D. Byzantios)
       Antirretro
1975 – A Pintura Fotogênica
       Sobre Marguerite Duras
       Sade, Sargento do Sexo
1977 – As Manhãs Cinzentas da Tolerância
1978 – Eugène Sue que Eu Amo
1980 – Os Quatro Cavaleiros do Apocalipse e os Vermes Cotidianos
       A Imaginação do Século XIX
1982 – Pierre Boulez, a Tela Atravessada
1983 – Michel Foucault/Pierre Boulez – a Música Contemporânea e
       o Público
1984 – Arqueologia de uma Paixão
       Outros Espaços

Volume IV – Estratégia, Poder-Saber

1971 – (Manifesto do GIP)
       (Sobre as Prisões)
       Inquirição sobre as Prisões: Quebremos a Barreira
       do Silêncio
       Conversação com Michel Foucault
       A Prisão em Toda Parte
       Prefácio a *Enquête dans Vingt Prisons*
       Um Problema que me Interessa Há Muito Tempo
       É o do Sistema Penal
1972 – Os Intelectuais e o Poder
1973 – Da Arqueologia à Dinástica
       Prisões e Revoltas nas Prisões
       Sobre o Internamento Penitenciário
       Arrancados por Intervenções Enérgicas de Nossa
       Permanência Eufórica na História, Pomos as
       "Categorias Lógicas" a Trabalhar
1974 – Da Natureza Humana: Justiça contra Poder
       Sobre a Prisão de Attica
1975 – Prefácio (*in* Jackson)

306   Michel Foucault – Ditos e Escritos

A Prisão Vista por um Filósofo Francês
Entrevista sobre a Prisão: o Livro e o Seu Método
1976 – Perguntas a Michel Foucault sobre Geografia
Michel Foucault: Crimes e Castigos na URSS e em Outros
Lugares...
1977 – A Vida dos Homens Infames
Poder e Saber
Poderes e Estratégias
1978 – Diálogo sobre o Poder
A Sociedade Disciplinar em Crise
Precisões sobre o Poder. Resposta a Certas Críticas
A "Governamentalidade"
M. Foucault. Conversação sem Complexos com um Filósofo
que Analisa as "Estruturas do Poder"
1979 – Foucault Estuda a Razão de Estado
1980 – A Poeira e a Nuvem
Mesa-redonda em 20 de Maio de 1978
Posfácio de *L'impossible Prison*
1981 – "*Omnes et Singulatim*": uma Crítica da Razão Política

Volume V – Ética, Sexualidade, Política

1978 – A Evolução do Conceito de "Indivíduo Perigoso"
na Psiquiatria Legal do Século XIX
Sexualidade e Política
A Filosofia Analítica da Política
Sexualidade e Poder
1979 – É Inútil Revoltar-se?
1980 – O Verdadeiro Sexo
1981 – Sexualidade e Solidão
1982 – O Combate da Castidade
O Triunfo Social do Prazer Sexual: uma Conversação
com Michel Foucault
1983 – Um Sistema Finito Diante de um Questionamento Infinito
A Escrita de Si
Sonhar com Seus Prazeres. Sobre a "Onirocrítica" de
Artemidoro
O Uso dos Prazeres e as Técnicas de Si
1984 – Política e Ética: uma Entrevista
Polêmica, Política e Problematizações
Foucault

Organização da Obra Ditos e Escritos 307

O Cuidado com a Verdade
O Retorno da Moral
A Ética do Cuidado de Si como Prática da Liberdade
Uma Estética da Existência
1988 – Verdade, Poder e Si Mesmo
A Tecnologia Política dos Indivíduos

Volume VI – Repensar a Política

1968 – Resposta a uma Questão
1971 – O Artigo 15
Relatórios da Comissão de Informação sobre o Caso Jaubert
Eu Capto o Intolerável
1972 – Sobre a Justiça Popular. Debate com os Maoístas
Encontro Verdade-Justiça. 1.500 Grenoblenses Acusam
Um Esguicho de Sangue ou um Incêndio
Os Dois Mortos de Pompidou
1973 – Prefácio (*De la prison à la revolte*)
Por uma Crônica da Memória Operária
A Força de Fugir
O Intelectual Serve para Reunir as Ideias, Mas Seu Saber
É Parcial em Relação ao Saber Operário
1974 – Sobre a "*A Segunda Revolução Chinesa*"
"*A Segunda Revolução Chinesa*"
1975 – A Morte do Pai
1977 – Prefácio (*Anti-Édipo*)
O Olho do Poder
Confinamento, Psiquiatria, Prisão
O Poder, uma Besta Magnífica
Michel Foucault: a Segurança e o Estado
Carta a Alguns Líderes da Esquerda
"Nós nos Sentimos como uma Espécie Suja"
1978 – Alain Peyrefitte se Explica... e Michel Foucault lhe Responde
A grande Política Tradicional
Metodologia para o Conhecimento do Mundo: como se
Desembaraçar do Marxismo
O Exército, Quando a Terra Treme
O Xá Tem Cem Anos de Atraso
Teerã: a Fé contra o Xá
Com o que Sonham os Iranianos?
O Limão e o Leite

308   Michel Foucault – Ditos e Escritos

Uma Revolta a Mãos Nuas
A Revolta Iraniana se Propaga em Fitas Cassetes
O Chefe Mítico da Revolta do Irã
Carta de Foucault à "Unità"
1979 – O Espírito de um Mundo sem Espírito
Um Paiol de Pólvora Chamado Islã
Michel Foucault e o Irã
Carta Aberta a Mehdi Bazargan
Para uma Moral do Desconforto
"O problema dos refugiados é um presságio da grande
migração do século XXI"
1980 – Conversa com Michel Foucault
1981 – Da Amizade como Modo de Vida
É Importante Pensar?
Contra as Penas de Substituição
Punir É a Coisa Mais Difícil que Há
1983 – A Propósito Daqueles que Fazem a História
1984 – Os Direitos do Homem em Face dos Governos
O Intelectual e os Poderes

Volume VII – Arte, Epistemologia, Filosofia e História da Medicina

1 – Estética da existência
1963 – Vigia da Noite dos Homens
Espreitar o Dia que Chega
Um "Novo Romance" de Terror
1964 – Debate sobre a Poesia
A Linguagem do Espaço
Palavras que Sangram
Obrigação de Escrever
1969 – Maxime Defert
1973 – Foucault, o Filósofo, Está Falando. Pense
1975 – A Festa da Escritura
1976 – Sobre "História de Paul"
O Saber como Crime
Entrevista com Michel Foucault
Por que o Crime de Pierre Rivière?
Eles Disseram sobre Malraux
O Retorno de Pierre Rivière
1977 – Apresentação
1978 – Uma Enorme Surpresa

Organização da Obra Ditos e Escritos **309**

1982 – O Pensamento, a Emoção
Conversa com Werner Schroeter

2 – Epistemologia, genealogia
1957 – A Pesquisa Científica e a Psicologia
1966 – Michel Foucault, *As palavras e as coisas*
Entrevista com Madeleine Chapsal
O Homem Está Morto?
1968 – Entrevista com Michel Foucault
Foucault Responde a Sartre
Uma Precisão de Michel Foucault
Carta de Michel Foucault a Jacques Proust
1970 – Apresentação
A Armadilha de Vincennes
1971 – Entrevista com Michel Foucault
1975 – Carta
1976 – A Função Política do Intelectual
O Discurso Não Deve Ser Considerado Como...
1978 – A Cena da Filosofia
1981 – A Roger Caillois
1983 – Trabalhos
1984 – O Estilo da História
O que São as Luzes?

3 – Filosofia e história da medicina

1968 – Os Desvios Religiosos e o Saber Médico
1969 – Médicos, Juízes e Bruxos no Século XVII
Títulos e Trabalhos
1972 – As Grandes Funções da Medicina em Nossa Sociedade
1973 – O Mundo É um Grande Hospício
1975 – Hospícios. Sexualidade. Prisões
Radioscopia de Michel Foucault
Michel Foucault, as Respostas do Filósofo
1976 – A Política da Saúde no Século XVIII
Crise da Medicina ou Crise da Antimedicina?
A Extensão Social da Norma
Bio-história e Biopolítica
1977 – O Nascimento da Medicina Social
1978 – Introdução por Michel Foucault

310 Michel Foucault – Ditos e Escritos

Uma Erudição Estonteante
A Incorporação do Hospital na Tecnologia Moderna
1979 – Nascimento da Biopolítica
1983 – Troca de Cartas com Michel Foucault
1984 – A Preocupação com a Verdade

Volume VIII – Segurança, Penalidade e Prisão

1972 – Armadilhar Sua Própria Cultura
Teorias e Instituições Penais
1973 – À Guisa de Conclusão
Um Novo Jornal?
Convocados à PJ
Primeiras Discussões, Primeiros Balbucios: a Cidade É uma
Força Produtiva ou de Antiprodução?
1974 – Loucura, uma Questão de Poder
1975 – Um Bombeiro Abre o Jogo
A Política É a Continuação da Guerra por Outros Meios
Dos Suplícios às Celas
Na Berlinda
Ir a Madri
1976 – Uma Morte Inaceitável
As Cabeças da Política
Michel Foucault, o Ilegalismo e a Arte de Punir
Pontos de Vista
1977 – Prefácio
O Pôster do Inimigo Público n. 1
A Grande Cólera dos Fatos
A Angústia de Julgar
Uma Mobilização Cultural
O Suplício da Verdade
Vão Extraditar Klaus Croissant?
Michel Foucault: "Doravante a segurança está acima das leis"
A Tortura É a Razão
1978 – Atenção: Perigo
Do Bom Uso do Criminoso
Desafio à Oposição
As "Reportagens" de Ideias
1979 – Prefácio de Michel Foucault
Maneiras de Justiça

Organização da Obra Ditos e Escritos 311

A Estratégia do Contorno
Lutas em Torno das Prisões
1980 – Prefácio
Sempre as Prisões
Le Nouvel Observateur e a União da Esquerda (Entrevista)
1981 – Prefácio à Segunda Edição
O Dossiê "Pena de Morte". Eles Escreveram Contra
As Malhas do Poder (Conferência)
Michel Foucault: É Preciso Repensar Tudo, a Lei e a Prisão
As Respostas de PierreVidal-Naquet e de Michel Foucault
Notas sobre o que se Lê e se Ouve
1982 – O Primeiro Passo da Colonização do Ocidente
Espaço, Saber e Poder
O Terrorismo Aqui e Ali
Michel Foucault: "Não há neutralidade possível"
"Ao abandonar os poloneses, renunciamos a uma parte de
nós mesmos"
Michel Foucault: "A experiência moral e social dos poloneses
não pode mais ser apagada"
A Idade de Ouro da *Lettre de Cachet*
1983 – Isso Não me Interessa
A Polônia, e Depois?
"O senhor é perigoso"
...eles declararam... sobre o pacifismo: sua natureza,
seus perigos, suas ilusões
1984 – *O que Chamamos Punir?*

Volume IX – Genealogia da Ética, Subjetividade e Sexualidade

1976 – O Ocidente e a Verdade do Sexo
1977 – Prefácio
Sexualidade e Verdade
Entrevista com Michel Foucault
As Relações de Poder Passam para o Interior dos Corpos
O Jogo de Michel Foucault
1978 – Apresentação
Michel Foucault e o Zen: uma Estada em um Templo Zen
O Misterioso Hermafrodita
1979 – A Lei do Pudor
Um Prazer Tão Simples

312 Michel Foucault – Ditos e Escritos

Michel Foucault: o Momento de Verdade
Viver de Outra Maneira o Tempo
1980 – Roland Barthes
Do Governo dos Vivos
1982 – O Sujeito e o Poder
Entrevista com M. Foucault
Carícias de Homens Consideradas como uma Arte
Escolha Sexual, Ato Sexual
Foucault: Não aos Compromissos
A Hermenêutica do Sujeito
1983 – Uma Entrevista de Michel Foucault por Stephen Riggins
1984 – Prefácio à *História da sexualidade*
Sobre a Genealogia da Ética: um Resumo do Trabalho
em Curso
Entrevista de Michel Foucault
Michel Foucault, uma Entrevista: Sexo, Poder e a Política
da Identidade
1988 – As Técnicas de Si